Nicht verstecken! Reden!

Elisabeth Westhoff

Nicht verstecken! Reden!

Wie Menschen mit Behinderung leben

Bibliografische Information der Deutschen Nationalbibliothek:
Die Deutsche Nationalbibliothek verzeichnet diese Publikation in der Deutschen Nationalbibliografie;
detaillierte bibliografische Daten sind im Internet über
http://dnb.d-nb.de abrufbar.

© 2010 Elisabeth Westhoff
Satz, Umschlaggestaltung, Herstellung und Verlag: Books on Demand GmbH, Norderstedt
ISBN: 978-3-8391-9540-6

INHALTSVERZEICHNIS

I   **All inclusive?!**   11

II   **Lebensgeschichten**   17
– Eltern und Geschwister erzählen –

Bloß nicht aufregen!   19
Daniel, sechs Jahre

Du wirst irgendwie zur Löwin für dein Kind!   24
Niclas, zehn Jahre

Behinderung auf den zweiten Blick   29
Lena, zwölf Jahre

Ich nehme kein Blatt mehr vor den Mund!   35
Sophia, vierzehn Jahre

Prozesse auf dem Weg zur Akzeptanz   40
Jan, fünfzehn Jahre

Husten Sie doch mal!   45
Öner, sechzehn Jahre

Das Leben ist nicht immer einfach   52
Christian, sechzehn Jahre, und Benjamin, verstorben im Alter von siebeneinhalb Jahren

Kein Platz für Jan-Peter?!   54
Jan-Peter, neunzehn Jahre

Alice im Wunderland 60
Jil, zwanzig Jahre

Die Therapeuten haben sich die Zähne an ihr ausgebissen! 66
Sandra, zwanzig Jahre

Sven entscheidet 71
Sven, einundzwanzig Jahre

Carmen war das Nonplusultra 78
Carmen, verstorben im Alter von fünfundzwanzig Jahren

Rückschritte können wir nicht gebrauchen! 83
Martin, sechsundzwanzig Jahre

Ich bin auch von dieser Welt! 89
Sangin, sechsundzwanzig Jahre

Wenn wir Eltern uns nicht einsetzen – wer soll es dann tun? 94
Paul, dreißig Jahre

Schön daheim! 100
Matthias, siebenunddreißig Jahre

Ich bin mit meinem Latein am Ende 106
Tanja, achtunddreißig Jahre, und Volker, fünfunddreißig Jahre

Wie ein zweites Ich 111
Eva, vierzig Jahre

Gut zu wissen, dass jemand an dich denkt 116
Jörg, fünfundvierzig Jahre

Dennoch! 120
Petra, fünfundvierzig Jahre

Ein Kind mit einem zarten Prinzengesicht 128
Guntram, sechsundvierzig Jahre

III Berufliche Wege 133
– Fachkräfte berichten –

Der medizinisch-therapeutische Bereich

Ich muss ehrlich sein, wenn ich Zweifel habe 135
Dr. B., niedergelassener Kinderarzt

Mit Herz und Verständnis für die Belange von Menschen
mit Behinderung 143
Dr. V., Kinderarzt mit dem Schwerpunkt Kinderneurologie,
Leiter eines Frühförderzentrums

Mit Gewalt erreicht man gar nichts! 149
Frau F., Physiotherapeutin

Je mehr Schubladen man öffnen kann, umso besser! 153
Frau S., Physiotherapeutin, Heilpraktikerin

Aufs Pferd gekommen 160
Frau S., Physiotherapeutin, Hippotherapeutin

Interdisziplinäre Arbeit ist das A und O! 167
Ein Nachmittag in einer Praxis für Ergotherapie

Förderung im Kindergarten

Wer schwimmt, der kriegt Muskeln! 173
»Starke Eltern – starke Kinder«, ein Kurs im *Lebenshilfe*-Kindergarten

Die Schritte dürfen ruhig klein sein 177
Eine Diskussion mit Frau D., Heilpädagogin, und Frau M., Erzieherin

Den Menschen da abholen, wo er steht 188
Herr Z., Sozialpädagoge

Der schulische Bereich

Man muss mit Herz und Verstand dabei sein 194
Frau S., Studentin der Sonderpädagogik

Eine Schule für alle – könnte das möglich sein? 201
Frau G., Referendarin an einer Sonderschule für Kinder und
Jugendliche mit geistiger Behinderung

Ein Fehler im System?! 206
Frau M., Sozialarbeiterin und Schulbegleiterin

Da werden Sie ein bisschen Geduld mit mir haben müssen! 213
Frau A., Grundschullehrerin

Ich wollte alles werden, bloß nicht Lehrer! 221
Herr S., Leiter einer Sonderschule für Schülerinnen und Schüler
mit geistiger Behinderung

Eurystheus und das Einmaleinsgespenst 229
Ein Schultag in einer Freien Waldorfschule

Veränderungen fallen uns Deutschen schwer! 235
Herr G., Oberbürgermeister einer Großen Kreisstadt

Arbeiten und Freizeit

Man lässt sich immer wieder gern überraschen 242
Herr R., Gruppenleiter in einer Werkstatt für Menschen mit Behinderung

Hinter die Kulissen gucken 250
Frau N., Beschäftigte in einem Werkstattladen

Das Emotionale wiegt Reisen zehnmal um die Welt total auf! 254
Herr K., ehrenamtlicher Begleiter von Menschen mit Behinderung

Wohnen

Als junger Mensch hätte ich mehr Unterstützung gebraucht! 261
Frau S., Heilerziehungspflegerin

Ich bin mit vielen alt geworden 268
Herr W., Ergotherapeut

Ich komme von dem Haus nicht weg! 276
Frau B., Sprachheilpädagogin

Qualität erhalten 283
Herr H., Vorstand einer komplexen Einrichtung für Menschen mit Behinderungen

Unsere Zeit ist nicht ungefährlich für die Menschen am Rande der Gesellschaft 290
Herr A., Seelsorger in einer Einrichtung für Menschen mit Behinderung

IV Ein Ende finden 299

Glossar 307

I

All inclusive?!

Plötzlich steht sie doch da, die schwarz gekleidete, dunkelhaarige Frau mit dem traurigen, ja verzweifelten Gesichtsausdruck. Sie verfolgt mich, will mich festhalten. Und ich möchte ihr ausweichen und mich ganz bestimmt nicht aufhalten lassen, denn ich muss eine Aufgabe erfüllen, eine Art »Schnitzeljagd« machen, indem ich an verschiedenen Häusern Puzzleteilchen suche, die ich zu einem Gesamtbild zusammensetzen soll. Aber ich ahne schon, was die Frau von mir möchte: Ich soll mir Zeit nehmen, ihren Kummer einfühlsam anhören, sie trösten, ihr Leid verstehen, möglicherweise sogar Lösungsmöglichkeiten anbieten, anstatt sofort zum nächsten Puzzleteilchen weiterzueilen. Ich kann ihr also nicht entkommen. Wenn ich ehrlich bin, hatte ich das doch gewusst, bevor ich zu meiner »Schnitzeljagd« aufgebrochen bin. Mir war klar: Ein Spiel soll und darf das nicht werden, es ist ernst, ich werde mich voll und ganz einlassen müssen, mit ausreichend Muße und Ruhe.

Die dunkle Frau erschien mir im Traum, nachdem ich mein Buchprojekt begonnen hatte. Ich wollte Geschichten sammeln von Menschen, die aufgrund einer Behinderung unter anderem in ihrer Kommunikationsfähigkeit eingeschränkt sind. Ich wollte ihnen eine Stimme geben und auf ihre Belange aufmerksam machen, und deswegen plante ich, mit ihren Eltern und Angehörigen zu sprechen und zu hören, was sie zu erzählen hätten. »Ein facettenreiches, lebendiges Bild« sollte entstehen davon, wie Menschen mit schwerer Behinderung leben, so hieß es in dem Aufruf, der in der Zeitung veröffentlicht wurde, ein Puzzle aus vielen kleinen, unterschiedlich geformten Stückchen, die ein großes Gesamtbild ergeben, sodass Betroffene erfahren: Mag auch jede einzelne Geschichte sehr persönlich, einzigartig und verschieden von anderen sein – wir sind nicht allein, sondern Teil einer Gemeinschaft. Außenstehende sollten erkennen: Es gibt nicht *die* Behinderung an sich, sondern viele, unterschiedliche Varianten und Ausprägungen und zahlreiche Arten, Behinderung zu erleben und auszudrücken und sich mit dieser Behinderung zu verwirklichen; nicht alle Menschen mit Behinderung brauchen und wünschen sich gleiche Lebensbedingungen.

Auch Fachkräfte in Sozialberufen sollten ihren Teil beitragen, mit ihren individuellen beruflichen Entwicklungsgeschichten und den unterschiedlichen Theorien, die sie vertreten und auf deren Basis sie die Praxis gestalten. In *ein* Buch wollte ich sie bringen und sie gewissermaßen symbolisch an einem Runden Tisch versammeln, weil ich persönlich als Mutter von Kindern mit Behinderung diesen interdisziplinären Austausch der Fachleute untereinander und zusammen mit Eltern auf Augenhöhe in gegenseitigem Respekt leider oft schmerzlich vermisst hatte und mir wünschte, dass er selbstverständlicher werden würde.

Ich wollte spürbar machen, dass es die einzig richtige Sicht auf einen Menschen mit Behinderung nicht gibt, sondern dass jeder Beteiligte auch zu jeder einzelnen Person jeweils nur ein Puzzleteilchen beisteuern kann, dass niemand den Alleinanspruch auf die einzig richtige Erkenntnis über den Betroffenen hat und dass deshalb alle Beteiligten ihren Beitrag zu einem besseren Verständnis der Gesamtsituation und auch füreinander leisten müssen.

Diese Idee begeisterte mich und trieb mich an, mit Elan und viel Kraft und manchmal auch ein wenig Ungeduld ... Der Traum zeigte mir schon bald: Dies ist einerseits eine Denkaufgabe, ein logistisches, organisatorisches Problem; da braucht man seinen Kopf, um zu wissen, wie man es geschickt angeht, und man benötigt Energie und ein gewisses Maß an Enthusiasmus. Aber wenn man es wirklich gut machen möchte, dann muss man in die Tiefe gehen und sich auf die dunkle, emotionale, unbewusste und oft überraschende Seite einlassen. Dann braucht man auch ein großes Maß an Einfühlungsvermögen und Einfühlungsbereitschaft, an Frustrationstoleranz und an Leidensfähigkeit ...

Als Psychotherapeutin hatte ich gelernt, mit Träumen umzugehen, ich wusste: Man kann auf der Objektstufe und auf der Subjektstufe deuten. Auf der Objektstufe, so denke ich, repräsentiert die dunkle Frau die Mütter, die mir ihre Geschichten erzählten. Sie strahlten viel Liebevolles, Fröhliches im Umgang mit ihren Kindern aus. Doch es ging auch um ganz viel Kummer, Angst, Verzweiflung, Depression und – oft hilflose – Versuche, traumatische Erfahrungen zu verarbeiten. Viele waren erleichtert, endlich berichten zu dürfen, ohne dauernd unterbrochen, belehrt, kritisiert und mit neuen Problemen und Forderungen konfrontiert zu werden. Manche hätten gern noch länger gesprochen, und mehr als einmal hatte ich das Gefühl, ihnen nicht gerecht zu werden und intensiver und öfter für sie da sein zu müssen, was im Rahmen eines solchen Projekts leider nur bedingt möglich war. Mich verantwortungsvoll auf sie einzulassen, mich aber andererseits auch wieder in angemessener Weise abzugrenzen, das wurde für mich persönlich zu einer schwierigen Aufgabe und zu einem wichtigen Thema.

Denn auf der Subjektstufe repräsentiert die dunkle Frau die depressive, von Kummer und Verzweiflung betroffene Seite in mir selbst, meine eigene Hilflosigkeit und Bedürftigkeit, die durch die Gespräche wiederbelebt wurde, denn jedes Interview brachte auch meine Gefühle in Bezug auf Behinderung, Krankheit und Tod in meiner Familie zurück, die ich nicht mit denen meiner Gesprächspartner verwechseln durfte. Jedes Gespräch machte für mich erleb- und erfahrbar, dass die Auseinandersetzung mit diesen Themen eine nie endende Lebensaufgabe ist, selbst wenn ein gewisses Maß an Akzeptanz und Gelassenheit erreicht werden kann.

Der Traum mahnte mich zu sehen, dass es die helle Seite ohne die dunkle Kehrseite nicht gibt und dass beide zusammengehören, wenn ein Gesamtbild vom wirklichen Leben entstehen soll. Und so ist das Buch nun geworden: nicht perfekt, mit hellen und mit dunklen Seiten, mit Ecken und Kanten und Auslassungen vielleicht, keine wissenschaftliche Auseinandersetzung mit der Fachliteratur, keine theoretische Abhandlung mit nachweisbaren Statistiken, sondern ein Buch zum Nachdenken und zum Nachempfinden, mit rationalem und emotionalem Faktor. Aus Gründen der leichteren Lesbarkeit wurde darauf verzichtet, jeweils die männliche und die weibliche Bezeichnung zu verwenden, auch wenn beide gemeint sind.

Die Behinderungen, um die es geht, sind sehr unterschiedlicher Natur, und ich habe mich entschieden, sie im Untertitel nicht näher zu bezeichnen. Grundsätzlich finde ich aber die Anregung Barbara Fornefelds interessant, von »Komplexer Behinderung« zu sprechen (vgl. Fornefeld, Barbara, Hrsg., Menschen mit Komplexer Behinderung, Selbstverständnis und Aufgaben der Behindertenpädagogik, München 2008). Was die Behinderung »Komplex« macht, ist nicht allein in dem betroffenen Menschen zu sehen, sondern umfasst innere und äußere Bedingungen seines Lebens. Der Begriff ist nicht als Etikett zu verstehen, sondern, wie Barbara Fornefeld erklärt, als Name (deshalb auch die Großschreibung des Adjektivs »Komplex«), mit dem eine Gruppe von Menschen bezeichnet wird, die alle gängigen Entwicklungsnormen unterschreiten »bei gleichzeitigem Überschreiten von Verhaltensnormen« (Fornefeld 2008, S. 24). Die Namensgebung ist von Bedeutung, denn wenn jemand keinen Namen hat, unter dem wir uns auf ihn beziehen können, dann verhalten wir uns, als existiere er nicht, wir »schweigen ihn tot«. Diesen Eindruck haben Eltern von Menschen mit Komplexer Behinderung oft: Sie fühlen sich in den Medien und in der Außenwelt nicht ausreichend berücksichtigt und vertreten.

Die berechtigte und dringend notwendige Aufarbeitung des Themas Behinderung im Sinne der UN-Konvention über die Rechte von Menschen mit Behinderungen und dem damit verbundenen Streben nach Inklusion und Teilhabe, so befürchten viele, geht an unseren Kindern mit Komplexer Behinderung teilweise vorbei und könnte möglicherweise neue Probleme auslösen sowie im schlimmsten Fall längst überwunden geglaubte Verhältnisse wieder hervorbringen. Für Menschen mit Komplexer Behinderung bedeutet Inklusion zunächst einmal, dass man überhaupt von ihnen spricht und auf diese Weise ihre Existenz bestätigt. Wer das nicht tut, verleugnet ihr Dasein und ihr Sosein und bringt sie um die Chance, ein gutes Leben in ihnen entsprechender Weise zu führen. Doch er bringt auch sich selbst um die Chance, sehr liebenswerte, wenngleich oft anstrengende, originelle Individualisten kennenzulernen, denen mit Pauschalangeboten und einfachen Rezepten nicht gedient ist und die ihm für sein eigenes Leben wichtige und interessante Impulse geben könnten.

Inklusion, das heißt für Kinder und Erwachsene mit Komplexer Behinderung sowie deren Eltern und Angehörige nicht »all inclusive«: alles im Überfluss und inbegriffen und überall dabei. Unsere Art, dabei zu sein, muss sehr achtsam, wohlüberlegt und differenziert gestaltet werden. Das wünschen wir uns und dafür setzen wir uns ein. Denn, wie Frau Z. treffend formuliert:

WIR SIND AUCH VON DIESER WELT!

II

Lebensgeschichten
– Eltern und Geschwister erzählen –

Bloß nicht aufregen!

Daniel, sechs Jahre

Frau G. klingt gehetzt und bedrückt am Telefon: »Daniel geht es sehr schlecht! Er ist seit drei Wochen in einer psychiatrischen Klinik, und es gefällt mir gar nicht, was da passiert! Ich bin nicht damit einverstanden!«

Wir vereinbaren einen anderen Gesprächstermin, damit Frau G. ihre augenblickliche Notlage erst einmal bewältigen kann. Denn sie hat außer einer für ihre zehn Jahre außergewöhnlich vernünftigen Tochter und dem sechsjährigen Daniel, der mit einer geistigen und autistischen Behinderung lebt, noch ein Baby von vier Monaten; die beiden Söhne fordern sie in äußerst starkem Maße …

Vermutlich durch Sauerstoffmangel bei der Geburt bedingt, habe sich Daniels Besonderheit im Lauf der Jahre immer deutlicher entwickelt, erklärt Frau G. mir später. Zunächst habe es geheißen, er sei »nur« entwicklungsverzögert, dann wurde er als »autistisch« bezeichnet; schließlich stellte man einen Intelligenzquotienten von sechzig fest; die Diagnosefindung zog sich über Jahre hin.

Daniel war zunächst eineinhalb Jahre mit Begleitung in einem Regelkindergarten, doch – so empfand es Frau G. – »wohl nur geduldet und eher ausgegrenzt«, denn aus bestimmten Bereichen des Kindergartens wurde er ausgeschlossen, ohne dass den Eltern der Grund plausibel erklärt werden konnte.

»Dann die Erlösung«, formuliert Frau G.: der *Lebenshilfe*-Kindergarten! Da verlief alles gut – jedenfalls schien es so, denn vor einigen Wochen gab man Rückmeldung: Daniel sei kaum mehr zu halten. Er habe die Logopädin so gekratzt, dass es nicht mehr möglich sei, mit ihm zu arbeiten. Im Bus auf dem Weg zum Kindergarten vertrug Daniel die Nähe nicht mehr. Schon das Anschnallen war nur möglich, wenn Frau G. es machte; dann bekam Daniel sein Lieblingsbuch in die eine, ein Fläschchen Seifenblasen in die andere Hand, damit er niemand kratzen oder kneifen konnte. Irgendwann war die Situation so eskaliert, dass auch diese Maßnahme nicht mehr half.

»Er kratzt und beißt wie im Wahn, wenn jemand was von ihm will, oder auch völlig unvermittelt, ohne dass uns ein Grund ersichtlich ist – das ist das Gruselige daran!« Von einem Augenblick zum anderen, ohne Vorwarnung, kann ihm alles zu viel werden: »Letztes Wochenende, als er zu Besuch daheim war, ist er über uns ›hergefallen‹ fast wie ein Tier! Mein Mann war völlig entsetzt und fassungslos; er hatte Tränen in den Augen, denn in dieser schlimmen Form hatten wir Daniel noch nie erlebt!«

Zwar hatte Daniel auch früher schon »Ausraster« gehabt. Im Alter zwischen drei und fünf Jahren war er vorwiegend selbstaggressiv gewesen. Das Kopfschlagen ging durch den Einsatz eines Medikamentes zurück; die Fremdaggression, die Wutanfälle wurden durch kurze Auszeiten bewältigt; Musik, zum Beispiel Walzer von Strauß oder »Die Fantastischen Vier« halfen. Inzwischen komme Daniel aus einem solchen Anfall gar nicht mehr heraus, seine Tobsuchtsanfälle wiederholen sich fünf- bis sechsmal oder noch öfter hintereinander, dazwischen speichelt er und ist leichenblass. Man könne ihn in solchen Situationen nur mit einem Zwangsjackengriff halten, bis die Körperspannung nachlässt. Erst dann sei überhaupt nur ein – wenn auch eingeschränkter – Zugang zu ihm möglich.

»Heute ließ er die Windel nicht an. Er zieht alle Register, um sich seiner Not zu erwehren! Wenn ich komme, habe ich das Baby im Schlepptau. Der Kleine trinkt und schläft und ist eher ruhig – inzwischen!«, so räumt Frau G. ein: »Denn in den ersten Wochen war das noch nicht so!«

In der Anfangszeit in der Klinik habe man Daniel so festgehalten, dass er blaue und grüne Arme und Beine hatte. Wegen der starken Medikation falle er jetzt oft; er sehe aus wie geschlagen, sei blau um die Augen.

»Er weint bitterlich, wenn ich komme, um ihn zu besuchen, er bittet: ›Mama, mit, mit, mit …‹.« Abgesehen davon sei er, seitdem er in der psychiatrischen Einrichtung ist, verstummt. Er sage »Ja« mit einer sehr hohen Stimme: »Das ist nicht seine Stimme!«, sagt Frau G. bekümmert. »Reden kann er eigentlich, er spricht normalerweise sogar sehr viel mit ausgeprägter Echolalie, und er war früher höflich und zugewandt, wobei er über das, was ihn aktuell beschäftigte, redete: Wer wann wie kommt oder geht zum Beispiel.«

Zurzeit ist verbale Kommunikation anscheinend gar nicht möglich, nur verzweifeltes Agieren …

Nach dem Besuchswochenende daheim hat Daniel die Betreuerin in der psychiatrischen Klinik so heftig in den Arm gebissen, dass die Wunde medizinisch versorgt werden musste. »Sie nimmt es nicht persönlich, zum Glück!«, erzählt Frau G. Denn Daniel kann ein ganz süßer, lieber Junge sein – das ahnt die Betreuerin wohl auch. Trotzdem müssen die Pfleger ihn manchmal einschließen oder in eine Gummizelle bringen, wo sie ihn durch einen Beobachtungsschlitz sehen können.

»Jede Woche frage ich nach, wie es weitergehen soll, aber kein Arzt gibt eine Antwort darauf«, klagt Frau G. Sie versuchen einiges, nehmen ihn mit in eine Vorschulgruppe, haben verschiedene Medikamente und verschiedene Dosierungen ausprobiert. Eine Heilpädagogin, die eine Gruppentherapie mit ADHS-Kindern durchführt, hat ihn mit in die Gruppe genommen. Er verstehe viel, merke wohl auch, dass er anders ist als die anderen Kinder, deshalb scheine er sich in dieser Gruppe nicht wohlzufühlen. Jedenfalls habe er auch die Heilpädagogin heftig angegriffen. Sie gab Frau G. die Aufgabe, Tagebuch zu führen über alles, was nicht gut läuft. Frau G. versteht, warum: Die Heilpädagogin wolle herausfinden, ob es ein Muster gibt, nach dem Daniel aggressiv reagiert. Trotzdem ist Frau G. verständlicherweise unglücklich darüber, dass der Fokus eigentlich permanent auf dem Negativen liegt, und sie spürt, dass auch die Fachkräfte oft sehr hilflos sind im Umgang mit Daniel und seinen Verhaltensweisen. Daniel dagegen wird immer einsamer und ängstlicher.

Wenn man ruhig zuhört, was Frau G. zu erzählen hat, dann zeigt sich, dass Daniels aggressives Verhalten kurz vor der Geburt des kleinen Bruders besonders stark wurde und seitdem immer schlimmer geworden ist. Das Baby schrie in den ersten Wochen sehr viel, weil es Blähungen hatte. Aufgrund einer Nabelinfektion musste sich die Mutter mit dem Baby in eine Kinderklinik einweisen lassen, auch um herauszufinden, ob mit ihm alles in Ordnung sei, weil man ja nicht sicher sein konnte, ob möglicherweise wieder eine Behinderung vorliegt – was offensichtlich nicht der Fall ist. In dieser Woche war Daniel zum ersten Mal für eine ganze Woche von der Mutter getrennt. Die große Schwester machte sich inzwischen »zu unsichtbar«, sodass Frau G. mit ihr eine Psychotherapeutin aufsuchte. Daniel teilt sich bis zum heutigen Tag mit seiner Schwester zumindest zum Schlafen ein Zimmer, was für das Mädchen wie auch für den autistischen Jungen eine Riesenherausforderung ist. Unter anderem, um hier Entlastung zu schaffen, ist die Familie zurzeit mit Umzugsvorbereitungen in ein neues Haus beschäftigt. Immer wieder werden schon Kisten gepackt; Herr G. ist nach der Arbeit oft im neuen Haus. Er baut viel selbst, denn, so erzählt Frau G.: »Uns rennen die Kosten weg!« Daher sieht Daniel seinen Vater zurzeit oft nur kurz am Wochenende. Eine andere Aufgabenteilung ist im Moment nicht möglich, denn der Einzug ist in zwei Wochen geplant. Am vergangenen Wochenende, als Daniel so außergewöhnlich heftig ausgerastet ist, hatten die Großeltern, die gekommen waren, um Daniels Vater bei der Arbeit zu helfen, sich so gewünscht, Daniel zu sehen. Frau G. hätte ein Treffen in der augenblicklichen schwierigen Situation am liebsten ganz vermieden, wollte aber die Schwiegereltern, die Daniel gernhaben, nicht vor den Kopf stoßen. Und dann wurde es kein nettes, harmonisches Zusammentreffen, sondern eine Katastrophe, und die Schwiegermutter war zutiefst erschüttert über Daniels Anfall …

All diese Umstände: die Geburt des Geschwisterkindes, die Sorge wegen einer möglichen weiteren Behinderung, die Trennung von der Mutter, die finanziellen Herausforderungen, das starke Angespanntsein wegen des Umzugs, die Sorge um die Tochter, die bevorstehende Einschulung Daniels – das alles wären immense Stressfaktoren auch für ein gesundes Kind. Selbst gesunde Kinder reagieren auf derartige Auslöser manchmal mit Symptomen: Sie nässen wieder ein, schlafen nachts schlecht, regredieren in irgendeiner Form auf vermeintlich längst überwundene Verhaltensweisen. Ein Autist wie Daniel erträgt Veränderungen und Wechsel extrem viel schlechter; seine Verunsicherung ist enorm, seine Trennungsangst ebenso, und er weiß sich ganz offensichtlich nicht zu helfen, kann nur durch aggressives Agieren auf seine innere Not hinweisen. Sein Verhalten war anscheinend so verzweifelt, dass es keine andere Möglichkeit gab, als ihn in der Klinik aufzufangen – und doch repräsentiert gleichzeitig die Klinik das, was er am meisten fürchtet: die Trennung von der Mutter und den Wegfall des vertrauten Rahmens, der durch eine Gummizelle oder ein Medikament nicht ersetzt werden kann. Ein Dilemma, das aber so schnell nicht aufzulösen ist, denn Daniels Eltern müssten geradezu übermenschliche Kräfte haben, um Daniel und den beiden anderen Kindern gleichzeitig so viel Sicherheit zu geben und so viel Ruhe und Gelassenheit auszustrahlen, wie sie und vor allem Daniel benötigen. Denn Daniels Unruhe und Angst kann schon durch winzige Veränderungen im Ritual hervorgerufen werden, und für die Eltern ist das eine riesengroße Belastung. Wie groß, das merkt Frau G. zurzeit, wenn Daniel nicht da ist: »Man kann mal ein Spiel mit der Großen machen, ohne dass etwas durch die Gegend fliegt; ich kann alles in Ruhe tun, kann mit dem Baby einen Termin wahrnehmen ohne Daniel. Es gibt diese Nötigung durch Daniel nicht! Wenn er da ist, muss ich mich stark disziplinieren: Bloß nicht aufregen! Immer konsequent und die Ruhe selbst sein! Manchmal fühle ich mich da souverän und gelassen, aber immer wieder auch hilflos und oft mit dem Schicksal hadernd!«

Frau G. ist besonders talentiert darin, anderen einen Rahmen und eine Struktur zu geben und sie anzuleiten: Sie ist von Beruf Führungskräftetrainerin und möchte diese Arbeit wenigstens zeitweise auch in Zukunft machen: »Das brauch' ich, sonst lauf ich Amok!«, lacht sie. »Ich muss meinen Kopf beschäftigen!«

Wie soll es weitergehen?

Allmählich wird wieder mehr Ruhe einkehren, hofft Frau G. Der Umzug wird bald geschafft sein, Daniels neues Zimmer wird seinen Bedürfnissen entsprechend eingerichtet. Wenn er aus der Klinik entlassen wird, kann er sich dort eingewöhnen. Der Vater wird wieder mehr präsent sein; die Tochter wird ein eigenes Zimmer bekommen und eine Kinderpsychotherapie machen. Das Baby hat die Dreimonatskoliken überwunden und entwickelt sich. Man wird in einigen Wochen gemeinsam in Urlaub fahren an einen Ort, wo man schon seit sechs Jahren hinreist, wo die Wirtsleute sehr lieb sind und wo Daniel sich wohlfühlt. Und nach den Sommerferien wird Daniel in die Schule kommen: »Sie nehmen ihn auch mit seinen Beiß- und Kratzattacken – ich habe extra gefragt!«

Aber der Grat, auf dem die Familie wandelt, ist schmal; die Möglichkeit, als Familie mit einem so sensiblen Gleichgewicht zu leben, ist äußerst fragil. Das weiß Frau G. »Eigentlich bin ich ein total positiver Mensch«, sagt sie, »aber jetzt geht es auf die Psyche, wenn man den ganzen Tag nicht lachen kann!« Das Problem für die ganze Familie ist eine Art Pattsituation: »Es geht nicht *mit* Daniel, und es geht nicht *ohne* ihn!«

Wie schafft man es, eine Situation zu erreichen, die es ermöglicht, dass alle – die ganze Familie, Daniel eingeschlossen – immer wieder mal ganz entspannt lachen können?

Man müsste eine Lebensform finden, die allen den Freiraum lässt, den sie brauchen. Frau G. hat begonnen, sich nach einem anthroposophischen Wohnheim umzusehen. Ihr Mann hatte zunächst mehr Zweifel, doch muss man ja auch erst einmal einen Platz in der Wunscheinrichtung bekommen, und das kann unter Umständen Jahre dauern. Besser also, man macht sich rechtzeitig auf die Suche, denkt Frau G. Denn wegtrainieren, das weiß sie inzwischen, kann man Daniels Autismus nicht. Stattdessen wird es nötig sein, eine Lösung zu suchen, die Daniel einen sicheren und stabilen Rahmen gibt, ohne dass er die Beziehung zu seinen Eltern und Geschwistern verliert, und die den Eltern und Geschwistern Luft zum Atmen und Sich-Entwickeln verschafft, damit sie fröhlich und relativ entspannt mit Daniel umgehen können, ohne sich genötigt zu fühlen.

Du wirst irgendwie zur Löwin für dein Kind!

Niclas, zehn Jahre

Niclas, klein, feingliedrig und agil, kommt gleich auf mich zu und lässt sich begrüßen, wobei er Nähe und Körperkontakt sucht. Immer wieder streckt er seine Arme aus, genießt die Zuwendung und das Händehalten, obwohl er mich gar nicht kennt, läuft wieder fort, beschäftigt sich mit Spielsachen, die Rhythmus und Musik erzeugen, um zwischendurch zurückzukommen und sich bei seinen Eltern Wärme, Sicherheit und Halt zu holen.

Zehn Jahre ist Niclas inzwischen alt, aber man kann sich gut vorstellen, wie es gewesen sein muss für Niclas und seine Eltern, damals, als Niclas in der vierundzwanzigsten Schwangerschaftswoche viel zu früh auf diese Welt drängte und an Schläuchen im Inkubator lag, während Mutter und Vater nichts für ihn tun konnten, außer die Hand in den Inkubator zu halten und Niclas sanft an den Gliedmaßen zu berühren. Der Mangel an Körperkontakt muss nachgeholt werden; das Bedürfnis ist bei allen dreien deutlich: Niclas möchte auf den Schoß, in den Arm, die Hände anfassen; seine Eltern möchten ebenfalls Nähe, geben bereitwillig die ersehnte Berührung, und ich fühle mich ein wenig angesteckt davon. Wenn Niclas auf mich zukommt, möchte ich spontan gern sein Gesicht streicheln und auf diese Weise einem Impuls nachgeben, ähnlich dem, den man als Außenstehender manchmal verspürt, wenn man in fremde Kinderwagen schaut. Dann muss man sich gelegentlich selbst ermahnen: »Nicht übergriffig werden!«

Nähe-Distanz-Regulierung ist für Niclas nicht möglich; er läuft hinter wildfremden Menschen her, so berichten seine Eltern, sagt »Mama« zu jedem, obwohl schon spürbar wird, dass er zu seinen Eltern eine besondere Beziehung hat: Vor allem Papa und Niclas sind ein Herz und eine Seele! Vielleicht gerade deshalb, weil der Anfang für beide so besonders schwierig war!

»Damals fühlte ich mich um die Vaterschaft beraubt!«, erzählt Herr G. Und seine Frau ergänzt: »Er war bei der Arbeit, hatte Mittelschicht, und ich hatte solche Schmerzen in den Beinen! Es war mein erstes Kind, ich habe die Schmerzen nicht als Wehen erkannt, und auch die Ärzte haben zunächst nicht richtig geschaltet!«

Herr G. wurde bei der Arbeit angerufen: »Plötzlich gratuliert man mir, ich sei Vater geworden, sagt: ›Es *war* ein Junge!‹ Einerseits klang es, als sei etwas Wunderbares geschehen, gleichzeitig aber wurde in der Vergangenheit gesprochen. Und ich fühlte mich wie im falschen Film! Mit Frühgeburten hatte ich bis dahin keinerlei Erfahrung, auch nicht mit Behinderung. Der Arzt gratulierte mir, als sei es das Schönste – und mein Kind lag da wie ein abgezogener Hase, ich war schockiert!«

Auch Frau G. war anfangs wie gelähmt: »Als ich aus der Narkose erwachte, konnte ich nicht fragen, was mit meinem Kind ist! Niclas war schon in eine andere Klinik verlegt worden, die auf Frühchen, allerdings nicht auf Extremfrühchen eingestellt war. Ich wurde dann dorthin verlegt.«

Leider habe man in der Klinik nicht gewusst, wie man Eltern von Frühchen in die Pflege integriert. »Ich saß da vor dem Kasten – dem Inkubator –, wie wenn ich dadurch was ändern könnte! Aber ich durfte nichts machen – drei Monate lang – außer ab und zu streicheln!«

Herrn G. fiel es sehr schwer, in der Klinik zu sein; schon vom Geruch sei ihm schlecht geworden. Den Oberarzt empfand er als »eiskalt«. Herr und Frau G. erinnern sich: Niclas hatte falsche Nahrung bekommen; sie blieb im Darm stecken. Man konnte es durch die Haut sehen, die war zu dem Zeitpunkt pergamentartig. Niclas wurde mehrmals geröntgt, dafür wurde er frei hängend an den Armen gehalten. Der Darm drohte zu platzen, aber man konnte nicht operieren, und der Arzt habe einfach nur gesagt: »Entweder es geht durch oder er stirbt!«

Niclas starb nicht, er schaffte es, allein mit dem Problem fertigzuwerden, und am nächsten Tag habe es dann geheißen: »So, das ist ja jetzt erledigt, nun kann er am Ductus operiert werden!«

Der Ductus ist die Verbindung zwischen der Hauptschlagader und der Lungenarterie, die sich normalerweise in den ersten Lebenstagen von selbst schließt. Bei Niclas musste der Ductus chirurgisch verschlossen werden, wofür er in eine andere Klinik kam. Dort stellte man fest, dass er überfüttert sei und dass sein Augenlicht akut bedroht war, weswegen er zum Lasern wieder verlegt werden musste. Nach drei Monaten sei er endlich in eine Universitätsklinik gekommen, wo man auf den Umgang mit Frühchen ganz anders vorbereitet war. Endlich durften die Eltern sich an der Pflege beteiligen, und man praktizierte ganz selbstverständlich die Känguru-Methode, bei der das Kind ganz viel Hautkontakt mit den Eltern bekommt. Da war endlich für Vater und Mutter der Bann gebrochen. »Plötzlich, als ich ihn auf der Brust liegen hatte, fing es an zu piepen: Alarm! Das lag daran, dass ich vor Aufregung so schwitzte, dass die Elektroden bei Niclas abgerutscht waren«, lacht Herr G. Die Erleichterung, die er damals verspürte, endlich sein Kind betreuen zu können und Zugehörigkeit ganz konkret zu fühlen, wird auch heute noch beim Erzählen deutlich.

Innerhalb von sechs Wochen hatten die Ärzte und Schwestern es in der Universitätsklinik geschafft, dass Niclas nicht mehr voll beatmet werden musste und nur noch eine Nasenbrille brauchte. Nach vier Monaten lag er endlich angezogen in einem Wärmebettchen, ebenfalls ein Meilenstein für die Beziehung zwischen Vater und Sohn!

»Ich war irgendwie näher dran«, sagt Frau G. »Ich war die ganze Zeit dabei, bekam alles mit, konnte fragen und auch kämpfen! Du wirst dann irgendwie zur Löwin für dein Kind!« Eine Frau hatte ihr, als Niclas noch im Inkubator lag, geraten, Tagebuch zu führen. Auch das half ihr, die Situation zu bewältigen.

Nach fast einem halben Jahr kam Niclas nach Hause; er wurde weiterhin engmaschig von den Ärzten in der Klinik und von einem niedergelassenen Kinderarzt betreut. Ein Jahr lang brauchte er eine Ernährungssonde, die er sich aber ab und zu selber zog. Der Pflegedienst vor Ort sah sich nicht in der Lage, die Sonde neu zu legen, auch aus der Universitätsstadt konnte wegen der Entfernung niemand kommen. »Was blieb uns anderes übrig, als es selbst zu lernen? Aber einmal ist der Ernährungsschlauch aus Versehen in die Luftröhre gegangen – da war Schluss! Ich wollte, dass er eine PEG-Sonde, also eine Magensonde, die durch die Bauchdecke direkt in den Magen eingeführt wird, bekäme, doch man hat uns zur Esstherapie in ein Kinderzentrum geschickt, und sie haben es dort tatsächlich hinbekommen, dass er sich mit dem Löffel Joghurt füttern ließ!«

Schließlich kam Niclas als Integrationskind in einen Regelkindergarten. Hier wurden zehn Kinder ohne Behinderung und fünf Kinder mit Behinderung in einer Gruppe von drei Erzieherinnen betreut. Die Eltern sind sich rückblickend nicht mehr ganz sicher, ob es denn so gut war: »Anfangs schon – aber dann bekamen wir mehr und mehr den Eindruck, dass Niclas störte. Man hatte eine Ecke mit einem Gitter für ihn abgeteilt, mit der offiziellen Begründung, dass er sich dorthin zurückziehen könne, um Ruhe zu haben. Mehr und mehr erschien es uns aber so, als werde er dort regelrecht eingesperrt, weil er in der Gruppe unruhig war, Becher umwarf oder anderes anstellte. Dann schickte man ihn entweder in die Ecke, oder er saß auf einem Stuhl mit einem Keil zwischen den Beinen, von dem er nicht aus eigener Kraft aufstehen konnte.« Das gab den Eltern zu denken. Die Ergotherapeutin regte eine Gesprächsrunde an mit zwei Erzieherinnen, der Therapeutin selbst, dem Kinderarzt und den Eltern, um zu beraten, ob Niclas noch ein Jahr von der Schule zurückgestellt werden solle. Eine Erzieherin habe sich dagegen ausgesprochen, mit der Begründung, dass jetzt mehr und mehr Kinder unter drei Jahren kämen, die Pflege und Betreuung bräuchten, und man dann nicht mehr genug Zeit habe, Niclas zu füttern und zu versorgen. Beide Eltern waren sehr empört, schließlich hatte Niclas doch gerade wegen des höheren Betreuungsaufwandes einen Integrationsplatz bekommen!

»Aber wissen Sie was, nach dem Kindergarten findet so was wie Integration hier sowieso nicht mehr statt!«, ärgert sich Frau G. »Und im Kindergarten selbst konnten oft die Regelkinder mit den Kindern mit Behinderung nichts anfangen. Ich weiß noch von einem anderen Fall mit einem autistischen Kind, wo die Eltern fast vor Gericht gegangen wären wegen der Konflikte, die da auftraten.«

Frau G. vertritt selbstbewusst und lebhaft ihre Meinung und erzählt anschaulich, wie sie damals von der Grundschule einen schriftlichen Bescheid bekam, Niclas zur Einschulungsuntersuchung vorzustellen. »Mit all den nicht behinderten Kindern zusammen sollte ich meinen Niclas im Rollstuhl in die Grundschule bringen! Das wollte ich nicht und rief die Rektorin an, um ihr mitzuteilen, dass Niclas zu einhundert Prozent schwerbehindert ist. Und da sagt sie doch tatsächlich: ›Das entscheide ich und der Arzt vom Gesundheitsamt! Ich sitze hier am längeren Hebel!‹« Ein Anruf beim Schulamt habe dann aber genügt, um die Angelegenheit zu klären.

Niclas ist seit vier Jahren an einer Schule für Kinder mit geistiger Behinderung: »Das war die komplette Wendung für das Kind!« Nachdem die Eltern zuvor, weil sie sich nicht vorstellen konnten, wie an einer solchen Schule gearbeitet wird, eher abwehrend eingestellt gewesen waren, sind sie inzwischen sehr zufrieden. »Für mich war das eine Kopfentscheidung – er musste halt aus dem Kindergarten weg«, erklärt der Vater. »Aber ich machte mir viele Gedanken – ich bin wohl eher der Gluckentyp«, lacht er. Die Vorstellung, dass Niclas mit dem Bus abgeholt wird, aber die Begleiter gar nichts über ihn wissen, war für ihn sehr besorgniserregend. »Wenn sie ihn draußen auf die Straße stellen, ist er weg! Er kann sich ja gar nicht mitteilen, kann nicht Ja und nicht Nein sagen, bekommt alles aufgezwängt und wehrt sich dann mit Händen und Füßen! Oder manchmal ist er weinerlich, Momente später lacht er wieder, und die meisten können es nicht deuten! Als er mal ins Schwimmbad gehen sollte, hat er einen Weinkrampf gekriegt. Da dachten alle, das arme Kind, es will auf keinen Fall ins Wasser! Dabei weint er oft, wenn er starke Gefühle hat – auch weil er sich so freut! Aber das muss man eben wissen, und da habe ich einen Brief geschrieben aus Niclas' Sicht, ihn vorgestellt, etwas darüber berichtet, was für ihn wichtig ist, und habe den Brief den Betreuern gegeben. Das fanden die gut; sie waren ja auch froh, ihn besser zu verstehen!«

Niclas hat seit vier Jahren die gleiche Lehrerin. In seiner Klasse sind sechs Kinder mit unterschiedlichen Behinderungen: »Niclas ist der Schlimmste!«

Tatsächlich? Dieses zarte Wesen, das zwar ein bisschen aufdreht, weil eine Besucherin da ist, der man schließlich etwas bieten muss? So etwas machen auch Kinder ohne Behinderung, wenn sie ein Publikum haben, schon mal gern. Aber doch: Niclas, der lieb ist in gewohnter, ruhiger Umgebung oder im Einzelkontakt, wird umtriebig in der Gruppe. »Sie haben es nicht leicht mit ihm«, räumt die Mutter ein. »Er beißt dann, zieht den anderen an den Haaren, wirft Tasse und Teller.« Zum Glück hat er eine sehr verständnisvolle Lehrerin, die geholfen hat, eine Integrationskraft für Niclas zu bekommen. Von dieser wird er viermal pro Woche fünf Stunden lang begleitet, damit er die Gruppe erträgt. Gelegentlich nimmt sie ihn auch aus dem Unterricht heraus, wenn es für ihn und die Gruppe gar zu schwierig wird.

Für die nahe Zukunft ist gesorgt: Die individuelle Schulbegleitung ist auch für das kommende Schuljahr bereits bewilligt. Über die spätere Zukunft machen Herr und Frau G. sich manchmal Gedanken. Abgesehen davon geht es der Familie zurzeit gut. Niclas' jüngerer Bruder kam vor fünf Jahren gesund und wohlbehalten auf die Welt. »Manche Ehen gehen unter einer solchen Belastungsprobe kaputt. Uns hat's zusammengeschweißt!«

Und Niclas? »Auf seine Art ist er glücklich!«

Behinderung auf den zweiten Blick

Lena, zwölf Jahre

Eigentlich war immer alles glatt gelaufen bei Frau A. und ihrem Mann: Sie verstanden sich gut, Frau A. hatte einen Beruf, den sie liebte und in dem sie kreativ sein konnte. Das Ehepaar baute ein Haus in schöner Umgebung auf dem Land; durch den Beruf war trotzdem die Anbindung ans Großstadtleben gegeben. Frau A. wurde schwanger; es sollte ein Wunschkind werden, und der Ehemann machte sich in seinem Wunschberuf selbstständig. Probleme hatte es bis dahin nicht wirklich gegeben, und man erwartete auch keine …

Doch dann ergaben sich Komplikationen in den letzten Wochen der Schwangerschaft; Frau A. hatte vorzeitige Wehen und musste viel liegen. Pünktlich zum Geburtstermin stellte Frau A. sich dem Gynäkologen vor, der bei der Untersuchung plötzlich ohne Vorwarnung den Muttermund dehnte: »Wir wollen das Kind ein bisschen herbeilocken!«, erklärte er beiläufig. Frau A. war schockiert, fühlte sich manipuliert und behielt ein ungutes Gefühl. Das war der Beginn von etwas, das Frau A. als »Horrorerlebnis« in Erinnerung behalten sollte.

Wenig später platzte die Fruchtblase, sie musste ins Krankenhaus, das sie sich extra wegen der Möglichkeiten zur sanften Geburt ausgesucht hatte. Aber sanft ging es nun gerade nicht weiter. Es gab mehrere Geburten in dieser Nacht. Frau A. fühlte sich phasenweise ziemlich alleingelassen, erbrach sich immer wieder, es ging nicht voran mit der Geburt, das Kind stockte im Geburtskanal und wurde schließlich mit der Saugglocke geholt. »Der Geburtsraum sah aus wie ein Schlachtfeld, Blut überall – für mich war die Geburt ein Trauma!«, erzählt Frau A.

Aber Lena, ihr Baby, schien gesund, obwohl die Schwestern schon in den ersten Tagen sagten, sie sei so unruhig und quirlig: »Mit dem Kind werden Sie viel Arbeit haben!«

Doch Frau A. wollte sich davon nicht beeinflussen lassen. »Wie kann man so etwas so früh schon festschreiben?«, fragte sie sich.

Das Stillen klappte, trotzdem ging es der Mutter nicht gut. In ihrem Dreibettzimmer habe permanente Unruhe geherrscht, denn die beiden anderen Frauen, die entbunden hatten, bekamen oft Besuch von der gesamten Großfamilie. Weder die Erwachsenen noch ihr eigenes Baby ließen ihr Ruhe zum Schlafen. »Schlafentzug kann auch als Foltermethode wirken, nicht wahr?«

Niemand erkannte, dass Frau A. im Begriff war, eine heftige Wochenbettdepression zu entwickeln. Frau A. erinnert sich:

»Vier Monate lang hatte ich ein Schreikind, es ging mir psychisch immer schlechter, ich hatte keine Freude an dem Kind und spielte sogar mit dem Gedanken, sie zur Adoption freizugeben! Mein Mann blieb zwar in den ersten zwei Wochen nach der Geburt daheim, hatte anschließend aber Arbeitstage von zwölf Stunden. Meine Mutter half, doch alle redeten auf mich ein, bis mich endlich meine Schwester zu einem Arzt brachte.«

Der Psychiater überwies sie in die psychiatrische Abteilung der Universitätsklinik, wo sie sieben Wochen ohne ihr Baby verbrachte. Nur an den Wochenenden sei sie nach Hause gekommen. Ihre kleine Tochter wurde inzwischen von ihrer Schwester und ihrer Mutter versorgt. »Damals hätte ich am liebsten mein Leben beendet!«

In der Psychiatrie fand man schließlich ein wirksames Medikament und eine angemessene Dosierung, sodass sie sich allmählich wieder in ein normales Leben eingefunden habe.

»Da wurde es erst einmal wieder besser – doch jetzt kam die Rückmeldung bei den Vorsorgeuntersuchungen: Das Kind habe einen schlaffen Muskeltonus und eine einseitige Kopfhaltung, es brauche Vojta-Therapie, dreimal am Tag zwanzig Minuten. »Vojta-Therapie – das ist furchtbar!«, so erlebte es Frau A., da das Kind dabei die ganze Zeit schrie.

Sitzen, Krabbeln, Laufen – das alles lernte Lena, aber deutlich später, als erwartet. Nach einem Jahr habe es dann geheißen: »Jetzt braucht sie Ergotherapie!« Immer wieder habe der Arzt ins gelbe Vorsorgeuntersuchungsheft geschrieben: »Entwicklungsverzögerung«. Auch bei der Sauberkeitsentwicklung gab es Schwierigkeiten; nachts wurde Lena erst mit sieben Jahren trocken. »Aber die Sprachentwicklung war sehr gut«, betont Frau A. »Wir haben ihr viel vorgelesen, viel mit ihr gesprochen, und darauf hat sie positiv reagiert.«

Die heilpädagogische Sonderbetreuung, welche Lena während ihrer Zeit im Regelkindergarten noch zusätzlich erhielt, habe ebenfalls geholfen. Doch sie sei weiterhin unruhig, ja hyperaktiv geblieben.

Inzwischen war Frau A. nach einer Fehlgeburt und einer Phase mit häufigen Infekten trotz der schwierigen Geburt von Lena wieder schwanger. Fünf Jahre lang hatte sie eine zweite Schwangerschaft heftig abgelehnt, doch ihr Mann wünschte sich sehr noch ein zweites Kind, und auch sie hatte inzwischen wieder Hoffnung, dass alles besser verlaufen könne, und Lena sollte kein Einzelkind bleiben. Nach sechzehn Schwangerschaftswochen stellte sich heraus: Es sind Zwillinge! »Ich heulte, doch mein Mann tröstete mich: ›Wenn Gott uns noch zwei Kinder schenkt, dann nehmen wir sie an!‹«

Ihre Mutter und auch die Schwiegermutter freuten sich und boten Hilfe an. Sechs Wochen später stellte sich heraus, dass die Schwiegermutter schweren Darmkrebs hatte, mit Metastasen in der Leber. Sie starb in der Endphase von Frau A.s zweiter Schwangerschaft: Die Geburt stand bevor und etwa zeitgleich hatte Lena die Einschulung, deren Tests sie zuvor »mit Ach und Krach« bestanden hatte. Zwar hatte man im Kindergarten bereits darauf hingewiesen, dass Lena nicht gruppenfähig sei; sie lasse sich nicht gern anfassen und möge keine Gesellschaftsspiele; sie könne sich nicht gut konzentrieren. Andererseits malte und bastelte sie gern; sollte man Lenas Eigenarten so hoch bewerten, dass sie deshalb nicht eingeschult werden konnte? Auch die Ergotherapeutin hatte schon zu bedenken gegeben, dass es vielleicht besser sei, sie in eine Vorschule zu geben, doch die war zu weit entfernt – wie sollte Lena täglich für wenige Stunden dorthin kommen, wenn die Mutter neugeborene Zwillinge zu betreuen hatte?

Man beschloss also, der Not gehorchend und auf eine positive Entwicklung hoffend, sie in die Regelschule zu geben.

»Doch die Einschulung war eine Katastrophe!« Nach vier Wochen sei Frau A. schon klar gewesen, dass ihr Kind restlos überfordert war. Auch sie selbst war überfordert: Die postnatale Depression meldete sich wieder. Sie hatte sich schon im Vorfeld eine Psychologin gesucht, um dieses Mal gleich reagieren zu können: Sie bekam Medikamente, sodass sie nach vier Wochen relativ stabil war, um die Zwillinge zu versorgen und sich um Lenas Schwierigkeiten angemessen zu kümmern. Mit der Lehrerin hatte sie einen guten Informationsaustausch; man sah immer wieder Hoffnungsschimmer. »Aber nach einem halben Jahr habe ich gesagt: ›Schluss! Stopp!‹« Eine Schulpsychologin machte Tests, fand heraus, dass Lena im mündlichen Sprachausdruck und bezüglich ihrer Kreativität durchaus im Regelschulbereich mithalten konnte, aber auf anderen Gebieten wie der Rechtschreibung und im Rechnen in keiner Weise den Anschluss schaffte. »Sie ist eine Grenzgängerin – das haben wir immer wieder so erlebt!«

Nach dem ersten Schuljahr als Mitläuferin an der Regelschule sollte Lena nun also in die Förderschule kommen: »Die nächste schlimme Phase stand bevor! Für Lena war die Förderschule der reinste Graus!« Es waren neun Kinder in einer Klasse, aus den Stufen eins bis vier »zusammengewürfelt«. Im Mitteilungsheft hätten fast ausschließlich negative Meldungen gestanden: »Lena ist provokativ und aufmüpfig, hält sich nicht an Regeln, macht dicht, fügt sich nicht ein, schreit …«

Auch daheim gab es dann Schelte für Lena, obwohl man spürte, dass ihr Verhalten letzten Endes ein Hilfeschrei war. Und so sah man sich nach einer anderen Schule um: Eine anthroposophische Schule wurde empfohlen, aber die Schulleiterin der Förderschule wollte das Kind nicht gehen lassen, obwohl man sich so viel über sie beklagte, denn die Existenz der Förderschule sei durch jedes Kind, das wegging, gefährdet gewesen. Frau A. fühlte sich durch die Hilfe einer Kinderpsychotherapeutin, die sie mit Lena zu dieser Zeit konsultierte, ermutigt, sich durchzusetzen. »Früher hatte ich mich dauernd schuldig gefühlt, dass ich das Kind nicht besser erzogen hätte; jetzt stellte ich mich mehr auf die Seite meines Kindes, ging zum Schulrat und trug mein Anliegen vor. Der half uns, dass Lena die Schule wechseln konnte.«

Die Therapie habe Lena gutgetan: »Das war wie ein wärmender Sessel für sie!«

Im dritten und vierten Schuljahr besuchte Lena eine Waldorfschule für Kinder mit Lernbehinderung. Sie nahm in Kauf, dass sie bereits um sechs Uhr morgens mit dem Bus abgeholt wurde und stundenlang fahren musste, für nur vier Schulstunden am Tag, denn die Waldorfschule war keine Ganztagsschule.

In der vierten Klasse zeichnete sich wieder ab, dass Lena störte. Sie entwickelte dazu noch eine Tic-Störung. Nun wurden verschiedene Medikamente gegen Hyperaktivität und Konzentrationsschwierigkeiten getestet, allerdings habe Lena sie überhaupt nicht vertragen, und sie zeigte auch keinerlei Leistungsverbesserung.

Nach erneuter Rücksprache mit Ärzten und Psychologen wurde ein Aufenthalt in einer Kinder- und Jugendpsychiatrie empfohlen, damit eine umfassende Diagnostik erstellt würde. Doch auch in diesen sechs Wochen kam es zu keinen neuen Erkenntnissen.

Schließlich überwies der behandelnde Arzt sie für eine Woche stationär in die kinderneurologische Abteilung der Universitätsklinik. Dort ergab sich der Verdacht auf die Stoffwechselerkrankung Niemann-Pick.

»Die Müllabfuhr des Körpers funktioniert bei dieser Krankheit nicht«, so haben die Ärzte den Eltern die Krankheit erklärt. Zwar vermutete man die mildeste Form dieser Erkrankung, aber auch diese könne auf Dauer tödlich verlaufen, weil der Körper »vergiftet« werde. Vierzehn Monate lang stand dieser Verdacht im Raum; erst vor vier Wochen sei ein Brief gekommen, dass man die Tests nicht fortführen wolle und es sehr unwahrscheinlich sei, dass Lena diese Krankheit habe.

Sowohl der Neurologe als auch die Psychologin an der Klinik empfahlen den Eltern, Lena in eine Wohneinrichtung zu geben, mit angegliederter Förderschule. Ihr durchschnittlicher Intelligenzquotient liege bei zweiundsiebzig. Wenn Lena gruppenfähig werden solle, dann müsse sie Kontakte zu anderen Jugendlichen haben.

»Es stimmt, Freundschaften zu anderen Kindern hat sie eigentlich kaum, denn sie kann eben bei deren Aktivitäten nicht mithalten. Und auch gegenüber unseren Zwillingen, die viereinhalb Jahre alt sind, fühlt sie sich mit ihren zwölf Jahren jetzt schon unterlegen – sie werden sie im Rechnen bald eingeholt haben«, stellt Frau A. traurig fest.

Die Eltern haben bewusst immer wieder geplant, etwas allein mit Lena zu unternehmen, damit sie sich nicht benachteiligt fühlte. Doch ihre Eifersucht ist heftig; mit rationalen Argumenten komme man dagegen nicht an. »Wir waren auch daheim ständig an unseren Grenzen! Ich versuche, geduldig zu sein, erkläre etwas ruhig drei- oder viermal, aber dann passiert es mir doch, dass ich schreie!«, sagt Frau A. unglücklich. Auch in der Waldorfschule war keine Entspannung zu erreichen, zumal das lange Fahren zunehmend zur Belastung wurde.

Und so suchte man einen Platz in einer Einrichtung und erklärte Lena, dass man keine andere Schule für sie finden könne.

Lenas Heimweh sei enorm gewesen, und obwohl es sich inzwischen etwas gelegt hat, kämpft die Familie noch darum, sich mit der augenblicklichen Situation auszusöhnen. Über die Besuchsfrequenz gibt es Unstimmigkeiten mit den Mitarbeitern aus der Wohngruppe; da reibt man sich etwas aneinander und sucht noch nach einer für alle Beteiligten akzeptablen Lösung, besonders nach einer, die für Lena selbst gut ist. Auch zwischen den Betreuerinnen und Betreuern in der Wohngruppe und Lenas Lehrerin gibt es Unstimmigkeiten über die anzuwendenden Erziehungsmethoden. Ein gemeinsames Gespräch aller Erzieherinnen und Erzieher aus Elternhaus, Wohngruppe und Schule, in dem man einander zuhören und gemeinsam Wege suchen könne, sei bisher leider nicht möglich gewesen. Frau A. ist unglücklich, dass sie keinen Kontakt zu anderen Eltern hat, mit denen sie sich austauschen kann. Die Mitarbeiter der Wohngruppe haben sie nicht ermutigt, diesen Kontakt zu suchen: Viele Mitbewohner Lenas seien vom Jugendamt aus ihrer Familie herausgenommen worden, weil die Eltern sich aus verschiedenen Gründen nicht kümmern. Lena bilde da eine Ausnahme.

Frau A. will ihren Teil dazu beitragen, die Kommunikation untereinander zu verbessern. Denn Lena aus der augenblicklichen Wohn- und Schulsituation herauszuholen und wieder etwas Neues zu suchen, das wird nicht zu mehr Ruhe für sie beitragen. Frau A. selbst versucht, sich mit fachlicher Hilfe klarer zu werden, wie es weitergehen kann, vor allem, wie eine Aussöhnung mit der Entwicklung ihrer Tochter und eine Verbesserung der Beziehung zu ihr möglich ist. Denn sie liebt ihr Kind, das wird deutlich, wenn sie von Lena spricht, und sie zeigt mir ein Bild: Ein hübsches, schlankes junges Mädchen mit verschmitztem Gesichtsausdruck lächelt mir entgegen.

»Jeder, der sie so sieht oder erstmals mit ihr zu tun hat, kann nicht glauben, wie schwierig alles für sie ist. Sie kann sich prima ausdrücken und, wenn man mit ihr allein ist, sich auf vieles einlassen. Aber gerade deshalb wird sie oft falsch eingeschätzt und überfordert. Die Behinderung sieht man erst später, auf den zweiten Blick.«

Ich nehme kein Blatt mehr vor den Mund!

Sophia, vierzehn Jahre

»Meine Kleine«, sagt Frau W. meistens zärtlich, wenn sie von Sophia spricht. Ja, klein ist sie tatsächlich, die inzwischen Vierzehnjährige: einen Meter vierunddreißig groß, und sie wächst auch nicht mehr, weiß Frau W. Wie ein sanftes, zartes Wesen, so wirkt sie, wenn sie einem von den Fotos entgegenstrahlt, die Frau und Herr W. im Wohnzimmer und im Flur von ihr aufgehängt haben. Dickes schwarzes Haar hat Sophia, mit großen Augen blickt sie in die Welt und sieht dabei ihrer Mutter unverkennbar ähnlich.

»Sprechen Sie von *diesem* Kind?«, habe der Rektor der Schule, die Sophia zurzeit besucht, gefragt, als Frau W. ihm geschildert hat, wie Sophia sein kann, wenn sie sich mitteilen möchte und es ihr nicht ausreichend gelingt, ihre Bedürfnisse auszudrücken. Dann kann sie nämlich sehr heftig werden, kratzen, kneifen oder beißen, und an der Schule, die sie zuvor besuchte, hat sie sogar einmal einem Kind den Finger gebrochen … Aber das hatte Frau W. zu Beginn unseres Gesprächs fast vergessen …

Sophia kam als Extremfrühchen auf die Welt, am Ende des fünften Schwangerschaftsmonats mit siebenhundert Gramm Geburtsgewicht.

»Das war damals dramatisch; ich litt am HELLP-Syndrom und wäre beinahe gestorben! Ich habe immer gesund gelebt, keinen Alkohol getrunken, keine Drogen genommen oder so. Da fragt man sich: Wieso liege ich jetzt im Sterben?« Aber Frau W. hat überlebt: »Ich bin keine Frau, die sich hängen lässt!« Sophia überlebte ebenfalls, selbst wenn sie noch fünf Monate in der Klinik bleiben musste und auch dort sowie später in ihrem Leben mehrfach auf Leben und Tod erkrankte – insgesamt siebenmal bisher! Zuerst im Inkubator; da hatte sie eine Sepsis mit besonders schwerem Verlauf. Aber wohl auch einen starken Lebenswillen! »Sie lebt gerne – das ist spürbar!«, bekräftigt Frau W.

Lange – ja sogar jahrelang – lautete die Diagnose: »Psychomotorische Entwicklungsretardierung«. In den ersten Jahren sei man von Klinik zu Klinik gereist, um herauszufinden, was los war, denn Sophia krabbelte nicht, lief nicht, sprach nicht und selbst heute habe sie, was das Sauberwerden angeht, »gar keinen Schalter im Köpfchen«.

War die Frühgeburt die Ursache, kam es von der Sepsis? Die Ärzte seien sich nicht einig gewesen. Frau W. wüsste es gern genauer, deshalb werden weitere Untersuchungen gemacht. Nächsten Monat wird sie mit Sophia ins Autismus-Zentrum gehen und sich beraten lassen, da Sophia starke Zwänge hat. Es müsse alles in ihrem Leben ganz stark geordnet sein; eine Fluse am Pullover, ein Krümel zu viel am Brötchen könne eine große Unruhe auslösen. Dann springt Sophia auf, schaukelt mit Kopf und Körper und besteht darauf, dass der Störenfried entfernt wird.

Diese Extremform der Ordnung ist sehr belastend für ihre Eltern. Andererseits sucht auch Frau W. eine Art der Ordnung, um die Unsicherheit, die durch Sophias Behinderung entstanden ist, zu bewältigen: »Ich hätte gern eine Diagnose, in die ich das ganze Paket hineinstecken kann!« Würde das etwas ändern?

»Nein – aber vielleicht könnte man doch noch andere Therapien machen?! Ich möchte gern wissen, woran ich bin, möchte es gern einordnen können. Darunter, dass dies nicht geht, leide ich.«

Sophia kann ein wenig laufen; einen knappen Kilometer geht sie zu Fuß. Aber sie läuft sehr ataktisch, versteht das Wort »langsam« nicht und fällt dann leicht, sodass man meistens mit dem Rollstuhl unterwegs ist. Im Auto muss sie dreifach gesichert werden, sonst steigt sie während der Fahrt aus. Sie hat kein Gefahrenbewusstsein, braucht auch ein abschließbares Bett, und in ihrem Zimmer duldet sie keine Dekoration, ja sie werde richtig aggressiv, wenn die Mutter zum Beispiel zu Weihnachten mal ein schönes Fensterbild anbringen möchte: »Das ist dann sofort ab!« Im Wohnzimmer kann Sophia etwas mehr Dekoration zulassen, besonders Lichter und Kerzen, die mag sie.

Zum Glück ist es möglich für Herrn und Frau W., auch mal auszugehen; dann kommt ein Pflegedienst oder eine erfahrene Betreuerin, Menschen, die Sophia schon lange kennen und sie zu nehmen wissen. Solange Sophia ihren Tagesrhythmus hat, toleriert sie das. Geburtstage feiern – nein, das haben die W.s sich schon lange abgewöhnt. Wenn viele Leute da sind und es unruhig zugeht, dann ist es zu schwierig für Sophia, und Frau W. muss eine Woche lang mit nächtlichem Schlafentzug für das Feiern büßen. Die anderen Familienmitglieder wundern sich, erzählt Frau W., sie meinen wohl auch, es läge daran, dass Frau W. nicht feiern wolle, aber: »Die verstehen das nicht, Hilfe von meiner Familie kommt sowieso nicht, das können wir abhaken!«, sagt Frau W. resigniert.

Woran das liegt? Frau W. weiß es nicht. »Mein Gefühl sagt mir: Unsere Tochter passt ihnen nicht ins Erscheinungsbild!« Man möchte ein gewisses Ansehen bewahren, den Anschein, dass alles in Ordnung sei; mit Behinderung könne man einfach nicht umgehen! »Das tut schon weh!«

Die Oma habe sich gekümmert; Sophia habe sie sehr gemocht, aber sie sei Anfang dieses Jahres gestorben. Frau W. wollte Sophia eigentlich beschützen vor der Konfrontation mit schwerer Krankheit und dem Tod, doch Sophia habe ihr durch Gebärdensprache und Laute klargemacht, dass sie die Oma besuchen wolle. In den letzten drei

Lebenstagen der Oma sei ein sehr intensiver und liebevoller Kontakt zwischen »Ma« und Sophia möglich gewesen. Anders als ihre Verwandten ist Frau W. überzeugt, dass »Ma« dies spüren konnte und auch durch ihre Mimik gespiegelt hat. »Ma« habe Sophia immer so genommen, wie sie ist ...

»Vor ein paar Jahren hat mir mal jemand gesagt: ›Trenn dich von Leuten, die dir nicht guttun!‹ Wir grenzen uns von der Familie ab, mein Mann und ich, um uns zu schützen. Dafür haben wir viele Freunde, die sich wirklich für uns interessieren und uns unterstützen!« Rückhalt findet die Familie zum Beispiel in einer Kirchengemeinde. Zusammen mit anderen Betroffenen hat das Ehepaar W. eine Selbsthilfegruppe gegründet; dort tauscht man sich untereinander aus, organisiert Vorträge, Seminare oder Feste.

Frau W. ist überhaupt sehr engagiert, zum Beispiel im Kreiselternbeirat, wo sie aber ziemlich allein ist auf weiter Flur als Mutter eines Kindes mit Behinderung: »Es gibt acht Förderschulen im Kreis – aber es ist keiner da, das Interesse ist gleich null, die Resonanz miserabel ...«

Worauf führt sie das zurück? Frau W. rätselt: »Ich vermute, viele Eltern schämen sich, sie wollen sich nicht so viel und so öffentlich damit auseinandersetzen. Sie haben es vielleicht nicht angenommen, das ganze Thema.« Wenn man sich öffentlich für Behinderung einsetzt, sich dazu bekennt, dann bekennt man sich damit auch gleichzeitig zu einer Schwäche, meint Frau W.

Aber die Fähigkeit, eine Schwäche zuzugeben, kann doch gerade die Stärke sein, oder?

Frau W. stimmt zu: »Ja, ich bin ehrlich gesagt sogar stolz darauf, dass wir so ein Kind haben! Und ich glaube, dass wir auch noch viel durch die Kleine lernen können, wenn ich zum Beispiel an ihren Umgang mit der sterbenden Oma denke!«

Frau W. kommt aus dem Kölner Raum, ihr rheinländisches Temperament ist unverkennbar. »Nächste Woche gehe ich in den Landtag!«, erzählt sie mir. Vor ein paar Tagen sei mit dem Behindertenbeauftragten ein neues Projekt klargemacht worden. Die Kreisstadt habe eine Immobilie für Kinder und Jugendliche ausgesucht; da würden auch Kinder mit Behinderung hineinpassen! Es solle ein Haus sein, wo Eltern ihre Kinder mit Behinderung gegebenenfalls spontan hinbringen können, wenn sie ausgehen möchten, einkaufen oder wenn sie irgendwie Zeit für sich brauchen oder krank sind.

Wie das ist, wenn man plötzlich krank wird, hat Frau W. erst am Wochenende wieder erlebt. Sie hatte eine Magen-Darm-Grippe, ihr Mann musste Sophias Betreuung allein übernehmen. Sophia hat einerseits Sorge um ihre Mutter geäußert, den Vater aber gekratzt, weil es nicht so ging, wie sie es gewohnt war. Da hatte Frau W. auch psychisch ein Tief. »Man kriegt einen Moralischen, und dann denkt man: ›Lieber Gott, lass uns noch lange, lange gesund leben!‹ In solchen Fällen fehlt die Familie – stellen Sie sich mal vor, mein Mann wäre nicht da gewesen!«

Später mal wird man sich nach Möglichkeiten für Betreutes Wohnen für Sophia umsehen – aber das hat noch Zeit, findet Frau W. Seitdem Sophia die Schule gewechselt hat, gehe es allen besser. In den Jahren davor war es sehr schwierig gewesen. »Die letzten zwei bis drei Jahre dort hat es nur noch gekracht! Da liegen Welten zwischen der früheren und der jetzigen Schule!«

Sophia sei zum Beispiel immer gefährdet gewesen, Untergewicht zu haben oder wegen Unterzuckerung und Dehydrierung in einen lebensgefährlichen Zustand zu geraten. In der Schule habe sie offensichtlich nicht gut gegessen, sie als Mutter habe dies aber nicht beziehungsweise zu spät erfahren. Sophia war dann häufig zu Hause oder zu Untersuchungen bei Ärzten und Kliniken. Das habe man ihr vonseiten der Schule angekreidet: »Sie haben Ihr Kind wohl am liebsten daheim!«

»Dabei war sie wirklich krank!«, sagt Frau W. empört. Vor einem Jahr bekam sie ärztliche Hilfe in einer Rehaklinik für Menschen mit Behinderung. Der Arzt dort stellte fest, dass Sophia eine schwere Schluckstörung hatte; sie wurde operiert und bekam eine PEG-Sonde. Nun nimmt sie zu.

Aber das, erklärt Frau W., sei nicht der einzige Grund gewesen für ihre Unzufriedenheit mit der Schule. Sie habe es einfach nicht mehr ausgehalten, dauernd zu hören: »Die Sophia war wieder böse!« Einmal habe sie provokativ darauf geantwortet: »Wenn sie böse ist – dann kann sie ja bald auch aufs Gymnasium gehen! Denn wenn sie so klug ist, sich bewusst dafür zu entscheiden, ob sie lieb oder böse sein will, dann kann sie ja auch eine weiterführende Schule besuchen!«

Sophia verhält sich aggressiv, wenn sie unsicher ist oder in Panik gerät, wenn ihr Tagesablauf durcheinanderkommt oder zu viel Unruhe herrscht, zum Beispiel hat sie neuerdings auch Angst vor Hunden. Wenn sie einen nur von fern sieht, packt sie schon unvermittelt heftig zu: »Kräfte dosieren geht überhaupt nicht!« Manchmal findet man auch erst im Nachhinein heraus, warum sie sich so verhalten hat. »Aber man muss es eben herausfinden wollen – nicht einfach behaupten, sie sei böse und müsse bestraft werden, indem man sie aus der Gemeinschaft herausnimmt, sie mit dem Stuhl umdreht und sie auf eine weiße Wand schauen lässt!«

»Aus Berechnung macht meine Tochter gar nichts!«, habe Frau W. dem Sonderpädagogen gesagt; sie kann ja gar nicht vorausschauend oder berechnend denken! Also muss man versuchen herauszufinden, was sie hat, wenn sie sich so unangepasst verhält, zumal sie es nicht anders mitteilen kann.« Aber da sei sie bei dem Sonderpädagogen auf Granit gestoßen.

Nachdem sie beschlossen hatte, das Kind nicht mehr in diese Schule zu schicken, sei sie am nächsten Morgen zusammengebrochen. »Man kämpft ja wirklich allein letzten Endes«, meint Frau W. »Ich mache mir da keine Illusionen. Aber wir haben einen Neuanfang: Die Mitarbeiter sind interessiert; sie haben sogar einen Hausbesuch gemacht, weil sie uns und Sophias Umfeld besser kennenlernen wollten. Es herrscht viel mehr Fröhlichkeit.«

Frau W. ist gelernte Krankenschwester: »Obwohl ich mich auskenne, hätte ich früher den Ärzten immer zugestimmt und klein beigegeben. Aber man lernt ja mit der Zeit, findet hinein in die Erziehung eines Kindes mit Behinderung und man weiß, was es braucht. Deshalb lasse ich mir nicht mehr alles gefallen! Ich nehme kein Blatt mehr vor den Mund!«

Prozesse auf dem Weg zur Akzeptanz

Jan, fünfzehn Jahre

»Das ist einfach nicht adäquat, was der macht!«, stellte der Neurologe, Chefarzt einer Universitätskinderklinik, fest, als Frau S. ihren Sohn Jan im Alter von drei Jahren dort vorstellte.

Was war nicht adäquat? Na, dass Jan zum Beispiel morgens um fünf aufstand, um anschließend das Haus auf den Kopf zu stellen: alle Lichtschalter anknipsen, den Backofen anschalten, alle Behältnisse mit etwas füllen, zum Beispiel die Gummistiefel in den Backofen stecken, die Waldorfpuppe der drei Jahre älteren Schwester in die Toilette, ständige Unruhe, Action. Nein, aggressiv war er nicht, aber chaotisch: »Schmeißen, schmeißen, schmeißen von früh bis spät!«

Dabei hatte alles so gut angefangen: keine Komplikationen während der Schwangerschaft, im ersten Jahr erschien alles normal, er schlief, war sogar relativ ruhig. Mit einem Jahr wirkte er leicht retardiert im Vergleich zu seinen Altersgenossen, krabbelte nicht, wollte zunächst nicht laufen. Ein Arzt, den man damals konsultierte, sprach eine Dreiviertelstunde lang mit den Eltern; während dieser Zeit habe Jan »keinen Mucks gemacht«. Der Arzt sei zwar etwas zögerlich gewesen, habe aber gefragt: »Erkennen Sie sich in Ihren Kindern wieder? Gibt es Ähnlichkeiten?« Jans Vater sei ein sehr ruhiger Typ. »Ja, mein Mann ist so!«, habe Frau S. spontan gesagt. Daraufhin sah der Arzt keinen Anlass zur Besorgnis. »Ich war erleichtert; ich wollte wohl auch gern hören, dass alles in Ordnung sei«, räumt Frau S. ein. »Mein eigener Vater hat immer das Äußerste von mir als Kind verlangt. Diesen Leistungsanspruch wollte ich an meine Kinder nicht stellen, und meine ältere Tochter hatte sich ja auch normal entwickelt. Deshalb sahen wir es damals noch gelassen.«

Schließlich veränderte sich Jans Verhalten, schlug um in diese exzessive Unruhe.

Frau S. suchte weiterhin Ärzte auf, aber: »Kein Arzt hat damals verstanden, was ich gesagt habe, die haben gedacht: ›Die Alte ist hysterisch‹«, so wertet Frau S. sich selbst ab. »Es hieß dann: ›Der Mann ist auf Dienstreise, die Oma wohnt nicht in der Nähe, deshalb wird sie mit den kleinen Kindern nicht fertig!‹ Es war damals so schlimm, das möchte ich mir am liebsten gar nicht mehr vergegenwärtigen.«

Als Jan im Alter von drei Jahren stationär kinderneurologisch untersucht wurde und der Neurologe das »inadäquate Verhalten« Jans als geistige Behinderung mit autistischen

Verhaltensweisen klassifizierte, war das ein Schock. »Er hat uns eine Kurve angemalt, um Jans bisherige Entwicklung darzustellen, und meinte, die Linie werde nun horizontal weitergehen. Vielleicht hab' ich den Schock gebraucht?«

»Wozu haben Sie den Schock gebraucht, Frau S.?«

»Na, um die Realität anzuerkennen – obwohl – so richtig habe ich das damals auch nicht getan! Ich bin erst mal zusammengebrochen, ich war in Therapie, ich war in Kur, aber dann habe ich angefangen zu kämpfen!«

Kämpfen – das war leider nötig, denn jetzt galt es erst einmal, einen Kindergartenplatz für Jan zu finden. Der Sonderkindergarten hatte eine ellenlange Warteliste, da gab es keine Chance. Ein Integrationsplatz in einem Regelkindergarten war nicht zu bekommen. Die Sozialpädagogin an der Kinderklinik hatte empfohlen, eine heilpädagogische Betreuung zu beantragen. Da die Familie aber in einem anderen Bundesland wohnte, konnte das zunächst nicht umgesetzt werden. Schließlich gelang es, einen Integrationsplatz in einem Waldorf-Kindergarten genehmigt zu bekommen. Vier Wochen vor dem geplanten Beginn der Kindergartenzeit sagte die Leiterin des Kindergartens ab: Es sei zu schwierig.

Schließlich erklärte sich die Leiterin eines katholischen Kindergartens bereit, Jan aufzunehmen, zunächst als Regelkind. Die Mutter Oberin setzte sich dafür ein, dass er einen Integrationsplatz bekam. Daraufhin habe die Stadt Widerspruch eingelegt: Es würden dadurch fünf Regelplätze entfallen, und außerdem müsse die Stadt circa zweitausend Mark zusätzlich pro Jahr zahlen. »Den Brief, den ich damals erhielt, habe ich noch; es heißt darin: ›Sie nehmen gesunden Kindern auf diese Weise den Kindergartenplatz weg!‹«

»Am liebsten hätte ich damals den Bürgermeister, die Stadt und den Kreis verklagt! Aber ich bin so krank geworden, dass es nicht ging. Die Schwester Oberin ist zum Bischof gefahren; die Kirche hat die Differenz von zweitausend Mark gezahlt, und sie haben Jan trotzdem genommen. Das war mein Glück, obwohl die Erzieherinnen dort ja gar nicht geschult dafür waren – aber sie wollten es trotzdem machen.« Frau S. war beeindruckt von der Wärme und dem Mitgefühl, die ihr und ihrem Sohn dort zuteilwurden.

Da der Kindergarten nur bis mittags ging, erhielt Frau S. schließlich auch Eingliederungshilfe für zu Hause. Ein Heilpädagoge kam bis zum Zeitpunkt der Einschulung nachmittags, um mit Jan eine halbe Stunde zu arbeiten, oder er bot Supervision für die Erzieherinnen im Kindergarten an.

Jan wurde anschließend in eine Schule für praktisch Bildbare eingeschult. Frau S. hatte die Hoffnung, er werde dort lesen lernen, leider sei der Lesekurs in der Schule oft ausgefallen. Dabei habe die Oma, wenn sie mit ihm am Computer spielte, festgestellt, dass er alles schreiben konnte. Etwas ein Jahr lang übte Frau S. deshalb selbst mit ihm, er sprach zunächst gut darauf an, verlor dann aber das Interesse.

Vor etwa drei Jahren sei Jan in der Schule besonders schwierig geworden. Der Umgang der Lehrerin mit seinen Verhaltensweisen sei nicht förderlich gewesen. Sie habe ihm, wenn er »Stress gemacht hat«, Konsequenzen in der Zukunft angedroht, die Jan überhaupt nicht verstanden habe. Gespräche über solche Situationen seien in der Regel kaum möglich: »Ein Runder Tisch ist ein Traum!«

Immer wieder gab es Unstimmigkeiten darüber, was man von Jan verlangen kann und was nicht, deshalb entschlossen sich die Eltern vor zwei Jahren, noch einmal abschließend eine fachkompetente Diagnostik in einem Kinderzentrum machen zu lassen. Auf den Termin für die gründliche Untersuchung musste die Familie ein ganzes Jahr warten. Dafür hat man nun endlich Klarheit: Jan ist auf dem geistigen Niveau eines Vorschulkindes, sprachlich ist er teilweise besser, in anderen Bereichen wie ein Vier- bis Fünfjähriger, obwohl er auf den ersten Blick den Eindruck erweckt, als könne er mehr. Sein Hauptproblem ist aber, mit freien Situationen umzugehen; das macht ihm sehr viel Stress, und er kann dann mit seinen ihn überflutenden, heftigen Affekten nicht umgehen. Auch häufige Wechsel der Räume oder der Bezugspersonen vertrage er nicht.

»Pause in der Schule – das ist zum Beispiel eine solche freie Situation. Sie bedeutet Stress für Jan, er weiß nicht, was passiert. Die Psychologin im Kinderzentrum habe erklärt: »Jan kann sich nicht kontrollieren. Wenn er etwas als gefährlich erlebt, muss jemand anders für ihn die Kontrolle übernehmen. In solchen Situationen braucht er Eins-zu-eins-Betreuung! Punkt. Darüber kann man nicht diskutieren!«

Die Schule sehe das trotzdem anders, mit der Folge, dass es in der Pause oder anschließend wieder im Unterricht zu Rangeleien oder regelrechten Schlägereien kam. Dann würden drei bis fünf Personen gleichzeitig auf ihn einreden und versuchen, ihn zu beschwichtigen, was gar nicht funktioniert. Da habe er sogar einmal die Lehrerin getreten oder einem Lehrer auf die Nase gehauen.

Drohungen wie »Nächste Woche darfst du nicht mit Eis essen gehen!« brächten gar nichts, weil sie erstens die Gefahr in der aktuellen Situation nicht aufheben und zweitens vorausschauendes Denken bei Jan in dieser Weise nicht möglich ist. »Das übersteigt seine geistigen Fähigkeiten, so steht es im Bericht!«

Der Bericht gibt Frau S. Sicherheit. Wenn sie jetzt in der Schule um andere Lösungen bittet, kann sie den Bericht vorweisen: »Hier steht schwarz auf weiß, was Experten sagen!« Das ist zwar das, was Frau S. selbst sowieso schon in dieser Form gespürt und zu vermitteln versucht hat, aber wenn sie sich auf Fachleute beziehen, ja notfalls sogar dort anrufen kann, damit sie es der Schule gegenüber vertreten, dann fühlt sie sich bestätigt und gestärkt. Sobald es dann wieder heißt: »Er *muss* es aber lernen«, dann kann sie auf die Klinik hinweisen und auf die Fachleute dort, die Entlastung geben: »Er *kann* es *nicht* lernen!«

In ruhiger Umgebung geht vieles besser. »Wenn er jetzt hier wäre, würde er die ganze Zeit ruhig dasitzen!« Jan geht auch mit auf Freizeiten; da ist der Personalschlüssel günstiger. Aber Einzelbetreuung für Jan in der Schule zu bekommen, das sei unmöglich. Seit drei Tagen hat Jan immerhin nach langen Diskussionen eine Einzelbetreuung für die Pause, und er darf jeden Tag »Schaukelbuddy« sein. Das bedeutet, dass er eine besondere Jacke und Kappe trägt und die Kinder beim Schaukeln betreut. So hat er eine Aufgabe in der Pause, die freie Situation ist aufgehoben und nicht mehr bedrohlich. Eine gute Lösung, »aber nur, weil ich so hartnäckig war! Ich weiß, die denken: ›Die schon wieder!‹, wenn ich auftauche!«, sagt Frau S. unglücklich. Eigentlich mag sie sich nicht unbeliebt machen, sich auch nicht immer rechtfertigen müssen.

»Meine Kritik überhaupt, an Ärzten, Lehrern, Behörden«, meint sie erschöpft, »ist, dass man eine Mutter, die eine solche Aufgabe hat, so sehr im Regen stehen lässt!«

Frau S. ist vor zwei Jahren ernsthaft krank geworden. Sie bekam extreme Herzbeschwerden und Panikattacken, sodass sie das Haus nicht mehr verlassen konnte. Mit medizinischer und psychotherapeutischer Hilfe sei sie nun einigermaßen über den Berg. »Ich hatte zwei Jahre lang Angst vor mir und vor dem, was mich jetzt als Nächstes erwartet! Fünfzehn Jahre lang war mein Leben dermaßen mit Stress ausgefüllt!«

In dem Wunsch, sich für ihren Sohn, für andere Menschen mit Behinderung und deren Angehörige zu engagieren, damit man sie nicht auch »im Regen stehen lässt«, hatte sie sich total verausgabt: einen Verein gegründet für Familien mit Kindern mit Behinderungen, integrative Ferienspiele organisiert, Netzwerke geknüpft, ganz viel Bewegung angestoßen. Auf dem Höhepunkt eines solchen Projekts ist sie mit über zweihundert Blutdruck zusammengebrochen.

Inzwischen hat sie sich etwas aus dem intensiven Engagement zurückgezogen.

»Ich bin fünfzig, will aber immer noch so viel leisten wie mit dreißig bis vierzig. Das liegt daran, dass mir diese fünfzehn Jahre dazwischen völlig fehlen. Alles, was man normalerweise macht – Urlaub, Freunde treffen, sein Leben gestalten –, das hatte ich nicht. Auch meine Ehe war stark in Gefahr. Jetzt sind wir wieder gefestigt. Aber wenn wir einen Tag freihaben, wissen wir erst mal gar nicht, was wir machen sollen.«

Jan ist in Ferienzeiten inzwischen öfter mit einer Einrichtung der Diakonie unterwegs, mit Kindern und Jugendlichen, die eine Behinderung haben. Es sind weniger Kinder mit mehr Betreuern als bei den integrativen Ferienspielen damals, an denen auch Kinder ohne Behinderung teilnahmen. Jan komme manchmal so erfüllt zurück, er übernehme selbst Aufgaben gegenüber den anderen, schwerer beeinträchtigten Kindern und fühle sich gebraucht.

Damals hätte Frau S. Ferienbetreuung für Kinder mit Behinderung zugunsten integrativer Veranstaltungen abgelehnt. »Vielleicht muss man eine solche Phase durchleben, dass man sagt: ›Ich will das Gleiche wie alle anderen auch!‹ Vielleicht muss man erst erkennen, dass man das Gleiche nicht haben kann, weil man andere Fähigkeiten und Bedürfnisse hat? Solche Phasen und Prozesse habe ich immer wieder durchmachen müssen, wie damals beim Wunsch, ihm das Lesen beizubringen. Man muss erst spüren, was geht und was nicht. Bei jedem Prozess nähere ich mich der Realität immer mehr. Alle Prozesse waren ein Stück auf dem Weg dahin, die Behinderung zu akzeptieren.«

Husten Sie doch mal!

Öner, sechzehn Jahre

Öner wird bald sechzehn: Ein gutaussehender, dunkelhaariger junger Mann, der so allmählich anfangen muss, sich ans Rasieren zu gewöhnen, denn auf der Oberlippe wächst schon zarter Flaum.

Eine neue Herausforderung nicht nur für Öner, sondern auch für seine Mutter, denn Öner wird sich nicht selbst rasieren können, dafür ist zurzeit die Mama zuständig, die schon seit vielen Jahren alles für ihn macht, was Öner an Pflege, Anleitung, Erziehung und Therapie braucht.

Öner war eine Frühgeburt, so erzählt Frau A., es gab Komplikationen während der Schwangerschaft. Nach der Geburt war Öner zunächst ein ruhiges Baby, das viel schlief. Dies habe sich nach circa zwei Monaten geändert: Plötzlich, so erschien es Frau A., wurde er zum Schreikind, er hörte überhaupt nicht mehr auf zu weinen … War es die Folge einer Impfung, die etwa zeitgleich mit dem Einsetzen der Schreiperiode durchgeführt wurde? Frau A. weiß es nicht, genauso wenig, wie sie weiß, was die Ursache für Öners schwere Behinderung ist.

»Man sucht halt und versucht es herauszufinden«, meint Frau A., denn eine genaue Diagnose gab es nicht wirklich, kein deutlich umschriebenes genetisches Syndrom etwa – nein, nichts Fassbares, Greifbares.

Als Öner vier Monate alt war, meinte der Kinderarzt, es sei höchste Zeit für Vojta-Therapie, damit Öner in Bewegung komme. Weitere vier Monate später wurde bereits »Frühkindlicher Autismus« festgestellt. Ein anderer Arzt, der Öner im Alter von fünf Jahren untersuchte, war der Meinung, es handele sich wohl primär um eine schwere geistige Behinderung mit ausgeprägt autistischen Verhaltensweisen; wieder ein paar Jahre später hob ein anderes medizinisches Gutachten den frühkindlichen Autismus in den Vordergrund, zum Glück, so seufzt Frau A., denn für Öners Förderung machte dies den ganz großen Unterschied. Autismus wird als seelische Behinderung betrachtet. Ein Mensch mit einer solchen Behinderung hat Anspruch auf Eingliederungshilfe anderer Art als ein Mensch mit geistiger Behinderung, so wurde es Frau A. erklärt: Er kann zum Beispiel eine individuelle Schulbegleitung erhalten, selbst wenn er bereits eine Sonderschule für Menschen mit geistiger Behinderung besucht. Steht die geistige Behinderung mit autistischen Verhaltensweisen als Begleitsymptom im Vordergrund, dann seien die Chancen für eine solche individuelle Förderung innerhalb einer Sonderschule für Menschen mit geistiger Behinderung äußerst gering, da man davon ausgeht, dass dort genügend Betreuung und Förderung vorhanden ist.

»Die Schulbegleitung hat mein Leben gerettet!«, betont Frau A. aus tiefer Überzeugung und mit großer Erleichterung, und aus diesem Satz wird klar, wie wenig Mutter und Kind sich als voneinander getrennte Wesen erleben können, wenn eine solch schwere Einschränkung beim Kind vorliegt. Die Schulbegleitung hat nicht nur Öner unterstützt und den Lehrern in der Schule geholfen und damit möglicherweise *Öners* Leben gerettet – nein, sie hat sogar das Leben seiner Mutter gerettet: »Sonst hätte ich es nicht geschafft!«

Ihr Leben stand schon einmal auf der Kippe – damals. Öner war etwa ein Jahr alt, als Frau A. sehr krank wurde. Sie wurde mit Magenblutungen ins Krankenhaus eingeliefert und musste dort intensivmedizinisch versorgt werden, denn es stand sehr schlecht um sie. Wie kam es dazu, dass eine ansonsten immer völlig gesunde, achtundzwanzigjährige Frau in einen existenziell so bedrohlichen Zustand geriet? Zum Glück dachten die Ärzte darüber nach, schalteten psychologischen Beistand ein und führten gemeinsam ein Gespräch mit Frau A.

»Ich habe da endlich verstanden, was in mir vorgegangen war«, berichtet Frau A. »Ich hatte Öners Behinderung nicht wahrhaben wollen; ich hatte die ganze Zeit gehofft und mir später dann vorgemacht, dass es besser werden würde, wenn wir nur die richtige Behandlung finden und die Therapien durchführen würden. Als deutlicher wurde, dass dies eine Illusion ist, wurde ich krank.«

Ihrem Mann sei es damals leichter gefallen, Öners Behinderung zu akzeptieren. »Wir sind nicht die Einzigen, denen so etwas passiert«, habe er gemeint. Ob es auch eine Rolle gespielt hat, dass schon ein älterer Sohn ohne Behinderung da war? Vielleicht. Und es war eine andere Aufgabe zu erfüllen für den Ehemann: Einer muss das Geld verdienen, und wenn man, wie er, selbstständig arbeitet als Chef eines mittelständischen Unternehmens, dann hat man mehr als einen Vollzeitjob. Die Mutter als gelernte Krankenschwester war prädestiniert für den Umgang mit Öner; sie tat, was sie konnte, für ihn, seinen älteren Bruder und für ihren Ehemann, um ihm wenigstens an Wochentagen den Rücken freizuhalten.

»Als ich im Krankenhaus war, habe ich gemerkt: Wenn ich es nicht wahrhaben will, wird alles noch schlimmer. Wenn ich wegen Krankheit ausfalle, wird es katastrophal. Also muss ich es wahrhaben und möglichst gesund bleiben.«

Seitdem war Frau A. nicht mehr ernsthaft krank; die realistische Einschätzung ihrer Lebenssituation hat sie stark gemacht, und so wirkt sie auch, wenn sie mir gegenübersitzt:

stark, kraftvoll und energisch, dabei aber gleichzeitig bescheiden, nicht lautstark fordernd, aber überzeugend, wenn sie erklärt, was Öner braucht.

»Wir mussten nach vier Jahren einen Wechsel der Schulbegleitung hinnehmen«, sagt sie traurig. Eine sehr kompetente junge Frau habe Öner bei der Bewältigung des Schulalltages unterstützt. Die Schule habe nun argumentiert, Öner brauche, da er älter geworden ist, eine männliche Begleitung. Da die Schule ein Mitspracherecht bei der Auswahl des Schulbegleiters habe, sei es zu einem Wechsel gekommen. Öner müsse sich nun umgewöhnen aus Gründen, die weder ihm noch seiner Mutter wirklich einsichtig sind, obwohl ihm Veränderungen bekanntlich sehr schwerfallen. Und auch der Mutter, denn nun muss man wieder erklären, sich neu kennenlernen, Anpassungsschwierigkeiten bewältigen. Das ist anstrengend; jedes Mal hat man das Gefühl, von vorn anfangen zu müssen, kommt sich vor wie Sisyphos, der den Felsen erneut auf den Berggipfel transportieren muss.

Ein schwieriger, aber auch notwendiger neuer Anlauf? Eine Chance auf Veränderung für Öner, für die er stark genug ist, selbst wenn zunächst eine Labilisierung, eine Krise daraus entsteht? Ein Schritt, der letztendlich weniger mütterliche Versorgung, dafür mehr Identifizierung mit dem männlichen Prinzip ermöglicht; der Öner etwas mehr zutraut, ohne ihm die Versorgung zu entziehen, die er gleichzeitig noch braucht?

Wenn es denn so gemeint war, so ist es leider nicht gelungen, Frau A. diese Entscheidung wirklich als etwas Gutes zu vermitteln. Denn niemand hat gemerkt, dass Frau A. sich durch diesen Schritt bedroht fühlt, dass er zunächst einmal mit ganz viel Trennungsschmerz, Angst vor weiterer Ablösung, Angst um Öner und um sich selbst verbunden ist und dass man um diese Angst und diesen Schmerz wissen muss. Man wusste es vielleicht nicht, hatte nicht Verständnis und Einfühlungsvermögen, sondern forderte und kritisierte – so erlebte es jedenfalls Frau A.: Öner wolle nur von der Mama verwöhnt werden, und die Mutter tue ihm diesen Gefallen!

Das ist es, was Frau A. am meisten belastet im Umgang mit den beruflichen Helfern: »Sie bieten gern technische oder medizinische Hilfe an, krankengymnastische Übungen, Tropfen und Tabletten, Regeln und Strukturen, aber sie wissen nicht, dass sie es mit traumatisierten Menschen zu tun haben, denen man mit Einfühlungsvermögen begegnen sollte, nicht mit uneinsichtigen Laien, die gefälligst mitzuarbeiten haben und folgsam alles zu tun, was die Experten raten. Man wird gern kritisiert! Professionelle glauben, es gelernt zu haben – jedenfalls in der Theorie«, so meint Frau A. »Aber wir *leben* mit dem Problem, von dem Lehrer oder andere Experten oft nichts wissen. Sie haben oft zu wenig gelernt, mit den Gefühlen umzugehen, die Menschen mit Behinderung und ihre Angehörigen einbringen, und wenn sie dann stur nach Lehrplan vorgehen, geht es schief!«

Und bei dieser Gelegenheit sei man, wie schon des Öfteren, wieder auf die Zukunft zu sprechen gekommen. Frau A. müsse einen Heimplatz suchen, denn auf Dauer gehe das nicht so weiter. Fehlt die Schulbegleitung aus Krankheits- oder anderen Gründen, darf Öner zum Beispiel die Schule nicht besuchen, obwohl es eine Schule für Kinder mit geistiger Behinderung ist, denn dann gehe es mit Öner gar nicht. Und wie wolle die Mutter das weiterhin schaffen?

»Dann kommen die Leute immer mit diesen Totschlagargumenten: Ihre eigenen Kinder gehen auch zum Studieren aus dem Haus, reisen nach Amerika oder machen ihre Ausbildung anderswo«, klagt Frau A. Dann müsse man sich auch trennen …

Und nun fließen die Tränen, wegen der Konfrontation mit dem Thema Trennung, aber auch wegen der Verletzung, die darinsteckt, wenn Menschen, die glauben, es besser zu wissen, zeigen, wie wenig sie in Wirklichkeit verstehen, wie wenig sie sehen wollen, dass die Trennung von einem Kind mit sehr schwerer Behinderung, und wenn es hundertmal genauso alt ist wie ein anderer Heranwachsender ohne Behinderung, eben nicht dasselbe ist! Dass man viel größere Sorge hat um einen lieben Menschen, wenn dieser sich kaum verständlich machen kann und auf Gedeih und Verderb von anderen abhängig ist! Dass man es in Wirklichkeit sogar als taktlos bezeichnen könnte, wenn man der Mutter eines solchen Menschen erst noch einmal besonders deutlich macht, wie schlimm ihr Kind eingeschränkt ist gegenüber einem anderen, das so selbstständig ist, sogar im Ausland allein zurechtzukommen!

Öner ist weit davon entfernt.

Mit fünf Jahren hat er das Laufen erlernt; im Alter von vierzehn Jahren ist er trocken und sauber geworden, wobei die Schulbegleitung, da sie ihn ohne Hektik und nach Bedarf zur Toilette führen konnte, einen nicht unerheblichen Anteil daran hatte.

Öner kann auch mit wenig Assistenz zubereitetes Essen selbst essen, wobei er manche harte Nahrung noch ablehnt, aber durch spezielle Therapie bei einer Logopädin über die Jahre hinweg inzwischen in der Lage ist, den Mund zu öffnen, um sich die Zähne putzen zu lassen. Sprechen kann er gar nicht, aber er lautiert den ganzen Tag wie ein Baby. Seine Mutter hat eine Fortbildung gemacht, die ihr ermöglicht, ihn bei der Lautbildung und beim Umgang mit Sprache zu unterstützen, und Öner versteht relativ viel. Durch Gesten, Mimik und Führen der Hand seiner Bezugsperson zeigt er, was er möchte.

Kommen unvorhergesehene Ereignisse, plötzliche Störungen oder tritt Hektik auf, dann wird Öner schwierig: Er kreischt laut, manchmal auch urplötzlich, selbst wenn in seiner Umwelt nichts vorgefallen ist. Dann muss die Mutter raten, warum wohl – vielleicht liegt eine Störung in seinem inneren Gleichgewicht vor. Manchmal findet man es nicht heraus, doch das hochfrequente Kreischen ist kaum erträglich: »Man fühlt sich körperlich bedroht!«

Öner versucht sich zu orientieren, indem er Dinge und Personen beschnüffelt; er mag es, an den Haaren zu riechen, oder nimmt die Hand einer Person, um an der Haut zu riechen. Solche Sinneswahrnehmungen sucht er unter Umständen auch bei ihm fremden Personen – eine Grenzüberschreitung, die Öner nicht bewusst ist, aber Außenstehende sehr erschrecken und abstoßen kann.

Wenn Öner wütend wird oder Angst hat, kann er sich in den Haaren seines Gegenübers festkrallen, unter Umständen so sehr, dass man befürchtet, skalpiert zu werden. In solchen Situationen ist es schwer, ihn zum Loslassen zu bewegen. Es gelingt nur, wenn man äußerste Ruhe bewahrt; Schimpfen und Schreien führen zu weiterer Eskalation.

Experimentiert Öner mit Gegenständen, dann kann es durchaus sein, dass sie dabei zerstört werden, da er sie gern fortschleudert und sich an dem Geräusch erfreut, das auf diese Weise entsteht. Andererseits kann man ihn mit Musikinstrumenten durchaus allein lassen, ohne zu befürchten, dass er womöglich sein Keyboard beschädigt, denn mit Musikinstrumenten ist er vorsichtig. Auch ein Glas mit einem Getränk wird er sorgsam behandeln und in ruhigen Situationen könne er sogar sehr sanft, liebevoll und zärtlich sein.

»Ja, Öner wird nicht ewig daheim wohnen können!«, räumt Frau A. ein. »Ich weiß das, doch wenn ich die Argumente von Außenstehenden höre, die mir so falsch und unpassend erscheinen, dann blockiere ich innerlich und kann mich erst recht nicht darauf einlassen!«

Was ist das Schlimmste an der Situation?

»Dass man immer so alleine ist!«

Das kommt spontan, wie aus der Pistole geschossen, und Frau A. ist selbst ein wenig erschrocken, als der Satz aus ihr herausplatzt. Ja, da sind ihr Mann und ihr großer Sohn, die helfen, wo sie können. Sie hat auch eine Schwester und eine Schwägerin, welche einspringen, wenn sie und ihr Mann mal ausgehen möchten. Doch tief drinnen ist ein Gefühl des Alleinseins, der Einsamkeit sogar. Vielleicht, so kann man spekulieren – überträgt sich Öners Einsamkeit in seinem autistischen Kokon auf sie? Oder sie spürt, da sie mit existentiellen Problemen befasst ist, die tiefe Einsamkeit, die wohl irgendwo in jedem Menschen steckt, da er ein Individuum ist und niemand je exakt so fühlen, empfinden und denken wird wie er selbst; jene Urangst und Ureinsamkeit, vor der Menschen in weniger belasteter Situation aber durch Ablenkung und Aktivität flüchten können?

Frau A. kann das nicht: »Alles, was ich an Hilfe habe, habe ich nur durch mich selbst!«, so erlebt sie es. Manchmal werde ihr bewusst, dass sie vieles als normal hinnehme, was in anderen Familien keineswegs normal ist: ihre Selbstbeherrschung und Disziplin im Umgang mit Öner, da spontanes Reagieren – zum Beispiel ungeduldig zu werden, selbst die Kontrolle über ihre Gefühle zu verlieren – einfach nicht infrage komme. Öner vertrüge es nicht und würde sich selbst verletzen, er würde anfangen, hin- und herzuschaukeln, zu kreischen … Er lasse sich nur durch Ruhe beruhigen, nicht durch Tadel oder gar Schreien. Frau A. kann quasi neben sich treten, sich beobachten bei aufkommender Unruhe, sich selbst innerlich zur Ruhe ermahnen und dementsprechend mit Öner umgehen. Wie wenig sie selbst in ihrer eigenen Lebendigkeit dann zum Zuge kommt, ist ihr normalerweise nicht bewusst; nur im Abstand von solchen Situationen kommen Erschöpfung und Traurigkeit.

In den Sommerferien kann sie auftanken; dann fliegt sie für sechs Wochen in ihre ursprüngliche Heimat, die Türkei, wo ihre Mutter und ihre Schwiegereltern leben. Der Flug bereitet Öner zwar auch Schwierigkeiten, doch wenn man erst einmal am Ziel ist, haben Mutter und Sohn eine gute Zeit. Die Umgebung ist Öner vertraut; er freut sich auf die Großeltern, die ihn lieben und sich um ihn kümmern. Und Frau A. darf für ein paar Wochen ein bisschen entspannen, wird selbst ab und zu wie ein Kind von den Eltern versorgt, muss nicht permanent wach, angespannt und präsent sein. Weder Öner noch sie müssen die ganze Zeit Leistung erbringen, sondern dürfen einfach leben! Das tut gut und schon allein die Vorstellung dieser Situation lässt Entspannung aufkommen und die Augen strahlen. Denn trotz aller Probleme ist Öner »ein ganz, ganz Lieber«, »ein schlauer Fuchs« auch, der es durchaus auf seine Art schaffen kann, seine persönlichen Ziele deutlich zu machen und zu verfolgen. »Er ist ein Teil unserer Familie, ganz einfach – er gehört dazu!« Durch ihn sieht man die Welt mit anderen Augen. Man weiß, dass eine Drei in Mathematik eine Lappalie ist und dass eine simple Erkältung vorübergeht! Man nimmt alles um sich herum bewusster wahr und lernt, dankbar zu sein für das Gute, das man hat. Man spürt, dass Öner alles mitbekommt, jede leise Schwingung, jede Veränderung in der Atmosphäre und jede Gefühlsregung. Wenn die Mutter traurig ist, ist er es auch; wenn sie sich freut, dann kann auch er sich freuen. Und ja, Öner kann lachen, laut und herzlich, wenn die Mutter ihn scherzhaft tadelt, etwa: »Du, du, du!« Dann freut sich Öner!

Eine Werbung im Radio mag er besonders. Da wird eine Untersuchung beim Arzt nachgestellt und der Patient wird aufgefordert: »Husten Sie mal!« Und wieder, ungeduldiger: »Husten Sie mal!«

Öner kann sich über die Intonation dieses Satzes amüsieren. Will man ihn fröhlich machen und lachen sehen, dann hilft die Erinnerung an diese kleine Szene: »Husten Sie doch mal!!!« Und schon lachen Öner, seine Mutter, ja die ganze Familie, und die ganze Traurigkeit, alles Schwere, ist für eine köstliche, wunderbare Weile völlig verschwunden; Leichtigkeit und Freude breiten sich aus: »Husten Sie doch mal!«

Das Leben ist nicht immer einfach

Christian, sechzehn Jahre, und Benjamin, verstorben im Alter von siebeneinhalb Jahren

Christians Schwester berichtet:
»Das Leben ist nicht immer einfach«, diesen Satz musste ich mir tausendmal von meiner Mutter anhören, aber jetzt glaube ich es ihr.

In diesem Text geht es um meine Brüder, Christian und Benjamin. Sie sind beide sehr schwer behindert. Warum? Diese Frage kann mir bis heute niemand beantworten.

Meine Geschwister und ich leben in H. Na ja, nicht ganz … Benjamin ist vor neun Jahren gestorben, er war gerade mal sieben Jahre alt. Ich war damals zehn, es war ein Schock! Aber wenn ich mir jetzt denke, dass es mit Christian ab und zu schwer ist, kann ich mir nicht vorstellen, wie es wäre, wenn Benni noch am Leben wäre. Aber es war eine Zeitlang sehr schwer für mich, dass Benni starb.

Als Christian und Benni noch zusammen waren, war in unserem Haus immer was los. Man wusste genau, wann es Essen gab, denn dann machten die Jungen einen Riesenkrach und schrien »Ham« und »Namnam« um die Wette. Benni war ein bisschen ruhiger als Christian. Er »las« Zeitschriften, indem er sie kurz anschaute und zerriss. Er machte Laute wie »rababa«, trommelte gern und warf auch gelegentlich unvermittelt mit Kochlöffeln …

Als er gestorben war, habe ich mir manchmal Gedanken gemacht, ob ich was damit zu tun hatte, weil ich ihn ab und zu geschubst habe. Meine Eltern meinten »nein«, aber so ganz sicher war ich anfangs nicht, weil ich mir seinen Tod nicht wirklich erklären konnte und sehr traurig darüber war.

Als Ben noch lebte, halfen uns Zivis, das war echt super! Sie haben immer mit mir gespielt, einer ist sogar mal Inlineskate mit mir im Wohnzimmer gefahren – davon war meine Mutter nicht so begeistert! Aber die Zivis waren ein bisschen wie große Brüder für mich.

Christian ist heute sechzehn Jahre alt und wohnt seit dreieinhalb Jahren in einem Wohnheim für Menschen mit Behinderung. Es gab keine passende Schule für ihn in unserer Nähe und das viele Hin- und Herfahren im Bus war für ihn unmöglich, weil er es nicht erträgt, wenn man nah neben ihm sitzt und er keinen Freiraum um sich herum hat. Ich glaube, mit den anderen Jugendlichen der Gruppe fühlt Christian sich wohl, und die Betreuerinnen und Betreuer sind nett. Wenn Christian am Wochenende bei uns ist, schaue ich ab und zu Bilderbücher mit ihm an, wir hören Musik oder trommeln, oder er »hilft« beim Tischdecken für das Mittagessen. Manchmal ärgern wir uns auch gegenseitig, das muss auch mal sein!

Christian sieht nicht aus wie ein schwerbehinderter Junge, wenn man ihn auf den ersten Blick so sieht. Aber wenn man hört, wie er redet, merkt man es deutlich. Da er keinen ganzen Satz bilden kann, benutzt er immer zwei bis drei Wörter, um sich zu verständigen. Die spricht er manchmal auch undeutlich aus. Wenn er zum Beispiel fragen will: »Was ist das?«, sagt er: »Elehant?« Dann bekommt er meistens die Antwort: »Nein, das ist kein Elefant, das ist ein …« Ich finde, auf seine Art ist er ganz schön schlau und er weiß sich zu helfen. Wenn es aus seiner Sicht sein muss, kann er auch handgreiflich seine Interessen durchsetzen. Er verhält sich in allem wie ein ganz kleines Kind. Schwierig an ihm ist, dass für ihn alles extrem aufregend ist. Man muss dann schauen, wie man ihn ruhig hält, und das kann ein großes Problem sein.

Es war sehr ungewohnt, als Christian nicht mehr jeden Tag zu Hause war, und ich habe ihn sehr vermisst, auch wenn manches dadurch leichter wurde. Es wurde vor allem ruhiger. Meine Mutter arbeitet stundenweise tagsüber und mein Vater kommt erst abends von der Arbeit. Jetzt muss ich mir manchmal selbst Essen machen. Meine Brüder fehlen mir und die Zivis auch, weil früher einfach mehr los war bei uns. Es ist schwer für mich, dass ich keinen Bruder habe, mit dem ich mal abends weggehen kann oder zusammen einen Film anschauen oder etwas anderes unternehmen oder raufen – das ist halt mit Christian nicht möglich.

Wie es mir mit dieser Situation geht?

Das frage ich mich auch manchmal. Leider kann ich meine Gefühle nicht ganz zuordnen. Traurig, einsam vielleicht, aber auch hilflos. Vielleicht weiß ich seit neun Jahren nicht wirklich, wie ich damit umgehen kann.

Aber ich glaube fest, dass es meinen Eltern nicht viel anders geht. Ich bin mir ziemlich sicher, nein, ich weiß es sogar, das Leben ist nicht einfach. Das Leben ist eine Herausforderung. Man kann sogar sagen, eine kleine Prüfung.

Man muss den Tatsachen ins Auge sehen und nicht daran vorbeischauen. Ich will niemandem etwas vormachen. Wir sind alle nur Menschen, ob behindert oder nicht, dick, dünn, dumm oder schlau. Jeder hat das Recht zu leben, zu weinen, zu lachen oder auch einfach mal von seinen Gefühlen zu sprechen.

Das Leben ist nicht immer einfach.

Kein Platz für Jan-Peter?!

Jan-Peter, neunzehn Jahre

Frau B. hat sich auf den Termin mit mir eingestellt: Für Jan-Peter, der an diesem Tag arbeitsfrei hat, musste ein Betreuer gefunden werden, damit wir in Ruhe reden können. Und jetzt muss ich den Termin kurzfristig absagen, weil ich krank bin, ernsthaft krank, denn wegen einer Unpässlichkeit würde ich Frau B. nicht hängen lassen – dafür weiß ich viel zu gut, wie viel Organisation und Kraftaufwand es kostet, sich als Mutter eines Kindes mit schwerer Behinderung Zeit und Raum freizunehmen. Frau B. hat – wie ich bereits erfahren habe – eine zusätzliche Schwierigkeit zu bewältigen: Ihr Mann erlitt im vorigen Jahr einen Schlaganfall. Er benötigt nun ebenfalls teilweise Assistenz und kann Frau B. nicht mehr wie früher bei der Pflege und Betreuung Jan-Peters unterstützen. Umso mehr tut es mir leid, nun an einem anderen Tag kommen zu müssen.

Jan-Peter ist daheim; zum Glück können wir uns im großen Garten hinter dem Haus aufhalten, wo Jan-Peter Platz hat, um seinen Bewegungsdrang auszuleben. Der neunzehnjährige junge Mann lässt sich zur Begrüßung die Hand geben und riskiert einen flüchtigen Seitenblick, um sich dann wieder abzuwenden und seinen Apfel zu essen, wobei seine Arme und Beine ständig in Bewegung sind und er zwischen den Bissen seiner Anspannung immer wieder durch Ausstoßen von Tönen ein Ventil geben muss. Auch sein T-Shirt zeigt Spuren, die durch zwanghaftes, stereotypes Reißen an der Kleidung entstanden sind: Noch hält es zusammen, doch bald wird wohl ein neues fällig sein.

»In besonders schwierigen Zeiten sind es zwei oder drei T-Shirts am Tag; auch die Hosen reißt er entzwei«, erzählt mir sein Vater, der später zeitweise am Gespräch teilnimmt. »Da kaufen wir eben gebrauchte, möglichst preisgünstige T-Shirts. Es hat ja keinen Sinn, sich immer wieder darüber aufzuregen.«

Jan-Peter bekam im vergangenen Jahr direkt im Anschluss an seine Schulzeit einen Platz in einer neu gegründeten Werkstatt für Autisten. Vierundzwanzig Plätze hat die Werkstatt, drei Arbeitsbereiche gibt es: den Garten, die Küche und den Montagebereich. Innerhalb kürzester Zeit waren alle Plätze belegt. Für die Nachfolgenden ist jetzt schon wieder ein Mangel da.

Personell und räumlich ist man recht gut ausgestattet. Es gibt einen großen Gruppenraum sowie einzelne kleine Räume, sodass man für sich allein arbeiten kann, soweit es geht. Arbeiten – das heißt für Jan-Peter, etwa zwanzig Minuten lang bei einer Tätigkeit durchhalten, die seinen Neigungen entgegenkommt. Er bekommt Pappkartons zum Zerreißen, Papier zum Schreddern, oder er sortiert Luftballons nach Farben. Eigentlich sei er für den Gartenbereich vorgesehen gewesen. Nach einem aggressiven Vorfall kam er in den Montagebereich. Einer der Betreuer kennt sich aus mit Gestützter Kommunikation. Das ist gut für Jan-Peter, denn er kann mit Unterstützung lesen und schreiben, aber nicht sprechen, nur lautieren.

Seine Mutter erinnert sich: »Angeblich war Jan-Peter ein Frühchen, was sich aber nach der Geburt als Fehleinschätzung herausstellte – er war ganz normal entwickelt. Aber bei der Geburt lief so ziemlich alles schief; er wurde schließlich von zwei Ärzten mit der Saugglocke und der Zange geholt und in die Kinderklinik gebracht, wo er am dritten Tag Neugeborenenkrämpfe hatte. Weil das Beruhigungsmittel nicht wirkte, bekam er so viel davon, dass er ins Koma fiel. »Zwei Wochen lang wurde er beatmet und künstlich ernährt – da funktionierte nichts von selber, weder die Nieren noch die Bauchspeicheldrüse! Als er nach zwei Wochen wieder aufwachte, hatte ich kein kleines, süßes Baby, sondern es lag ein aufgedunsenes, stark mitgenommenes Wesen vor mir!«

Bei seiner Entlassung aus dem Krankenhaus nach sechs Wochen sagten die Ärzte: »Es wird etwas zurückgeblieben sein, darauf sollten Sie sich einstellen.« Außer dass sie in einem halben Jahr wiederkommen solle, habe sie kein Angebot erhalten, sodass sie sich selbst darum kümmerte, Frühförderung für ihren Sohn zu bekommen.

Krabbeln und Laufen lernte Jan-Peter zwar spät, gerade noch so im äußersten Rahmen des Normalen, er begann auch mit Silbenverdoppelungen, deshalb hielt man seinen Entwicklungsstand in der Frühförderung für normal und wollte ihn nicht weiter unterstützen, doch die Mutter protestierte. Sie fand sein Spielverhalten merkwürdig, denn er drehte permanent Gegenstände. Auf Riesenkrach, wie das Geräusch eines Bohrhammers, reagierte er überhaupt nicht, dafür aber in extremer Weise auf feinste Geräusche. Auch habe er schlecht getrunken und die Mutter beim Stillen nie angeschaut. Deshalb ließ Frau B. sich, als Jan-Peter anderthalb Jahre alt war, mit ihm in die Kinderklinik einweisen, wo weitere Untersuchungen durchgeführt wurden, zum Beispiel ein Schlaf-EEG und Tests zur Feststellung der Hörfähigkeit.

Bei dieser Gelegenheit stellte ein Psychologe fest, dass Jan-Peter kein Spielangebot annahm, und war daraufhin der Meinung, die Eltern bräuchten Therapie, da sie ihren Sohn vermutlich überfordern würden.

»Die Mutter als Diplom-Mathematikerin, der Vater als Diplom-Physiker – das konnte ja nichts werden, so dachte der Oberarzt«, lacht Frau B. etwas bitter. »Nur eines könne er mit Sicherheit sagen: Autist sei Jan-Peter nicht!« Das kostete die Familie noch einmal zwei Jahre Zeit, in denen Jan-Peter zwar Ergotherapie bekam, wobei die Therapeutin mit den Eltern aber wenig Austausch über ihre Arbeit gepflegt habe.

»Eines Tages drückte sie mir einen Prospekt vom Autismus-Zentrum in die Hand mit der Bemerkung: ›Sie wissen ja, dass Jan-Peter Autist ist!‹ Das hat mich dann doch schockiert, denn weder der Oberarzt an der Klinik noch mein Kinderarzt wussten etwas davon.«

Sie bekamen sofort einen Therapieplatz – das war wieder einmal Glück, denn heute, so räumt Frau B. ein, müsste man vermutlich ein halbes Jahr auf so einen Platz warten. Die Leiterin dort sagte: »Ein klassischer Autist!« Nun erhielt Jan-Peter eine spezielle Therapie und die Eltern bekamen auch Hilfe – vor allem wurden sie nicht mehr beschuldigt, Jan-Peters unangepasstes Verhalten zu bewirken.

Jan-Peter kam in einen integrativen Kindergarten, dessen Leiter Sonderpädagoge war; die Leiterin seiner Gruppe hatte ebenfalls eine sonderpädagogische Ausbildung: Glück gehabt!

Leider dauerte das Glück nur kurz, denn kaum dass Jan-Peter aufgenommen war, wurde der Leiter versetzt. Ein halbes Jahr später ging auch die Gruppenleiterin. Geblieben seien junge, unerfahrene Erzieherinnen, die wenig über Autismus gewusst hätten und mit der Situation überfordert gewesen seien.

»Da gab es ein kleines Mädchen mit einer Mehrfachbehinderung, das total lieb war und Angst vor Jan-Peter hatte. Um sie zu schützen, wurde Jan-Peter mit Gewalt in einem anderen Raum gehalten«, berichtet Frau B. So sei er in der Kindergartenzeit mitgelaufen ohne besondere Förderung.

Jan-Peter begann schon in der Kindergartenzeit, eine Essstörung zu entwickeln. Das sei in der Sonderschulzeit dann eskaliert. Die Sonderschullehrerin habe erwartet, dass jeder dreißig Minuten auf seinem Platz sitzt, seine eigenen Sachen isst und die der anderen nicht mal anschaut. Da habe Jan-Peter in der Schule gar nichts mehr essen können; eine Zeitlang musste die Mutter ihm daheim sogar flüssigen Babybrei mit einer Einwegspritze füttern.

Essen – das ist und bleibt ein Problem! Wenn man eingeladen ist und es gibt dort zu essen, ist die Veranstaltung für Jan-Peter zu schwierig, denn er kann nicht mit der Gruppe zusammen essen und hat eine starke Abwehr gegen bestimmte Lebensmittel.

Jan-Peter kommt gerade wieder aus dem Haus, in das er zwischendurch immer wieder rennt, um nach einer Weile herauszueilen. Jetzt möchte er sich noch ein Stück Apfel nehmen vom Teller auf dem Tisch, an dem wir sitzen. Vorher konnte er das: Er griff sich blitzschnell ein Stück Apfel und wich zurück in sichere Entfernung, um es zu essen.

Doch inzwischen hat sich etwas verändert: Frau B. hat eben zwei Gläser mit sprudelndem Mineralwasser gefüllt; mein Glas steht relativ nah an dem Apfelteller. Als ich es wegnehme, fühlt Jan-Peter sich in der Lage, sein Stück Apfel zu ergattern!

Nicht nur wegen des Essens sei die Schulzeit problematisch gewesen, erzählt Frau B. nun.

Jan-Peter kam zuerst in eine integrative Grundschule. Die erste Klasse bestand aus einer Gruppe von achtzehn sogenannten Regelkindern und zwei Kindern mit Behinderung. Die Grundschullehrerin, eine Vertreterin freiheitlicher Pädagogik, so schätzt Frau B. sie ein, vertrug sich offensichtlich nicht mit der Sonderschullehrerin, die von einer Schule für Kinder mit Lernbehinderung kam und anscheinend sehr strenge Regeln vertrat. Auch die »normalen« Kinder waren schwierig, berichtet Frau B., zwei seien deutlich hyperaktiv gewesen; andere psychische Probleme habe es ebenfalls gegeben.

»Nach einem Dreivierteljahr haben die beiden Lehrerinnen nicht mehr miteinander geredet. Mir wurde erklärt, Jan-Peter sei nicht integrierbar. Er sollte auf die Schule für Schülerinnen und Schüler mit geistiger Behinderung – dabei konnte er nach einem Jahr schon rechnen im Zahlenraum bis hundert, er konnte Fragen zu Texten durch Zeigen beantworten; damals hat er sogar ein wenig geschrieben, wenn auch krakelig. Da haben wir uns einen Rechtsanwalt genommen und gekämpft!«

Jan-Peter bekam schließlich einen Platz an der Schule für Kinder und Jugendliche mit Körperbehinderung. Hier verschärfte sich seine bereits erwähnte Essstörung.

»Das Essen in der Gruppe ist irgendwie bedrohlich für ihn; er hat aber Hunger und möchte essen, dann ärgert er sich, weil er nichts essen kann, und rastet aus.«

Die Lehrerin war der Meinung, er müsse es lernen, und habe ihn mit in den Kochbereich genommen ... Jan-Peter wehrte sich, indem er seine Integrationshelferin, die ihn mit Handführung anleiten sollte, biss ... Die Lehrerin reagierte, indem sie sagte, Jan-Peter sei nicht beschulbar ... »Nicht beschulbar« gibt's aber nicht – nach dem Gesetz existiert ein Schulrecht und eine Schulpflicht für jeden ...

Kreative Lösungen mussten nun gesucht werden. Wieder einmal hatte man Glück im Unglück, denn der Schulleiter ließ ihn von einem Zivildienstleistenden betreuen und gab Jan-Peter zwischendurch persönlich Einzelunterricht. In der Pause habe man ihn der Oberstufe zugeteilt, obwohl dies noch gar nicht seinem Alter entsprach, aber die Oberstufenschüler hatten keine Angst vor ihm, und so klappte es gut! Nachdem die Pädagogen eingesehen hatten, dass man Jan-Peter besser von kleinen Kindern fernhält, weil er Rollen- und andere Kinderspiele nicht versteht und weil leicht gefährliche Situationen entstehen konnten, ließ man ihn regelmäßig am Unterricht der Oberstufe teilnehmen. Eine Lehrerin traute sich zu, ihn zu unterrichten. Sie wusste ihn zu nehmen, konnte ihn packen, indem sie für ihn spezielle Aufgaben hatte. Jan-Peter durfte zum Beispiel die Texte aller Schüler auf Rechtschreibfehler hin durchsehen. Dann war er sehr stolz, denn Fehler entgingen ihm nicht. »Wenn man ihm eine Handvoll Kleingeld hinlegt, sieht er auf Anhieb, wie viel es ist«, erzählt Frau B. Diese Fähigkeit habe die Lehrerin für ihren Unterricht nutzbar gemacht. In Mathematik identifizierte Jan-Peter einen Betrag, anschließend musste ein motorisch geschickter Schüler Münzstapel aufbauen, ein anderer, der ein wenig zählen konnte, durfte dann nachrechnen, ob Jan-Peter richtig geschätzt hatte.

So wurde die Schulzeit für Jan-Peter doch noch gut, denn er verbrachte den größten Teil davon in der Oberstufe. Das große Problem blieb und bleibt auch weiterhin, dass Jan-Peter zwar ein umfangreiches und differenziertes geistiges Angebot braucht, dass es aber schwierig ist, sein Wissen abzurufen.

»Er macht nichts allein; ohne Strukturierungshilfe geht nichts außer T-Shirts-Reißen, Unruhig-Umherlaufen und dabei Lautieren, und wenn ihn etwas beunruhigt, kann er es nicht differenziert mitteilen, dann reagiert er gleich aggressiv. Er zieht sich zum Beispiel an, vertauscht aber hinten und vorn oder die Socken, das ärgert ihn so sehr, dass er, wenn man nicht merkt, was los ist, gleich beißt, kneift oder schlägt … Oder wenn ihm beim Autofahren die Richtung nicht passt, dann kann es gefährlich werden.« Frau B. zeigt mir ein großes Hämatom an der Brust, das Jan-Peter ihr vergangene Woche zugefügt hat, als er sie während der Fahrt vom Rücksitz aus kniff.

Frau B. hat gelernt, mit solchen Situationen umzugehen; sie versucht sehr diszipliniert, ruhig und gelassen zu bleiben, denn Hektik würde alles nur noch schlimmer machen. Aber ihre Stimme klingt deutlich gedrückt, und sie gibt freimütig zu: »So circa einmal in der Woche habe ich einen Zusammenbruch!«

Jan-Peters Vater kann laufen, doch er ist sehr unsicher auf den Beinen und benötigt eine Gehhilfe, auch trägt er den rechten Arm in einer Schlinge. Zu nah darf er Jan-Peter nicht kommen, weil Jan-Peter motorisch ungeschickt und sehr ungestüm ist und sein Vater nicht stabil genug auf den Beinen, um sich abfangen zu können. Herr B. sieht die Belastung für alle Beteiligten: »Wir versuchen händeringend, eine Wohnstätte für Jan-Peter zu finden!« Beide sind sich einig, dass es nötig ist, für Jan-Peter und auch für seine Eltern. Aber gute Heime sind entweder belegt, oder die Betreuer kommen nicht mit Jan-Peter klar, oder die Heime fühlen sich nicht für Autisten geeignet, oder es sind Seniorenwohnstätten, oder sie sind so weit entfernt, dass die Eltern den Kontakt zu Jan-Peter nur unter großen Schwierigkeiten halten könnten. Zu weite Strecken wären aufgrund der Erkrankung von Jan-Peters Vater und der Tatsache, dass man älter und nicht jünger wird, nicht zu überbrücken.

Frau B. ist zurzeit wieder in ärztlicher Behandlung. Der Arzt befürchtete anfangs eine sehr schwerwiegende Krankheit. Dieser Verdacht hat sich glücklicherweise nicht bestätigt. Aber Frau B. weiß: Im Falle einer solchen Krankheit hätte sie eine Überlebenszeit von etwa einem halben Jahr. Was geschähe dann mit Jan-Peter? Selbst unter dieser Prämisse gibt es keine dauerhafte Wohnmöglichkeit für Jan-Peter in akzeptabler Nähe. Es entstehen noch zwei Wohnheime; sie werden aber erst in zwei oder zweieinhalb Jahren fertiggestellt sein und würden Jan-Peter »eventuell« nehmen …

Bleiben noch Kurzzeitplätze zur Überbrückung schwieriger Phasen. Die sind sicher besser, als gar keine Optionen mehr zu haben. Doch auf die Dauer können auch sie keine Lösung sein: Jan-Peter soll nicht hin- und hergeschoben werden, weil seine Betreuung zu schwierig ist, sondern er braucht ein dauerhaftes zweites Zuhause, in dem er sich wohlfühlt. Seine Eltern benötigen dringend Entlastung.

Kein Platz für Jan-Peter? Das kann und darf nicht sein.

Alice im Wunderland

Jil, zwanzig Jahre

Drei hübsche junge Frauen lächeln mir entgegen auf dem Foto, das Frau P. mir vorlegt: »Meine Töchter, vierzehn, sechzehn und zwanzig Jahre alt.« Eine davon lebt mit einer Behinderung, aber welche? Man erkennt es nicht auf den ersten Blick, stellt allerdings fest, dass zwei der Mädchen etwas flotter gestylt sind als die ein wenig verträumt wirkende junge Dame in der Mitte, die aus großen strahlenden Augen scheinbar ins Leere blickt.

Auch direkt nach ihrer Geburt sei alles eher unauffällig gewesen, so berichtet Frau P.: Schwangerschaft normal, Geburt normal, Apgar-Werte sehr gut, Sauerstoffmangel nicht feststellbar … Außer der Tatsache, dass die Geburt eingeleitet werden musste, weil es Jil auch zehn Tage über den erwarteten Geburtstermin hinaus noch nicht in diese Welt drängte. Vielleicht wäre sie lieber in ihrem geschützten Kokon geblieben? Noch heute hat man oft den Eindruck, das sei so, denn Jil ist Autistin. »Man meint, dass in ihr eine Alice im Wunderland schlummert!« Eine Alice im Wunderland allerdings, die bis heute nicht laufen und nicht sprechen kann …

Frau P. erzählt, wie schwierig es für sie war, bei ihrem ersten Kind festzustellen, dass es sich nicht gern anfassen ließ und unruhig wurde, wenn man es auf den Arm nahm: »Sie war glücklicher allein in ihrem Bett.« Als sie Krankengymnastik bekam – Vojta-Therapie –, weil sie nur auf dem Rücken lag, statt sich aktiv für ihre Umwelt zu interessieren, gefiel ihr das überhaupt nicht, sie habe furchtbar geschrien. Die Therapie sei erfolglos geblieben.

Epileptische Anfälle kamen hinzu. Jil wurde auf ein Anti-Epileptikum eingestellt; es begannen Sensibilisierungstherapien, Bobath-Therapie, Ergotherapie. Eine Craniosacraltherapie habe schließlich innerhalb von wenigen Behandlungseinheiten eine leichte Besserung gebracht, und die Eltern entschieden sich, das Anti-Epileptikum auszuschleichen und auf homöopathische Mittel umzustellen. Die Anfallshäufigkeit sei genauso wie unter dem Anti-Epileptikum geblieben, die Anfälle hörten im Kleinkindalter auf, bis sie in der Pubertät erneut auftraten.

Mit zwei bis drei Jahren habe Jil Stereotypien entwickelt. Sie schrie stundenlang schrill und hoch ohne erkennbaren Anlass. Das wurde besser nach einem achtwöchigen Aufenthalt in einer Kinderklinik, wo sie Musiktherapie erhielt. Man hatte beobachtet, dass sie Musik liebte. Immer wenn sie anfing zu schreien, wurde die Musik ausgemacht und ihr ein Ring oder ein Finger auf den Mund gelegt; wenn sie dann still war, ließ man die Musik weiterspielen. Das habe Frau P. zu Hause noch einige Monate weitergeführt, und das Schreien sei nicht mehr aufgetreten!

Doch Jil entwickelte andere Stereotypien: Sie prustete oder legte einen Finger an die Nase. Jil liebt Schaukeln und Achterbahnfahren, so berichtet Frau P.: »Wenn alle schreien, dann lächelt sie!«

Besonders als das Prusten so ausgeprägt war, sei sie sehr aufgefallen, da man ihr ansonsten die Behinderung nicht ansah. Dann habe Frau P. sich immer sehr beobachtet gefühlt: »Die Umwelt reagierte leicht entrüstet: ›Die Frau kann ihr Kind nicht erziehen!‹«

Frau P. erinnert sich: Eines Tages, als Jil etwa eineinhalb Jahre alt war, habe sie plötzlich, als Frau P. beim Einkaufen vor der Fleischtheke stand, nach Frau P.s Schlüssel gegriffen und ihn zum ersten Mal festgehalten. Das war bis dahin noch nie vorgekommen. Frau P. war begeistert und lobte ihre Tochter; daraufhin habe eine andere Frau gesagt: »Aus dem Alter müsste sie doch langsam raus sein – dass Sie sich so freuen!« Man muss alles immer so erklären, sagt Frau P. traurig.

Als Herr und Frau P. sich entschieden hatten, wegen der Nebenwirkungen der Anti-Epileptika auf homöopathische Mittel umzusteigen, sahen die Ärzte das als verantwortungslos an. Die Eltern waren aber überzeugt von sanfteren Methoden und suchten ganz bewusst auch eine anthroposophische Einrichtung für ihr Kind, und zwar zu dem Zeitpunkt, als Jil eingeschult werden sollte. Da waren die beiden jüngeren Schwestern schon auf der Welt; der Alltag in der Familie gestaltete sich extrem schwierig, und die Eltern hatten große Angst, dass das Leben sich für alle anderen Familienmitglieder nur noch um Jil und ihre Behinderung drehen würde und dass sie der absolute Mittelpunkt ihres Lebens wäre. So eine Zukunft konnten und wollten Jils Eltern sich nicht vorstellen.

Die Entscheidung, Jil zu diesem frühen Zeitpunkt in eine Einrichtung zu geben, sei sehr schwer gewesen: »Man hat das Gefühl, eine Rabenmutter zu sein!«

Manche Menschen in ihrem Umfeld hätten es sofort verstanden; andere meinten: »Dass du das kannst – ich könnte es nicht!« War das nun bewundernd oder abwertend gemeint? Vielleicht beides zugleich?

Zum selben Zeitpunkt wie Jil seien zwei Vierzehnjährige in die Einrichtung gekommen; da waren die Eltern offensichtlich bereits am Ende gewesen und hätten berichtet: »Zu Hause gehen alle kaputt! Wir können es nicht mehr leisten!«

In der Einrichtung vertrat man die Meinung: Je früher die Kinder kämen, umso besser; in der Pubertät sei ein Wechsel schwieriger. Jil nahm die Trennung damals ohne erkennbare Reaktion, wie selbstverständlich hin; die beiden Schwestern seien mit drei Jahren und einem Jahr noch zu klein gewesen und hätten es nicht richtig wahrgenommen. Aber wenn Jil in den Ferien kam, freuten sie sich. Man konnte auch gemeinsam in Urlaub fahren. Woanders zu schlafen machte Jil nichts aus. Und doch, je älter sie wurde, umso schwieriger sei es manchmal gewesen. Oft musste man Unternehmungen abbrechen, weil Jil launisch reagierte und niemand wusste, warum. Es kam vor, dass die Familie, wenn die Pizza im Restaurant auf dem Tisch stand, fluchtartig das Lokal verlassen musste, weil Jils Unruhe plötzlich so stark geworden sei und ihre Stereotypien so störend, dass man die Unternehmung nicht mehr genießen konnte.

Die Unterbringung in der anthroposophischen Einrichtung hat der Familie deutliche Entlastung gebracht. Frau P. lobt den partnerschaftlichen Kontakt, den es in den frühen Jahren dort gab und auch heute – mit Abstrichen – immer noch gibt: »Die Zeiten ändern sich – liegt es daran, dass Jil jetzt älter ist und es nicht mehr so viel zu erzählen gibt?« Kleine Missstimmungen habe es gegeben, als Jil einmal eine Phase mit sehr bedrohlicher Verstopfung hatte und es den Eltern vorgekommen war, als laufe Jil »nur so unter ferner liefen«. Auch hatte sie vor zwei Jahren eine sehr schwierige Zeit; sie litt unter häufigem Erbrechen, für welches keine organische Ursache gefunden wurde. Sie war deshalb viel im Krankenhaus. Die Schwierigkeiten traten nach einem Hauswechsel auf, und Familie P. vermutete, dass sie Ausdruck von Heimweh waren. »Sie wollte wohl sagen: ›Irgendetwas kotzt mich an!‹«, meint Frau P.

In den ersten Jahren sei die Betreuung in den Häusern der anthroposophischen Einrichtung sehr stabil gewesen: Hauseltern, die auch eigene Kinder hatten, hatten sich sehr engagiert. »Aber heute findet man verständlicherweise kaum noch jemanden, der sich sechs Tage in der Woche an fünfzehn oder sechzehn Stunden so intensiv kümmert!«, erklärt Frau P. Wie auch in anderen Einrichtungen sind der Wechsel der Betreuer und die größere Fluktuation ein Problem geworden, wenn auch nach wie vor der Betreuungsschlüssel gut sei.

Jil ist jetzt zwanzig Jahre alt; in ein oder zwei Jahren wird sie die Einrichtung verlassen müssen. Herr und Frau P. sind zurzeit auf der Suche nach einem Haus möglichst in der Nähe ihres Wohnortes, sodass sie Jil spontan besuchen können, um mit ihr spazieren zu gehen oder ein Eis zu essen. Und es wäre schön, etwas zu finden in Parknähe, hell und mit großen Fenstern, möglichst zu ebener Erde und nicht am Berg, damit das Rollstuhlschieben für die Betreuer leichter möglich ist. Denn Jil liebt es, in der Natur zu sein; sie verbringt viel Zeit in ihrem Zimmer für sich allein, beschäftigt sich mit Regenmacherrasseln, auch wenn sie nichts richtig lange und intensiv festhalten kann, aber selbst Geräusche zu produzieren, das macht ihr Spaß, ebenso Musik zu hören, auf Kuscheltieren herumzubeißen oder den Kontakt mit echten Tieren zu genießen. Familie P. hat drei Hunde und zwei Katzen, sie kuscheln mit Jil, sind sehr nahe bei ihr, auch wenn Jil sie nicht streicheln kann. Jils erstes reaktives Lächeln tauchte im Kontakt mit einem Hund auf, berichtet Frau P. An Menschen, die sie anlächelten, habe sie lange vorbeigeschaut, und auch jetzt möge sie noch keinen direkten Blickkontakt, sondern wende sich lieber ab.

Das erlebe ich auch selbst, als ich nach einem Erstgespräch mit Frau P. noch einmal Kontakt mit Familie P. in ihrem Zuhause habe: Jil ist in den Ferien daheim und Herr P. zeigt mir eine Power-Point-Präsentation, die er vor Kurzem bei den Rotariern gehalten hat. Es geht um Autismus und um Jil, »weitgehend objektiv« möchte er berichten, wobei er einräumt, dass sein Bericht sicher auch ab und zu subjektiv sein wird, da er persönlich betroffen ist und deshalb seine Sicht der Situation darstellen wird. Jil sitzt mit am Tisch, hängt mit wenig Muskelspannung in ihrem Stuhl und muss von ihrer Mutter oder der Tante, die zum Helfen gekommen ist, ab und zu wieder aufgerichtet werden. Sie nimmt keine Notiz von mir und bleibt mit abgewandtem Blick selbstgenügsam dabei. Versteht sie, was ihr Vater erzählt? Oder lauscht sie dem Klang seiner Stimme? Immer wieder spricht der Vater Jil auch direkt an, wenn er von ihrer Entwicklung berichtet; sie soll sich nicht ausgeschlossen fühlen.

Frau P. hat manchmal Sorge, Jil könnte mehr verstehen, als es den Anschein hat, und darunter leiden, dass sie sich nicht verständlich machen kann, so erzählt sie, als ihre Tante mit Jil zu einem Spaziergang aufgebrochen ist. Aber andererseits: Jil sieht entspannt und zufrieden aus, so als fehle ihr nichts. Die Unruhe, die sie als Kleinkind manchmal ausstrahlte, ist verschwunden; die Phase, in der sie ein wenig krabbelte oder sich auf die Füße stellen ließ, um mit Unterstützung ein paar Schritte zu gehen, ist endgültig vorbei. Jil hat sich auf ein Leben im Sitzen oder Liegen, mit geringstmöglicher Eigenaktivität und großer Selbstgenügsamkeit eingerichtet. Alle Förderung, alle Therapien, die man gemacht hat und auch heute noch durchführt, sind persönliche, individuelle Zuwendung, die Jil guttut. Den Durchbruch für die Entwicklung haben sie nicht gebracht.

Herr und Frau P. wissen, wie einfach Entwicklung sein kann, seitdem sie zwei weitere Töchter haben: »Da kam alles von selbst – wir brauchten gar nichts zu tun!« Das muss für beide Eltern eine große Erleichterung gewesen sein, möglicherweise mehr für Frau P. als für ihren Mann, oder scheint es nur so, weil er sich eben mehr um Sachlichkeit und Objektivität bemüht, während Frau P. als Mutter in unserem Gespräch unter Frauen mehr Emotionalität zulässt?

»Wir sind nicht mit unseren Gefühlen hausieren gegangen«, sagt sie. »Wir wirkten sehr abgeklärt, wir haben es den anderen einfach gemacht, ja, wir haben alles gemeistert. Ich glaube, ich habe es vermieden, viel darüber zu reden, aus Angst, dass es die Sache schlimmer macht. Ich wollte kein Mitleid, aber ich war oft neidisch auf andere. Deren Leben ging halt immer weiter; je weiter die Schere in der Entwicklung im Vergleich zu den Gleichaltrigen auseinanderklaffte, umso schmerzlicher nahm man natürlich den Unterschied wahr, umso mehr ging der Kontakt zu Müttern mit gleichaltrigen Kindern verloren.«

Als die zweite Tochter auf die Welt kam, sei sie regelrecht begeistert gewesen, sie habe immer wieder gesagt. »Hast du gesehen, wie schön sie lachen kann?«

»Ich musste richtig aufpassen, dass sie keine ›Prinzessin auf der Erbse‹ wurde, so angetan war ich von ihr, so froh, Normalität zu erleben; ich erlebte es als ein Wunder, dass plötzlich Kommunikation möglich war.«

Frau P. gibt freimütig zu, dass sie sehr gelitten hat: »Wie lange schafft es ein Mensch zu lieben, ohne etwas zurückzubekommen?« Phasenweise habe sie Jils Behinderung nur als Belastung empfunden, und wenn sie wusste, dass Jil bald in den Ferien daheim sein würde, sei es ihr manchmal wie ein riesengroßer Berg erschienen, der vor ihr lag.

»Man wird immer wieder mit der Nase reingedrückt, ist mit der Endgültigkeit konfrontiert: Bis an dein Lebensende – davor kannst du nicht weglaufen! Und wenn ich gedacht habe, wie schlimm es ist, dass ich so wenig für sie empfinden kann, dann kam natürlich sofort das schlechte Gewissen, und das machte alles noch schlimmer!«

Frau P. konnte sich Hilfe holen. Einerseits hatte sie ihren Mann, der manchmal ähnlich empfand und sie emotional unterstützen konnte: »Manche Ehen gehen unter einer solchen Belastung kaputt – bei uns ist es eher das Gegenteil, dass wir zusammengewachsen sind.« Aber Frau P. hat auch psychotherapeutische Hilfe in Anspruch genommen und dabei erkannt, dass sie sich von Jil abgelehnt fühlte und diese Ablehnung und Gleichgültigkeit ihr gegenüber als Wiederholung eines anderen Beziehungsmusters aus ihrer eigenen Kindheit erlebte, unter dem sie sehr gelitten hatte. Nachdem ihr dies klar geworden war, konnte sie die Situation mit Jil besser annehmen, ohne sich deshalb so sehr als schlechte Mutter fühlen zu müssen. Inzwischen kann sie sich freuen, wenn Jil kommt, und sie kann die Zeit mit ihr genießen.

»Auf unsere Art haben wir sehr intensive Momente, zum Beispiel einige Minuten am Morgen, die nur uns gehören«, erzählt Frau P. Und wenn sie mir von ihren Zweifeln, ihren Ängsten, ihrem Neid, ihren Schuldgefühlen, ihrer Hilflosigkeit und ihrem damaligen Gefühl des Blockiertseins gegenüber Jil berichtet, dann hat sie nicht mehr das

Gefühl, damit »hausieren zu gehen«: »Nein, hier geht es darum, etwas weiterzubringen! Darum, dass mit dem Thema offener umgegangen wird, mehr Informationen zu geben für Menschen, die keine Ahnung von solchen Schwierigkeiten haben! Und darum, Menschen, die in ähnlichen Situationen leben, das Gefühl zu geben: ›Wir sind nicht allein!‹ Denn Außenstehende haben oft kein Verständnis, sie leben in ihrer eigenen Zuckerwelt, reden pro Gleichheit und Teilhabe, aber wenn dann eine Schule für Kinder mit Behinderung gebaut werden soll, dann haben sie plötzlich was dagegen und behaupten: ›Das Gebäude verbaut den Blick auf den Wald‹, und: ›Es mindert den Wohnwert!‹«

Gespräche, wie wir sie führen, wühlen auf, bringen Gedanken und Gefühle zurück, von denen man vielleicht dachte, sie seien bewältigt, und sie regen an, sich noch einmal zu besinnen. Frau P. schreibt mir eine Nachricht, die sehr klar zusammenfasst, wie sie sich mit der Art, wie Jil lebt, ausgesöhnt hat:

»Wir haben uns oft gewünscht, Jil könnte wenigstens laufen, etwas sprechen, eigenständiger sein. Doch dadurch entsteht zwar eine pflegerische Erleichterung, aber auch eine ganz ›besondere‹ Art der Betreuung. Wir haben so viele Kinder und Jugendliche mit Behinderungen kennengelernt und deren Eltern. Jeder Schritt in die Eigenständigkeit ist bei einem Kind, das sich auf dem Niveau eines Zwei- bis Dreijährigen befindet, eine so große Herausforderung für die Bezugspersonen, dass viele Eltern daran scheitern und völlig überfordert werden. Ist es wirklich einfacher, ein Kind zu haben, welches laufen kann, aber damit auch durch jede nicht verschlossene Tür entschwindet? Ein Kind, das jede unbeaufsichtigte Minute in der Küche steht und den Kühlschrank inspiziert? Jede Dekoration im Haus als Spielzeug betrachtet und nachts durchs Haus wandert?

Wir haben das vor einigen Jahren verneint und haben gelernt, Jil mit ihrer schweren Behinderung als Glück zu sehen. Nichts möchten wir mehr, als nur einmal von ihr zu hören: *Mama, Papa, ja, nein.* Das wird niemals geschehen, und doch versuchen wir, Jil mit ihren zwanzig Jahren entsprechend ihrem Alter zu betrachten, selbst wenn in ihr eine Alice im Wunderland schlummert … Das Wort ›Sorge‹ könnte Jils zweiter Vorname sein. Es gab Tage, da dachte ich, sie könnte auch von einem anderen Planeten sein – auf unsere Welt gekommen, und nun muss sie schauen, wie sie klarkommt, obwohl wir Eltern sie nicht verstehen. Ich habe mir das lange als sehr furchtbar vorgestellt aus der Sicht von Jil.

Jetzt habe ich es geschafft, mit unserem Schicksal, mit Jil und mit meiner Aufgabe als Mutter einer Tochter mit Behinderung Frieden zu finden. Jil ist Jil, ich bin ich, und manchmal, in wenigen Momenten, finden wir zusammen. Diese Momente sind mir kostbar geworden, denn das ist alles, was sie mir geben kann.«

Die Therapeuten haben sich die Zähne an ihr ausgebissen!

Sandra, zwanzig Jahre

Frau B. ist überrascht, als ich exakt zum vereinbarten Zeitpunkt vor der Tür stehe, so als habe sie nicht wirklich damit gerechnet, dass man ernsthaft ihre Geschichte hören möchte; im Gegenteil, sehr oft hat man ihr nicht zugehört, weder in ihrem Kummer und ihrer Sorge, noch wenn sie aus eigener leidvoller Erfahrung heraus Rat zu geben versuchte. »Ich war zwei Jahre lang Tagesmutter in einer privaten Kinderkrippe. Da waren zwei Kinder mit Trisomie 21; ihre Eltern wollten von meinen Erfahrungen aber gar nichts wissen«, so wundert sie sich. Sie selbst habe es zu schätzen gewusst, als sie eine Frau kennenlernte, die mehr Erfahrung mit Behinderungen hatte.

Vielleicht muss erst der richtige Moment gekommen sein, dass man zuhören kann und sich nicht vor den Ratschlägen anderer schützen möchte?

Frau B. ist sich nicht sicher, sie meint: »Wenn jemand mir schon damals, als meine Tochter noch ein Baby war, knallhart gesagt hätte, was auf mich zukommt … Ich hätte meine Augen nicht so zumachen können, wie ich es damals gemacht habe …«

Aber womöglich war zu dem Zeitpunkt dieser Selbstschutz nötig und verständlich?

Denn irgendwie gesagt haben die Ärzte wohl auch damals schon etwas. Als Sandra sechs oder sieben Monate alt war, habe der Arzt Frau B. mitgeteilt: »Ich weiß nicht, was aus Ihrem Kind jemals wird. Auf Wiedersehen, wir sehen uns in einem halben Jahr!« Mit Handschlag sei sie abrupt verabschiedet worden. »Kein Psychologe, der dich auffängt! ›Ob ich mich jetzt umbring‹, habe ich gedacht …« Oder einmal, als Sandra in der Klinik lag, in einem Mehrbettzimmer, da sei Visite gewesen, eine ganze Gruppe von Ärzten bzw. angehenden Ärzten, und der behandelnde Arzt erklärte: »Hier liegt ein schwerbehindertes Kind!« Frau B. erzählt: »Da habe ich doch tatsächlich erst mal geguckt, wen er eigentlich meint! Ich habe gar nicht realisiert, dass von Sandra die Rede ist! Die Ärzte sind damals regelrecht über mich hinweggebügelt!«

Der Schock führte dazu, dass Frau B. die Behinderung lange Zeit nicht wahrhaben wollte und stattdessen ein hohes Maß an Energie aufbrachte, um Sandra zu fördern.

»Integration – das war damals das Ding! Ein Sonderkindergarten kam nicht infrage, obwohl wir einen sehr schönen fast gleich um die Ecke hatten. Nein, Sandra sollte in einen Regelkindergarten mit Integrationsgruppe. Heute weiß ich, ich habe ihr keinen Gefallen damit getan. Sie war durchweg erschöpft, ich auch, denn sie kam ja nach drei Stunden schon wieder nach Hause; im Sonderkindergarten hätte sie bis nachmittags bleiben können. Wir haben uns sogar extra noch ein Auto angeschafft, um den Transport zu ermöglichen, was wir uns finanziell eigentlich nicht hätten erlauben können. Im Nachhinein betrachtet, habe ich es verkehrt gemacht, habe, statt wegen der Behinderung nach *Ent*lastung zu gucken, für die ganze Familie mehr *Be*lastung geschaffen. Das ging so weit, dass sie zunächst auch für eine Integrationsklasse in der Regelschule vorgesehen war, aber schließlich doch in eine Schule für Kinder mit geistiger Behinderung kam. Doch da fing das Übel erst richtig an!«

Schon bald weigerte sich die Betreuerin im Kleinbus, der Sandra und andere Kinder mit Behinderung zur Schule fuhr, sie weiter zu begleiten: »Sandra kratzt!« Von der Schule aus kamen regelmäßig Anrufe: »Sandra läuft weg, Sandra ist aggressiv …« Schließlich war ich dreimal in der Woche in der Schule, fühlte mich der Situation hilflos ausgeliefert, denn ich hatte inzwischen noch ein kleines Kind! Es war Sandra alles zu viel in der Schule und ich stand wieder mal allein da mit der schwierigen Situation!«

»Irgendwann wusste ich wirklich nicht mehr aus noch ein! Es ging mir so schlecht, ich war so einsam, weil es keiner mit dem Kind ausgehalten hat!«

Frau B. erinnert sich: »Als Kleinkind hatte Sandra mal so eine Phase, da war ihr Kopf riesig im Verhältnis zu ihrem Körper. Später haben sich die Proportionen verändert, da wurde es besser, aber damals war der Kopfumfang enorm, und man sah sofort, dass etwas nicht stimmte. Sie war lieb, aber nicht schön, und wenn jemand in den Kinderwagen geguckt hat und ich dann sein entsetztes Gesicht sah, bin ich wieder drei Wochen nicht vor die Tür …«

Ein sehr schlimmes Erlebnis habe sie einmal beim Einkaufen im Supermarkt gehabt. Sandra hatte irgendetwas angestellt, und da habe tatsächlich jemand zu Frau B. gesagt: »Wissen Sie was, Ihr Kind gehört in die Gaskammer und Sie gleich mit!« Keiner aus der Schlange an der Kasse habe widersprochen, und sie selbst habe sich nicht wehren können. »Das war die tiefste Verletzung, die man haben kann!«

Frau B. erfuhr eine totale Abwertung ihres Kindes und ihrer selbst: »Ich wollte mich so gern mit meinem Kind aussöhnen – aber die Umwelt hat mich gar nicht gelassen!« Ihre Schwiegermutter habe sich gekümmert, aber als parallel dazu ein tragischer Todesfall in der Familie vorkam, wurde alles zu viel auf einmal. Ihr Mann, der nach Sandras Geburt himmelhochjauchzend gewesen sei, stürzte sich in die Arbeit, machte Schichtdienst, sprach mit seinen Kollegen nicht mehr über Sandra: »Es hat acht bis zehn Jahre gedauert, bis er sagen konnte: ›Das ist mein Kind!‹«

Die Situation eskalierte, als Sandra etwa acht Jahre alt war. Seit dem vierten oder fünften Lebensjahr habe Sandra praktisch nicht mehr dazugelernt: »Seitdem sie mobil war, ist sie so geblieben; die Therapeuten haben sich die Zähne an ihr ausgebissen!«

Und schließlich habe die Familie auch nicht mehr gekonnt. Man sei zunehmend isoliert gewesen; zu Familienfesten ging man nicht mehr und richtete auch selbst keine mehr aus, denn: »Sandra hat durch ihr Verhalten jedes Fest zu einem jähen Abbruch gebracht.« Der jüngere Sohn musste geschützt werden vor Sandras ungestümem Verhalten.

»Mein Sohn war für mich ein Geschenk! Das war so einfach mit ihm, so normal! Da lief die Entwicklung plötzlich ganz von selbst! Ja, als mein richtiges Kind kam, da war ich die Coole! Er hat mit zwei Jahren schon ganze Sätze gesprochen, und obwohl er mit drei Jahren noch Windeln brauchte, hat mich das nicht gestört – ich hatte einfach Vertrauen, dass er zum für ihn richtigen Zeitpunkt darauf verzichten würde!«

Plötzlich durfte sie sich auch einmal als gute Mutter fühlen, denn im Zusammenhang mit Sandra war sie kritisch mit sich selbst und hatte oft Kritik zu hören bekommen: Sie müsse »konsequent« sein, dann würde Sandra sich auch besser benehmen! »Ich fühlte mich total unfähig!«

Diese starke Entwertung wurde durch den Sohn etwas aufgehoben, andererseits wurde aber durch den Kontrast mit der Normalentwicklung der Schweregrad von Sandras Behinderung überdeutlich.

Und schließlich fühlte Frau B. sich vor die Wahl gestellt: »Entweder Sandra oder ich …«

Mit knapp acht Jahren bekam Sandra ein zweites Zuhause in einer anthroposophischen Einrichtung. Das Runde, die schönen Häuser, die festen Strukturen, die Tatsache, dass viel Musik gemacht wurde, worauf Sandra positiv reagierte, all das erschien ansprechend, und die Mitarbeiter wirkten kompetent. Erst später habe sie erlebt, dass in der Praxis auch viel mit Zwang gearbeitet wurde. Eines Mittags sei sie gekommen, da habe Sandra eingekotet und fixiert im Bett gelegen: Sie hatte nicht getan, was man ihr auftrug, erklärten die Mitarbeiter.

Drei Jahre blieb Sandra in dem Heim mit angegliederter Heimschule in einem Haus mit Tageseltern; dann rief eines Tages ihre Lehrerin aus der Heimschule an. Sie riet Herrn und Frau B. dringend, Sandra umgehend abzuholen, denn sie könne nicht mehr mitansehen, wie Sandra im Heim behandelt werde und wie alles »den Bach runtergegangen« sei.

Offensichtlich hätten sich die Verantwortlichen dort »total untereinander bekriegt«; man hatte sich finanziell übernommen, und die Tageseltern seien später verschwunden.

Ganz plötzlich und unerwartet musste sich die Familie erneut auf die Suche begeben und innerhalb kurzer Zeit einen neuen Heimplatz finden. Man sei schließlich in einer Einrichtung der Diakonie gelandet. Dort sah es nicht so schön und ansprechend aus, aber letzten Endes war man mit der Betreuung zufriedener. Doch auch in diesem Heim hat sich in der letzten Zeit vieles verändert. Im Zuge des Strebens nach Inklusion seien die weniger stark behinderten Jugendlichen woanders und nur noch sehr schwierige Fälle unter sich: Wer sich nicht wehren kann, wird dann gekratzt! Früher hatten die Besseren eingegriffen, hätten Sandra ermahnt oder auch mal zurückgehauen. Jetzt sei ein Betreuer oft »mutterseelenallein« mit acht sehr schwer mehrfachbehinderten Jugendlichen. Obwohl Sandra nicht weglaufgefährdet ist, weil sie Angst hat, sich von der vertrauten Gruppe und Umgebung zu entfernen, hat sie vor einer Woche auf eine geschlossene Gruppe wechseln müssen, da sie in der Gruppe der schwerbehinderten Jugendlichen nicht mehr tragbar war – tragbar nicht nur im übertragenen, sondern auch im ganz konkreten Sinne: Sie lasse sich gern auf den Boden fallen, gehe dann nicht mehr weiter, und weil sie sehr gern esse, habe sie inzwischen Kleidergröße sechsundvierzig. In der neuen Gruppe habe jeder schlimme »Macken«, hochproblematische Verhaltensweisen, deshalb seien durchweg zwei Betreuer dort.

Frau B. äußert ihre Sorge: »Wir wissen noch nicht, wie sie den Wechsel verkraftet: lauter neue Betreuer und neue Mitbewohner!«

Wie schwierig Sandra sein kann, sieht man nicht auf den Bildern, die Frau B. mir zeigt: Da sitzt eine strahlende, füllig wirkende Jugendliche in der Küche und hilft, Essen zu richten und Kuchenteig zu rühren; das macht ihr am meisten Spaß. Bei der Suche nach einer Diagnose hatte man deshalb auch auf »Prader-Willi-Syndrom« getippt, was sich aber nicht bestätigte; die Ursache für Sandras Behinderung liegt trotz etlicher Untersuchungen im Dunkeln.

Sonst kann man nicht viel mit Sandra machen, weil sie wenig motiviert ist. Frau B. erinnert sich, dass früher einmal jemand vom Familienentlastenden Dienst kam, um etwas mit ihr zu unternehmen bzw. sie zu beschäftigen. Das klappte nicht; die Betreuung klagte, Sandra interessiere sich ja für nichts, nicht für Knete, nicht fürs Malen …

Wenn Sandra daheim sei, laufe man immer den gleichen Weg zum Garten. Dort gibt es ein Gartenhaus mit einem stabilen Tisch, der festgeschraubt ist. Hier kann nichts passieren, das gibt Sandra Sicherheit. Im Sommer wie im Winter wird gegrillt; das ist so Tradition.

Frau B. wirkt traurig, aber auch entlastet, nachdem sie von all diesen schweren Problemen berichtet hat. Einige Schwierigkeiten haben im Laufe der Zeit nachgelassen. Die Beziehung zwischen den Eheleuten, die zeitweise unter der Belastung sehr gelitten hat, ist wieder in Ordnung gekommen. »Jeder hat anders getrauert«, weiß Frau B. nun, »Männer können oft schlecht über ihre Gefühle sprechen.«

Beratung in Anspruch zu nehmen, das war in verschiedenen Situationen wichtig, so zum Beispiel, bevor Sandra mit acht Jahren in die anthroposophische Einrichtung zog. Zum Glück gab es ein Sonderberatungszentrum, wohin sie damals gehen konnte. Da wurde Sandra beschäftigt, während Frau B. eine Psychologin für sich hatte, der sie ihre Verzweiflung mitteilen konnte. »Ich habe dagesessen und nur geheult und ganz viel Schutt dagelassen.« Die Psychologin hat mir geholfen, den Schritt zu tun, Sandra fortzugeben. Das war dringend nötig damals.«

Die Aussöhnung mit ihrem Kind, die sie sich schon vor vielen Jahren sehr gewünscht hätte, ist aber inzwischen erfolgt, auch bei ihrem Mann, und das Paar hat wieder eine gute gemeinsame Basis gefunden.

Sandra ist jetzt zwanzig Jahre alt, der Sohn ist vierzehn, ein schwieriges Alter. Er hat eine ambivalente Beziehung zu Sandra, äußert seine Angst, für sie sorgen zu müssen und womöglich keine Frau zu finden, die Sandra akzeptiert. »Wir erwarten es nicht, aber wir hoffen, dass er sie mal besucht. Ich habe gesagt: ›Sie ist und bleibt deine Schwester.‹ Und was mich selbst betrifft: Solange ich kann, ist sie mein Kind!«

Sven entscheidet

Sven, einundzwanzig Jahre

Frau G. schreibt mir:
»Eigentlich wollte ich den Artikel in der Zeitung gar nicht lesen. Eigentlich. Ich war sie so leid, die Artikel von Müttern, die aufopferungsvoll und liebevoll ihre behinderten Kinder pflegen. Denn immer noch kämpfe ich mit meiner Wut über die Menschen, die mich verurteilten, weil ich meinen Sohn mit gerade mal sieben Jahren in ein Kinderheim umziehen ließ. Wir taten das ja ausschließlich, WEIL wir ihn lieben! Aber schon die ersten Zeilen des Artikels zeigten mir, dass es hier um die Bedürfnisse eines jungen Menschen geht … Unser Sohn Sven ist inzwischen einundzwanzig Jahre alt und lebt in einer Einrichtung der Diakonie. Als Diagnose haben wir lediglich die Aussage eines Humangenetikers: Chromosomenanomalie 16 q+, es gab keinerlei Prognose über Entwicklung und Chancen. Da waren wir auf uns allein gestellt, jederzeit zu reagieren und einfach nur das zu tun, was für Sven das Beste schien. Und für unsere Tochter, inzwischen achtzehn Jahre alt, das zu tun, was für sie das Beste schien.«

Die ganze Familie möchte dabei sein: Vater, Mutter und Tochter versammeln sich um den Runden Tisch, um mit mir gemeinsam über Sven zu sprechen.

»Sven war mein erstes Kind, die erste Schwangerschaft: alles wunderbar, bestes Wohlbefinden!«, erzählt Frau G. Ein bisschen klein war er noch im achten Monat, aber das wurde nicht als beängstigend angesehen, und obwohl er ein paar Wochen zu früh geboren wurde, schien alles in Ordnung zu sein.

»Der Professor in der Klinik meinte, es werde sich verwachsen. Doch ich hatte immerzu das Gefühl, hier stimmt etwas nicht; es ist nicht, wie es sein soll«, berichtet Frau G.

Wie es sein soll – das merkte sie erst, als ihre Tochter geboren wurde, als sie mit Staunen und großer Freude wahrnahm, wie wach ein gesunder Säugling auf seine Umwelt reagiert, wie er sie beeinflusst, wie aufmerksam er seine Bezugspersonen anschauen kann …

Bei Sven begann mit einem Vierteljahr »die Odyssee«: Vojta-Therapie, Untersuchungen der Augen, Ohren, Reisen in verschiedene Großstädte zu Experten in den Fächern Kinderneurologie und Humangenetik, wo eine Ärztin sagte: »Das wird nichts mit dem Kind!« Herr G. empfand sie als ablehnend und vorurteilsbehaftet gegenüber jeder Art von Mensch, der nicht so ist, wie sie erwartet. Frau G. sah mehr die Hilflosigkeit der

Ärztin, die sich nur mit Fragen der künftigen Schulbildung befassen konnte, während Svens Eltern zum damaligen Zeitpunkt ganz andere Probleme hatten. »Ich wollte wissen: Was ist mit dem Kind? Was kann ich machen? Sie hätten mich damals Tag und Nacht einsperren können! Ich machte alles an erster Stelle für meinen Sohn, Arzttermine, Gymnastik, in der Hoffnung, es würde helfen.«

Mit circa zwei Jahren veränderte sich das bis dahin eher sehr ruhige Kind total: Der Tag-und-Nacht-Rhythmus geriet völlig durcheinander, Sven schrie viel. Frau G. war wieder schwanger. »Ich funktioniere, aber ich fragte mich: Wie soll das weitergehen?«

In seiner zunehmenden Unruhe hatte Sven die Gewohnheit entwickelt, mit den Füßen auf den Boden zu trampeln. Dieser Lärm und das laute Schreien brachten die Mitbewohner des Hauses auf den Plan. Svens Eltern sahen sich genötigt, den Fußboden mit Schaumstoff auszukleiden, um die Geräusche zu dämmen, doch Sven fand immer wieder Lücken, um Krach zu erzeugen.

Zwischendurch bekamen zwar die Mitbewohner, nicht aber Frau G. Ruhe, wenn Sven zu Klinikaufenthalten außer Haus war, wegen häufiger Infekte zum Beispiel oder um Paukenröhrchen eingesetzt zu bekommen. Auch in der Klinik tat Frau G. alles; sie schaffte es kaum, sich zurückzunehmen, bis eine Ärztin streng zu ihr sagte: »Frau G., hören Sie auf damit, Sie sind die Mutter und nicht die Therapeutin!« Aber Frau G. brachte es damals nicht fertig, zum Beispiel bei Behandlungen das Zimmer zu verlassen; sie empfand die Rüge der Ärztin als Frechheit.

Damit sie ein wenig Erholung fände, schickte ihr Hausarzt sie in eine Kur für Mütter und deren Kinder mit Behinderung an die Nordsee. Das Haus, die Umgebung – alles sei supernett gewesen, aber das Wetter zum Davonlaufen, und das Kind wurde prompt wieder krank. Und so hatte sie das gleiche Problem wie schon so oft daheim, jetzt aber in fremder Umgebung mit anderen Ruhe- und Erholungsbedürftigen: Sven schrie die ganze Nacht, sie schleppte ihn herum; tagsüber konnte er nicht in die Kinderbetreuung, da er einen Infekt hatte. Frau G. wollte die Kur abbrechen und bekam die Auskunft: »Das können Sie machen – aber dann zahlt die Krankenkasse nicht!« So wurde die Kur, die ihr doch helfen sollte, zum Albtraum.

Hilfe bekam Frau G. an anderer Stelle, zum Beispiel bei ihrem sehr verständnisvollen und fürsorglichen Hausarzt oder bei einer Ärztin im Kinderzentrum, die sie nach ihrem persönlichen Befinden fragte. »Ich fing sofort an, von Sven zu berichten, und da sagte sie: ›Sie haben mich da missverstanden – ich habe gefragt, wie es *Ihnen* geht!‹ Das kannte ich gar nicht.«

Die Ärztin entschied, dass Sven abends ein Medikament einnehmen solle: »Nachts muss Ruhe sein!« Leider wirkten die Tropfen nur zwei Nächte, dann nicht mehr. Sven reagierte auf Beruhigungsmittel häufig paradox, indem er noch unruhiger wurde. Schließlich versuchte Frau G. es mit Akupressur. Das brachte mal eine halbe Stunde Ruhe, mehr nicht.

Inzwischen war Sven vier Jahre alt, die Tochter zwölf Monate. Jetzt hatte diese ihn in der Entwicklung bereits um Längen überholt, und zum ersten Mal wurde den Eltern bewusst, wie schwer die Behinderung Svens tatsächlich ist. Den Vergleich mit fremden Kindern hatte die Familie zwar auch gehabt, aber den Kontrast nicht so deutlich wahrgenommen wie beim zweiten leiblichen Kind.

Die Tochter war als Kleinkind sehr ruhig und früh selbstständig, und manchmal fragten sich die Eltern, ob sie wegen der Behinderung ihres Bruders so rücksichtsvoll war.

Mit der Familie, der Verwandtschaft, der Bekanntschaft gab es Probleme. »Da hat sich herausgestellt, wer Freund ist«, meint Herr G.

Frau G.s Großmutter, bei der sie selbst aufgewachsen war, glaubte, sie bekomme das alles wieder hin, so berichtet Frau G. Sie habe Sven ständig gefüttert, um ihn ruhigzustellen, und sie habe viel mit Svens Schwester geschimpft. »Für sie zählte nur ein Bub«, erklärt Herr G., »Mädchen waren nicht so viel wert.«

Frau G. wagte es damals nicht, sich gegenüber der dominanten Großmutter, die sie erzogen hatte, abzugrenzen. »Ich war so unter Druck, dass ich oft überlegt habe: ›Wo ist der nächste Brückenpfeiler? Wenn ich mit dem Auto direkt darauf zuhalte, dann könnte es klappen, dann könnte ich tot sein.‹ ›Aber nein‹, sagte ich mir dann wieder, ›so geht das nicht, lass dir was anderes einfallen!‹«

Eine glückliche Fügung brachte ihr zu Weihnachten eine Frau vom Kreisgesundheitsamt ins Haus. Sie kam jedes Jahr und brachte 50 D-Mark für das behinderte Kind. Eine ältere Dame mit viel Lebenserfahrung, kurz vor der Pensionierung, die sofort wusste: Der Mutter geht es nicht gut. Sie schlug einen Kurzzeitaufenthalt in einem Kinderheim vor, wo sofort ein Gefühl von Geborgenheit aufkam. »Ich musste die Probleme gar nicht groß schildern, sie wussten dort sofort Bescheid, sodass ich mich fragte: ›Kennen die meinen Jungen?‹«

Als Sven das erste Mal weg war von daheim, saßen die Eltern auf der Couch »wie die Deppen«. »Wir wussten zuerst gar nicht, was wir anfangen sollten!« Sie gingen dann mit ihrer Tochter in einen Tierpark, was diese sehr irritierte, denn sie fand es laut dort, weil sie es nicht kannte; es war einfach nie Zeit für solche Unternehmungen gewesen. »Wir fragten uns: ›Wie kann es sein, dass ein Kind so aufwächst?‹«, erzählt Frau G.

Sven schlief besser in der Kurzzeitpflege, er aß besser, er war ruhiger.

»Was mache ich falsch?«, fragte Frau G. »Nichts!«, antwortete die Leiterin der Einrichtung. »Wir haben hier nur andere Möglichkeiten! Einen eigenen Raum, wo er wach sein darf, wenn er nicht schlafen kann. Eine Nachtwache, die ausgeruht ist. Wenn er schreit oder trampelt, stört er keine Nachbarn und weckt nicht den Vater, der gleich wieder einen langen, anstrengenden Arbeitstag vor sich hat. Einen stark ritualisierten Tagesablauf, klare Essenszeiten, Regelungen, die im normalen Familienleben so nicht durchführbar sind, schon gar nicht von einer Person allein, die zudem noch total erschöpft und seit Jahren dauerhaft über Gebühr gefordert ist.«

Sven war von da an öfter in Kurzzeitpflege, worauf es spitze Bemerkungen gab: »Ach, guck, ist der schon wieder weg?«

Tagsüber war Sven nun in einem Kindergarten für Kinder mit geistiger Behinderung. Das ging gut, solange er nicht wieder einen seiner vielen Infekte hatte und daheimbleiben musste und solange er sich im Kleinbus für den Transport von den Zivildienstleistenden anschnallen ließ. Das war kaum zu machen, denn er schrie wie am Spieß, weil er es nicht mochte, und hatte eine Gabe, sich dem Griff zu entziehen oder sich aus dem Gurt herauszuwinden. »Er war wie ein Schlangenmensch, im Kindergarten nannten sie ihn ›das Gummibäumchen‹. Gelang es trotzdem, ihn anzuschnallen, würgte er oft sein Essen hoch und erbrach sich über der Person, die ihm so nahe gekommen war. Auf dem Schoß sitzen zu sollen, das war für ihn unerträglich«, berichten die Eltern.

Laufen lernte Sven mit fünfeinhalb; die ersten freien Schritte machte er in der Kurzzeitpflegeeinrichtung. Er braucht heute noch Spezialschuhe wegen seiner Gelenke, er läuft schnell, wenn er sich fortbewegt, dann muss man hinter ihm herrennen! Manchmal stößt er bewusst mit dem Fuß an Wände, Gegenstände oder auch Personen, um die Grenzen zu erleben.

Damals, als er endlich selbst lief, musste man aufpassen, dass er sich auf dem Spielplatz nicht an fremden Taschen vergriff: Er suchte darin etwas zu essen, und seine Schwester übernahm, anstatt selbst zu spielen, die Aufpasserrolle für Sven.

»Zu Hause lebten wir wie auf der Baustelle«, erinnern die Eltern sich. »Keine Pflanzen, keine Dekoration, der Fernseher war verbarrikadiert, wir bauten eine Trennwand, um Svens Schwester eine Rückzugsmöglichkeit zu geben. Sven hat uns schließlich die Entscheidung abgenommen, wie es weitergehen sollte. Wenn ich die Tasche für die Kurzzeitpflege packte, lachte er, er freute sich! Einmal, als wir ihn nach dem Aufenthalt abholen wollten, war er verschwunden. Er hatte sich im Bad hinter einem Windelstapel verschanzt.«

So kam es, dass Sven im Alter von sieben Jahren in das Kinderheim umzog. Jahrelang habe er von dort aus nicht mehr nach Hause fahren wollen, ja, er sei nicht einmal ans Fenster gegangen, um den Eltern und der Schwester nachzuschauen, wenn sie wegfuhren. Über die Häufigkeit der Besuche seiner Eltern habe Sven durch sein Verhalten entschieden. Kam die Familie zu oft, sei er weggerannt und versteckte sich. Ein Dreiwochenrhythmus erwies sich als gut; bei längeren Abständen strafe er die Familie mit Missachtung!

Die Besuche liefen ebenfalls stark ritualisiert ab: Die Eltern kamen um vierzehn Uhr, dann gab es Kaffee und Kuchen, gegen sechzehn Uhr wurde Sven unruhig, spätestens um siebzehn Uhr musste die Familie gehen, besser eine halbe Stunde früher, sonst schrie er oder verhielt sich, als hätte er Schmerzen, und begann, sich selbst zu verletzen. Das ging so weit, dass die Betreuer ihn beruhigten: »Ist ja gut, die ›Alten‹ sind ja jetzt weg!«

Mit achtzehn Jahren »entschied Sven wieder selbst«, dass es Zeit für einen Umzug sei. Er lief hinüber ins Nachbarhaus, wo ältere Menschen mit Behinderung waren, er lehnte kleinere oder lautere Kinder plötzlich ab, begann, Rollstühle umzuwerfen und sich in der Schule zu verweigern. In der Einrichtung wurde gerade ein neues Haus gebaut, in das er und sein engster vertrauter Mitbewohner des Kinderheimes wechseln konnten.

Sven besucht nun die Tagesförderstätte direkt gegenüber von seinem Wohnhaus. Hier soll er lernen, Obst zu waschen, ohne es dabei komplett aufzuessen, oder vielleicht einmal einen Morgenkreis auszuhalten, ohne gleich aufzustehen und unruhig hin und her zu rennen.

Vor der Pubertät kam Sven eine Zeitlang teilweise ohne Windeln aus, inzwischen trägt er wieder Windeln. Sprechen kann er nach wie vor nicht, er lautiert, experimentiert mit lauten und leisen, hohen und tiefen Tönen oder mit Kehllauten, sagt manchmal etwas, das klingt wie »Hör auf!«, besonders dann, wenn er Schmerzen hat. Es gibt Anzeichen dafür, dass Sven unter Migräne leidet. In solchen Situationen verletzt er sich selbst, krallt sich fest, klemmt sich die Hand irgendwo ein und zieht sie gewaltsam heraus – so als wolle er damit anderen Schmerz überlagern. Da die ganze Familie unter Migräne leidet, ist es nicht ausgeschlossen, dass Sven das gleiche Problem hat. Auch in solchen Situationen zeigt Sven wieder selbst an, was los ist: Bietet man ihm eine Schmerztablette an, dann nimmt er sie manchmal, und sein Verhalten wird ruhiger.

In anderen Situationen hilft Musik: Klassische Musik, Hardrock mag er, Musiktherapie hat er geliebt: »Musik ist seine Welt!«

Tiere mag er nicht so, aufs Pferd bekommt man ihn nicht. Herr G. gibt zu bedenken: »Manche Ärzte und Therapeuten schieben Verhaltensweisen auf die Behinderung, die aber in Wirklichkeit eher dem Charakter eines Menschen zuzuschreiben sind: Nicht jeder will gern reiten, nicht jeder mag Partys; ein guter Arzt oder Therapeut sollte zulassen, dass ein Mensch manches einfach nicht mag!«

In der Schule damals, da sei es oft auch schwierig gewesen, denn die Schule wollte Ergebnisse. Im Kinderheim war es wichtiger, dass er fröhlich war, als dass er etwas leistet.

Und Svens Schwester – ist *sie* fröhlich?

Inzwischen gehe es ihr besser, so sagt sie. Sie besucht ein Berufskolleg und hat dort Mitschüler, die teilweise auch »ein bisschen anders« sind, nicht so konform und oberflächlich wie viele damals an der Realschule. »Da konnte ich über meinen Bruder nicht reden.« Der Klassenlehrer sagte zu Frau G., ihre Tochter sei »schon sehr speziell und anders«. Obwohl – oder gerade weil? – er von der Behinderung des Bruders wusste, las er mit der Klasse den *Simpel*. I. erzählt mir den Inhalt: Es geht um einen dreiundzwanzigjährigen Mann auf dem geistig-psychischen Niveau eines Drei- bis Vierjährigen. Der Vater wollte ihn »ins Heim stecken«, aber der Bruder hat ihn »gerettet«; er wird hochgelobt dafür, dass er sich gekümmert hat. I. empfand die Besprechung der Lektüre als extrem belastend. Der Lehrer habe der Klasse erklärt, dass das Herumtragen und Sprechen mit einem Stofftier für den Simpel ein Ersatz für echte Liebe gewesen sei. Als I. eine differenziertere Sichtweise vorschlug, habe er ihr das als falsch angekreidet.

Auch wie die Gleichaltrigen sich gegenseitig als »behindert« titulierten, wenn sie sich nicht ganz gruppenkonform verhielten, schockierte I.; jede Art von Diskriminierung sei für sie ein Angriff gewesen, auf den sie mit Rückzug reagierte.

I. kommen die Tränen, wenn sie sich erinnert: »Als Kleinkind wusste ich, ich hab' einen Bruder, aber es war ja keine Beziehung möglich! Ein Nachbarsjunge war eher wie ein Bruder für mich, aber als wir heranwuchsen, war der Kontakt dann nicht mehr so da. Und je stärker das Gefühl war, abgelehnt zu werden, umso mehr habe ich mich abgegrenzt!« Zu der Zeit habe sie sich sehr allein und sehr traurig gefühlt.

Aber therapeutische Hilfe hat sie, anders als ihre Mutter, bisher nicht in Anspruch genommen. Vielleicht traut sie sich jetzt auch, nachdem sie gesehen hat, wie es ihrer Mutter besser geht nach einer sechswöchigen Reha und einem Jahr ambulanter Psychotherapie? Denn diese hat sich sehr verändert in dieser Zeit, das stellt die Tochter bewundernd fest: »Sie macht mehr, was sie machen *will*, und weniger, was sie machen *soll*!«

»Trotzdem dauert es lange, so etwas zu verarbeiten«, räumt Frau G. ein. »Man fühlt sich so abgelehnt vom eigenen Kind, das ist schwer. Mein Kopf sagt: ›Du musst das akzeptieren!‹ Mein Bauch sagt: ›Nie und nimmer!‹ Ich wollte meinen Mann schützen, nicht vor ihm weinen, und er ist in absolutes Schweigen abgedriftet. Ich bin schon so zur Welt gekommen, dass ich mich abgelehnt fühlte. Das Zusammenspiel, einerseits meine Kindheit und andererseits dieser Schicksalsschlag, das hab' ich als schwere Herausforderung empfunden. Ich hab' das Mutter-Teresa-Syndrom!«

Und Herr G.? »Ich habe schon in jungen Jahren ein anderes Verhältnis zum Thema ›Behinderung‹ gehabt. In unserer Straße gab es einen Menschen mit Behinderung. Ich habe Sven akzeptiert, so wie er ist«, sagt er wie selbstverständlich.

Vor Kurzem hat Sven sich zum ersten Mal nach vierzehn Jahren auf einen Besuch von einer halben Stunde bei der Familie daheim eingelassen. »Nach so langer Zeit hat er endlich genug Vertrauen, dass wir ihn wieder zurückbringen.«

In seinem Zuhause in der Einrichtung der Diakonie gehören die Eltern nicht so dazu wie damals im Kinderheim. Da sind sie eher fremde Besucher. »Sven will, dass wir draußen spazieren gehen; danach kontrolliert er, ob wir wegfahren. Im Haus akzeptiert er uns nicht.«

Sven weiß, was er will, und grenzt sich ab. Für seine Familie ist das inzwischen in Ordnung.

Carmen war das Nonplusultra

Carmen, verstorben im Alter von fünfundzwanzig Jahren

Carmen starb im Alter von fünfundzwanzig Jahren – sie wäre inzwischen einundvierzig, das berichten mir ihre Mutter und ihre Schwester. Beide freuen sich sichtlich, dass ich so weit gefahren bin, um ihre Geschichte zu hören, obwohl seit dem Tod Carmens schon wieder sechzehn Jahre vergangen sind.

»Die Zeit heilt alle Wunden«, sagt man. Wirklich alle? Das trifft vielleicht nicht immer zu. Denn Mutter und Tochter sind noch voller Erinnerungen, und vor allem die Tochter, Frau R., die nur ein knappes Jahr jünger ist als ihre Schwester mit Behinderung es war, spürt die Folgen gerade in den vergangenen Jahren besonders. Ihre depressiven Phasen, die immer wieder kommen, führt sie im Wesentlichen auf diese schwierigen Kinderjahre zurück. Denn schon die Schwangerschaft mit diesem zweiten Kind, so räumt Frau B. ein, war extrem belastet von Sorge und Not der werdenden Mutter.

Auch in unserem Gespräch wiederholt sich das, was Frau R. in der Vergangenheit immer wieder passierte: Sie muss zurückstecken, warten, bis sie dran ist, denn Vorrang haben die Mutter und das Kind mit Behinderung: Carmen nimmt ganz viel Raum ein, Carmen mit ihren gesundheitlichen Problemen, ihrem Entwicklungsrückstand, mit ihrer Unruhe – und andererseits die Mutter mit ihrem Kummer und ihren Versuchen, die Situation zu bewältigen. Sich zurückzuhalten, der Mutter zu helfen und Verständnis für sie zu äußern – das ist Frau R. zur zweiten Natur geworden. So hat sie auch unseren Kontakt vermittelt, mit mir einen Termin abgesprochen, mir vorab schon den gemeinsam mit der Mutter ausgefüllten Fragebogen zugeschickt, hat dafür gesorgt, dass ich den Weg finde, geholfen, Kaffee und Kuchen auf den Tisch zu bringen und eine angenehme Gesprächsatmosphäre zu schaffen.

Frau B. selbst war erst zwanzig Jahre alt, als Carmen auf die Welt kam; die Schwangerschaft war kompliziert gewesen, ebenso die Geburt und die erste Phase danach. Die unerfahrene junge Frau versuchte, mit den Trinkproblemen des Babys umzugehen; es schrie unaufhörlich, manchmal gab es eine Stunde Ruhe, dann ging es von vorne los …
»Wir wussten uns nicht zu helfen«, erzählt Frau B., auch ihr Mann, der um einiges älter war als sie, war ratlos. »Und wir hatten ja keine Ahnung, wie ein Säugling sich normalerweise verhält, nur ein ungutes Gefühl.« Denn nach zwei bis drei Monaten kristallisierten sich Auffälligkeiten heraus: Das Kind fixierte seine Bezugspersonen nicht, mochte Nähe

nicht, blieb liegen, so wie man es hingelegt hatte. »Keiner wusste was anzufangen mit dem Kind, die Ärztin sagte nur, wir sollten halt wiederkommen. Beim nächsten Mal fragte sie, ob das Kind greift, und erklärte dann: ›Ihr Kind sieht und hört wahrscheinlich nichts. Wenn Ihr Kind aber blöd ist, müssen Sie sich damit abfinden.‹«

Diese Art der Diagnosefindung geschah im Jahr 1969! »Am besten, Sie geben Ihr Kind in ein Heim, da ist es gut aufgehoben!«, lautete der nächste wenig einfühlsame Ratschlag.

Carmen war sehr hübsch damals; sie hatte eine dunkle Haut. Aber sie war sehr schlaff und ohne angemessene Körperspannung, und weil sie sich kaum bewegte, hatte sie extrem zugenommen. Das Hauptproblem sei das Schreien geblieben: »Ich hab' dann gar nicht mehr fortgekonnt mit ihr; sie hat sofort losgebrüllt!«

Erst als Carmen fünf Jahre alt war, erhielt Frau B. die Möglichkeit, Krankengymnastik mit ihr zu machen. Da kam Carmen für ein Vierteljahr in eine orthopädische Klinik, und anschließend fuhr Frau B. einmal wöchentlich die fünfzig Kilometer in die Klinik und zurück, damit eine Therapeutin mit Carmen turnen konnte.

»Das liegt an der Mutter, wenn ein Kind nicht laufen lernt«, glaubte man in Fachkreisen zu wissen. Schließlich bekam Carmen eine Art Rollator, mit dem sie lernte, sich ganz geschickt in der engen Wohnung daheim zu bewegen. Aus eigenem Antrieb schaffte sie das Laufen nicht; es habe einmal eine kurze Phase gegeben, wo sie sich von allein auf die Füße zog und auch ein bisschen laufen wollte, etwa mit fünf oder sechs Jahren, aber das ging schnell wieder vorbei. Und dann kam die Phase der festen Rituale, von denen Carmen nicht ablassen konnte. Es gab bestimmte Zeiten, zu denen sie nach draußen wollte, die mussten unbedingt eingehalten werden! Da sie nicht frei laufen konnte, ging man zu zweit mit ihr, immer zur selben Zeit, bei Wind und Wetter. Sobald der Vater von der Arbeit kam, stand zunächst Autofahren auf dem Programm: von fünf oder halb sechs bis halb sieben jeden Abend!

Wenn ihr etwas nicht passte oder etwas Neues, Ungewohntes passierte, dann fing Carmen an, sich selbst zu schlagen.

Carmen lernte einige wenige Worte, zum Beispiel »Bei Bei« für »Brei«; auf feste Nahrung ließ sie sich nicht ein. Die anderen Kinder – inzwischen war noch ein Bruder auf die Welt gekommen – aßen dann oft bei der Oma, da gab es etwas anderes als Brei.

»Du hast dich gefreut, wenn mal ein Tag gut war«, seufzt Frau B. Wegen des anhaltenden Schreiens sollte dringend etwas unternommen werden: Carmen bekam Medikamente zur Beruhigung, aber die Dosierung musste sorgfältig ausgetüftelt werden, denn sie reagierte sonst paradox, das heißt mit noch größerer Unruhe. Man hatte ihr inzwischen ein Spezialbett gebaut, mit Gittern und ringsum abgepolstert, damit sie sich nicht selbst verletzen konnte, wenn sie mit dem Körper gegen die Gitter schlug.

»Im Krankenhaus konnten sie Carmen nun nicht mehr brauchen«, sagt Frau B. Sie selbst kam mit zwei weiteren kleinen Kindern immer mehr an ihre Grenzen; die zweite Tochter sollte inzwischen eingeschult werden.

Schweren Herzens entschlossen sich die Eltern, Carmen in ein Heim zu geben.

»Ich hatte keine Ahnung, was im Heim auf mich zukommt, es gab keine Vorgespräche, man konnte sich nichts angucken, hörte nur die Aussage: ›Sie kommt zu Schwester Anna.‹ Wir durften sie nicht besuchen, sechs Wochen lang, so hieß es: ›Das Kind muss sich hier einleben!‹ Am liebsten wollte ich sie wieder mitnehmen! Ich sehe noch meinen Mann am Küchentisch sitzen, wie er geweint hat!«

»Nach drei Wochen riefen sie dann doch an, wir könnten kommen; Carmen sei auf einer anderen Station, in einer Gruppe mit dreißig Kindern! Es hat uns gar nicht gefallen! Wenn wir kamen, mussten wir uns anmelden, es gab bestimmte Besuchszeiten, sonntags von zwei bis halb fünf. Wir durften sie in ihrem Zimmer füttern, auf der Station durften wir uns ansonsten nicht aufhalten. Man steckte ihre Arme in Rohre, damit sie sich nicht selbst schlagen konnte. Sonntags war da eine Person für dreißig Leute! Ich hab' mich mal beschwert, aber gebracht hat es nichts! Einmal kamen wir, da war ihr Arm verbunden – ein anderes Kind hatte ihr den Finger gebrochen.«

Irgendwann gab es strukturelle Veränderungen; die Gruppen wurden verkleinert, dann seien es nur noch fünfzehn Kinder gewesen.

Eines Sonntags, als die Eltern mit Carmen spazieren gingen, brach sie zusammen: ein epileptischer Anfall. Man hatte vergessen, die Eltern davon in Kenntnis zu setzen, dass Carmen epileptische Anfälle hatte.

»Obwohl«, so meint Frau B., »ich schon ganz früh, als Carmen noch ein Baby war, den Eindruck hatte, dass manche merkwürdigen Reaktionen wie Anfälle aussahen.« Damals habe das aber niemand geglaubt.

Versuche, Carmen über das Wochenende nach Hause zu holen, wurden bald aufgegeben: Carmen hielt das Hin und Her nicht aus. Einmal – inzwischen war Carmen in einer kleineren Wohngruppe in schönerer Umgebung – wollte ihre Bezugsbetreuerin wissen, wie sie sich zu Hause gibt; da hat sie Carmen für einen Tag zu ihrer Familie begleitet. Aber man einigte sich darauf, dass es besser für alle Beteiligten sei, Carmen jeden Sonntag zu besuchen; Frau B. ging auch unter der Woche jeweils einmal hin, um Carmen zu sehen.

Carmen musste oft in die Klinik, sie hatte häufig schwere Bronchitis, Lungenentzündungen, Verdauungsprobleme bis hin zur Gefahr des Darmverschlusses. Sie nahm extrem ab, und es dauerte lange, bis man herausfand, dass sie Magengeschwüre hatte. Zu der Zeit hatte Frau B. viele Konflikte mit dem Arzt der Einrichtung, der ihren Beobachtungen wenig Glauben schenkte und oft der Meinung war, sie wolle »Extrawürste« für ihre Tochter.

»Doch wenn ich nicht so insistiert hätte, dann hätte niemand gemerkt, dass sie Magengeschwüre hatte und dringend deswegen operiert werden musste!« Frau B. ist heute noch empört und aufgeregt, wenn sie sich erinnert. Carmen war damals etwa zwanzig Jahre alt; sie musste in die fünfzig Kilometer entfernte Klinik, jemand musste Tag und Nacht bei ihr sein über einen sehr langen Zeitraum hinweg – diese Begleitperson war selbstverständlich wieder Frau B., Carmens Mutter.

Carmen ging es anschließend deutlich besser, aber nach einem Jahr war erneut ein Magengeschwür da; nun bekam sie Medikamente. Carmen sei immer dünner geworden; die wenigen Worte, die sie habe sprechen können, seien auf einmal weg gewesen, die Anfälle häuften sich, die Konflikte der Eltern mit dem Personal der Wohngruppe und des medizinischen Diensts der Einrichtung auch. Carmens Eltern hatten den Eindruck, man verharmlose die Symptome, erkenne nicht den Ernst der Situation. Ihre permanenten Fragen, ob Carmen Stuhlgang gehabt habe, habe man dort schon nicht mehr hören können. Eines Morgens bekam die Familie einen Anruf, dass Carmen in der Nacht um drei Uhr ins Krankenhaus eingeliefert worden sei: Sie musste wegen eines Darmverschlusses operiert werden. Dabei wurde auch noch einmal bestätigt, was man bereits bei einem der Krankenhausaufenthalte zuvor festgestellt hatte: Bei Carmen lagen die inneren Organe verkehrt, der Blinddarm zum Beispiel unter der Leber.

Carmen war erneut ein Vierteljahr im Krankenhaus, »im letzten Zimmer ganz hinten im Gang«. Als der Arzt eine Kanüle wechselte, bekam Carmen eine so starke Blutung, dass sie um ein Haar verblutet wäre und auf die Intensivstation der Universitätsklinik verlegt werden musste. Man versuchte, die Blutung zu stillen, erklärte den Eltern, dass Carmens innere Organe porös seien. Um jeden Preis ihr Leben retten, das wollte und konnte man nicht – Carmen starb im Krankenhaus.

»Es gab eine Aussegnungsfeier und einen Tag später die Beerdigung«, erinnert sich Frau B. »Nur eine Cousine meines Mannes ging mit, die Oma war inzwischen selbst schon gestorben, und die andere Verwandtschaft konnte sich das nicht zumuten«, sagt sie mit etwas bitterem Unterton. »Sie hatten ja gar keine Beziehung zu Carmen. Dabei war es sehr schön, wie der Pfarrer Carmen beschrieben hat – wie sie so war als Mensch.«

Dem Arzt der Einrichtung sagte sie: »Jetzt haben Sie einen Meckerer weniger!« Daraufhin habe er gemeint: »So schlimm sind Sie doch gar nicht!«

Und »die Anstalt«, wie Frau B. immer wieder ironisch sagt, war die so schlimm? »In den achtziger, neunziger Jahren, da war es gut; da war noch Geld da. Sie haben auch Ausflüge gemacht, da bin ich manchmal als Begleitperson mitgefahren. Jetzt heißt es oft wieder, es gehe nach der Devise ›satt und sauber‹.«

Frau B.s Mann ist vor drei Jahren gestorben; er hatte Myasthenia gravis, eine schwere Muskelschwäche, und Frau B. pflegte ihn daheim bis zu seinem Tod. Damals, als Carmen starb, hatte der Pfarrer sie gefragt: »Hast du deinem Mann schon gedankt, dass er bei dir geblieben ist trotz des behinderten Kindes?« Im Nachhinein reagiert Frau B. teils amüsiert, teils empört: »Dass die Mutter bleibt, ist selbstverständlich; wenn der Mann bleibt, muss er extra belobigt werden.« Aber versöhnlich sagt sie: »Ja, wir können dankbar sein, dass wir es gemeinsam geschafft haben; die Schwierigkeiten haben uns zusammengeschweißt. ›Das können wir miteinander‹, haben wir uns gesagt.«

Und so hat sie ihm beigestanden bis zum Schluss. Erst seit einiger Zeit gesteht sie sich zu, auch mal in Urlaub zu fahren, etwas Schönes für sich selbst in Anspruch zu nehmen und das Leben ein wenig zu genießen. Ihre zweite Tochter möge das auch können – das wünscht sich Frau B., auch wenn ihr bewusst ist, dass sie selbst noch so voll ist von der gemeinsamen Lebensgeschichte mit Carmen, dass sie ihr Erzählbedürfnis schwer zügeln kann.

Frau R. hat begonnen, sich Hilfe zu suchen; sie hat lange gebraucht, bis sie sich das Recht dazu einräumen konnte. Denn auch wenn sie es schafft, ihr Leben mit der Familie, mit Mann und drei kleinen Kindern zu managen und dabei noch berufstätig zu sein, selbst wenn sie dabei äußerst selbstdiszipliniert und engagiert ist und strahlend lächelt, spürt, wer sie gut kennt, dahinter ihre Traurigkeit. Und ihre Mutter versteht sie in dieser Bedürftigkeit: Mutter und Tochter können darüber reden, sich ineinander einfühlen und ihre Geschichte auch durch das Erzählen noch einmal durchleben und annehmen. Ein wichtiger Schritt ist getan.

Rückschritte können wir nicht gebrauchen!

Martin, sechsundzwanzig Jahre

Martin strahlt über das ganze Gesicht, als er zur Tür hereinkommt. Aufgeregt berichtet er von seinem Ausflug mit Frau B. vom Familienentlastenden Dienst, die zwei Stunden mit Martin verbracht hat, damit seine Eltern Zeit und Ruhe haben für ein Interview.

Martin kann in ganzen Sätzen sprechen, deutlicher aber ist seine lebhafte Körpersprache: Mit Händen und Füßen, durch Rumpfbewegungen, mit Mimik und mit passenden Lauten macht er klar, was er erlebt hat und wie wunderbar er es fand, dass Frau B. ihren Hund dabeihatte. Besonders schön war es, als der Hund getrunken hat: »Schmatz, schmatz …«, Martin imitiert das Tier, rekonstruiert die Szene, gibt nicht auf, bis der Zuhörer ein lebendiges Bild vor Augen und die passenden Töne im Ohr hat.

Ich werde höflich, freundlich und ohne Fremdeln begrüßt. Einen Meter vierundachtzig groß ist der sechsundzwanzigjährige junge Mann, der sich nun neben mich auf das Sofa setzt, um sich am Gespräch zu beteiligen, so als wisse er genauestens Bescheid, worum es geht. Besonders wenn seine Mutter spricht, klinkt er sich ein, nimmt das mögliche Satzende vorweg, bestätigt, was sie sagt, und wirkt dabei manchmal witzig, wenn er den Nagel auf den Kopf trifft. Oft aber zeigt sich auch, dass er den Inhalt des Gesagten nicht wirklich erfasst. Wie viel er in der Tat versteht, darüber rätseln die Eltern häufig. In Martins Abwesenheit hatte mir Frau N. bereits von seiner Eigenart berichtet, Dinge vorwegzunehmen. Im Urlaub auf Norderney zum Beispiel, als man wegen eines Infektes einen fremden Arzt aufsuchen musste und dieser Frau N. ermunterte, mehr von ihrem Sohn zu erzählen, habe Martin ihr vorgegriffen und ganz spontan gesagt: »Er ist behindert!« Martin finde es ganz normal, mit einer Behinderung zu leben, für ihn gehöre das selbstverständlich dazu. Er selbst habe kein Bewusstsein, anders zu sein. Andere seien eben einfach Mitmenschen; er unterscheide nicht, ob es sich um Erzieher, Lehrer, Menschen mit oder ohne Behinderung handele.

Nein, in sein Zimmer gehen und Musik hören, das möchte Martin nun aber nicht! Im Wohnzimmer geht es viel interessanter zu, und er spürt genau, dass es sich um ein wichtiges Thema handelt, bei dem er eine wesentliche Rolle spielt! Stolz macht er mir eine Leselampe an, da ich etwas aufschreiben möchte. Mein »Danke« und eher sachliches Lob fällt ihm viel zu spärlich aus, und unverblümt fordert er mich zu etwas mehr Begeisterung heraus: »Toll gemacht! Super!«

Mutters Gesicht wird aus der Nähe beobachtet und genau studiert; dann legt er seinen Kopf an ihre Schulter und ruht sich ein wenig aus, wobei er wie ein müdes Kleinkind am Daumen nuckelt.

Frau N. berichtet, wie gern Martin Geschichten hat, worauf ich gleich eine Kostprobe erhalte: Martin springt auf und erzählt auswendig die Geschichte vom dicken fetten Pfannkuchen, deren Wortlaut er exakt abspulen kann. Früher, als man noch nicht wusste, wie man Martins Interesse fokussieren kann, hatten die Eltern beobachtet, dass er für Geräusche und verschiedene Stimmen sehr empfänglich ist und dass man ihn über dieses Interesse motivieren kann, sich Geschichten anzuhören. Damals wurde die ganze Großfamilie aktiv: Das Buch vom Hurz Burz wurde auf Kassette aufgenommen. Jeder – Mutter, Vater, Schwester, Oma, Opa und andere bekannte Stimmen – erzählte für Martin, sodass er immer wieder gespannt lauschte: Wessen Stimme ist jetzt dran? Dabei konnte er ruhig bleiben und sich auf den Text konzentrieren. Beim direkten Vorlesen ohne dieses Medium entstand zu viel Ablenkung und zu viel Nähe; dann musste er aufspringen.

Die Geschichte vom Hurz Burz faszinierte ihn. Dieser ist ein charmanter Wichtel, ein kleines, geheimnisvolles Männchen, das seine Erfahrungen mit den Menschen beschreibt. Der Mensch wiederum schildert, wie es ihm mit diesem etwas anderen Wesen ergeht, und dabei gibt es auch Missverständnisse, so wie manchmal zwischen den sogenannten »Behinderten« und den sogenannten »normalen« Menschen ...

Martins Eltern haben viele Ideen und ein großes Maß an Energie aufgebracht, immer wieder etwas zu finden, das irgendwie Martins Interesse wecken und seine eigene Motivation stärken konnte. Er hatte zum Beispiel ein Faible für Gardinenbleiband, Absperrketten, Flatterbänder, Schnürbänder. So kam es, dass man verschiedenartige Ketten für ihn kreierte und er auch selbst Elemente dafür aussuchte. »Ohne diese Ketten ging dann aber gar nichts; da wurde er richtig aggressiv, wenn er sie nicht hatte.« Er nahm auch Anorakkordeln oder Reißverschlüsse als Ersatz.

»Wir haben ganz weit im Minusbereich angefangen«, erinnert sich Martins Mutter. Es hatte schwierige Komplikationen bei der Geburt gegeben. Martin kam vier Wochen zu früh und musste wegen einer Vorderhauptlage mit der Saugglocke geholt werden. Eine Streptokokkensepsis kam hinzu. Nach sieben Wochen Krankenhausaufenthalt wurde Martin als unauffällig entlassen. Er schrie aber viel, »von sieben bis zehn morgens und abends«, war extrem schreckhaft; das Stillen funktionierte nicht lange und das Trinken aus der Flasche gestaltete sich hektisch, weil der Säugling zu heftig schluckte. Als er ein halbes Jahr alt war, traten BNS-Krämpfe auf, welche die Situation noch verschlimmerten.

»Martin konnte mit acht Monaten weniger als unsere Tochter am ersten Tag«, sagt die Mutter traurig, und: »Wir waren unaufhörlich beschäftigt, ihn entweder zu füttern oder ihn zu beruhigen!«

Als Martin ein Jahr alt war, habe man nicht sagen können, ob er jemals laufen lernen würde, insofern war es ein großer Erfolg, als er mit knapp drei Jahren die ersten freien Schritte machen konnte.

Die Ärzte attestierten Martin eine schwere geistige Behinderung, eine zerebrale Bewegungsstörung und autistische Züge. Wegen der BNS-Krämpfe bekam er damals für zwei bis drei Jahre ein Medikament, das anscheinend Lernfortschritte verhinderte. »Man hatte das Gefühl, er fängt jeden Tag bei null wieder an.« Nach der Umstellung auf ein anderes Medikament ging es ihm besser.

Heute kann Martin laufen und tut dies gern. Wenn die Wege holprig sind oder beim Treppensteigen möchte er die Hand seines Begleiters zur Sicherheit spüren. Er kann sagen, was er essen und trinken möchte, und in ganzen Sätzen sprechen: »Du hast Hunger!«, sagt Martin, wenn er von sich selbst spricht, oder: »Wir wollen Kuchen essen!« Er hat offensichtlich viel mehr im Kopf abgespeichert, als er mitteilen kann; ja, er hat sogar schon gelegentlich den Konjunktiv benutzt: »Dann ist man richtig erschrocken!«, lacht Frau N.

Fortschritte waren in Bezug auf die Sprache am leichtesten möglich; in Bezug auf alles andere aber »hat er sich nicht entwickelt – er musste entwickelt werden!«

Anfangs schraubten die Eltern alles, was nicht niet- und nagelfest war, an die Wand, zum Beispiel Bilderrahmen, denn nichts war vor ihm sicher. Bilder und Fotos habe er gern zerrissen, denn er liebte das Geräusch des Papiers. Bis er sechzehn oder siebzehn war, blieb der Weihnachtsbaum ohne Kugeln. Inzwischen hilft Martin sogar an Weihnachten, den Baum zu schmücken. Seit vier bis fünf Jahren sei er wesentlich ruhiger geworden; er fasse in Geschäften nicht mehr in jedes Regal, und es gehe nicht mehr so viel kaputt.

Früher hat Martin starke Reize gesucht. Ein schweres Buch, etwas Hartes war ihm lieber als ein Kuscheltier. Er hatte Vorlieben für Stachel- und Elektrodraht, sodass man höllisch aufpassen musste, damit er sich nicht verletzte.

»Leiden Sie manchmal unter seinen Verhaltensweisen?«, frage ich. »Nein, ich leide unter was anderem«, kommt die spontane Antwort: unter Schwierigkeiten mit Behörden, Kampf um notwendige Hilfsmittel bei der Krankenkasse, Hürden beim Gesundheitsamt: »Es ist zermürbend, immer wieder geeignete Hilfen zu suchen.«

Als es um den Wechsel vom Sonderkindergarten in die Schule ging, habe die Amtsärztin gesagt: »Martin braucht eine Einrichtung, in der er nicht leidet. Das ist in der

Schule X der Fall, also geht er dort auch hin.« So sei der begründete Wunsch der Eltern nach einer verlängerten Zeit im Sonderkindergarten abgeschmettert worden. Eine langfristige Autismus-Therapie bewilligt zu bekommen, das sei enorm schwierig gewesen. »Man hat das Gefühl, sie wollen einem das Leben schwer machen. Aber wahrscheinlich ist es das gar nicht. Wahrscheinlich geht es immer nur ums Geld.« Immerhin bekam Martin eine individuelle Schulbegleitung, als er in der Werkstufe war; das fanden sowohl die Eltern als auch die Lehrer unumgänglich, um den weiteren Schulbesuch zu ermöglichen.

Das Verhalten der Profis – ja, das ist ein wunder Punkt, über den es viel zu berichten gäbe … Mit einigen bestimmten Menschen geht und ging es gut, aber das sei immer stark von der betreffenden Person abhängig gewesen. Oft genug gestaltete sich der Kontakt aber auch schmerzlich und anstrengend.

»Manchmal können die Profis sich nicht vorstellen, dass zu den behinderten Kindern keine behinderten Eltern gehören!«, sagt Frau N. und: »Es ist ein großer Unterschied, ob man *mit* den behinderten Menschen lebt oder *von* ihnen.« Manchmal hatten beide Eltern das Gefühl, dass ihnen Dinge zur Beruhigung erzählt wurden, aber dass die Ehrlichkeit dabei auf der Strecke geblieben sei: »Es wird viel schöngeredet!«

Herr N. ist selbst Lehrer von Beruf, aber das Verhalten mancher Sonderschullehrer ist für ihn nicht nachvollziehbar. Manchmal habe man sich zum Beispiel gewünscht, der Lehrer möge ein paar Zeilen aufschreiben darüber, was in der Schule passiert, damit man daheim daran anknüpfen könne. Das sei oft abgelehnt worden: zu viel Arbeit, die dann womöglich am Wochenende geleistet werden müsse. »Mann, bist du Lehrer?!«, habe Herr N. dann gedacht. Er sitze schließlich auch oft am Wochenende am Schreibtisch, um Korrekturen, Lernstandserhebungen oder Vorbereitungen zu machen!

Der Satz »Wir machen das hier aber so!« falle stereotyp und wirke wie eine Mauer gegenüber den Eltern; eine Mauer, die jegliche Bewegung und Durchlässigkeit unmöglich macht. »Vielleicht müssen sie sich auf diese Weise schützen«, vermuten Herr und Frau N. »Vielleicht üben sie es nicht genug in ihrer Ausbildung?«

Wir stellen gemeinsam Vermutungen darüber an, wieso die Kommunikation so schwierig sein kann. »Viele Profis wollen nicht eingestehen, dass sie auch nicht alles hinbekommen, und die ihnen Anvertrauten können nicht zu Hause berichten. So ist es leichter, eine Scheinkompetenz aufrechtzuerhalten. Vielleicht wollen sie aber auch die Eltern manchmal nicht beunruhigen und sprechen deshalb Probleme zu spät an? Vielleicht fühlen sie sich von den Eltern kontrolliert und erleben die Eltern als Menschen mit Sonderwünschen? Dabei sind es die Sonderbedürfnisse der Kinder, welche die

Profis manchmal nicht als solche erkennen, zumal die Kinder sie nicht selbst einfordern können.«

Ein ganz wichtiger Punkt ist es, so meinen Herr und Frau N., dass Fachkräfte oft der Meinung seien, Eltern würden ihre Kinder zu sehr überbehüten oder ihren Kindern nicht zutrauen, etwas zu schaffen, was sie eigentlich doch bewältigen könnten. Damals zum Beispiel im Kindergarten, als die Erzieherinnen nach Meinung Frau N.s Martins Schlafbedürfnis unterschätzten. Schlafmangel kann epileptische Anfälle auslösen, die Frau N. auf keinen Fall riskieren wollte wegen der dadurch zu erwartenden möglichen Rückfälle. »Rückschritte können wir nicht gebrauchen; jeder Fortschritt bedeutet für uns als Familie eine Erleichterung und Verbesserung, deshalb brauchen wir ihn auch!«

Betreuerwechsel und Unruhe in der Werkstatt für Behinderte, die Martin zurzeit besucht, führten zum Beispiel dazu, dass er wieder einnässt. Der Wunsch nach Gesprächen wurde mit Befremden registriert. Der Werkstattleiter habe Einwände der Eltern bezüglich der ungünstigen Bedingungen und Umstände in der Werkstatt mit entsprechender Körpersprache abgewehrt: »Na und?! Da muss er sich dran gewöhnen!« An pädagogischer Ausbildung mangele es in der Werkstatt: »Ich bin halt Kaufmann!«, sage der Werkstattleiter. Martins Betreuer sei Keramikermeister, ebenfalls ohne pädagogische Ausbildung, und bei dessen Abwesenheit kümmere sich zeitweise eine sechzehnjährige Praktikantin um Martin.

Wenn etwas nicht funktioniert, dann komme von den Betreuern stereotyp die Frage: »Wäre es nicht langsam mal Zeit für ein Heim?«

Als Martin etwa zehn Jahre alt war, hatten die Eltern selbst schon einmal das Gefühl: »Wir kriegen es hier nicht mehr bewältigt!«

Martins ältere Schwester litt sehr unter Martins Verhalten. Er machte vieles kaputt, biss auf allem herum, zernagte ihre Puppen. Damals wurde ein Platz in einer Großeinrichtung für Menschen mit Behinderung frei; die Eltern sahen es spontan wie »einen Sechser im Lotto!«

Doch bei ihren Besuchen dort stellten die Eltern fest, dass sie die Wohnsituation als zu belastend empfanden. Die Betreuer packten Martin rund um die Uhr in Riesenwindeln, die er zu Hause nicht mal nachts anhatte. Die Mitarbeiter seien oftmals mit organisatorischen Arbeiten oder Notwendigkeiten wie dem Richten von Medikamenten beschäftigt gewesen und hätten die Bewohner sich selbst überlassen. Adventsschmuck habe man zum Beispiel so angebracht, dass die Bewohner ihn zwar sehen, aber nicht anfassen konnten. Vor Weihnachten habe man ihn für die Festtage holen wollen, da stand Martin schon da: »Wir wollen Sachen packen und heimfahren!« Und er sei so froh gewesen, wieder zu Hause zu sein, da habe man ihn einfach nicht zurückgebracht …

Mehrmals im Jahr geht Martin über das Wochenende oder in den Ferien auch für länger in eine Kurzzeiteinrichtung, wo er sich wohlfühle. Dort kann er viel draußen sein, reiten, Pferde putzen; hier gibt es ausreichend Personal und »Leute mit seiner Wellenlänge«. Dann können die Eltern einmal durchatmen, denn »mit fünfzig plus ist man nicht mehr wie dreißig. Das Bedürfnis, in Ruhe etwas zu tun, ist größer.«

Die Suche nach einem dauerhaften zweiten Zuhause für Martin gestaltet sich schwierig; ein Wohnheimleiter sagte auch: »Wir nehmen natürlich nicht jeden!«

»Andererseits«, so meint Frau N., »wenn ich sage, was er braucht, kommt es den anderen exotisch vor.« Was braucht er? »Eine Einrichtung, die in der Freizeit ohne Fernseher auskommt, da ihn die schnelle Abfolge der Bilder fertigmacht. Ein Haus mit kleinen Gruppen und ausreichend Personal, das angemessene Aktivitäten anbietet. Türen, die sich zum Garten öffnen, einen Ort, wo man viel draußen sein kann.«

Ob und wo es das gibt?

Da muss noch weitergesucht werden …

Und es wird sicher schwerfallen, damit zu leben, wenn Martin tatsächlich ein zweites Zuhause hat. Denn er wird fehlen, Martin, der Charmeur, der sich unglaublich freuen kann, wenn seine Schwester zu Besuch kommt, der traurig ist und jammert, wenn sie wieder wegfährt, der herumkaspert, wenn Besuch da ist, und immer einen guten ersten Eindruck bei Außenstehenden hinterlässt …

Auch wenn man es an Martin-freien Wochenenden zu schätzen weiß, mal in Ruhe eine Mahlzeit einnehmen zu können, nicht Martins zwanghaft ritualisiertem Tagesablauf folgen, seinen »Gedankensalat« ordnen bzw. ihn überreden zu müssen, wenn er wieder mal Notwendiges abblockt: »Wir wollen nicht rasieren! Wir wollen nicht Zähne putzen!« Dann ist es anstrengend!

Ja, es verändert die Sicht auf fast alle Dinge, ein Kind mit einer schweren Behinderung zu haben: Man weiß freie Zeit zu schätzen, man weiß Gesundheit zu schätzen, auch die eigene, denn: »Solange wir gesund sind, kriegen wir es hin!«

Ich bin auch von dieser Welt!

Sangin, sechsundzwanzig Jahre

Frau Z. hat mir ein Bild geschickt von »dem Kind, um das es geht« – das ist die einzige Information, die ich zunächst bekomme. Da liegt ein offensichtlich schwerstpflegebedürftiger junger Mann auf seinem Bett, mit erschöpftem, ja gequältem Gesichtsausdruck, so empfinde ich es. Sein Anblick geht mir nahe. Was ist los mit ihm, frage ich mich, und warum schickt mir seine Mutter als Erstes dieses Bild? Was wünscht sie sich – vielleicht unbewusst – von mir? Hätte sie gern, dass ich bezeuge, in welchem Zustand ihr Sohn sich befindet? Möchte sie, dass ich zuerst ein »lebendiges Bild« von ihm bekomme, so wie es in dem Aufruf zu diesem Buch hieß: Ein »lebendiger Austausch und ein facettenreiches Bild« sollen entstehen darüber, wie Menschen mit schweren Behinderungen heute leben … Oder stellt sie mir mit diesem Bild die Frage: »Werden Sie, wenn Sie meinen Sohn so sehen, Kontakt mit mir aufnehmen wollen?«

Sangin ist ein todgeweihter Mensch, das erfahre ich in unserem anschließenden langen Telefongespräch. Seit sechsundzwanzig Jahren – so alt ist er inzwischen geworden – muss Frau Z. sich damit auseinandersetzen, dass Sangins Leben existentiell bedroht ist. Aufgrund von Sauerstoffmangel während der Geburt und nach einem Notkaiserschnitt war er zunächst klinisch tot, konnte aber reanimiert werden. Circa zwei Monate wurde er im Krankenhaus behandelt und kam dann nach Hause. Frau Z. wurde gesagt, sie solle sich an die *Lebenshilfe* wenden.

»Ich wusste damals damit gar nichts anzufangen – dass er behindert sein sollte und vor allem *wie*, ich hatte überhaupt keine Idee!«

Über ein Jahr lang habe Sangin Tag und Nacht nur geweint; fast ein halbes Jahr lang schlief er nur auf ihrem Bauch ein. Sie trug ihn auf dem Arm, bis sie eine Schaukel im Kinderzimmer baute mit einer Feder zum Auf- und Abschwingen und einem Seil, mit dessen Hilfe sie die Schaukel auch von ferne bewegen konnte. Nun war es möglich, nachts in ein anderes Zimmer zu gehen und zwei bis drei Stunden zu schlafen. Denn Medikamente wollte Frau Z. ihm nicht geben, obwohl es schließlich nicht anders ging. Sangin brauchte Sondenernährung, bis er circa eineinhalb Jahre alt war, dann nahm er die Flasche.

Nachdem man abgeklärt hatte, dass die Behinderung nicht aufgrund eines erb- oder gentechnischen Defekts entstanden war, wurden zwei weitere Kinder geboren, ein inzwischen dreiundzwanzigjähriger Sohn und eine zwanzigjährige Tochter.

Sangin erhielt Krankengymnastik und Ergotherapie, mit zweieinhalb bis drei Jahren lernte er, rückwärts oder im Kreise zu robben. Doch dann brachten Krampfanfälle einen massiven Rückfall; seine Skoliose verstärkte sich. Als die Krankengymnastin einmal deutlich zu Sangins Vater sagte: »Er ist behindert«, sei er nicht mehr mit Sangin zur Krankengymnastik gegangen.

»Mein Mann stammt aus Afghanistan; er kam damit nicht klar, auch nicht aufgrund seiner Mentalität; er wollte die Behinderung einfach nicht wahrhaben. Und ich war ja nur auf das Kind fixiert – da ist unsere Beziehung vor achtzehn Jahren auseinandergegangen«, erklärt Frau Z.

Die beiden anderen Kinder haben sich gut entwickelt und seien früher als andere selbstständig geworden. Doch bei Sangin war immer weniger möglich.

»Wir haben eine schlimme Woche hinter uns, ich hab' schon gedacht, er ist jetzt weg…«, erzählt Frau Z. Sangin hat Schlafapnoen, die Atemaussetzer mehren sich, man musste rund um die Uhr bei ihm sein. Einen Pflegedienst möchte sie nicht beauftragen, das würde bedeuten, dass ihr Tag noch mehr fremdbestimmt wäre, denn sie muss schon täglich auf die Physiotherapeutin warten, die kommt, um Sangin zu bewegen, oder auf ihren Sohn, der auf Sangin aufpasst, damit sie kurz den Hund ausführen kann. Natürlich möchte sie so oft wie möglich selbst bei Sangin sein, denn: »Ich soll mich darauf vorbereiten, dass er heute oder morgen nicht mehr da ist. Er wird als Sterbender, nicht als Lebender betreut.«

Wie hält man das aus – die meiste Zeit ohne Hilfe?

Früher, als die Kinder klein waren, habe man schon Hilfe in Anspruch genommen, eine Haushaltshilfe und einen Zivildienstleistenden. »Aber beim Einkaufen sah man mich immer mit drei Kindern!«, lacht Frau Z. Als das zweite Kind kam, war Sangin eifersüchtig, er verweigerte das Essen! Dann musste der Papa ihn füttern … Zum Glück hat Sangins Vater trotz der Trennung von Frau Z. den Kontakt zur Familie gehalten, sodass Frau Z. Sangin auch mal am Wochenende oder für ein paar Tage zu ihm bringen kann. Das macht sie allerdings erst seit fünf Jahren, seitdem sie wieder einen Freund hat, und Sangins Vater hat es akzeptiert – »erst mürrisch zwar«, aber immerhin.

Sangin kann Menschen gut unterscheiden. Wenn Leute kommen, die er mag, ist er entspannt, lacht und lautiert, zeigt durch Mimik und seine Körperhaltung an, dass es ihm gut geht. Bei Menschen, die ihm nicht sympathisch sind, macht er eine Faust, hebt die Arme abwehrend an, verdreht die Augen, presst die Lippen zusammen und zeigt deutlich, dass er nicht angefasst werden möchte. Das passiert zum Beispiel, wenn er merkt, dass Menschen *über* ihn reden und nicht *mit* ihm.

»Meine Tochter und mein zweiter Sohn haben einiges hinter sich«, berichtet Frau Z. bedrückt. »Meine Tochter könnte inzwischen die Pflege selbst machen!« Das möchte Frau Z. aber nicht, auch ihr Sohn soll sich fernhalten dürfen: »Er muss nicht pflegen, nur ab und zu da sein und aufpassen, damit ich mal fortgehen kann.« Einmal, als sie wegen Sangins Intensivbetreuung kaum vor die Tür kam, habe ihr zweiter Sohn zu ihr gesagt: »Geh mal raus, ich bleibe da; du kannst ja bis zum Waldrand und wieder zurück spazieren gehen!« Das seien zweihundert Meter! Da habe sie geantwortet: »Danke für den Hofgang!«

Die Gefahr, dass etwas vorfallen könnte, während die Mutter abwesend ist, besteht ohne Zweifel. Und deshalb möchte sie ihren Kindern nicht zu viel zumuten. »Sie müssen ihren Weg gehen!«, wünscht sich Frau Z. Die Tochter wollte eigentlich gar nichts im sozialen Bereich machen, sondern Wirtschaftsrecht studieren. Jetzt hat sie sich doch anders entschieden, macht ein Freiwilliges Soziales Jahr und will dann Erzieherin werden.

»Sie hat sich nicht getraut zu sagen, dass sie ausziehen wollte!« Das hat sie aber inzwischen getan, und Frau Z. findet das in Ordnung. Und auch der Sohn ist auf einem guten Weg. Als er einundzwanzig Jahre alt war, musste er einen psychologischen Einstellungstest machen. Er wurde gefragt, was denn das Schlimmste in seinem Leben bisher gewesen sei. »Das war, als mein Bruder fast gestorben ist«, sei die Antwort gewesen.

Er hatte einmal in der Klinik, bevor die Ärzte ihr glaubten, dass Sangin Schlafapnoen hatte, eine existenziell sehr bedrohliche Krise Sangins miterlebt: Die Ärzte mussten Sangin reanimieren, seine Geschwister waren voller Panik dabei.

»Vor zehn Jahren hatte Sangin eine Lungenentzündung. Es ging nur noch bergab, ich rief die Kinder; mein Sohn versuchte, mich zu beruhigen: ›Da passiert nichts, es kann nicht sein, dass er stirbt!‹ Zu dem Zeitpunkt konnte Sangin nicht gehen – vielleicht habe ich ihn festgehalten?«

Frau Z. überlegt, was sich verändert hat seitdem. »Damals war er ein frohes Kind, sehr genügsam, sehr geduldig. Er selbst wollte noch leben. Und ich habe ihn nicht gehen lassen, weil ich ihn liebe, es ist mein Kind, egal wie schlimm es ist, ich kann ihn nicht dem Tod überlassen! Wenn so etwas passiert, dann meint man, die Welt bricht zusammen!«

Doch inzwischen hat sich die Situation verändert. Vieles, was früher gut für ihn war, ist inzwischen nicht mehr möglich: Mit ihm reden, Blickkontakt haben, mit etwas rascheln oder Musik machen, draußen sein – das alles ist erheblich weniger geworden. Sangin ist fast blind, er sieht nur noch Schattierungen. Besuch kommt fast gar nicht; Sangin soll keinen Infekt bekommen. Es ist beschwerlich für ihn, wenn er umgelagert wird.

Spaziergänge sind sehr anstrengend, obwohl sie auch mal guttun, wie heute Morgen zum Beispiel, als man – allerdings eher der Not gehorchend – nach draußen musste, um in der Klinik die PEG-Sonde wechseln zu lassen, die er seit seinem achten Lebensjahr wieder braucht.

»Inklusion« – das heißt für Sangin, bei seiner Familie und besonders nah bei seiner Mutter zu sein. Er ist auf die Mutter fixiert, sie spürt, wenn etwas nicht stimmt ... Ja, im Sonderkindergarten war er damals, erst im Alter von sieben Jahren allerdings, bis er dreizehn wurde; ein Zivildienstleistender hat ihn begleitet. Eine Schule konnte er nicht besuchen, da hätte eine Krankenschwester dabei sein müssen wegen der notwendigen medizinischen Pflege. Die Alternative war eine Fördergruppe mit Erwachsenen, die aber nicht zu ihm passten, da sie schon wesentlich älter waren. Und so blieb Sangin eben daheim, denn sonst hätte er in ein Heim gemusst, das viel zu weit entfernt gewesen sei, als dass man gut hätte Kontakt halten können.

»Er wäre dann die ganze Woche über weg gewesen, das wollte ich nicht! Sie müssen bedenken, seitdem er sieben ist, sagt man mir, dass er bald stirbt! Hätte man es immer erwähnen müssen? Ich konnte ihn da einfach nicht weggeben! Heute denke ich, der Kontakt zu anderen Kindern und Jugendlichen hätte ihm gutgetan!«

Und wie steht es mit »Community Care«? Frau Z. lebt in einem Dorf, allerdings sind ihre Eltern schon lange verstorben, zwei Brüder wohnen weit entfernt in der Großstadt, und früher hat man sie auch oft besucht. Da hat Sangin vieles erlebt, zum Beispiel Urlaube am Meer: »Wir waren auf der Dune de Pyla, der größten Wanderdüne Europas, da habe ich ihn die hundertachtundsechzig Stufen hochgetragen!« Im Flugzeug, im Hubschrauber, auf dem Schiff ist Sangin gewesen, mit einem netten Nachbarn durfte er Trike fahren.

Aber in dem Dorf, wo sie seit zwanzig Jahren wohnen, fühlt Frau Z. sich nicht wohl, da wird sie nicht bleiben. »Damals wurde mir gesagt, ich solle nicht so viel mit ihm nach draußen gehen, die Leute könnten das nicht akzeptieren. Und ich muss zugeben, von meiner Seite aus kam da schnell auch so eine Mauer: Wenn die nicht wollen, dann will ich auch nicht! Ich war meistens zu erschöpft, für vermittelndes Erklären hatte ich oft nicht genug Energie; einen Putzplan im Haus konnte ich nicht immer einhalten ... Die Leute haben geguckt; jemand sagte, zu Hitlers Zeiten hätte es das nicht gegeben! Für meine Tochter war es ganz schlimm, wenn die Leute immer so gestarrt haben! Sie hat zwar eine passende Antwort gefunden, aber es hat ihr trotzdem nicht genug Luft gebracht. Am liebsten hätten wir ein Schild geschrieben: ›Ich bin auch von dieser Welt, kein Außerirdischer!‹«

Ein Bekannter, der ein Kind mit Angelman-Syndrom habe, fragte sie einmal: »Wenn wir nicht selbst in dieser Situation wären, wie würden wir reagieren? Würden wir uns im Restaurant an den gleichen Tisch setzen wie ein Mensch mit einer solchen Behinderung?« Frau Z. sagt: »Ich weiß es nicht – ich glaube, ich selbst hätte damit kein Problem.«

Sehr beherrscht, sehr patent wirkt sie; ihren Humor hat sie nicht verloren, selbst wenn es manchmal Galgenhumor ist! Und das Lachen hat sie nicht verlernt, auch wenn sehr deutlich die Erschöpfung und Anstrengung dabei durchklingen …

Der Tod, den die Ärzte nun schon so lange angekündigt haben, ist in spürbare Nähe gerückt. Frau Z. versucht, sich darauf einzustellen. Sie weiß, dass sie in eine Depression stürzen könnte: »Ich hatte schon mal eine Zeit, in der ich dachte, ich rutsche ab!« Die beiden anderen Kinder haben ihr damals sehr geholfen, sich wieder zu stabilisieren. Und nun hat sie einen sehr lieben Freund, der großes Verständnis aufbringt und zurücksteckt, selbst wenn er sie manchmal gern öfter mitnehmen würde auf seinen Unternehmungen. Wenn Sangin stirbt, dann werden diese Menschen für sie da sein, sie wird wieder arbeiten gehen, sie hat auch noch ihren Hund, und sie wird das Dorf verlassen.

»Ich habe mal ein Zitat gelesen, an das ich oft denke«, berichtet Frau Z.: »*Wirklich arm ist der, der keine Aufgabe hat!*« Ein Mensch wie Frau Z. wird sich vermutlich neue Aufgaben suchen. Über ihre große Lebensaufgabe, die noch nicht beendet ist, denkt sie viel nach:

»Was ich erlebe – ist das eine Belastung oder ein Glück? Oft habe ich gedacht, dass ich eigentlich zwei Leben lebe – seins und meins. Ich musste und durfte mich einfühlen, Entscheidungen und Erlebnisse aus seiner Sicht betrachten. Ich spüre, er lässt sich fallen, wenn ich da bin, er verlässt sich auf mich. Und ich bin bei ihm und lasse nun den natürlichen Verlauf …«

Sangin ist wenige Wochen nach unserem Telefongespräch verstorben.

Wenn wir Eltern uns nicht einsetzen – wer soll es dann tun?

Paul, dreißig Jahre

»Ihr Sohn wird Ihnen noch sehr viel Kummer bereiten«, lautete die Prognose des Kinderarztes ein halbes Jahr nach Pauls Geburt. »Der hat mich nie mehr gesehen!«, erzählt Frau N.

Paul und sein Bruder waren zweieiige Zwillinge und durch eine Kaiserschnittgeburt auf die Welt gekommen. Im Gegensatz zu seinem Bruder, der sich unauffällig entwickelte, war Paul von Anfang an anders in seinem Verhalten gewesen.

Der zweite Kinderarzt sagte, was Frau N. gern hören wollte: »Lassen Sie sich nicht verrückt machen!«

Doch Paul blieb »ein völlig fremdes Wesen«: Er lächelte nicht, zeigte keinerlei Initiative, weinte, wenn man ihn auf dem Arm trug, und selbst der optimistische Pädiater und die Ergotherapeutin wurden zunehmend skeptisch: »Ob Ihr Kind jemals selbstständig gehen wird, das steht in den Sternen!«

»Mein Drang war nur: Dieses Kind muss laufen! Ich habe geturnt wie eine Wahnsinnige, zuerst nach Vojta. Aber er hat nur gebrochen, sodass wir auf Bobath-Therapie umgestellt haben, und das sechsmal am Tag. Er brauchte schon allein eine Stunde, bis er sein Fläschchen getrunken hatte, und er war ständig krank. Der leichteste Wind brachte einen Fieberschub!«

Herr und Frau N. hatten schon einen älteren Sohn, und der Zwillingsbruder Pauls war ebenfalls zu versorgen. Als die Zwillinge ein Jahr alt waren, bekamen sie Keuchhusten. Für Paul entstand daraus eine Krise. Sein Leben »hing am seidenen Faden«, er musste intensivmedizinisch versorgt werden. Es folgte eine Ohrenoperation, die Paul noch mehr zurückgeworfen habe. Danach zeigte er kaum noch irgendwelche Regungen.

»Ich selbst war völlig kopflos damals, total geschockt, und konnte es physisch und psychisch kaum aushalten.«

Seit dieser Zeit schreibt Frau N. Tagebuch. Vor unserem Gespräch hat sie darin geblättert. Da heißt es zum Beispiel: »Irgendetwas erzählt die Mitarbeiterin der Frühförderstelle von Autismus – was soll ich mit diesen Wörtern anfangen? Niemand erklärt, was es sein soll; es klingt wie eine mathematische Formel.«

Nun begannen die Verhaltensauffälligkeiten: Paul weinte vor sich hin, schlug mit dem Kopf an die Wand … Kein Psychiater, kein Psychologe, kein Kinderarzt habe Rat gewusst, wie man das Kind von diesen Selbstverletzungen hätte abhalten können. Nachts schlief er nicht mehr, er kratzte sich selbst. Man musste etwas tun, damit die anderen Kinder schlafen konnten, hatte aber nicht genügend Schlafzimmer zur Verfügung, sodass die Eltern sich in den Gang zum Schlafen legten, damit Paul in einem Zimmer für sich sein konnte.

»Das war besonders schlimm für mich, weil ich selbst Epileptikerin bin und nach Schlafentzug Anfälle auftreten können. Ich bekam panische Angst, ich könnte einen Anfall bekommen, wenn ich mit den Kindern allein bin. Ich war so gereizt, dass ich dachte: ›Irgendwann werfe ich das Kind an die Wand!‹«

Eine Psychologin schlug vor, Paul für drei bis vier Wochen stationär in ein Kinderzentrum aufnehmen zu lassen. »Wir ließen uns darauf ein, denn bei uns zu Hause lagen die Nerven blank, es herrschte die reine Anarchie, man schrie sich nur noch an! Ich heulte die ganze Fahrt bis zum Kinderzentrum, mein Mann schwieg, das Kind schrie …«

Wie schrecklich es damals war, fühlt Frau N. heute noch, die Erinnerung macht es schwer, die Fassung zu bewahren: »Nach dem Aufnahmegespräch, während dessen Paul unaufhörlich brüllte, mussten wir Abschied nehmen und das schreiende Kind zurücklassen …«

Frau N.s Schwester lebte in der Nähe des Kinderzentrums und besuchte Paul täglich; seine Eltern fuhren an den Wochenenden zu ihm. Dabei stellten sie fest, dass er abmagerte, bis er aussah »wie ein Biafrakind«. Daheim hatte er bis zu diesem Zeitpunkt nur Brei gegessen. Im Kinderzentrum wollte man ihn auf feste Nahrung umstellen mit dem Erfolg, dass er gar kein Essen mehr anrührte. Da habe sie den Psychologen angeschrien, ob er nicht wisse, was Menschlichkeit ist!

Von diesem Zeitpunkt an wurde Frau N. mit in die Überlegungen und Therapien eingebunden und so sei es besser gegangen.

Aus den drei bis vier Wochen wurden schließlich sieben Monate, eine Zeit, die für Frau N. nicht nur wegen der Trennung von ihrem Kind schwierig war, sondern auch, weil die Schwiegermutter ihr große Vorwürfe machte, da sie ihr Kind fortgegeben hätte.

Am Ende der sieben Monate mussten auch die Eltern zwei Wochen im Kinderzentrum bleiben, um als Co-Therapeuten angeleitet zu werden. Paul konnte inzwischen dort selbst essen und schlief nachts durch, doch kaum war er wieder daheim, begannen die alten Verhaltensmuster aufs Neue. Frau N. war angewiesen worden, sehr konsequent mit Paul umzugehen. Daraus resultierten schwere Kämpfe, zum Beispiel, als er beim Essen am Tisch seinen Teller umkippte und anschließend nichts mehr zu essen erhielt. Dann bekam er einen Brüllanfall und warf alles um sich. Die Schwiegermutter, die im selben Haus wohnte, sei heraufgekommen, habe die Schwiegertochter kritisiert und sich bei ihrer Schwester und Mutter über sie beschwert.

Ihre Beziehung zur Schwiegermutter sei nun am Nullpunkt gewesen, auch die Beziehung zu ihrem Mann, der sich von seiner Mutter sehr habe beeinflussen lassen. Erst als die Schwiegermutter nach dem Tod des Schwiegervaters zu ihrer Tochter zog, sei es durch die Distanz endlich besser geworden.

Pauls Verhaltensauffälligkeiten wurden im Laufe der Zeit variantenreicher. Das Klirren von zerbrechenden Tellern sei »das höchste der Gefühle« für ihn gewesen. Er habe Spielzeug die Treppe hinuntergeworfen und dann wieder hinauf, das alles, um Geräusche zu erzeugen.

Entlastung gab es, als Paul tagsüber eine schulvorbereitende Einrichtung besuchen konnte, allerdings seien auch dort Konflikte mit dem Personal aufgetreten, das ihr, als die Vorgeschichte bekannt war, Vorwürfe gemacht habe: »Wie kann man nur sein Kind sieben Monate weggeben!«

Inzwischen hatte Frau N. eine »Kämpfernatur« entwickelt und drängte auf einen Runden Tisch. Eine Psychologin habe ihr immer sehr den Rücken gestärkt, auch später, wenn in der Schule Schwierigkeiten auftraten, ebenso wie eine Ergotherapeutin, die »ein Segen« für sie war. In der Schule sah man zum Beispiel nicht ein, dass Paul mehr konnte als die Schülerinnen und Schüler in der Schwerstbehindertengruppe, und wollte ihn nicht in die Autistenklasse eingliedern. Diesmal habe Frau N. sich nicht abweisen lassen. Sie stellte dem Rektor ein Ultimatum von acht Tagen, danach würde sie sich an die Presse wenden. Plötzlich war die Versetzung in eine andere Klasse möglich; Paul blieb dort bis zum Ende der Schulzeit. Seine Lehrerin sei eine sehr gute Pädagogin gewesen, die vieles möglich machte für ihre Klasse. Erst gegen Ende der Schulzeit sei die Situation nach einer Schulreform noch einmal eskaliert, denn statt aus fünf oder sechs Schülerinnen und Schülern bestand die Klasse nun aus zehn Mitgliedern – »eine Katastrophe« für Paul, der nicht einmal mehr in den Bus einsteigen wollte, um zur Schule zu fahren.

Was hat Paul gelernt – mithilfe der Förderung daheim, der Therapeuten und der Schule?

Sprechen ist für Paul nicht möglich geworden. Einmal habe er die Wörter »Licht, Leiter, Kinder« benutzt, und er zählte »eins, zwei, drei«, aber nur ein einziges Mal, dann nie mehr. Mithilfe der Gestützten Kommunikation konnte Paul, als er dreizehn oder vierzehn war, auch Wörter und Sätze richtig schreiben und sogar verkehrt herum lesen. Nachdem Frau N. dies voller Freude erzählt hatte, hörte er damit auf: »Ich habe wohl zu viel von ihm preisgegeben – da hat er zugemacht.« Er nahm dies erst wieder auf, als er nach der Schule in die Förderstätte kam. Mit fremden Leuten konnte er nun wieder schreiben.

Als Paul zehn Jahre alt war, habe er sich noch einmal im Kinderzentrum aufgehalten, um die Gebärdensprache zu lernen. Dort staunte man, wie gut er sich entwickelt hatte. Mithilfe der Gebärdensprache konnte er Alltagsdinge regeln, und er wurde allmählich selbstständiger. Das Laufen hat er im zweiten Lebensjahr erlernt, nur langsam entwickelte er dabei Durchhaltefähigkeit. Inzwischen – im Alter von dreißig Jahren – kann er sogar dreißig Kilometer am Stück auf seinem Spezialfahrrad zurücklegen.

Doch sein Verhältnis zu Geräuschen veränderte sich im Alter von etwa fünfzehn oder sechzehn Jahren: Glockenklang, Hundegebell, Kindergeschrei – das alles konnte er nicht ertragen. Orte, wo Kinder sein könnten, muss man daher meiden.

Paul besucht seit seinem zwanzigsten Lebensjahr eine Tagesförderstätte für Autisten. Zwei Jahre später wurde ein neues Wohnheim für Menschen mit Autismus eröffnet. Die Eltern hatten Mitspracherecht, sie konnten über die Einrichtung mitbestimmen, und es wurde in vieler Hinsicht auf sie Rücksicht genommen. Sechzehn Menschen mit Autismus sind dort eingezogen. An den Wochenenden sind sie daheim.

»Anfangs hatte er sich sehr gut dort eingelebt«, erzählt Frau N. »Doch nach einem Vierteljahr traten massive Probleme auf. Paul ging auf die anderen los, er warf Gegenstände herum, hat nicht mehr geschlafen. Es erschien unerklärlich, warum er so ausgerastet ist! Dann ist er auch noch ganz schwer erkrankt.«

Zum Glück ließen sich die Mitarbeiterinnen und Mitarbeiter auf ein Krisengespräch ein; es gab einen großen Runden Tisch, an dem auch seine ehemalige Ergotherapeutin teilnahm.

»Paul braucht Aufgaben – und wenn er zehnmal die Wäsche hin- und hertragen muss, Hauptsache, er fühlt sich gebraucht und kann etwas tun!«

Auch das Rätsel, warum er nicht schlief, konnte durch ein gemeinsames Gespräch gelöst werden. Denn Frau N. erfuhr, dass die Nachtwache jede Stunde ins Zimmer ging, um zu schauen, was mit Paul los sei. Seine Mutter konnte erklären, dass es für Paul wichtig sei zu wissen, wann die Nacht beginnt: »Um halb elf gehe ich ins Zimmer und sage ihm, dass jetzt Nachtruhe ist, dann bleibt er bis morgens liegen. Im Internat hat für ihn nie die Nacht begonnen, weil er durch die häufige Kontrolle der Nachtwache unsicher war.«

Die Mitarbeiterinnen und Mitarbeiter haben alle Ratschläge befolgt, und seitdem sei alles wieder im Lot. »Oft sind es nur Kleinigkeiten, die große Wirkung haben. Deswegen sind solche gemeinsamen Gespräche so wichtig!«, betont Frau N. »Eltern kennen alle Befindlichkeiten der Kinder. Man sollte auf diese Hinweise wirklich nicht verzichten!«

Bei Familie N. ist seitdem mehr Ruhe eingekehrt. Doch die Jahre zuvor waren schwer, denn Pauls Geschwister waren ja auch noch da …

Sein Zwillingsbruder kannte es nicht anders, er wuchs mit ihm auf. Aber der ältere Bruder, der in den frühen Jahren sehr verständig gewesen war, machte eine massive Pubertätskrise durch. »Ihr habt für mich nie Zeit gehabt!«, warf er den Eltern vor. Zeitweise verschwand er, zeitweise drohte er mit Selbstmord. Man nahm Familientherapie in Anspruch, sodass etwas Beruhigung eintrat, auch wenn es einige schlimme Jahre mit vielen Unsicherheiten und Sorgen waren. Irgendwann hatte er sich gefangen und habe neue Ziele angestrebt auf seine freundliche und fleißige Art – er war wieder wie früher: »Ein super Mensch eben!«

Es folgte noch einmal eine schlimme Zeit, als beide Söhne – Pauls Zwillingsbruder und der älteste Sohn – schwer erkrankten und gleichzeitig in Kliniken eingeliefert wurden und Frau N. ebenfalls einen Zusammenbruch erlitt. »Irgendwann ist alles zu viel …«

Doch der Zwillingsbruder ist »der starke Typ, der was aushält«, ein »Kämpfertyp«, und auch der älteste Sohn hat seine schwere Erkrankung jetzt einigermaßen überwunden. Herr N. ist inzwischen im Ruhestand, sodass man unter der Woche, wenn Paul im Internat ist, Zeit hat für Erholung sowie andere Ziele und Aktivitäten.

Und Frau N.? Neben mir sitzt keineswegs ein gebeugtes Wesen, sondern eine gepflegte, modisch gekleidete Frau, die mir auch noch viel zu erzählen hat von all den anderen Dingen, die sie auf die Beine gestellt hat …

Denn im Laufe der Jahre hat sie federführend zusammen mit anderen ein Netzwerk für Menschen mit Autismus und deren Angehörige aufgebaut. Begonnen hat diese Arbeit 1989 mit einem Gesprächskreis für Eltern autistischer Kinder; 1997 wurde der Verein »Hilfe für das autistische Kind« gegründet. Im Laufe der Zeit entstanden eine Tagesförderstätte und ein Wohnheim für Menschen mit Autismus. Inzwischen sind zwölf Gesellschaften dabei, die das gesamte Netzwerk tragen. Hier arbeiten eine Psychologin und Sozialpädagogen, sie helfen, wenn Eltern nicht mehr weiterwissen, führen Gespräche, machen Termine, suchen passende Ärzte, helfen, eine Schulbegleitung zu finden, sodass Eltern in Not sich nicht an eine anonyme Psychiatrie wenden müssen.

Frau N. möchte sich allmählich ein wenig aus der Arbeit zurückziehen und sie anderen überlassen. Aber ihr Kampfgeist ist trotz der vielen Rückschläge, die sie einerseits hinnehmen musste, ungebrochen. Ihre Erfolge geben ihr recht! Mehrmals hat sie Eingaben beim Petitionsausschuss des Landtages gemacht, einmal hat sie auch Klage geführt und ist dabei bis zum Bundessozialgericht gegangen, um Ungerechtigkeiten im Sozialsystem zu bereinigen, und sie hat es geschafft.

»Viele Eltern sind sehr resigniert heutzutage; sie rühren sich nicht mehr, kämpfen nicht mehr. Doch unsere Kinder haben sonst niemanden; wenn wir es nicht tun, wer soll es dann tun? Ich weiß, es können nicht alle. Ich bin immer von mir ausgegangen: Das kann man doch! Das muss man doch! Man braucht allerdings einen Ausgleich, sonst schafft man es nicht.«

Frau N.s »Rettungsanker« ist die Malerei. Der Umgang mit Leinwand und Farbe, das Malen in der Stille, in der Ruhe, das Zurückkommen auf etwas, womit sie sich als Kind schon gern beschäftigte, haben ihr geholfen. Inzwischen hat sie eine eigene Ausstellung gemacht und Bilder verkauft.

Und Herr N.? »Er ist der Fels in der Brandung! Ohne ihn hätte ich es nicht geschafft!«

Schön daheim!

Matthias, siebenunddreißig Jahre

Einige Minuten früher als vereinbart hat mich mein Navigationssystem an einem Montagmorgen zum Haus von Familie M. in ein Wohnviertel der Großstadt geleitet. Dort herrscht gerade Aufbruchsstimmung: Matthias, der siebenunddreißigjährige Sohn, hat das Wochenende daheim verbracht und muss den Weg zurück in sein Alltagsleben antreten. Höflich begrüßt er mich mit Handschlag; seine Miene zeigt, dass die Übergangssituation, in die nun auch noch eine fremde Person hineinplatzt, ihm Stress bereitet!

Frau M. holt die Autoschlüssel und fährt das Auto vor, während Herr M. Matthias beim Anziehen von Jacke und Mütze behilflich ist. Ein lautes, jammervolles »Nein!« tönt durch die Diele: Matthias möchte jetzt am liebsten zu Hause bleiben. »Schön daheim!«, pflegt er zu sagen, so berichtet mir Herr M. später. Doch im Augenblick hat Herr M. anderes zu tun, als mir Geschichten zu erzählen: Er muss Matthias den Übergang in die andere Welt erleichtern. Dies tut er mit Ruhe und Klarheit, die keinen Raum für Hektik oder Widerstand lässt: »Hier, Matthias, nimm die Arbeitshandschuhe mit! Und nun los, bis Dienstag!«

Dienstag wird Matthias von den Eltern abgeholt werden, um sich einer Zahnbehandlung zu unterziehen; in einer emotional so belastenden Situation möchten die Eltern ihn persönlich unterstützen. Was er sonst an Assistenz braucht, bekommt er seit vierzehn Jahren in seinem Wohnheim der Diakonie, in dem dreißig Menschen mit Behinderungen leben, oder in seiner Förder- und Betreuungsgruppe, die für eine Tagesstruktur sorgt. Jedes zweite Wochenende verbringt Matthias bei seinen Eltern.

»Selbstbestimmtes Leben – was transportiert man mit einem solchen Ausdruck?«, fragt Herr M. nachdenklich, als wir Zeit und Ruhe haben für unser Gespräch, »das ist doch ein wichtiges Ziel in der Arbeit mit Menschen mit Behinderung. Aber sehen Sie, wenn wir Matthias jetzt die Wahl gelassen hätten, ob er gehen will oder nicht, dann wäre er bei seinem Nein geblieben, er hätte sich blockiert. Wir müssen was finden, um die Blockade aufzuheben – da sind mir zum Glück die Arbeitshandschuhe eingefallen. Wenn er schließlich gehen kann, um seinen Tagesrhythmus zu leben, dann ist er gar nicht mehr unglücklich.«

Dass man die Dinge differenziert sehen muss, dass Herr M. bemüht ist, achtsam darüber nachzudenken, was wohl im jeweiligen Fall das Richtige ist, und dass er mit

Pauschalurteilen nichts anfangen kann – das wird in unserem Gespräch immer wieder spürbar.

»Als Junge war Matthias sehr, sehr unruhig. Er konnte nicht auf andere eingehen – das ist viel besser geworden mit der Zeit!« Herr und Frau M. konnten beobachten, dass Matthias viel länger lern- und veränderungsbereit war, als man normalerweise annehmen würde: »Er ist sogar seit dem zwanzigsten Lebensjahr noch einmal zehn Zentimeter gewachsen!« Er verständigt sich in Zweiwortsätzen und durch Gestik und Mimik, versteht aber wesentlich mehr, als er selbst ausdrücken kann. Und sollte man in seiner Gegenwart auf die Idee kommen, Dinge zu umschreiben oder Wortbrocken zu benutzen, die verschleiern sollen, was nicht für Matthias' Ohren bestimmt ist, dann wird man sich wundern, denn Matthias erfasst sofort, was gemeint ist!

Er kann sich Melodien und Rhythmen gut merken und singt gern; im Hochsommer kann dann auch schon mal »Oh du fröhliche« erschallen …

Die Familie ist religiös und man hat eine Gemeinde gefunden, wo die Gemeindemitglieder und der Pfarrer sich nicht gestört fühlen, wenn Matthias während des Gottesdienstes laut seine Kommentare abgibt; ja, der Pfarrer hat ihn früher sogar oft aufgefordert, zu ihm zum Altar zu kommen. »Wenn das gut ging, ohne dass er etwas umstieß, haben wir Eltern immer aufgeatmet!« Aber Matthias fühlte sich aufgewertet und beachtet, sodass er sich ganz vorn in der Kirche dem feierlichen Anlass entsprechend angemessen verhalten konnte.

»Matthias fühlt sich nicht behindert – wir Eltern fühlen und fühlten uns oft schon stark behindert«, räumt Herr M. ein. Wenn Matthias daheim ist, dann geht nichts anderes. Sich in Ruhe mit irgendwas zu beschäftigen, das ist unmöglich; das haben beide Eltern akzeptiert. Man muss sich um Matthias kümmern; er arbeitet zum Beispiel gern mit dem Vater im Werkraum im Wohnhaus, hilft in der Küche oder man geht spazieren.

Matthias hat noch drei Geschwister; eine eineinhalb Jahre ältere Schwester und zwei jüngere Brüder. Herr M. denkt nach, wie die Geschwister den Umgang mit Matthias erlebt haben. »Unsere Tochter zum Beispiel; sie war schon immer in der Außenwahrnehmung fröhlich und aktiv! Und jetzt, wo sie lange erwachsen ist, meinen wir festzustellen, dass die Situation für sie belastender war, als wir es früher erlebt haben. Und unsere beiden Söhne reagieren sehr unterschiedlich auf Matthias: Der eine ist gut mit ihm unterwegs, ich kann nicht einschätzen, was in ihm vorgegangen ist. Unser jüngster Sohn neigt eher dazu, sich zu schützen, indem er etwas mehr Abstand von Matthias hält.«

Wunden sind ganz sicher in der Vergangenheit entstanden, so auch bei Matthias und seiner Mutter, zum Beispiel in der frühen Kindheit. »Damals war Vojta das große Thema, meine Frau ist Krankengymnastin, wir alle meinten zu der Zeit, Vojta müsse unbedingt sein, es würde nach vielen Versuchen mit Bobath den Durchbruch bringen! Meine Frau hat täglich mit ihm geturnt, was neben der Kinderbetreuung und dem Haushalt viel Kraft gekostet hat. Matthias hat oft laut geweint. Liebevoll nahm meine Frau ihn dann fest in den Arm und beruhigte ihn. Mechanisch gesehen gab es Erfolge: Matthias kann durch den alle belastenden Einsatz nun laufen. Aber ganzheitlich gesehen ist Vojta für mich als Laien eine Katastrophe! Ich persönlich halte die Methode für völlig falsch!«

»Man sollte auf keinen Fall etwas tun, bloß um eine hochgelobte Lehre anzunehmen!«

Herr M. erzählt von einer Fortbildung für Fördergruppenmitarbeiter, an der er und seine Frau vor Kurzem teilgenommen haben; es ging um Unterstützte Kommunikation. »Danach war meine Frau ganz betroffen; sie war traurig, weil es diese Möglichkeiten damals noch nicht gegeben hat. ›Haben wir etwas versäumt? Hätte Matthias sich besser mitteilen können?‹ Mit solchen Fragen beschäftigt man sich dann.«

Mütter fragen sich oft, ob sie genug getan haben, so meint Herr M. Er selbst möchte anders mit diesen Problemen umgehen, lässt seiner Meinung nach bei Matthias öfter etwas durchgehen: »Meine Frau neigt dazu, schneller zu helfen, zum Beispiel das Frühstücksei auszulöffeln – ich finde, er kann selber noch mehr, und bremse sie dann ein bisschen. Und so korrigieren und stützen wir uns als Ehepaar gegenseitig.«

Ob Frau M. das auch so sieht? Zurzeit kann sie es nicht bestätigen oder verneinen, denn sie bringt Matthias zur Werkstatt und hat noch etwas anderes dringend zu erledigen. Herr M. ist stolz auf sie: »Sie engagiert sich in der Lokalpolitik im Bereich Soziales, hat viele kreative Ideen und eine gute Art, sie durchzusetzen und etwas Positives für die Allgemeinheit zu erreichen«, erklärt Herr M. mit Anerkennung in der Stimme.

Er selbst ist aber ebenfalls nicht gerade inaktiv, sondern in vielfältiger Hinsicht engagiert. Er ist Elternvertreter, berät auch Eltern einer anderen Einrichtung bei der Bildung eines funktionstüchtigen Elternbeirats; in seiner Art ist er ein geeigneter Moderator. Zusammen mit anderen Angehörigenvertretern hat er einen eingetragenen Förderverein gegründet. Dieser schafft die organisatorische und finanzielle Basis für den Einsatz von Freizeitassistenten. Diese Freizeitassistenten arbeiten ehrenamtlich für ein geringes Entgelt. Sie besuchen und betreuen Menschen mit Behinderung in den Wohnheimen, spielen, basteln, lesen, musizieren oder machen handwerklich-technische Angebote, je nach Bedarf und Interesse der betroffenen Menschen. Außerhalb der Einrichtung begleiten sie sie zum Einkaufen oder zu Veranstaltungen und ermöglichen ihnen so mehr Teilhabe am Leben in der Gesellschaft.

Auch in einer kommunalen Arbeitsgemeinschaft *Eingliederungshilfe* engagiert Herr M. sich. Er weiß, wie Gruppen und Organisationen funktionieren, durch seinen Beruf wurde er darauf aufmerksam; da war es auch wichtig, zu kommunizieren, zu verhandeln und zu überlegen, wie man am besten etwas erreichen kann. Sein Beruf führte ihn offensichtlich oft an Verhandlungstische; er weiß, wie man Netzwerke aufbaut, und findet dann heraus, wen man ansprechen muss, damit Ziele erreicht werden können.

»Organisationen glauben, durch Abschottung effizienter zu werden, deshalb sperren sie sich manchmal gegen Neuerungen und vermeintliche Einmischungen von außen. Neue Blickwinkel werden als Störung der Effizienz betrachtet. Deshalb muss man damit rechnen, dass da erst einmal Abwehr kommt«, weiß Herr M., der zu seinen beruflich aktiven Zeiten auch häufig im Ausland zu tun hatte. »Man muss kommunikationsbereit und -fähig sein, denn ehrlich gesagt, es gibt auch schlimme Beispiele, wie Angehörige den Einrichtungen manchmal entgegentreten. Wenn einer gleich ankommt mit Sätzen wie ›Sie sehen das falsch‹ oder ›Sie haben nicht recht‹, da geht doch beim anderen sofort die Klappe zu! Und man sollte versuchen, den Faktor Emotion etwas herauszunehmen!«

Das scheint ihm öfter zu gelingen, sodass ich nicht sicher bin, ob zwischen uns eigentlich ein Gespräch unter Profis stattfindet oder ein Gespräch unter betroffenen Eltern … Aber irgendwo sind wir wohl beides.

Was bedeutet Inklusion, fragen wir uns; wie ist die UN-Konvention über die Rechte von Menschen mit Behinderungen zu verstehen, wie ist sie umsetzbar?

Für ihn bedeutet Inklusion eine Geisteshaltung, so wie sie in der UN-Konvention beschrieben ist: Behinderung wird eher als eine von außen gesetzte Grenze betrachtet, die es zu verändern gilt. Es bedeutet, dass man es als selbstverständlich ansieht, Menschen mit Behinderung im direkten Umfeld zu haben und ihnen auf gleicher Augenhöhe zu begegnen. Man habe bisher nicht ausreichend die Möglichkeiten ausgeschöpft, sie in der Mitte der Gesellschaft zu behalten. »Andererseits«, so räumt Herr M. ein, »gibt es aber ganz klar die Situation, dass für manche ein Schutzraum und zusätzliche Aufmerksamkeit, Betreuung und Finanzkraft nötig ist. Wenn Wohnheime nach wie vor gebraucht werden, dann müssen sie integriert werden.«

Herr M. analysiert die Situation der Großeinrichtungen: »Es erschien wirtschaftlicher, alles in einem Heim zu haben; es war leichter, als individuelle Lösungen zu finden. Der Ansatz für schwierige Fälle ist auch für weniger schwierige Fälle gewählt worden, weil es einfacher ist. Das muss sich ändern.«

Herr M. schaut, wie so viele in Diskussionen über dieses Thema, auch nach Norden, auf die skandinavischen Länder: »Da steht die doppelte Menge an Geld zur Verfügung.

Aber es gibt ebenso wie bei uns Randbedingungen dort; es wird meiner Meinung nach viel Imagepflege gemacht, es werden Ideale aufgezeigt, die in der Sache vielleicht gar nicht so da sind, oder es wird das gesamte Umfeld überfordert. In der Konvention wird pauschal gesprochen. Wenn man es für alle so umsetzen will, wäre das Leben überhaupt nicht mehr möglich!«

Wie ist das gemeint? »Nehmen Sie das Beispiel *Wählen* – wir sollten Vorbereitungen treffen, dass Matthias wählen kann? Das wird wohl nicht funktionieren.«

Herrn M.s Fazit: »Das Menschenbild, das Idealbild, das in der Konvention gezeichnet wird, ist wichtig, daran muss man sich orientieren! Aber man muss dann die praktikablen Umsetzungsmöglichkeiten finden, die den einzelnen Personen angemessen sind.«

Herr M. sieht Änderungen auch durch unser Wirtschaftssystem und durch die Globalisierung kommen: »Der Lebensstandard in den Ländern wird sich immer mehr angleichen. Wir werden zukünftig vielleicht eine größere Neigung finden, jemand in der Familie zu pflegen; das wird eine andere Normalität bringen – Inklusion aus wirtschaftlichen Erwägungen heraus. Das funktioniert nach dem Motto: »Erst das Fressen, dann die Moral!«

Der große Wurf wird uns wohl nicht gelingen, so sieht das auch Herr M. Aber wir sollten uns die Frage stellen: »Wo kann man im Einzelfall die Grenze etwas verschieben? Es wird immer Bereiche geben, wo Menschen aus dem Rahmen fallen, aber es gibt auch immer Verbesserungsmöglichkeiten im Einzelfall.«

Und dazu muss man am besten zusammenarbeiten, in Angehörigenvertretungen, mit professionellen Mitarbeitern, mit Ehrenamtlichen in Fördervereinen und Elternpaare miteinander, indem sie sich gegenseitig stützen und ergänzen.

Nun haben wir viele theoretische Erwägungen angestellt und den emotionalen Faktor schon ziemlich lange herausgehalten, nicht wahr?!

Frau M. bringt etwas davon mit, als sie heimkehrt und sich zu uns setzt. Jetzt können wir überlegen, wie Menschen mit Behinderung sich fühlen, wenn es ihnen nicht gelingt, sich mitzuteilen ... Warum Eltern manchmal keine Kraft haben, sich in Angehörigenvertretungen zu engagieren: »Womöglich, weil sie ihre Kinder so lange im Haus hatten, bis sie platt sind und keine Luft mehr haben? Möglicherweise, weil sie so viel mit dem Thema »Behinderung« beschäftigt gewesen sind, dass sie jetzt mal ein bisschen Normalität leben möchten?«

Denn dass es doch nicht ganz so leicht ist, die Tatsache der Behinderung bei seinem Kind zu verkraften, auch nicht für den seit seinem Ruhestand stärker engagierten Vater, das verrät Frau M. am Ende des Gesprächs: »Du hast zehn Jahre gebraucht!« Das räumt Herr. M. bereitwillig ein; durch seine Arbeit, durch seine Auslandsaufenthalte konnte er zeitweise ausweichen, anders als seine Frau. Sie hat über die längste Zeit die Last fast allein getragen.

»Wer weiß, vielleicht hat Matthias auch eine ganz wichtige Aufgabe übernommen«, meinen beide, als wir uns verabschieden: »Er hat uns immer wieder vor Augen geführt, wie wichtig es ist, zusammenzuhalten!«

Ich bin mit meinem Latein am Ende

Tanja, achtunddreißig Jahre, und Volker, fünfunddreißig Jahre

»Ich sage immer: ›Wir sind nur anders, nicht besonders‹«, erzählt mir Frau N. am Telefon. So recht will aber anscheinend niemand glauben, dass Tanja nur »anders« ist, und vor allem, dass man sie gut lenken kann, wenn man auf ihre Bedürfnisse eingeht.

»Viereinhalb Jahre lang war sie in einem geschlossenen Heim für Autisten; da hat man sie ruhiggestellt und ihr alles entzogen, was sie zum Leben braucht. Jeder läuft da mit seiner Macke herum! Sie hat sich nur noch die Kleider vom Leib gerissen, das Personal war hilflos! Das ist kein Leben, einfach nur ein Dasein!«

Wir verabreden ein persönliches Treffen, damit Frau N. mir mehr berichten kann über ihre Situation, die sie als ausweglos erlebt. Frau N. war sich aber anscheinend nicht sicher, ob ich wirklich komme, und hat Besuch, als ich eintreffe: ein Ehepaar, ebenfalls Eltern eines Menschen mit Behinderung, sodass doppelter Gesprächsbedarf besteht, wobei allerdings der fünfunddreißigjährige Sohn Volker anwesend ist. So trinken wir erst einmal Kaffee, essen selbstgebackenen Kuchen, während Volkers Mutter von ihrem Ausflug mit Volker in den Zoo berichtet, den sie am Vortag, einem Feiertag, unternommen haben. »Wir waren beide fix und fertig anschließend, die lange Anfahrt, die vielen Tiere – es war schön, aber zu anstrengend, das schaffe ich eigentlich nicht mehr!« Denn sie ist siebenundsiebzig Jahre alt, resolut zwar und energisch, aber ganz ohne Hilfe ist es schwierig. »Wenn er überfordert ist, dann muss man ihn beruhigen, ihm die Hand geben oder gleich beide, immer wieder, tausendmal!«

Volkers Vater nimmt das Angebot der beiden Damen, sich nach dem Kaffee für eine Weile mit der Zeitung in den Garten in die Sonne zurückzuziehen, gerne an. »Er akzeptiert die Behinderung nicht, kommt nicht mit sich ins Reine«, erklärt seine Frau. Damals habe ihr Mann sich so sehr auf einen Jungen gefreut; dass dieser dann aber eine Behinderung haben sollte, das sei eine Riesenenttäuschung gewesen. »Die beiden haben kein Verhältnis zueinander. Aber immerhin – man kann ja froh sein, wenn er bleibt! Wie viele Männer sind schon abgerauscht in einer solchen Situation!«

Frau N. kann das bestätigen: Solange Tanjas Behinderung noch nicht so offensichtlich war, sei ihr Mann noch viel mit ihr unterwegs gewesen, später weniger; auch die Pflege und die Auseinandersetzung mit den Behörden habe sie allein bewältigen müssen.

Volker sitzt beim anschließenden Gespräch dabei – leider, denn nun muss er miterleben, wie über das Thema Behinderung und auch *über* ihn statt *mit* ihm gesprochen wird, etwas, was ich eigentlich zu vermeiden versuche, aber ich bin nur an diesem Tag in der Region; einen anderen Termin zu finden ist nicht möglich.

Tanja ist nicht anwesend; sie lebt zurzeit bei einer Gastfamilie.

Tanja wurde als gesundes Kind geboren; die Ärzte fanden sie unauffällig, aber sie habe viel geschrien. »Sie hatte keinen Tag-Nacht-Rhythmus, konnte drei Tage und Nächte ohne Schlaf auskommen, schlief dann acht Stunden und das Ganze ging von vorn los …« In Bezug auf die grob- und feinmotorische Entwicklung sei sie nur wenig verspätet gewesen, sprach normal wie ein Kleinkind eben, aber nur bis sie etwa drei Jahre alt war, dann blieb die Sprache für ein paar Jahre ganz weg. Später sprach sie wieder, aber nicht mehr so wie zuvor. Ihre Art zu spielen sei nie wie die anderer Kinder gewesen; sie schob Spielzeug nur stereotyp hin und her. »Alles, was man im Kindergarten und der Schule versucht hat mit pädagogischen Spielen, hat sie zerstört. Diese Art Spiele haben sie überfordert, sie war verwirrt.«

Wenn Tanja überfordert war, dann schrie sie, als sie im Kindergarten- und Grundschulalter war. Mit circa zwölf Jahren verschärfte sich die Symptomatik: Sie wurde aggressiv sich selbst und anderen gegenüber. »Sie will nicht!«, rief sie dann, griff in die Kleidung der anderen, trat mit den Hacken gegen die Wände. »Eine Zeitlang wunderte ich mich über die vielen Bissnarben, mit denen sie aus der Schule nach Hause kam, aber sie fügte sich diese Wunden wirklich selbst zu«, sagt Frau N.

»Schule war für Tanja die Hölle. Sie verbringt nur die Mahlzeiten am Tisch, sie schafft es nicht, längere Zeit sitzen zu bleiben, dazu ist sie zu unruhig und getrieben. Wenn sie aber – wie in der Schule – in der Gruppe am Tisch bleiben soll, dann kann sie das nicht. Sie liebt praktische Tätigkeiten, bei denen sie sich bewegen kann. Sie will wirtschaften, abwaschen, Gemüse schneiden, ihre Hände und Füße möchten sich immer beschäftigen, sie schwimmt gern, fährt gern Rad, möchte im Garten Äpfel pflücken. Das geht auch, aber nur, wenn jemand sie anleitet und ihr Struktur gibt, ganz allein kann sie es nicht. Es fällt ihr schwer, ihre Kräfte zu dosieren. Sie braucht ein harmonisches Umfeld, Streitgespräche kann sie nicht verarbeiten, dann wird sie hektisch.«

Frau N. beschreibt sehr anschaulich, wie man Tanja unterstützen kann: Sie braucht offenbar eine Eins-zu-eins-Betreuung, wenigstens zeitweise. Die gab es in der Schule damals nicht; deshalb sei sie phasenweise, einmal drei Monate lang, vom Unterricht freigestellt worden. Medikamente gegen die Unruhe wirkten nicht, oder sie wurde nur müde und noch unglücklicher. Auch der Transport in die Schule war schwierig; da sie

Nähe zu den anderen nicht ertrug, kniff sie oder schrie, das war unerträglich, und so fuhren teilweise die Eltern selbst, zeitweise wurden Einzelfahrten für sie organisiert.

Auch die Mutter hatte oft Bisswunden: »Wehe, ich wollte mal rechts statt links gehen, dann hat sie schon meinen Arm genommen, mich gekniffen oder gebissen! Es war überhaupt nicht möglich, irgendetwas spontan zu machen, damit konnte Tanja nicht umgehen. Sie aus einer Beschäftigung herauszulotsen, wenn sie selbst noch nicht bereit dazu war – das war völlig unmöglich bis ins junge Erwachsenenalter.«

Frau N. hielt lange durch bei der Betreuung von Tanja. Ihr jüngerer Sohn kümmerte sich ebenfalls um seine Schwester, außerdem war da noch die *Lebenshilfe*, da kamen oft zwei Betreuer gleichzeitig, um mit Tanja spazieren zu gehen. Doch als vor vier Jahren ihr Mann starb, ging es Frau N. sehr schlecht. Sie machte sich große Sorgen, was aus ihrer Tochter werden soll, wenn ihr auch noch etwas passiert.

»Da war gerade das neue Wohnheim für Autisten bezugsfertig, plötzlich konnte Tanja einziehen, ich fühlte mich fast ein wenig überrumpelt.« Erst im Nachhinein habe sie gemerkt, dass es sich um eine geschlossene Einrichtung handelt und dass Tanja nichts haben durfte, weil andere Mitbewohner ihre Utensilien vielleicht zerrissen oder an die Wand geworfen hätten.

»Eigentlich braucht sie eine Kommode mit Schubladen, in die sie Dinge, die sie sammelt, einsortieren kann.« Das Heim sei keiner Werkstatt angegliedert, sondern biete eine eigene Tagesstruktur an, wobei man sich mittags allein im Zimmer aufhalten müsse. Welche Angebote es sonst gegeben habe, wisse sie nicht so richtig: »Ich hab' mich eigentlich nicht getraut zu fragen – aber ich glaube, da haben sie es sich einfach gemacht. Vor lauter Langeweile hat Tanja sich die Kleider vom Leib gerissen.«

Frau N. sah keine andere Lösung, als Tanja aus dem Heim zurückzuholen, doch alles allein daheim zu bewältigen, das schaffte sie mit ihren vierundsiebzig Jahren auch nicht mehr, zumal sie für die Zukunft vorsorgen möchte. In der Zwischenzeit hatte sie etwas über Gastfamilien gelesen und stieß auf eine Annonce in der Zeitung: Eine Frau, die ihren Onkel bis zu dessen Tod gepflegt hatte, suchte wieder jemanden, den sie versorgen konnte, jemanden, »der nicht gleich wieder wegstirbt«. Ein halbes Jahr lang überlegte Frau N., ob das eine angemessene Lösung sei; die Familie machte einen guten Eindruck und versicherte, sich mit der Behinderung auszukennen. »Die Leute wissen angeblich immer alles – aber wenn's drauf ankommt, dann wissen sie gar nichts!« Frau N. hat inzwischen gemerkt, dass die Familie, auch wenn die Verantwortlichen es nicht zugeben möchten, überfordert ist. Die Frau arbeite noch halbtags und die ganze Familie habe viele private Verpflichtungen – das funktioniere nicht gut …

»Du musst gesund sein, Zeit haben und Verständnis – dann kannst du damit leben!«, meint sie, und ihr ist anzumerken, dass sie es am liebsten doch noch gern selbst schaffen würde.

»Ich hatte gedacht, dass ich – wenn Tanja mal nicht mehr da ist – alles nachholen kann«, so räumt sie ein, auch wenn sie nicht gern darüber spricht, worauf sie persönlich hat verzichten müssen. Und: »Was weg ist, ist weg – man kann ja nichts mehr richtig!« Ratlos ist sie und deprimiert, aber sie wird weiterhin tun, was sie kann, mit Tanja, wenn sie morgen kommt, im Haus wirtschaften, spazieren gehen, sie sinnvoll beschäftigen. Und neue Lösungen suchen?

Volker hat die ganze Zeit dabeigesessen, manchmal ein paar Töne von sich gegeben, sich ansonsten aber sehr ruhig verhalten. »Er kann aber viel verstehen und auch antworten«, erzählt seine Mutter, »man muss immer reden wie ein Buch, um ihm etwas zu erklären!«

Volker arbeitet in der Werkstatt für Menschen mit Behinderung – so gern, dass man anfangs sogar an Feiertagen hinfahren musste, um sich zu überzeugen, dass geschlossen ist. Und Volker lebt seit vierzehn Jahren im Wohnheim; er kommt nur alle zwei Wochen nach Hause. Wenn nicht gerade so ein zusätzlicher Feiertag mit Brückentag ist, dann geht das, aber: »Ich bin froh, wenn er ruhig ist – wenn ich ihn ruhig haben will, kaufe ich ihm ein Puzzle, er hat zum Beispiel eines mit fünfhundert Teilen von Schalke, er interessiert sich für Fußball, hat fünfunddreißig Schalker Fahnen; auch Memory zu spielen macht ihm Spaß.«

Im Krankenhaus habe man ihn nach der Geburt für gesund gehalten, berichtet seine Mutter, wobei man nicht erkannt hatte, dass eine Querlage mit Armvorfall vorlag und er aufgrund der Geburtskomplikationen Sauerstoffmangel erlitt. Als die geistige Behinderung offenbar wurde, tat Volkers Mutter, was sie konnte, um ihn zu fördern, fuhr von Klinik zu Klinik. Manches hat er nach und nach gelernt, aber die Behinderung ist natürlich geblieben …

Beide Mütter fühlen sich durch die Behinderung ihrer Kinder enorm belastet und isoliert. Bei Frau N. ist das extremer, da ihre Tochter sehr herausforderndes Verhalten zeigt, wenn sie mit Situationen nicht umgehen kann, und weil bisher noch keine befriedigende Wohn- und Lebenssituation gefunden werden konnte. Aber wenigstens haben die Mütter einander, das tröstet ein bisschen: »Es gab schon Tage, da kamen wir beide heulend aufeinander zu und umarmten uns. Uns beiden ging es schlecht, und wir konnten einander von unserem Unglück berichten«, erzählen sie.

Jetzt wird man noch gemeinsam einen kleinen Ausflug machen, um das schöne Wetter zu genießen; Volkers Vater fährt mit dem Auto vor.

Und ich steige ebenfalls in mein Auto und denke noch lange nach über die vielen Parallelen im Verhalten zwischen Tanja und meinem Sohn, aber auch über die Unterschiede; über die Hilflosigkeit bei den Beteiligten – Angehörigen und Profis –, damit umzugehen, und die Schwierigkeiten, miteinander zu kommunizieren; über die Ergebenheit und das unermüdliche Pflichtbewusstsein, mit der beide Damen ihr Schicksal hinnehmen. Die Art der Behinderung ist ähnlich, die Lebensumstände sind anders; wir gehören verschiedenen Generationen an. Deshalb bin ich traurig für Frau N. und ihre Freundin, kann ihre Depression, aber auch ihre Stärke nachempfinden, die sie trotz aller Härten weiterhin handlungsfähig bleiben lässt. Und deshalb hoffe ich, dass Frau N. noch eine neue, zufriedenstellende Lösung findet für Tanja. Eine zufriedenstellende, denn eine ideale – das weiß ich aus eigener Erfahrung – wird es nicht geben.

Wie ein zweites Ich

Eva, vierzig Jahre

An der Tür begrüßen mich strahlend Frau N. und ihre kleine Enkeltochter Emily, die nun mit dem Opa nach nebenan zum Spielen geht, damit wir reden können.

Denn Frau N. hat viel zu erzählen: von ihrer Tochter Eva, die dieses Jahr vierzig Jahre alt wird und von Geburt an mit einer geistigen Behinderung lebt; von ihrer Tätigkeit als zweite Vorsitzende eines Ortsvereins der *Lebenshilfe* und von ihrer beruflichen Arbeit in einer Werkstatt für Menschen mit Behinderung. Und dazu hat sie heute Zeit, denn Eva ist gerade in Urlaub. Sie ist mit einer Gruppe der *Lebenshilfe* für zehn Tage an den Bodensee gefahren. Der Betreuungsschlüssel ist sehr gut, neun Teilnehmer werden von vier Betreuern begleitet. Diese Fahrten gefallen Eva. In den Sommerferien wird sie für vierzehn Tage an die Nordsee reisen, sodass Herr und Frau N. Gelegenheit haben, gemeinsam Urlaub zu machen. Denn Eva lebt noch bei der Familie, und der Tagesplan ist streng nach Evas Bedürfnissen ausgerichtet: »Man ist schon permanent unter Stress, weil man sie nicht allein vor die Haustür lassen kann«, berichtet Frau N.

Frau N. ist jetzt dreiundsechzig, und obwohl sie jünger, sehr fit und agil wirkt, stellt sie fest: »Früher war man belastbarer! Jetzt brauche ich spätestens nach einem Vierteljahr eine Pause, dann fahre ich mal ein paar Tage mit einer Freundin weg und mein Mann bleibt hier.« Zu anderen Zeiten kann ihr Mann mit Freunden verreisen – man wechselt sich ab.

»Zerebrale Bewegungs- und Sprachstörung nach pränataler Hirnschädigung«, so lautete damals die ärztliche Diagnose. Frau N. würde das Wort »pränatal« aber durch »perinatal« ersetzen, wenn man sie selbst fragt, denn ihrer Meinung nach ist das Problem während der Geburt entstanden: Die Hebamme habe nicht schnell genug reagiert, als Frau N. mit Wehen ins Krankenhaus kam; das Kind sei sehr klein gewesen und hätte wohl eigentlich in ein Wärmebettchen gemusst, doch in dieser Klinik habe es diese Möglichkeit nicht gegeben. Auf Frau N.s Hinweis, dass das Kind keinen Saug- und Schluckreflex habe, sei nicht reagiert worden, genauso wenig auf ihre Beobachtung, dass es »immer so zuckt«.

Auch daheim änderte sich nichts an dem auffälligen Verhalten des Säuglings. Die Kinderärztin fand Eva apathisch und verschrieb ein appetitanregendes Mittel. In der Apotheke kam es zu einer Verwechslung des Medikaments: Frau N. hatte ein herzanregendes

Mittel für ihr Kind bekommen und es Eva bereits einmal gegeben, als die Apothekerin zu ihr nach Hause kam, um sie zu warnen. Die Kinderärztin wies sie daraufhin mit Eva ins Krankenhaus ein, wo man dann endlich feststellte, dass Eva ein Anfallsleiden habe, welches die Hirnschädigung bewirkt habe. Drei Monate lang blieb Eva nun im Krankenhaus. Kein Antiepileptikum sprach richtig an; Eva bekam schließlich drei verschiedene Medikamente zur Beruhigung und gegen die Krampfanfälle.

Nach einem Jahr wurde ein kinderneurologisches Zentrum eröffnet, an dem Frau N. Eva untersuchen und behandeln ließ. Eva konnte zu diesem Zeitpunkt nicht einmal den Arm heben. »Ihr Kopf hing, als gehöre er nicht dazu«, obwohl Therapien gemacht worden waren. Die Ärztin am kinderneurologischen Zentrum erkannte sofort: »Dieses Kind bekommt zu viele Medikamente.« Nachdem man diese deutlich reduziert hatte, fing Eva plötzlich an, Personen und Dinge genau anzuschauen, und nach einem weiteren Jahr war sie auch körperlich deutlich weiter, ja, sie fing sogar allmählich an zu laufen.

Dem Arzt in der Entbindungsklinik sagte Frau N.: »Sie werden mir nicht weismachen wollen, dass Sie das damals nicht gewusst haben!«

Frau N. ist auch heute noch überzeugt, man habe es in der Klinik merken müssen! Und als einige Jahre später ihr Sohn geboren wurde, sicherte sie sich in mehrfacher Hinsicht ab: Sie verlangte bereits im Vorfeld einen Kaiserschnitt und sorgte dafür, dass der Bruder ihres Mannes, der damals Medizin studierte, sowie dessen Freund, der seinen Facharzt in Gynäkologie machte, anwesend waren. »Mir versaut man nicht noch mal irgendwas!«, schwor sie sich. Und im Nachhinein stellte sich ihr Insistieren auf einen Kaiserschnitt als gut heraus, denn es war eine Steißlage und der Sohn hatte die Nabelschnur um den Hals – nicht auszudenken, was passiert wäre ohne den Kaiserschnitt!

In Bezug auf Eva konnte man aber nichts mehr an der Behinderung ändern; das sah Frau N. schnell ein. »Okay, das ist jetzt so – jetzt musst du sehen, dass du das Beste daraus machst!«, sagte sie sich. »Ich bin so ein Mensch, ich rechne mit allem: Es kann dies passieren oder das; auch eine Geburt muss nicht selbstverständlich glücklich verlaufen. Man muss sich dann darauf einstellen. Ich muss die Behinderung nicht ertragen – im Sinne von Ohnmacht –, aber sie akzeptieren und sofort handeln. Das müsste einem schon bewusst sein von Anfang an, dass man sich im Falle einer Behinderung permanent selbst drum kümmern muss – man ist ständig am Kämpfen und am Machen!«

Frau N. wirkt sehr beherrscht und sehr diszipliniert; diese Eigenschaften haben ihr geholfen, mit der Enttäuschung umzugehen und die Situation zu meistern. Sie mutet sich selbst viel zu, sorgt für Therapien und Behandlungen, auch wenn sie häufig und weit dafür fahren muss: »Und wenn ich zweimal in der Woche Hunderte von Kilometern hätte fahren müssen – wenn ich überzeugt gewesen wäre, dass es Eva weiterbringt, hätte ich es gemacht!«

Und doch kann Eva nicht machen, was sie will: »Nur weil einer eine Behinderung hat, gewährt man ihm nicht Narrenfreiheit!« Sie hat Eva beigebracht, nicht an elektrische Geräte zu gehen und nicht allein die Wohnung zu verlassen. Deshalb kann man auch schon mal abends auf eine Geburtstagsfeier gehen und Eva allein daheim lassen. Das sei all die Jahre gut gegangen, berichtet Frau N. Schwierig ist es, wenn sie mit Eva zum Arzt muss: »Da rastet sie vollkommen aus! Wenn wir ihren Onkel, den Arzt, besuchen, fragt sie vorher ängstlich: ›Hat der auch keinen weißen Kittel an? Hört der mich auch nicht ab?‹« Wegen einer Zahnbehandlung brauchte sie eine Narkose; dabei musste man sie zu viert festhalten, um ihr eine Spritze zu geben. Das Nägelschneiden empfinden Frau N. und Eva als eine Riesenherausforderung.

»Daheim ist Eva sehr ordentlich, pingelig gar, und es muss immer alles so aufgeräumt sein, wie sie es möchte, sonst erträgt sie es nicht. Eigentlich gut, sie räumt mir die Wohnung auf«, lacht Frau N. »Andererseits sind manchmal Sachen, die ich gleich benutzen möchte, schon wieder fortgetan, bevor ich mich umgedreht habe.«

Kulturtechniken hat Eva nicht lernen können, sie schreibt nicht, malt nicht, erkennt keine Farben. Aber sie spricht freimütig und laut aus, was sie denkt, sehr laut sogar: »Guck mal, Mutti, da ist wieder die Frau, die immer so mit ihren Kindern schreit! Das macht man doch nicht!«

Die Menschen machen dann auch ihre Bemerkungen. Frau N. nimmt das meistens nicht so schwer. Vor Evas Geburt habe sie selbst auch nichts über Behinderungen gewusst: »Da darf man nicht so hart mit seinen Mitmenschen sein! Wenn man von Behinderung betroffen ist, fällt es einem leichter, damit umzugehen, als nichtsahnenden Menschen auf der Straße.«

Profis lässt sie nichts so leicht durchgehen, da sagt sie klar und deutlich, was sie denkt.

Nachdem Eva eine Zeitlang in der Werkstatt für Menschen mit Behinderung gewesen sei, habe die Familie einen Brief erhalten, dass man Eva dort nicht behalten könne. Die Psychologin sagte: »Sie kann ja noch nicht einmal ein Brot schmieren – sie kann in der Werkstatt nicht arbeiten.«

»Was glauben Sie, warum die Eva hier in der Werkstatt ist und nicht im normalen Arbeitsleben? Genau deshalb, weil sie vieles nicht kann! Wenn Sie hier nur Elitebehinderte arbeiten lassen wollen, dann frag ich mich, wie das gehen soll!«

Nein, so einfach wollte Frau N. diese Beurteilung und Abschiebung Evas nicht akzeptieren! Sie schaute sich in einer anderen Werkstatt um, wo es den Menschen, die weniger leistungsfähig waren, erlaubt war, längere Arbeitspausen zu machen, und sie schaute sich parallel dazu die Tagesförderstätte für Schwerstbehinderte an, in die Eva nun hätte gehen sollen. Frau N. sah, dass Eva dort Rückschritte machen würde: »Mir war klar, wenn ich Eva in die Tagesförderstätte getan hätte, wären die zwanzig Jahre Förderung und Training, die wir bis dahin geleistet hatten, umsonst gewesen. Das kam für mich nicht infrage!«

Und so erklärte sie den Verantwortlichen: »Eva bleibt hier und fertig und aus!«

Frau N. kann sehr überzeugend sein, das spüre ich im Gespräch, und das merkten wohl damals auch diejenigen, die in der Werkstatt zu entscheiden hatten: Widerrede zwecklos! Evas Platz in der Werkstatt ist seit zwanzig Jahren unbestritten …

Ihr Platz daheim bei ihren Eltern ist es ebenso. Sie soll so lange wie möglich daheim wohnen bleiben, denn Frau N. hat sich viele Wohnheime angesehen: »Je kürzer sie in ihrem Leben anderen Menschen ausgesetzt ist, umso besser!«

Das hört sich an, als wenn das Leben in einem Wohnheim eine schlimme Zukunft sei, nicht wahr?

»Natürlich muss es nicht schlimm sein«, räumt Frau N. ein. »Aber es mangelt überall an Personal, so sehr, dass Menschen manchmal krank in die Werkstatt geschickt werden, weil tagsüber kein Betreuer in der Gruppe ist. Das ist wirklich schlimm, da fehlt es an Geld, und das gibt einem zu denken!«

Frau N. hat mir ihre positive, kraftvolle und energisch-zugewandte Seite gezeigt: Probleme sind dazu da, bewältigt zu werden! Aber es tut auch einmal gut, jemandem, der einfach nur zuhört, darüber zu berichten. Ein solches Gespräch wirkt nach, und im Anschluss daran geht einem noch vieles durch den Kopf …

Frau N. reicht mir schriftlich einige Ergänzungen nach, aus denen hervorgeht, wie anstrengend eine so enge Mutter-Tochter-Bindung sein kann:

»Ich schreibe einfach mal drauflos:

Da Eva sich nicht selbst beschäftigen kann, außer dass sie mal für zwei Minuten eine Musik-CD anhört, verfolgt sie mich stetig. Egal was ich tue oder wo ich hingehe, sie ist immer hinter mir, sodass ich aufpassen muss, sie nicht umzustoßen, wenn ich mich umdrehe. Sie verfolgt mich wie ein zweites Ich. Ich sage dann: ›Geh doch mal ins Wohnzimmer und setze dich zu deinem Vater!‹ Was aber auch nur für ein paar Sekunden ist, und dann kommt die Frage: ›Wo ist Mutti? Was macht Mutti?‹ Wenn man sie nicht unterbricht, spricht sie fortwährend und fragt Dinge, die sie eigentlich selbst beantworten könnte, wie zum Beispiel: ›Was machst du da?‹, während ich vielleicht gerade unter der Dusche stehe oder koche oder putze oder was auch immer … Sie fixiert mich ständig.

Sie selbst kann das nicht aushalten und wird in solchen Situationen etwas unwirsch: ›Mutti, der guckt mich dauernd an!‹ Sie kann nicht ertragen, wenn sich Menschen von ihr verabschieden. Sie fängt sofort an zu weinen und wehrt sich dagegen. Sie sagt auch manchmal zu unseren Gästen: ›Gell, du gehst gleich wieder? Du bleibst nicht hier.‹ Unsere Freunde wissen das und verhalten sich entsprechend. Wenn ich Eva abends zu Bett bringe, fragt sie immer: ›Gehe ich wieder arbeiten oder habe ich frei?‹ So gibt es Hunderte von Ritualen, die täglich stattfinden. Und was eben auch sehr wichtig ist, es muss alles an seinem Platz stehen, in der gesamten Wohnung, natürlich auch in ihrem Zimmer. Mehrmals am Tage beteuert sie mir: ›Mutti, ich liebe dich.‹ Oder sie kommt und will gedrückt werden, aber nur ganz kurz. Es darf nicht zu lange sein …«

Gut zu wissen, dass jemand an dich denkt

Jörg, fünfundvierzig Jahre

»Hallo, meine Liebe!«, sagt die Stimme auf meinem Anrufbeantworter. »Ich habe gelesen, dass Sie mit Angehörigen von Menschen mit Behinderungen Kontakt aufnehmen möchten. Ich pflege meinen Sohn Tag und Nacht schon fünfundvierzig Jahre, und so gäbe es viel zu berichten!«

Obwohl Frau M. etwas außer Atem ist, als sie bei meinem Rückruf den Hörer abnimmt, freut sie sich hörbar: »Ja, wir können reden, meine Gute!«

Frau M. erzählt, dass sie auch schon mal ein Buch geschrieben hat über ihre Geschichte – mehr für ihre eigene Familie und Bekannte; sie habe die Nächte dazu genutzt, denn die Tage ließen ihr keine Zeit dazu.

Sie lebt allein mit ihrem Sohn Jörg in einer Wohnung, die sie sich zum Glück von ihrer Witwenrente leisten kann. Ihr Mann ist vor neun Jahren gestorben, und ihr älterer Sohn lebt mit seiner eigenen Familie in Afrika. Nach dem Verlust seines Vaters und dem Wegzug seines älteren Bruders habe Jörg Rückschritte gemacht; er trauere offensichtlich, denn er sei Bettnässer geworden und verstummt. Früher konnte er reden, sogar recht klar und deutlich. Die Familie habe sich sehr bemüht, mit ihm zu üben. Frau M. lacht, sie erinnert sich:

»Da konnte er zum Beispiel Mama und Papa nicht auseinanderhalten. Mein älterer Sohn schlug vor, meinen Mann immer nur mit ›Papa‹ anzureden – auch ich solle das tun. Schließlich nannten ihn alle nur noch Papa; sogar in der Klinik fragte man: ›Wie geht's denn dem Papa?‹«

Jetzt spricht Jörg nicht mehr, er gibt nur noch Laute von sich, und Frau M. ist oft unsicher, was er eigentlich kann und versteht und was nicht. »Ich sehe ihm alles an den Augen an. Da suche ich zum Beispiel meine Brille – und dann weiß er genau, wo sie ist, und bringt sie mir. Ein anderes Mal frage ich: ›Jörg, verstehst du mich nicht?‹, und er schaut mich nur ratlos an, oder er nässt ein, weil ich ihn nicht rechtzeitig zur Toilette gebracht habe.«

Frau M. erzählt, wie es war, damals zu DDR-Zeiten. »Es spielte sich ja alles in der Familie ab; einen Kindergarten gab es nicht für ihn, und plötzlich, in dem Jahr, als er eingeschult werden sollte, stand die Polizei vor der Tür, warum ich ihn nicht angemeldet hätte? Ich wurde zur Amtsärztin geschickt, hatte aber darum gebeten, nicht kommen zu müssen, wenn die anderen Kinder auch da sind, doch das wurde uns nicht zugestanden. Da guckten die Kinder und fragten: ›Ach, watt denn, der kann ja noch nicht mal laufen!‹ Die Amtsärztin schaute nicht auf, als wir ins Zimmer kamen, sie fragte über ihre Papiere gebeugt: ›In welchen Kindergarten geht Ihr Kind?‹ Da ist mein Mann ausgerastet!«

Jörg hat das Down-Syndrom. »Ha«, ereifert sich Frau M., »das soll immer so einfach sein; die Leute beneiden mich und sagen: ›Der ist ja pflegeleicht!‹ Da könnt' ich mich aufregen! Wenn ich das im Fernsehen erlebe, zum Beispiel in der *Lindenstraße* – die Eltern haben ja überhaupt keine Probleme mit dem Kind! Da entsteht ein falscher Eindruck; manche sind vielleicht so, aber mein Sohn ist in höchstem Maße betroffen; er hat auch stark autistische Seiten. Als ich danach noch zu DDR-Zeiten mal einen Arzt gefragt habe, hat der gesagt: ›Autismus – watt soll denn det schon wieder für 'ne Krankheit sein?‹«

Frau M. bemüht sich, mit mir als offensichtlich Dialektunkundiger Hochdeutsch zu sprechen, aber wenn sie sich aufregt, fängt sie heftig an zu »berlinern«!

»Herzberge – kennen Se det? Eine Ärztin in der Klinik hat mir sehr geholfen. Sie hat mir eine Arbeitsstelle dort verschafft; ich konnte eine Betriebsverkaufsstelle übernehmen, obwohl ich anfangs keine Ahnung von dieser Arbeit hatte, und während ich arbeitete, war Jörg auf der Tagesstation der Psychiatrie. Ich fühlte mich sauwohl bei dieser Arbeit, da kam Geld ins Haus, und wir konnten uns einen Trabi zusammensparen. Jörg bekam eine gewisse Förderung, obwohl er eigentlich Einzeltherapie nötig gehabt hätte. Aber dafür waren keine Leute da; ja, sie hatten nicht einmal Reinigungskräfte, und eine Schwester musste auf der Tagesstation zweiunddreißig Patienten versorgen! Alles, was Jörg gelernt hat, musste man ihm zu Hause beibringen; mit zehn Jahren erst konnte er laufen, aber nicht besonders gut und ausdauernd.«

Nach der Wende, so erzählt sie weiter, wurden in Lichtenberg Förderungsmöglichkeiten geschaffen; nun bekam Jörg auch einen Rollstuhl. Er besucht täglich eine Werkstatt für Menschen mit Behinderung. Seine Betreuerin in der Werkstatt kennt ihn schon seit zwanzig Jahren, die Gruppenzusammensetzung hat sich seitdem nicht verändert – das ist ein guter Fixpunkt in Jörgs Leben, der auch seiner Mutter das Leben sehr erleichtert. Die Betreuerin habe Fingerspitzengefühl, immer neue, kreative Ideen, wie sie die Menschen mit Behinderung anleiten kann, ihre Arbeit zu tun, und da merkt man, dass Jörg vieles versteht und auch kann. Einen Arbeitsvertrag hat er allerdings nicht; das wollte auch Frau M. nicht, denn: »Da muss ich manchmal den Kopf schütteln, was die verlangen.« Der Anspruch an die Arbeit sei sehr hoch, und das könne Jörg nicht durchhalten. Die Betreuerin in der Werkstatt sei für sie eine Vertrauensperson; neben dem älteren Sohn, der aber von Afrika aus nur bedingt für seinen Bruder da sein könne, sei sie eine verlässliche Bezugsperson für Jörg und werde nach Frau M.s Tod auch dessen gesetzliche Betreuung übernehmen. Denn oft frage sie sich: »Wenn du die Augen schließt, was wird denn dann? Ich bin ja nun auch schon fünfundachtzig Jahre!«

»Ich stehe jede Nacht um vier Uhr auf, wackele mit meinem Sohn auf die Toilette, damit er nicht ins Bett macht. Windeln behält er nicht an, dann wird er aggressiv. Die reißt er sich ab und wirft sie weg; sie landen auf irgendeinem Schrank! Anschließend schläft er weiter und ich bereite den Tag vor. Ich bringe ihn auch zur Arbeit – er würde gar nicht in den Bus einsteigen ohne mich. Gegen halb eins hole ich ihn ab, länger hält er nicht durch. Immerhin kann er sich gut allein beschäftigen, bastelt, sieht Zeitschriften an oder schaut fern.«

Frau M., die selbst durchs Telefon so viel Kraft ausstrahlt, so viel positive Energie, ist dennoch manchmal müde, hat ihre Tiefs. »In meinem Alter lebt man ja vorwiegend in der Vergangenheit; man erinnert sich. Ich möchte mein Leben nicht noch einmal leben – es war so schlimm!«

Was war am schlimmsten?

»Das Schlimmste war, als ich erfahren habe, dass ich ein behindertes Kind habe!« Ja, und etwas anderes Schlimmes war, dass ihr Mann eine Phase als Alkoholiker durchmachte. Er sei sehr mit seiner Arbeit verbunden gewesen, sei, obwohl er kein Genosse war, geschätzt worden. Von einem Tag auf den anderen änderte sich das nach einem Unfall. Da saß er als Rentner zu Hause, während sie inzwischen eine leitende Position erreicht hatte. Glücklicherweise hat er es überwunden, er hat die letzten vierzehn Jahre seines Lebens nicht mehr getrunken.

»Es war schlimm für mich – ich konnte mich ja auch nicht besaufen, sondern musste durchhalten! Aber ich setz ihm ein Denkmal, dass er so für uns da war und so zu uns gehalten hat, und was er zu Hause geleistet hat, war viel! Die letzten vier Jahre ging es aber total bergab, da hatte er Krebs und wurde zum Pflegefall …«

Nach seinem Tod fühlte sie sich sehr schlecht; sie blieb allein zurück mit Jörg. Viele Freunde sind inzwischen verstorben; sie hatten oft auch gar nicht mitbekommen, wie schwer es für sie war, mit der Behinderung ihres Sohnes zu leben.

Frau M. wirkt nachdenklich, sie gibt freimütig zu, was sie empfindet. Sie ist manchmal müde und erschöpft, traurig. Und dann kommt doch wieder ein Energieschub; dann leuchtet es durchs Telefon: »Ja, ich fahr' ja noch Auto! Und wissen Sie was, ich bin doch tatsächlich ganz allein mit Jörg nach Afrika gereist, zu meinem älteren Sohn. Wir waren zweiundzwanzig Stunden unterwegs. Ist schon eine Weile her, heute könnte ich es auch nicht mehr. Aber damals, als mein Mann noch lebte, hätten wir das nie getan, da haben wir immer gedacht: ›Das können wir dem Jörgchen nicht zumuten!‹ Das verzeihe ich mir nicht – dumm warn wer!«

Und Sie glauben nicht, dass man sich so etwas verzeihen darf, Frau M.?

»Doch, vielleicht schon. Rückblickend wäre es möglich gewesen, mehr gemeinsam zu unternehmen. Was ich alleine schaffen konnte, das hätten wir doch erst recht gemeinsam geschafft. Aber damals waren wir eben nicht so weit – das kann man nicht rückgängig machen«, sagt Frau M. mit Bedauern.

Manchmal schreibt ihr älterer Sohn ihr SMS: »Ich hab' gehört, ihr habt schon wieder Schnee!« »Wenn ich dann traurig bin, weil ich den Schnee grad satthab', dann schreibt er: ›Ach, Mütterchen, ich denk an dich!‹ Und das tut gut – zu wissen, dass es jemand gibt, der an mich denkt! Und der auch würdigen kann, was ich alles geleistet habe in meinem Leben!«

Dennoch!

Petra, fünfundvierzig Jahre

»Erhofft, erwünscht, ersehnt« war Petra, als sie im Jahr 1965 geboren wurde, leider zweieinhalb Monate vor dem errechneten Geburtstermin. Während der Fahrt ins Kinderklinikum hätte sie Sauerstoff bekommen müssen, so räumten die Ärzte später ein. Das war nicht geschehen. Es folgten acht Wochen im Inkubator, wobei die Eltern das Kind nur durch die Glasscheibe sehen durften.

»Das war sehr schlimm«, erzählt Frau L., »auch nach der Geburt, als ich selbst noch im Krankenhaus war, in einem Fünfbettzimmer, alle kriegten ihr Baby, aber meins war nicht da.« Schließlich durften Herr und Frau L. ihre Tochter mit nach Hause nehmen. »Da hatte ich dann den ganzen Tag und die ganze Nacht das Kind auf dem Arm, denn sie war ein Schreikind. Wegen eines Nabelbruchs, der aber nicht operiert werden durfte, sollte Petra auf keinen Fall schreien. Wie sollte ich das bewerkstelligen?«

Die Uroma, die Schwiegermutter – die ganze Großfamilie lebte in einem Haus, aber die junge Mutter wollte allein mit ihrem Kind zurechtkommen; sie glaubte, es schaffen zu müssen, wenn sie eine gute Mutter sein wollte. Bis sie sehr krank wurde: Sie bekam Gürtelrose und Lähmungserscheinungen in den Beinen. Der Hausarzt gab Herrn L. zu bedenken: »Wenn sie so weitermacht, stirbt sie!« Daraufhin schaltete sich die Schwiegermutter ein und half, damit Frau L. ein wenig mehr Ruhe bekam.

Herr und Frau L. haben sich ganz offensichtlich gefreut, dass ich komme, um ihre Geschichte zu hören. Sie haben sich beide Zeit genommen und möchten mich bewirten; sie interessieren sich auch für meinen Sohn. Als ich berichte, dass er mit einer schweren geistigen Behinderung lebt, meinen beide, mich trösten zu müssen: »Das kommt noch, das wird er noch aufholen!« Ein Satz, den sie damals wohl auch häufig gehört haben müssen. »Zwei Jahre lang sagten die Ärzte nach vielen Untersuchungen in verschiedenen Kliniken: ›Das kommt noch!‹ Aber niemand hat erkannt, was mit ihr los war.«

Eine altersgemäße Entwicklung fand nicht statt. Erst als Petra zweieinhalb Jahre alt war, erklärte ihnen ein Arzt, Petra habe die Littlesche Krankheit, eine spastische Tetraplegie: Dabei sind alle vier Extremitäten von Lähmungserscheinungen betroffen aufgrund eines diffusen Schadens an der Großhirnrinde. Und nun bekam Frau L. »Hausaufgaben«. In der Hoffnung, man könne die Behinderung wegtherapieren, tat Frau L. als gelernte Krankenschwester alles, was irgendwie sinnvoll erschien. Da die Sprache sehr beeinträchtigt war, wurden der Mundinnenraum, die Wangen und die äußere Mundpartie mit Eiswürfeln stimuliert, gezupft und gelockert. Neben Kindergarten und Schule bestimmten verschiedene Therapien Petras Alltag: Krankengymnastik, Ergotherapie, Logopädie, Hydrotherapie und Reittherapie.

»Da hieß es ja: ›Durch Fassen erfassen, durch Greifen begreifen‹, oder nach Maria Montessori: ›Hilf mir, es selbst zu tun!‹ Kleine Kinder lernen, indem sie etwas tun und erfahren. Bei ihr war das nicht so, man musste alle Sachen an sie heranbringen«, erzählt Frau L.

Inwieweit eine Behinderung bei Petra vorliegt, das ist bei beiden Eltern immer noch ein bisschen ein wunder Punkt. Manche Menschen sind grausam! Petra hat zum Beispiel manchmal Blickkrämpfe, da sieht man plötzlich nur noch das Weiße in den Augen. Wenn Kinder so etwas sehen, dann sagen sie: »Mongospasti!« Das ist sehr verletzend!

»Geistige Behinderung« klingt für Herrn und Frau L. nicht zutreffend: »Menschen sind immer sehr schnell dabei, so was zu behaupten! Man sollte unterscheiden zwischen Menschen mit geistiger Behinderung und solchen mit Erfahrungsdefiziten. Bei Letzteren ist geistiges Potential vorhanden, aber aufgrund körperlicher Beschwerden oder Wahrnehmungsschwierigkeiten können die Erfahrungen nicht so gemacht werden«, so definieren Herr und Frau L. die unterschiedlichen Begriffe.

»Man soll nicht immer nur auf die Defizite gucken! Wir sagen oft zu Petra: ›Du hast unser Leben so bereichert – allein dadurch, dass du da bist!‹«

Am liebsten hätte Frau L. selbst schon mal ein Buch geschrieben; genügend Stoff dafür hätte sie allemal! Dieses Buch hieße dann: »Dennoch!«

Dennoch – trotz der Behinderung und trotz der schlimmen Erfahrungen, die Eltern und Tochter damit machen mussten: Da sind teilweise furchtbare Erinnerungen an die Krankengymnastik, mit einer Therapeutin, die sehr ehrgeizig war und zum Beispiel das Kind mit den Füßen nach oben hin- und hergependelt habe, bis es sich blau schrie. »Und wir haben uns nicht getraut, da einzugreifen, obwohl manche Therapeuten ganz offensichtlich unerfahren waren und ziemlich brutal vorgegangen sind.«

Auch alternative Therapien versuchten sie, zum Beispiel bei einer Homöopathin, die das Kind in eine mit Eiswasser gefüllte Wanne setzte mit der Erklärung, dass durch den After und an der Wirbelsäule entlang Energie fließe und sie den Energiefluss in Gang bringen wolle … »Das war fast schon Folter!«, meint Herr L. Später, als Petra sich einmal einer Adduktorentenotomie unterziehen musste, machten sie eine ähnliche Erfahrung im Krankenhaus. Der Therapeut habe Petra so stark verbogen und gewendet, dass sie Hämatome und vom Schreien Nasenbluten bekam. Auf dem Weg zur ambulanten

Krankengymnastik weinte sie schon auf dem Weg dorthin im Bus. Frau L. erinnert sich mit Schrecken an ihr zerquältes Gesicht. »Während einer Behandlung ist sie einmal gerissen, da spritzte das Blut in die Hose …«

Solche Erinnerungen sind traumatisch; rückblickend sind beide Eltern sehr bewegt und betroffen. »Wir wollten es gut machen; lange Jahre haben wir uns nicht gegen die Ansprüche der Therapeuten und Pädagogen gewehrt. Ich habe mich irgendwie selbst gejagt und die Petra auch überfordert!«, sagt Frau L. traurig. »Es gab so viele Situationen, wo ich denke: ›Wie hast du das überstanden?‹ Ich wurde zu Petras Co-Therapeutin. Eines Tages sagte Petra: ›Sei doch bloß meine Mama!‹«

Bei den Behandlungsterminen hatten sich einige Elternpaare kennengelernt. Sie gründeten gemeinsam einen Spastikerverein, später ein Zentrum mit Kindergarten und Behandlungsräumen.

Doch zunächst fragte man den Pfarrer im Ort, ob Petra den Regelkindergarten besuchen könne. Dies wurde genehmigt, aber die Mutter musste die ganze Zeit dabeibleiben. Für die Erzieherinnen sei es zunächst schwierig gewesen, dass sie »als Mutter dort thronte«, aber da Frau L. sich auch für die anderen Kinder sehr engagierte, war es bald für sie in Ordnung.

Petra konnte sich damals sprachlich nicht gut ausdrücken, sie begann erst mit circa viereinhalb Jahren, die ersten Sätze zu sprechen, aber sie habe immer so »kloßig« gesprochen. Das sei heute besser, sie könne sogar Sätze sagen wie: »Ich hab' einen asymmetrischen tonischen Hals-Nacken-Reflex«, doch damals sei Frau L. ihr Sprachrohr gewesen, weil andere sie nicht so gut verstehen konnten. Petra sagte einmal: »Ich kann schneller denken, als es sagen!« Schließlich meinte eine Freundin der Mutter: »Lass mir doch mal die Chance, Petra etwas zu fragen und von ihr selbst eine Antwort zu bekommen!«

Im Kindergarten hat Petra Lieder und Gedichte gelernt, welche die Mutter nachmittags mit ihr wiederholte, wenn sie im Wald spazieren gingen. »Alles tat ich allerdings mit übergroßer Müdigkeit; ich war physisch und psychisch fertig! Niemand hat gemerkt, wie gefährlich meine Erschöpfung war. Ich fühlte mich schuldig, ein Kind mit einer Behinderung auf die Welt gebracht zu haben, war wie in einer Opferrolle und tat alles, als müsse ich etwas wiedergutmachen …«

Dann war Petra sechs Jahre alt – eine Schule für sie gab es nicht. Sie erhielt zunächst Hausunterricht bei einem Lehrer, den Herr L. als Kind schon im Unterricht hatte; damals regierte noch der Rohrstock! Mit Petra allerdings sei er »fast zu gut« gewesen; er brachte ihr auch das Lesen bei, aber sie konnte nicht lange fixieren. Inzwischen ist ihr Augenlicht sehr stark zurückgegangen, Lesen ist nicht mehr möglich.

Nach eineinhalb Jahren gab es mit dem Hausunterricht keinen Fortschritt mehr; auch sei Petra zu sehr von anderen Kindern isoliert gewesen. Herr und Frau L. wurden wieder zu Gründern: »Wir gründeten eine Klasse für Menschen mit Mehrfachbehinderungen an der Schule für Lernbehinderte.« Eine junge Kraft, die eigentlich nicht dafür ausgebildet war, übernahm den Unterricht; Frau L. brachte Lernmaterial in die Schule. »Eigentlich hat die Lehrerin mir leidgetan, weil sie überfordert war, aber sie hat mit Arroganz ihre Unsicherheit kompensiert.«

Vier Jahre später brachte es der Zufall, dass Frau L. eine Dame kennenlernte, die ebenfalls einen Sohn mit Behinderung hatte und Lehrerin war. Diese meldete Interesse an, die Klasse von Petra zu unterrichten: »Das war wunderbar für unsere Kinder; sie war anthroposophisch orientiert, hatte Phantasie und Begabung und ein ganz anderes Verständnis für unsere Kinder, weil sie selbst betroffen war. Diese Lehrerin sorgte auch dafür, dass eine Pflegerin eingestellt wurde, denn in den ersten vier Schuljahren hatten die Mütter wegen der Pflege den ganzen Unterricht über auf Abruf dabeibleiben müssen. »Das war ein Aufatmen, als ich plötzlich ein paar Stunden freihatte, und es wurde noch besser, als endlich ein Fahrdienst mit Anschnallmöglichkeiten im Bus eingerichtet wurde. Denn bis zu dem Zeitpunkt hatten wir Mütter eine Fahrgemeinschaft gebildet.«

Nun folgten ruhigere und bessere Zeiten. In ihrer Wohnstraße gab es viele Kinder, die Petra beim Spielen integrierten. Sie hatte ein Spezialfahrrad, ihr Körper musste mit vielen Gurten fixiert werden. Frau L. musste das Rad schieben, damit sich Petras Beine bewegen konnten. Das Radeln fiel ihr schwer, doch wenn die anderen Kinder mit Rollschuhen vorausliefen, dann wollte sie hinterher und strengte sich an! Mit der linken Hand kann Petra kneten, mit Rasierschaum oder Salzteig manschen und mit Fingerfarben malen. »Damals haben wir die schönsten Kinderfeste bei uns gefeiert!«

Auch bei der Konfirmation war Petra dabei; die anderen kamen und haben mit Petra gelernt. Ein junger Pfarrer habe sie begleitet; man diskutierte: »Was ist Glück?« Und weil Petra ein Gruppenmitglied war, kamen die anderen auf die Idee, dass es ein Glück sein könne, gesund zu sein. Oder es ging darum, dass man in der Pubertät Konflikte mit den Eltern habe, abends weggehen möchte, nicht rechtzeitig nach Hause komme … Und da sagte Petra: »*Ich kann ja nicht weglaufen!*«

Das war den anderen Jugendlichen gar nicht so bewusst gewesen.

Das Ausgeliefertsein, das Nicht-weglaufen-Können – das ist ein wichtiges Motiv in der Familie, das immer wieder wie ein roter Faden das Gespräch durchzieht. »Dieses Wort *ausgeliefert* kann ich gar nicht oft genug sagen!«

Nicht nur Petra, sondern auch die Eltern haben mit Problemen im Bewegungsapparat zu tun; bei beiden geht es häufig auch um Lähmungserscheinungen. Weder sie noch Petra können sich aufgrund von Petras Behinderung wirklich voneinander wegbewegen und müssen es doch immer wieder versuchen.

Als Petra vierzehn war, riet ihre Lehrerin, sie an eine andere Schule zu geben, wo sie besser gefördert werden könne. Das ging wegen der Entfernung zum Wohnort aber nur, indem sie von montags bis freitags im Internat blieb.

»Dann ging das große Leiden los: Pubertät, Heimweh! Von den Erziehern im Internat erfuhren wir, dass Petra ständig erhöhte Temperatur hatte. Auch von Stürzen aus dem Rollstuhl und aus dem Bett wurde uns berichtet. Sie hatten einen guten Ruf, es war eigentlich ein Glück, dass sie Petra überhaupt genommen haben! Aber sie hat blockiert, eingenässt, in der Schule nicht mitgemacht. Sie hat den Stuhlgang verhalten, bis sie am Wochenende daheim war; dort hat sie dann permanent erbrochen! Es war alles so unwirklich!«

Nach einem halben Jahr wollten die Eltern Petra nach Hause holen, doch die Mutter war nahezu bewegungsunfähig aufgrund von Schmerzen im Rücken und Lähmungserscheinungen in den Beinen. »Man trägt sein Kreuz auf dem Buckel!«, sagte der Pfarrer. Frau L. war klar: »Nur wenn ich wieder funktioniere, kann ich Petra holen!«

Petra kam schließlich mit sechzehn Jahren nach Hause zurück, aber eine Beschulung wurde nicht mehr in Betracht gezogen. Sie musste nun in die Werkstatt für Menschen mit Behinderungen. Dort sei ein weiterer Abstieg erfolgt … Petra, die bereits mit dreieinhalb Jahren trocken und sauber gewesen war, wurde nun zur Windelträgerin, was Petra selbst und ihre Eltern als beschämend empfanden.

In der Werkstatt mit dreihundert Leuten war es laut und umtriebig; es gab für Petra keine angemessene Assistenz. Auch hier wieder tauchte das Gefühl des Ausgeliefertseins auf. Es seien einige aggressive, verhaltensgestörte, psychisch kranke Menschen dort gewesen oder solche, die ihre Kraft nicht einschätzen konnten und Petra mit dem Rollstuhl umstießen. »Es gab Beulen, Hautabschürfungen, einen gebrochenen Zeh, eine Platzwunde über der Augenbraue, ein gebrochenes Bein, auch wurde ihr einmal heiße Milch in den Nacken geschüttet«, berichten die Eltern.

Erst allmählich kamen mehr Rollstuhlfahrer in die Werkstatt; dann gab es auch Krankengymnastik in der Werkstatt oder Malen und Musik als begleitende Maßnahmen. Doch die meiste Zeit sei es todlangweilig gewesen für Petra: »Ich bin Rumsitzerin!«, pflegte sie zu antworten, wenn sie gefragt wurde, was sie den ganzen Tag in der Werkstatt so tue. »In der ersten Zeit dort wurde das bisschen Selbstwertgefühl, das sie noch hatte, völlig zunichtegemacht!«

Später kamen Zivildienstleistende in die Werkstatt zur Assistenz. Nun wurde es besser; sie konnten zwischendurch spazieren gehen, und in der Werkstatt konnte sie Handreichungen machen, und wenn es nur war, dass sie Papier abriss: »Da war sie stolz und sagte: ›Jetzt schaffen wir für Porsche!‹«

Petra interessiert sich für Firmen und deren Aufträge und Arbeitsvorgänge. Sie feuert gerne ihre Mitarbeiter zur Arbeit an und erinnert sie an ihre Medikamenteneinnahme. »Du bist unsere Chefin«, sagt dann die Gruppe. Es ist Petra wichtig, gebraucht zu werden und Aufgaben zu haben.

Vor elf Jahren, im Alter von vierunddreißig Jahren, zog Petra in ein Wohnheim um. Beide Eltern mussten selbst aufgrund von Krankheiten wieder Krankenhausaufenthalte durchmachen; man musste für die Zukunft vorsorgen und zog auch selbst in eine Wohnanlage um, wo man Betreutes Wohnen in Anspruch nehmen kann, wenn man es braucht.

Doch das Leben im Wohnheim war anfangs »auch wieder schrecklich!« Seitdem sind bereits vier Leiterinnen ausgetauscht worden. Die Betreuer hätten keine Erfahrung mit Spastikern und nicht die notwendigen Pflegehilfsmittel gehabt. Die Eltern seien in den ersten vier Wochen jeden Morgen um fünf Uhr aufgestanden und ins Wohnheim gefahren, um Petras Morgenpflege zu machen: »Sie hat ja nur geweint!« Einmal wurde sie, weil der Bus wartete, mit heruntergezogener Hose vom Toilettenstuhl in den Rollstuhl gesetzt, so berichtet Frau L., nur mit einem Handtuch bedeckt, und so dem Busfahrer übergeben! Darauf angesprochen hätten die Betreuer nur gelacht!

Da war der Punkt erreicht, wo Frau L. beschloss, nicht mehr alles hinzunehmen! »Die Betreuer waren es nicht gewohnt, dass Menschen mit Behinderung auch mal was zu Hause erzählen können und dass Eltern aufbegehren!«

Petra sei zum Beispiel nahegelegt worden, nachts nicht zu klingeln, obwohl sie wegen einer vor noch nicht langer Zeit durchgeführten Hüftkopfresektion noch Probleme hatte, die ganze Nacht die gleiche Lage einzunehmen.

Ein Betreuer habe ihr gesagt: »Noch einmal, dann knallt's!« Der musste dann gehen, weil noch andere Bewohner nicht mit seiner aggressiven Art zurechtkamen.

Ein anderes Mal sei in ihrem Zimmer ein Fernseher implodiert. Weil man vergessen hatte, ihr die Klingel umzuhängen, konnte sie sich nur durch Rufen bemerkbar machen, was aber kein Betreuer hörte … Als sie wieder einmal keine Klingel umhatte und eigentlich auf den Toilettenstuhl wollte, habe sie eingenässt, wofür sie »böse abgekanzelt« worden sei. An einem Abend ging das Telefon, das man ihr ans Ohr halten muss, und Petra habe traurig mitgeteilt: »Ich bin innerlich so einsam!«

In solchen Situationen sind Herr und Frau L. sehr betroffen. Doch sie erzählen auch:

»Durch den Abstand voneinander lernen wir an Petra ganz andere Seiten kennen. Auf dem Weg in die Selbstständigkeit unterstützen und begleiten wir sie. Wir bewundern sie, dass sie zwei Einrichtungen mit so vielen verschiedenen Menschen mit unterschiedlichen Behinderungen verkraftet und dass sie sich so gegenseitig aushalten müssen. Darum werden die Wochenenden und die Urlaubszeit für Kontakte, Kultur und Reisen genutzt.«

Wenn das Wochenende vorbei sei und man sich für die Woche trennen müsse, sage Petra oft zu ihrer Mutter: »Gib mir doch noch was zum Träumen mit!«

Seit drei Jahren hat jeder Bewohner einen Bezugsbetreuer. Petra hat sich getraut, aus eigenem Antrieb der einen Betreuerin Ade zu sagen und sich eine andere Betreuerin zu wünschen. Die sage: »Petra ist eine tolle Frau!«

Sich wegbewegen – das ist auch ein Thema für mich am Ende unseres Gesprächs: Kann und darf ich das überhaupt? Denn Herr und Frau L. hätten noch so viel zu erzählen, möchten mich auch noch weiter bewirten, sie meinen es wirklich gut mit mir, und ich fühle mich fast ein wenig schuldig, als ich trotzdem gehe; schuldig, obwohl ich einen weiten Anfahrtsweg in Kauf genommen habe und obwohl ich fast drei Stunden zugehört habe. Und so kann ich nachempfinden, wie es Herrn und Frau L. gehen mag, wenn sie etwas mehr Abstand von ihrer Tochter brauchen: Obwohl sie so viel für sie getan haben und noch immer tun, obwohl sie ihr ein großes Stück vom »normalen« Leben anbieten, können sie schwer loslassen, können freie Zeit nicht genießen, haben täglich Telefonkontakt und holen Petra jedes Wochenende.

Am Nachmittag ruft Frau L. mich daheim an. Sie bedankt sich noch einmal. Sie hat sich gefragt, ob ich wohl gut nach Hause gekommen bin und ob es auch nicht zu negativ war, was sie erzählt hat – denn gute und engagierte Betreuer hat es ja auch gegeben und auch gute und fröhliche Zeiten … Ist das deutlich geworden?

Ja, Herr und Frau L., das ist es! Aber höchste Zeit, dass Sie nicht nur für andere sorgen, sondern sich einmal fragen, ob es auch *Ihnen* gut geht. Höchste Zeit, dass Ihnen mal jemand sagt: Schuldgefühle – die brauchen Sie nun wirklich nicht zu haben! Sie haben sehr viel für Petra getan, nach bestem Wissen und Gewissen, mit hohem Engagement! »Man hat sich selbst irgendwie ein bisschen aufgegeben!«, meinten Sie am Anfang unseres Gesprächs bedauernd! Höchste Zeit, sich selbst wieder wichtig zu nehmen! Und darauf zu vertrauen, dass Petra inzwischen wirklich eine tolle erwachsene Frau ist, welche sich zum Beispiel aus eigener Kraft von einer Bezugsbetreuerin trennen kann, die sie nicht haben möchte. Auf ihre Art kann sie also doch »weglaufen« – nicht immer ganz aus eigener Kraft, aber doch manchmal! Zeit, darauf zu vertrauen, dass sie in ihrer neuen Bezugsbetreuerin eine Vertrauensperson gefunden hat, die sie gernhat und schätzt! Und darauf, dass es Betreuerinnen und Betreuer gibt, die es besser machen können und möchten! Deswegen reden und schreiben wir – aber nur begrenzte Zeit. Dann darf auch wieder Zeit für noch andere Ziele im Leben sein.

Ein Kind mit einem zarten Prinzengesicht

Guntram, sechsundvierzig Jahre

»Wir lebten in New York damals«, so erzählen Frau und Herr E., »und es gab keinerlei Anzeichen für eine Behinderung! Im Gegenteil, sie haben ihn immer bewundert und fanden, er sei ein wundervolles Baby!«

Damals, das war 1963, und sie, das waren die Mitarbeiter der Babyklinik, in die Frau E. regelmäßig mit ihrem Sohn Guntram zur Kontrolle ging. Sicher, er hatte öfter Erkältungen und Ohrenschmerzen, dann musste er Penicillin nehmen, und 1966 bekam er eine besonders schwere Erkältung mit hohem Fieber; da hatte er starken Husten – war es Keuchhusten oder eine Bronchitis? Das war später nicht mehr nachvollziehbar, aber mit Inhalationen und Abklopfen des Rückens verschwanden die Symptome, und die Eltern waren beruhigt.

Das alles fiel in die Phase der Abreisevorbereitungen: Die Zeit des mehrjährigen Amerikaaufenthaltes ging zu Ende. Die Familie schiffte sich auf einem Frachter ein, auf dem insgesamt zehn Passagiere mitreisten, unter anderem eine junge belgische Ärztin. »Sie hat ihn sehr liebevoll angeschaut«, erinnert sich Frau E.

Doch Guntram hatte sich verändert. Er war oft weinerlich, sagte nicht mehr seinen Namen oder »Bitte« und »Danke«.

»Das ist die Trotzphase!«, glaubte Frau E. – kein Grund zu außergewöhnlicher Besorgnis.

Die Großeltern Guntrams, welche die Familie in der ersten Zeit nach dem Amerikaaufenthalt bei sich aufnahmen, freuten sich über Guntram. »Ich lerne jetzt Englisch mit ihm!«, meinte die Schwiegermutter, denn Guntram schob die Schiebetüren in der Küche hin und her, so wie die Türen des Aufzugs, den er aus New York kannte: »Elevator!«, erklärte er begeistert. Andererseits sagte er nicht die Namen seiner Cousins und Cousinen und nannte Oma und Opa Onkel und Tante … Es fiel auf, dass Guntram ein sehr unruhiges Kind geworden war …

Frau E. führte es auf den Umzug zurück; Herr E. fand das nicht überzeugend, denn Guntrams engste Bezugspersonen, seine Eltern, waren ja bei ihm. »Er kann machen, was er will – du hast immer eine Ausrede!«, meinte Herr E. damals. Frau E. war verwirrt, konnte die Symptome nicht einordnen, fragt sich im Nachhinein, ob sie es nicht wahrhaben wollte.

Als einmal der Hausarzt kommen musste, weil Guntram aus dem Bettchen gefallen war, und er erlebte, wie das Kind dauernd um den Tisch herumrannte, wurde erstmals offen ausgesprochen: »Mit dem Kind stimmt etwas nicht! Diese Unruhe ist nicht mehr normal!«

Da begann die Suche nach einer Diagnose. Auch ein Kinderarzt war ratlos: »Irgendwas ist, aber ich kann's nicht diagnostizieren!«

Guntram sollte zur Beobachtung in die Universitätskinderklinik aufgenommen werden; trotz eines lange vorher vereinbarten Termins musste Frau E. mehrere Stunden mit ihm auf die ärztliche Untersuchung warten. Das sei eine Qual gewesen, denn Guntrams Unruhe war unbeschreiblich, und Frau E. gibt unumwunden zu: »Ich war erleichtert, als er weg war, denn ich hatte es kaum noch aushalten können!«

Auf der Station bekam Guntram ein Gitterbett mit einem Aufsatz; er sah darin aus »wie ein gefangenes Tier im Käfig«. Ein Arzt erklärte Frau E. schließlich die Diagnose: »Heller-Syndrom«! Bei dieser Krankheit sterben zwischen dem dritten und fünften Lebensjahr Gehirnzellen ab; das Kind entwickelt sich nach einer normalen Phase der Entwicklung zurück. Es verliert innerhalb relativ kurzer Zeit Fähigkeiten, die es zuvor schon einmal erworben hat. Das Sozialverhalten ähnelt dem eines Autismus.

»Das Kind muss in ein Heim«, kommentierte der Arzt seine Diagnose.

»Ich habe gedacht, ich kann gar kein Wort mehr sprechen! ›Aber er sieht doch so schön aus!‹, das war alles, was ich sagen konnte«, erinnert sich Frau E. »Jetzt noch!«, habe der Arzt geantwortet und: »Er wird keine zwanzig Jahre alt! Ich bin dafür, dass man gleich die Wahrheit sagt und nicht drum herumredet!«

Frau E. reiste wie betäubt im Zug zurück nach Hause, »völlig erledigt«. »Als mein Mann abends von der Arbeit kam, habe ich geweint und nicht mehr aufgehört! Ich dachte, das Leben ist vorbei für mich, ich kann nie mehr lachen! Ich hatte sogar Selbstmordabsichten; ich konnte nicht mehr singen, auch nicht in der Kirche – da hätte ich sofort weinen müssen!«

Auch heute noch, nach über vierzig Jahren, geht Frau E. diese Erinnerung sehr nahe, und doch erinnert sie sich im selben Atemzug und strahlt: »Aber mit Guntram konnte ich singen, Kinderlieder! Musik konnte man ihm immer anmachen, das hat er wahnsinnig gern gemocht! Ich habe wirklich schöne Erinnerungen an ihn. Er war sehr verschmust! Heute sagen alle, er sei autistisch, aber ich konnte das kaum glauben. Ein Arzt beschrieb ihn damals als ›ein Kind mit einem zarten Prinzengesicht mit stark autistischen Zügen‹.«

Es zu glauben, nachdem man drei Jahre lang eine normale Entwicklung beobachtet hatte, war allzu schwer. Frau E. zeigt mir ein Album mit Baby- und Kleinkinderbildern:

ja, tatsächlich, Guntram war ein ausgesprochen hübsches, süßes Baby, ein kleiner Junge, der auffiel im Central Park in New York, weil er so niedlich war und schicke, von seiner Mutter selbst gestrickte Kleidung trug, was in Amerika nicht so üblich war. Er konnte auch Dreirad fahren »wie ein Weltmeister«. Und deshalb haben die Eltern doch immer wieder gehofft und geglaubt, woanders sei man mit der Forschung vielleicht weiter. Man überlegte sich, ob ein erneuter Umzug nach Amerika nicht das Beste wäre, zumal Herr E. mit seiner Arbeit in Deutschland unglücklich war, denn das Arbeitsleben in Amerika sei eben doch ganz anders gewesen.

Freunde in Amerika rieten ab: Angesichts der Diagnose »Heller-Syndrom« und angesichts der fehlenden Krankenversicherung in Amerika sahen sie keine Chance, dass Guntram dort besser behandelt werden könnte.

Guntram kam in einen Kindergarten der *Lebenshilfe*; er wurde täglich mit dem Bus geholt, und Frau E. hatte dadurch deutliche Entlastung. »In den Ferien war ich immer ganz auf ihn eingestellt; das war enorm anstrengend wegen seiner Unruhe. Wenn er dann wieder in den Kindergarten gehen konnte, habe ich gemeint, ich wäre ein Vogel und könnte fliegen!«

Guntram besuchte auch über das Einschulungsalter hinaus den Kindergarten, denn beschulbar sei er nicht geworden. Das Zusammenleben mit ihm blieb schwierig; ganz schlimm, so sagen die Eltern übereinstimmend, sei es gewesen, wenn ärztliche Untersuchungen oder Behandlungen in der Klinik nötig wurden, zum Beispiel, als ein EEG gemacht werden sollte oder wenn Blut abzunehmen war. Guntram hatte dann solche Angst, dass er einmal sogar fünf Hilfskräfte zu Boden gerissen habe. Ein Wach-EEG sei gar nicht möglich gewesen. Frau E. denkt mit Schrecken daran zurück: »Die Frau, die das EEG ableiten sollte, hat eine solche Wut gekriegt: ›Immer muss ich diese schwierigen Kinder haben!‹« Schließlich wurde unter Mühen, bis Guntram mit Beruhigungssaft endlich eingeschlafen war, ein Schlaf-EEG gemacht. »Man hat aber nie was gesehen …«

In der Zahnklinik gab es ein ähnliches Problem: Obwohl man vorbestellt war, hieß es: »Heute können wir nichts machen, wir haben keinen Anästhesisten!«

Frau E. bekam damals einen schrecklichen Weinkrampf: »Sie haben ja gar keine Ahnung, unser ganzes Leben ist verpfuscht mit diesem behinderten Kind!« – so sei es ihr damals erschienen. Schließlich lenkte man ein, nicht ohne ihr vorzuwerfen, dass ihretwegen der ganze Plan umgestellt werden müsse. »Dem Arzt hätte ich eine reinhauen können; der nannte mich ›Mutti‹ und duzte mich, und sie haben Guntram ganz grob behandelt. Die mussten nur einen halben Tagesplan umstellen – wir mussten unser ganzes Leben umstellen!«

Herr und Frau E. bekamen zehn Jahre nach Guntrams Geburt noch ein zweites Kind, eine gesunde Tochter. »Jeden Abend sagte ich: ›Danke, lieber Gott!‹«

Als die Tochter zwei Jahre alt war, hieß es, Guntram sei im Kindergarten nicht mehr tragbar; sie müsse ihn zu Hause behalten, denn er sei manchmal aggressiv. Ihn daheim zu betreuen, das war ein Ding der Unmöglichkeit, denn Frau E. konnte ihn keine Minute aus den Augen lassen, er habe seine Mutter im ganzen Haus herumgerissen, und mit der kleinen Schwester konnte man ihn auf keinen Fall allein lassen. Aber die Eltern wollten nicht, dass er wegen seiner Schwester fortsollte; das hätten sie als ungerecht empfunden. Jemand schlug vor, mit Guntram eine Pilgerfahrt nach Lourdes zu machen – ein letzter Hoffnungsschimmer, dass es vielleicht doch noch gut werden könnte?

Mit zwölf Jahren erhielt Guntram einen Platz in einer Einrichtung der Diakonie. »Es war eine furchtbare Sache, dass er nicht bei uns bleiben konnte! Mir tat immer das Herz weh damals, aber organisch war nichts.« Eine sehr verständnisvolle Hausärztin konnte zum Glück Frau E.s Kummer nachempfinden.

Anfangs kam Guntram in den Ferien nach Hause. Doch längere Aufenthalte daheim waren schwierig: Er freute sich zwar, doch nach einigen Tagen hielt er es nicht mehr gut aus. Blieb er zwei Wochen daheim, dann brauchte er in der Gruppe auch zwei Wochen, um sich dort wieder einzugewöhnen. Er war dann aggressiv und extrem unruhig, sodass seine Eltern beschlossen, ihn nur noch zu besuchen. »Wir kauften damals extra ein Auto, weil die Strecke mit dem Zug sehr umständlich war, und wir wollten gern regelmäßig hinfahren können.«

Die Besuche liefen sehr ritualisiert ab: In seinem Zimmer wollte Guntram mit seinen Eltern nicht sein, deshalb fuhren sie mit ihm ein Stück im Auto, gingen im Wald spazieren, machten ein Picknick, und für Guntram waren immer Gummibärchen in Frau E.s Tasche ... Auch bei Regen ging man spazieren oder notfalls in die Cafeteria der Einrichtung zum Kuchenessen.

Das ist Vergangenheit. Denn seit etwa einem Jahr geht es Guntram nicht mehr so gut. Er wurde immer apathischer, konnte kaum noch laufen, ging nach drei Schritten in die Hocke, schaffte keine Steigung mehr. Die Dosierung seiner Medikamente wurde umgestellt; dafür musste Guntram stationär aufgenommen werden, und die Eltern waren entsetzt, wie extrem Guntram sich verändert hatte aufgrund der Medikamentenumstellung.

Nach mehreren Versuchen und Gesprächen der Eltern zusammen mit Guntrams Bezugsbetreuerin und dem Arzt geht es nun besser. Er wird bald einen Rollstuhl mit Schiebehilfe bekommen. Früher war Guntram bei einem Farmprojekt beschäftigt; er sammelte Äpfel auf, half beim Holzsägen oder brachte Unkraut weg. Das ist schon lange nicht mehr möglich. Jetzt besucht er nachmittags für wenige Stunden eine Fördergruppe. Die Betreuerinnen und Betreuer seiner Wohngruppe kümmern sich sehr um ihn; Herr und Frau E. sind voll des Lobes und zollen ihnen Anerkennung.

»Von seiner körperlichen Verfassung her ist Guntram viel älter als seine tatsächlichen sechsundvierzig Jahre. Und er lebt ja auch schon viel länger, als zu erwarten war!«, erklären seine Eltern. Und obwohl Frau E. doch auch wieder lachen und strahlen kann – anders als sie es damals bei der Diagnose befürchtet hatte –, haben sie und ihr Mann erneut großen Kummer. »Es ist schlimm, dass er jetzt so abbaut. Die Besuche sind für uns schwierig geworden, weil wir nicht mehr mit ihm laufen können.« Rollstuhlschieben ist schwer am Berg mit einem erwachsenen Mann, trotz Schiebehilfe, besonders wenn man selbst über siebzig Jahre alt ist … Guntrams Schwester würde sich kümmern, aber sie hat eine Familie mit Kindern, für die sie sorgen muss. »Wenn ich groß bin, werde ich Kinderärztin, dann mache ich den Guntram gesund!«, habe sie als Kind gesagt. Leider hat es auch der beste Arzt nicht schaffen können, Guntram gesund zu machen. Herr und Frau E. wünschen sich und ihm, dass er nicht lange leiden muss: »Wenn er ganz ruhig einschlafen könnte, wäre uns eine große Last genommen!«, meinen beide mit großer Ehrlichkeit und voll Vertrauen, da beide gläubig sind: »Er wäre sofort im Licht, denn er hat ja nichts Böses getan!«

III

Berufliche Wege

– Fachkräfte berichten –

Der medizinisch-therapeutische Bereich

Ich muss ehrlich sein, wenn ich Zweifel habe

Dr. B., niedergelassener Kinderarzt

Herr Dr. B., wollten Sie schon immer Kinderarzt werden?

Mein ursprüngliches Berufsziel war Müllmann! Ich interessierte mich für das Gerümpel, das andere Menschen wegwerfen, und überlegte mir, was man daraus noch machen könnte …

Deswegen habe ich auch, bevor ich studierte, erst mal was »Anständiges« gelernt: Ich machte neben der Schule eine Ausbildung zum praktischen Möbelrestaurator. Aber tatsächlich war mein eigentliches Berufsziel schon sehr früh klar – ich würde Kinderarzt werden wie mein Großvater!

Ihr Großvater war Ihr Vorbild?

Ein Supervorbild! Mein Großvater war Apotheker, Zahnarzt und Humanmediziner. Er arbeitete in der Dresdner Kinderklinik. Nach der ersten Bombennacht in Dresden hat er mithilfe von Schwestern und Pflegern Wehrmachts-LKWs gestohlen und ist mit einem Großteil seiner Patienten in den Westen geflohen. Dafür wurde er später von Alliierten für eine Minute symbolisch verhaftet. Er hat nichts außer seiner Arbeit gekannt – das mache ich allerdings anders! Ich möchte auch Zeit haben für meine Familie und wohne deshalb bewusst nicht in dem Ort, wo ich meine Kinderarztpraxis führe. Bei meinem Großvater gab es keinen Urlaub und keinen Feiertag. Er baute eine Tuberkuloseklinik auf, leitete sie mehrere Jahre, gründete dann ein Kinderkurheim. Da verbrachte ich als Kind grundsätzlich meine Ferien. Die Klinik war auf einem Riesengelände, man versorgte sich selbst; es gab große Obstplantagen. Es war toll, ich konnte die Tage mit den anderen Kindern im Freien verbringen, oder ich durfte mich als Achtjähriger wie ein Großer fühlen zusammen mit den Hausmeistern, die mich helfen und auf dem Trecker mitfahren ließen und mit denen ich anschließend in der Großküche frühstücken durfte.

Die Zeit damals hat mich sehr geprägt. Und später, als mein Großvater nicht mehr selbst Auto fahren konnte, schlief ich in den Ferien oft Wand an Wand neben ihm. Wenn es an der Wand klopfte, wusste ich: Ich muss aufstehen, den Großvater zum Hausbesuch fahren! Nach seinem dritten Herzinfarkt starb mein Großvater im Alter von dreiundachtzig Jahren. Er hatte bis zu seinem Tod in der Praxis gearbeitet.

Waren Sie in Ihrer Kinder- und Jugendzeit schon mit dem Thema »Behinderung« konfrontiert?

Der *Lebenshilfe*-Kindergarten war direkt gegenüber von unserem Wohnhaus. Und in der Musikschule, wo ich Trompetenunterricht hatte, kam ich auch schon sehr frühzeitig mit körperlich und geistig behinderten Kindern zusammen – im Rahmen von Projekten zur frühmusikalischen Erziehung. Da habe ich erlebt, wie man zu diesen Menschen sehr oft – nicht zu allen, aber zu vielen – durch die Musik einen raschen Zugang bekommt.

Dann begann Ihr Studium der Medizin.

Zuerst war ich als Sanitäter bei der Bundeswehr, dann studierte ich in Marburg und trat eine Stelle in der Kinder- und Jugendpsychiatrie an. Ich arbeitete dort an einem Projekt mit, wo es um das Aufmerksamkeitsdefizitsyndrom mit Hyperaktivität ging. Es wurde zum Beispiel untersucht, inwieweit Nahrungsmittelallergene eine Rolle spielen. Es stellte sich heraus, dass dies nicht der Fall ist, und das zweite erschreckende Ergebnis war, dass die Diagnose »ADHS« auch sehr häufig auf einer Fehleinschätzung beruhte. Dahinter verbargen sich vielfach fehlinterpretierte Tic-Störungen, Neurodermitis, Hör- oder Sehstörungen. Es kam auch vor, dass es missbrauchte oder misshandelte Kinder waren.

Würden Sie denn sagen, so etwas wie ADHS gibt es gar nicht?

Das gibt es schon, wenn auch nicht in der Häufigkeit. ADHS ist eine Ausschlussdiagnose – alles andere muss vorher ausgeschlossen sein, es ist ein Herantasten. Man findet eine große Anzahl von Symptomen, und man kann über die Hintergründe spekulieren. Auf jeden Fall sollte man nach der organischen Abklärung einen Intelligenztest einmal mit und einmal ohne Medikation machen, das kann dann sehr aufschlussreich sein.

Ich frage deshalb genauer nach diesem Projekt, weil solche Symptome wie exzessive Unruhe, Konzentrationsschwäche, die Schwierigkeiten bei der Impulskontrolle und der Affektregulierung zum Beispiel sehr häufig auch bei Menschen mit Behinderung zu beobachten sind.

Solche Kinder und Jugendliche habe ich damals in der Kinder- und Jugendpsychiatrie ebenfalls gesehen; einige erlebe ich auch jetzt in meiner eigenen Praxis.

Bevor Sie eine eigene Praxis gründeten, mussten Sie aber erst noch Ihren Facharzt machen.

Ja, ich wechselte dafür an eine Kinderklinik in Nordrhein-Westfalen und arbeitete circa sechs Jahre lang dort. Zu der Zeit wurden meine beiden Kinder geboren, ein wichtiger Beweggrund, warum ich die Klinik nach der Fachausbildung verlassen wollte: Die Arbeit dort bindet einen enorm. Hinzu kam, dass ich die meiste Zeit auf der Intensivstation eingesetzt war, was ich als sehr schön, aber auch äußerst belastend empfand. Da habe ich die Aussage meines Großvaters verstanden, dass er keine Kinder mehr sterben sehen könne! Es waren nicht wenige, die auf der Intensivstation starben. Wenn die Eltern sie nicht im Sterbeprozess begleiten konnten, dann nahm man sie selbst auf den Arm! Aber ich wollte Zeit und Energie auch für meine eigenen Kinder übrig haben.

Es ergab sich, dass eine Kinderärztin in der Nähe des Wohnortes meiner Schwester sich zur Ruhe setzen wollte und ich ihre Praxis übernehmen konnte.

Dort sehen Sie völlig gesunde Säuglinge und Kleinkinder bei den Vorsorgeuntersuchungen oder Kinder mit den üblichen Kinderkrankheiten, aber sicher auch immer wieder solche, bei denen die Entwicklung nicht ganz so verläuft, wie erwartet.

Ja, manchmal ist da erst einmal nur so ein Gefühl: Da stimmt etwas nicht!

Das haben ja auch Mütter oft, sind verunsichert und wünschen sich eine Diagnose!

Das Problem ist, dass uns von den Grunderkrankungen her bis auf einige wenige, sagen wir zum Beispiel Trisomie 21 oder Fragiles X-Syndrom, noch vieles unbekannt ist. Und das wird auch weiterhin so bleiben: Für jede Frage, die wir beantworten, ergeben sich fünf neue. Aber für die Eltern ist es einfacher, wenn sie sagen können: *Das* ist die Ursache, besonders bei geistigen Retardierungen unklarer Genese. Viele Eltern verlangen eine klare Aussage, provozieren, dass man sich auf eine Diagnose festlegen solle: »Das kann doch nicht so schwierig sein!« Sie können es kaum aushalten, wenn man sagt: »Wir wissen es nicht!« Spätestens dann kommt oftmals der Arztwechsel, und der neue Arzt untersucht dann wieder alles Mögliche ...

Wie erklären Sie sich diesen Druck der Eltern?

Wenn ein Kind mit Behinderung zur Welt kommt, fragen sich die Eltern als Erstes: Wie konnte das passieren? Da sind zunächst mal die Selbstvorwürfe; oft wird der Druck von der Umwelt noch verstärkt, es kommt Druck von innen und von außen. Diesen großen Leidensdruck der Eltern kann ihnen augenscheinlich keiner nehmen in dem Moment. Dahinter steckt natürlich auch das ständige, schon fast zwanghafte Denken der Menschheit, es müsse ein Ursache-Wirkungs-Prinzip vorhanden sein. Das ist die ewige Frage der Menschheitsgeschichte: Warum? Auszuhalten, dass wir diese Frage nicht immer beantworten können, ist besonders schwierig, wenn man mit Behinderung, Krankheit und Tod zu tun hat.

Die Tatsache, dass eine geistige Retardierung des Kindes besonders schwer zu akzeptieren ist, hat vielleicht auch noch andere Hintergründe.

Das passt gesellschaftlich überhaupt nicht ins Konzept. Wir normen ja die Menschen schon fast. Man versucht ständig, nach standardisierten Testverfahren vorzugehen. Es wird nicht geschaut, ob das Kind gerade aufgeregt, abgelenkt oder in anderer Weise belastet ist; es wird ein Katalog herausgeholt und abgehakt, dann werden Punkte zusammengezählt. Vielleicht fällt man durch, weil die Tagesform schlecht ist, aber das interessiert nicht – alles wird als Leistungsdefizit gewertet. Ich empfinde das besonders bei Einschulungstests so. Dann kommen die Eltern – meistens nur die Mütter – total nervös und verunsichert in die Praxis. Und das kostet echt Zeit, bis man sie von diesem Aufregungsniveau, dieser totalen Verunsicherung wieder heruntergeholt hat.

Da geht es um Eltern, die sich eigentlich keine Sorgen zu machen brauchten, denen Sie versichern können, dass alles in Ordnung ist. Anderen müssen Sie, vielleicht schon viel früher als zum Einschulungstermin, etwas anderes sagen.

So früh wie irgend möglich, finde ich. Je früher Eltern die Behinderung ihres Kindes erkennen, umso besser! Wenn jemand jahrelang geglaubt hat, sein Kind wäre gesund, dann fällt er bei der Erkenntnis der Wirklichkeit in ein ganz tiefes Loch. Ich erlebe es so, dass Eltern anfangs zwar beunruhigt sind, aber dann auch über das Thema reden können, und dann kann man Unterstützungs- und Therapieangebote machen. Ich muss ehrlich sein, wenn ich Zweifel habe, ich muss hören, was die Eltern erzählen. Wenn das Kind keine äußeren Anzeichen für eine Behinderung hat, dann kann ich nie sicher sein bei der Beantwortung der Frage, ob es nur eine Entwicklungsverzögerung ist, die sich aufholen lässt, oder etwas Ernsteres. Bis man das herausfindet, braucht es manchmal Zeit. Aber dann gibt es einige Fälle, wo die Kunst am Ende ist, wo ich sagen muss: »Wir werden dieses Kind nicht ›normal‹ machen können!« Dafür mache ich in der Regel den letzten Termin des Tages mit beiden Eltern. Oft fließen dann Tränen, manche Eltern brechen völlig zusammen. Da braucht man einen angemessenen Zeitrahmen, um das abzufangen. Ich finde es schlimm, eine Diagnose zu verkünden und sich dann zu verabschieden mit den Worten: »Haben Sie noch irgendwelche Fragen?« Andererseits muss ich die Eltern irgendwann allein lassen mit ihrem Kummer; ich kann nicht über die Maßen lange ausharren in der irrigen Annahme, sie würden schließlich getröstet gehen können. Denn ich muss ihnen ja eine schlimme Nachricht sagen, die sie nicht hören wollen – das lässt sich nicht beschönigen.

Lernt man in der Ausbildung, wie man solche Gespräche führt?

Nein, genauso wenig, wie man Blutabnehmen lernt oder Impfen. Das guckt man sich von den Krankenschwestern ab, die es in ihrer Ausbildung lernen, und die Gesprächsführung eignet man sich auch durch »Learning by Doing« an. Von älteren Semestern wurden Selbstuntersuchungskurse angeboten; Psychologie hatte man auch in der Theorie, aber nicht sehr tiefgehend, und es gibt Balintgruppen, wo man lernen kann, wie man bestimmte Themen angeht. Ansonsten sucht man sich Vorbilder. Mein Oberarzt in der Kinderklinik war für mich auch so ein Vorbild. Er war sehr einfühlsam, nahm sich unendlich viel Zeit für die Patienten – was im Klinikbetrieb eigentlich gar nicht möglich ist. Er konnte erklären ohne Fachchinesisch. Und doch: Selbst er war nicht davor geschützt, dass Eltern in Extremsituationen extrem reagieren können. Die eigentliche Psyche tritt oft erst in der Situation selbst zutage. Als er einem Vater sagte, dass sein schwerstbehindertes Kind vermutlich kein Jahr alt werden würde, hat der Mann ihn verprügelt. Das Kind ist dann tatsächlich nach vier Wochen gestorben.

Das ist wirklich ein sehr extremes Beispiel.

Ja, aber natürlich ist es so, dass man sich immer schnell an solche eklatanten Beispiele erinnert. Die positiven Gespräche haben in all den Jahren eindeutig überwogen. Es ist auch eine unserer ärztlichen Aufgaben klarzumachen, was die Eltern Positives an ihrem Kind haben, und nicht nur das Schreckliche in den Fokus zu stellen. Das muss man Eltern manchmal als Spiegel deutlich vor Augen halten, wenn sie kommen und klagen, sonst sehen sie die kleinen Entwicklungsschritte nicht. Ich versuche Eltern, die jahrelang mit ihrem Schicksal hadern, klarzumachen: »Es ist jetzt, wie es ist – Jammern hilft nicht. Man muss gucken, wie man das Beste aus der Situation machen kann.«

Wenn Mütter so versinken in ihrem Elend und sich bis zur totalen Erschöpfung überfordern, wie reagieren Sie dann?

Ich fordere sie meistens auf, zu einem Gespräch zusammen mit dem Vater des Kindes zu kommen, wenn es irgendwie geht, damit er seinen Teil der Verantwortung übernimmt. Aber ich werde gelegentlich auch sehr energisch, wenn Mütter sich nicht helfen lassen. Manche weinen, wenn ich ihnen den Spiegel vorhalte, andere werden aggressiv. Und ich provoziere manchmal ein bisschen: »Sie können ruhig denken, der Doktor ist ein Arschloch, Sie können mich beschimpfen, können mir auch eine knallen – aber sagen Sie vorher Bescheid, damit ich die Brille abnehme, ich hab' nur eine!« Manchmal sind sie dann erstaunt, können auch mal lachen … Ich finde es wichtig, dass die Hassgefühle, die man in solchen Situationen erlebt, ein Ventil finden. Das wollen Mütter ja oft nicht wahrhaben. Ich sehe das bei Schreikindern, die einen an den Rand der Verzweiflung bringen können. Ich sage dann: »Manchmal möchten Sie es an die Wand klatschen, stimmt's? Das darf man ruhig denken, aber tun darf man es nicht!« Und damit man nicht ständig diese Hassgefühle und diese Überforderung ertragen muss, sondern sich zwischendurch erholen kann, muss man sich Hilfe suchen.

Das müsste sowohl ganz konkrete Hilfe bei der Kinderbetreuung, aber oftmals auch psychotherapeutische Hilfe sein.

Ich glaube, ein Großteil der Problematik könnte aufgefangen werden durch frühzeitiges Einsetzen einer psychotherapeutischen Kraft. Es wäre schön, wenn der betreuende

Kinderarzt jemanden benennen könnte. Aber wir haben einen großen Mangel an Psychotherapeuten, die mit Eltern und Kindern arbeiten können.

Wir haben uns jetzt im Wesentlichen auf die ganz frühe Eltern-Kind-Situation bezogen. Haben Sie auch ältere Kinder in Ihrer Praxis, die mit Behinderungen leben?

Zurzeit kommen zu mir unter anderen vier Autisten mit ganz unterschiedlichen Autismusformen, ein Mädchen zum Beispiel, das Plastikhandschuhe sammelt und wahrscheinlich schon Hunderte davon zu Hause hat. Jahrelang durfte ich ihr auf keinen Fall die Hand geben. Sie schrie dann ganz fürchterlich. Also habe ich es gelassen und versucht, auf ihre Bedürfnisse und Regeln einzugehen. Man muss sie so nehmen, wie sie sind.

Manche Experten sind der Meinung, man müsse ihnen solche Verhaltensweisen mit sehr strengen verhaltenstherapeutischen Interventionen abtrainieren.

Manches geht vielleicht mit positiver Verstärkung oder indem man unangepasstes Verhalten ignoriert, aber das kommt auf den individuellen Kontext an. Ich glaube nicht, dass man menschliches Verhalten konditionieren kann wie das Verhalten von Ratten. Ich setze voraus, dass Menschen, auch solche mit geistigen Behinderungen, anders denken und handeln, selbst wenn sie manchmal ihre Gedanken und Gefühle nur verschlüsselt wiedergeben können.

Wenn unangepasstes Verhalten bei Menschen mit Behinderung zu Konflikten führt, im Kindergarten oder in der Schule oder im Wohnheim zum Beispiel, dann würden sich manche Eltern einen Runden Tisch wünschen, an dem alle, die das Kind pflegen, betreuen und fördern, zusammenkommen und ihre Sicht einbringen, damit Lösungen gefunden werden können. In den meisten Fällen ist das ein schöner Traum …

Ich nehme ab und zu an solchen Besprechungen teil, manchmal dauern sie stundenlang und sind sehr aufwändig. Sicher sind sie auch sinnvoll – aber für Ärzte leider nur in begrenztem Umfang und bei besonderem Engagement realisierbar, denn es gibt in unserem Gesundheitssystem keinerlei Möglichkeit, diese Beratungsgespräche abzurechnen.

Was halten Sie persönlich von dem Ziel, Inklusion anzustreben, das zurzeit viel Begeisterung, aber bei manchen auch Sorge hervorruft?

Ich war noch nie ein Trendsetter. Was ich gut fände, wäre, dass Kinder möglichst früh schon erleben, dass es ganz unterschiedliche Menschen gibt. Wenn man erst mit zwölf oder dreizehn Jahren zum ersten Mal ein Kind mit Behinderung sieht, löst das große Unsicherheit aus. Das könnte besser werden, wenn mehr Menschen mit Behinderung in der Öffentlichkeit auftreten. Inwieweit die Umgebung unter Umständen trotzdem daran festhalten wird, das Tabuthema »Behinderung« zu verdrängen, das kann ich nicht beurteilen. Und ich fürchte, die Betreuung und Versorgung Schwerstbehinderter könnte sich verschlechtern; in Sondereinrichtungen könnten sie meiner Ansicht nach besser gefördert werden.

Mit Herz und Verständnis für die Belange von Menschen mit Behinderung

Dr. V., Kinderarzt mit dem Schwerpunkt Kinderneurologie, Leiter eines Frühförderzentrums

Herr Dr. V., wodurch wurde Ihr Interesse an der Kinder- und Jugendmedizin geweckt?

Bei vielen gibt es da ja so etwas wie eine »genetische Belastung« – bei mir nicht! In meiner Familie bin ich der einzige Mediziner. Zur Medizin kam ich zunächst über meine Mitarbeit beim Jugendrotkreuz, wo ich unterschiedliche Einsatzbereiche kennenlernte, später dann durch die Arbeit beim Katastrophenschutz und beim Rettungsdienst.

Sie arbeiten zurzeit auch mit Kindern und Jugendlichen, die mit Behinderung leben. Was hat Sie in diese Spezialrichtung geführt?

Ich bin in einem Ort aufgewachsen, wo sehr viele Menschen mit Behinderung das Leben im Ort mitprägen. Ein Viertel aller Bewohner hat eine Behinderung; ich bin ganz selbstverständlich mit ihnen groß geworden. Von daher habe ich ein Herz und großes Verständnis für die Belange dieser Menschen, und daraus entwickelte sich das Ziel, das ich mir wünschte: medizinisch mit den Menschen mit Behinderungen zu arbeiten.

Im Rahmen Ihrer Ausbildung sammelten Sie Erfahrungen in verschiedenen Bereichen der Kinderneurologie und sind jetzt Kinderarzt mit dem Schwerpunkt Neurologie.

Ich arbeitete zum Beispiel im Bereich Kinderneurologie in einem Sozialpädiatrischen Zentrum, war einige Monate in der Kinderneurologie einer großen Klinik in Toronto und anschließend für drei Jahre an einer Universitätskinderklinik. In Toronto war es besonders interessant, weil aufgrund der Größe der Klinik und ihres Einzugsgebietes im Grunde sämtliche Krankheitsbilder vorkamen, die man sich nur vorstellen kann. Es gab zum Beispiel eine Spezialstation nur für Kinder mit akuten Schlaganfällen.

Worin besteht Ihre aktuelle Tätigkeit?

Ich habe die Leitungsfunktion in einem Haus mit dreißig Mitarbeitern übernommen. Es handelt sich um ein Frühförderzentrum, das drei Abteilungen umfasst: ein Sozialpädiatrisches Zentrum, eine Interdisziplinäre Frühförderstelle und eine Sonderpädagogische Beratungsstelle.

Diese drei Abteilungen haben unterschiedliche Aufgaben.

Ja, das Sozialpädiatrische Zentrum ist zur Diagnostik und Therapie von Kindern und Jugendlichen mit Störungen in der Entwicklung sowie kinderneurologischen Krankheitsbildern zugelassen und eine anerkannte Epilepsieambulanz. Wir verfügen über eine sehr gute technische Ausstattung, um eine umfassende Diagnostik zu erstellen, und ein sehr gutes therapeutisches Angebot wie Ergotherapie, Logopädie, Heilpädagogische Förderung, Physiotherapie, Therapeutisches Reiten; wir führen medizinische Behandlungen durch und bieten Elterntrainings an. Unsere Patienten sind teilweise im Säuglingsalter, aber auch bis zu achtzehn Jahre alt. Im Rahmen der Patientenversorgung haben wir zusätzlich eine wöchentliche Sprechstunde jeweils an zwei Sonderschulen, die zu der Großeinrichtung gehören, unter deren Dach unter anderem sich unser Frühförderzentrum befindet.

Inwieweit sind die Aufgaben der Interdisziplinären Frühförderstelle von diesem Arbeitsbereich abgegrenzt?

Die Frühförderstelle ist ein Angebot für Familien mit Kindern bis zum Einschulungsalter, bei denen eine Behinderung droht oder vorhanden ist. Auf Verordnung niedergelassener Kinderärzte wird hier therapeutisch mit ihnen gearbeitet, und zwar mit Fachkräften aus den Bereichen Heilpädagogik, Physiotherapie und Logopädie.

Und die Sonderpädagogische Beratungsstelle?

Hier erhalten Eltern zum Beispiel Beratung über Fördermaßnahmen, geeignete Schuleinrichtungen, Integrationsmaßnahmen im Regelkindergarten oder die geeignete Schule. Diese Beratung ist kostenfrei.

Worin bestehen Ihre konkreten Aufgaben als Leiter des Frühförderzentrums?

In der Leitungsposition habe ich natürlich viel Verwaltungstätigkeit zu leisten. Wir führen zahlreiche Mitarbeitergespräche, und ich bin regulär an der Patientenversorgung beteiligt. Runde Tische mit Vertretern der Kindergärten, Schulen, des Wohnheims sind gang und gäbe; die interdisziplinäre Arbeit ist das Kernstück der Arbeit bei uns.

Im Gegensatz zu niedergelassenen Kinderärzten sehen Sie hier vermutlich einen »gefilterten« Anteil an Kindern.

Zu uns kommen Kinder mit Entwicklungsverzögerungen oder bereits mit einer Entwicklungsstörung, Kinder mit einer normalen Entwicklung sehen wir hier nicht häufig, abgesehen von Epileptikern, die sich, wenn sie keine weitere Diagnose haben, ganz normal entwickeln. Es kommen körperliche, geistige und seelische Behinderungen vor, in der Vorstufe Störungen der motorischen, der sprachlichen und/oder der geistigen Entwicklung, tiefgreifende Entwicklungsstörungen wie Autismus, aber auch Teilleistungsschwächen wie die Leserechtschreibschwäche oder Störungen wie ADS oder ADHS, die oft zu Problemen im sozialen Umfeld führen. Für Kinder und Jugendliche mit autistischen Störungen haben wir eine Psychologin, die auf diesem Gebiet besonders geschult ist.

Wenn Sie Ihre Arbeit hier mit der Arbeit in der Kinderneurologischen Ambulanz einer großen Universitätsklinik vergleichen, wo sehen Sie Unterschiede und Gemeinsamkeiten, Probleme und Chancen?

Der wesentliche Unterschied ist, dass wir hier wenig Akutmedizin haben, deshalb ist bei uns alles viel planbarer und strukturierter als in einer großen Klinik, wo es auch oft Notfälle gibt. Ein Vorteil einer großen Klinik ist natürlich, dass man über sämtliche Ressourcen verfügen kann – alles, was man schnell braucht, bekommt man da auch. Obwohl wir sehr gut ausgestattet sind, dauert bei uns manches länger, zum Beispiel manche Laboruntersuchungen. Es ist ein großes Plus, fernab von einer großen Klinik zu sein, weil es ruhiger und überschaubarer zugeht, aber auch ein großer Auftrag.

Wie viele Patienten kommen denn durchschnittlich zu Ihnen?

Im Jahr haben wir etwa 2400 Patienten, möglicherweise nur zur Diagnostik und Beratung, aber auch zur Therapie. Je nachdem, wo das Kind herkommt, kann es über Jahre hinweg bei uns therapeutisch betreut werden oder eben dann am Wohnort.

Mit welchen Patienten haben Sie persönlich am liebsten zu tun?

Ich bin froh, dass ich Kinderarzt bin, mit älteren Menschen würde ich mich eher schwertun. Kinder haben etwas Ehrliches, Ursprüngliches. Man braucht Fingerspitzengefühl. Kinder mit geistiger Behinderung haben oft einen speziellen Charme. Es macht zum Beispiel besondere Freude zu erleben, wie solche Kinder sich freuen, gerade auch Kinder mit sehr schwerer Behinderung, die man auf den ersten Blick unterschätzen würde. Medizinisch schlägt mein Herz für Muskelerkrankungen, angeborenen Muskelschwund zum Beispiel. Sie sind oft schwierig zu diagnostizieren, da spielt ein gewisser Ehrgeiz eine Rolle. Und es ist eine besondere emotional-soziale Unterstützung nötig für die ganze Familie.

Und die »kernigen« Typen mit herausforderndem Verhalten?

Sie fordern uns natürlich heraus, uns Gedanken zu machen: Woran liegt es wirklich, dass sie sich so verhalten? Ich mache die Erfahrung: Wenn man sie »kernig« anpackt, kann man sie in der Regel gewinnen. Sie möchten, dass man sie ernst nimmt und klare Grenzen setzt, aber in einer ruhigen und freundschaftlichen Art.

Das kann zum Beispiel auf Autisten zutreffen. Allerdings ist es wohl manchmal schwierig festzulegen, wer eigentlich als »Autist« zu bezeichnen ist und wer nicht. Das Spektrum erscheint doch sehr weit zwischen sogenannten »Kanner-Autisten« und »Asperger-Autisten«.

Für die Diagnose Autismus setzen wir sehr hohe Kriterien an. Bei vielen Kindern mit geistiger Behinderung handelt es sich um autistische Züge. Sie haben ein Bedürfnis nach klaren Strukturen und Ritualen, um sich sicher zu fühlen; die Problematik der Kontaktaufnahme ist oft ein begleitendes Störungsbild.

Wie wichtig ist es, zu einer Diagnose zu kommen?

Für die Eltern ist es emotional sehr wichtig, eine Diagnose zu bekommen, selbst wenn man nicht ursächlich behandeln kann. Das Grübeln hat dann ein Ende! Manchmal stellt man auch vererbbare Störungen fest, das hat Konsequenzen. Eines unserer obersten Ziele ist es, zu einer Diagnose zu kommen, nur dann kann ich auch eine Prognose stellen. Doch es kommt sehr oft vor, dass man es nicht kann – in etwa fünfzig Prozent der Fälle, würde ich sagen. Deshalb meinen manche Kollegen auch: »Wieso machst du diese Arbeit, da erlebst du doch nur Frust, weil du keine Diagnose stellen kannst!«

Wie erleben Sie den Umgang mit den Eltern Ihrer Patienten?

Hier fließen viele Tränen, man hat immer mindestens zwei Patienten. Das ist ein belastender Teil der Arbeit. Es wäre manchmal leichter, wenn ich mich nur um das Kind kümmern müsste. Aber der Umgang mit Eltern kann sehr konstruktiv sein – Psychologie gehört allerdings dazu. Mein Vorteil hier ist, dass ich einen Psychologen zurate ziehen kann. Ich versuche, den Eltern offen zu kommunizieren, was ich über die prospektive Entwicklung ihres Kindes denke. Es ist wichtig, dass die Eltern eine Ehrlichkeit erfahren. Oft kommt erst einmal eine Verleugnung: »Das kann doch nicht sein!« Dann muss man manchmal etwas abwarten, Zeit geben und erneut das Gespräch suchen.

Viele Eltern, mit denen ich gesprochen habe, klagten über Probleme mit Therapien, weil das Kind negativ reagiert hat oder sie selbst sich nicht mit der Methode identifizieren konnten, zum Beispiel bezüglich der Art der Krankengymnastik.

Ich denke, es ist wichtig, dass überhaupt eine Krankengymnastin mit dem Kind arbeitet, die Methode ist dabei nicht der wichtigste Aspekt. Bei uns haben alle Physiotherapeuten eine Ausbildung nach Bobath sowie verschiedene andere Zusatzausbildungen. Ich glaube, unterschiedliche Wege können zum Ziel führen; man muss mit der Methode leben können.

Ähnliches gilt vermutlich auch bezüglich der Medikation. Bei welchen Störungen halten Sie Medikamente für unumgänglich?

Auf jeden Fall bei Epilepsie, aber auch bei sorgfältig diagnostizierter ADS/ADHS. Wir haben in diesen Fällen eine gute Betreuung hier im Hause. Manchmal sind die gleichen Medikamente auch für Menschen mit geistiger Behinderung indiziert, und wir erreichen gute Erfolge damit. Allerdings wenden wir sie nur an, wenn es keine Möglichkeit gibt auf anderem Weg – die Indikation muss sehr gut geprüft werden. Bei allen Störungen, bei denen wir in den Bereich der echten Psychopharmaka gehen müssen, holen wir Kinder- und Jugendlichen-Psychiater mit ins Boot. Wenn ein Kind Medikamente nehmen muss, ist es für die Eltern oft schlimm. Aber ich finde, Medikamente sind nicht per se »vom Teufel« – sie können helfen, dass das Kind ein gutes Leben führen kann. Der Verlauf muss gut kontrolliert werden, dann werden die Medikamente meistens auch gut vertragen.

Mit Gewalt erreicht man gar nichts!

Frau F., Physiotherapeutin

Frau F., Sie haben in den Jahren 1980 – 1982 Ihre Ausbildung als Krankengymnastin gemacht, waren im Laufe der Zeit in verschiedenen Einrichtungen tätig und bildeten sich zum Beispiel in einem Zusatzkurs Vojta für Erwachsene fort. Bobath oder Vojta – ist das die »Gretchenfrage« in der Physiotherapie?

Die Therapien nach Bobath und nach Vojta waren jahrelang die beiden großen Therapierichtungen in der Behandlung entwicklungsverzögerter und bewegungsgestörter Säuglinge und Kinder. Bobath und Vojta waren wohl Studienkollegen gewesen und hatten unterschiedliche Theorien und Methoden entwickelt, wobei es meines Wissens von Anfang an Differenzen zwischen diesen beiden Schulen gab. Die Therapie nach Bobath wurde im Laufe der Zeit eine Methode in der Hemiplegiebehandlung Erwachsener. Zu Beginn meiner Berufstätigkeit, also 1983, wurde die Behandlung nach Vojta zunehmend bei erwachsenen Patienten mit Querschnittlähmung oder anderen neurologischen Störungen angewandt.

Sie entschieden sich für die Therapie nach Vojta.

Mir erschien die Theorie Vojtas einleuchtender. Die Anwendung der Vojta-Therapie besteht darin, dass man bei dem Patienten in einer vorgegebenen Ausgangsstellung mithilfe von bestimmten Druckpunkten am Körper vorbestimmte Reaktionen hervorruft. Das Ziel dabei ist, die Körperlage zu sichern, Bewegungen anzubahnen und immer wieder abrufbar zu machen, auch in veränderten Ausgangssituationen.

Ist das nicht auch das Ziel bei Bobath?

Das ist richtig, aber Bobath arbeitet in schwierigeren Ausgangsstellungen, zum Beispiel im Sitzen auf einer Rolle. Vojta beginnt erst einmal im Liegen beziehungsweise im Päckchensitz.

Viele Eltern berichten von ziemlich schlimmen Erfahrungen mit der Vojta-Therapie. Ist die Therapie schmerzhaft für den Patienten?

Das Drücken der Reflexpunkte an sich tut nicht weh, aber es hängt natürlich davon ab, wie man es durchführt. Im Umgang mit Erwachsenen sind wir vorsichtig gewesen – Erwachsene hätten sich einen dominanten, rigiden Umgangsstil vermutlich nicht gefallen lassen. Auch Vojta selbst, den ich während meiner Ausbildung erlebt habe, erschien mir eher wie ein ganz sanfter Mensch. Aber ich höre auch oft, dass einige Vojta-Therapeuten der ersten Generationen besonders in der Kinderbehandlung ziemlich streng vorgegangen seien. Vielleicht war die Euphorie sehr groß, ein Mittel gefunden zu haben, mit dem man in einem entsprechenden Zeitrahmen die Behinderung wegtherapieren oder wenigstens deutlich verringern zu können glaubte. Bei manchen mag auch der Ehrgeiz eine Rolle gespielt haben, beweisen zu wollen, dass die Therapie besser ist als Bobath – ein gewisses Konkurrenzdenken. Ich selbst dachte damals auch: Vojta muss einfach sein, das ist gut, und dreimal am Tag zehn Minuten nach Vojta turnen, das dürfte ja wohl kein großes Problem sein …

Heute denken Sie das nicht mehr?

Inzwischen habe ich selbst Kinder! Mein zweites Kind, eine Tochter, entwickelte sich trotz Komplikationen in der Schwangerschaft eigentlich gut, doch als sie sich nach acht Monaten noch nicht über die rechte Seite drehen konnte, war ich etwas besorgt. Sie erhielt daraufhin Vojta-Therapie bei einer Therapeutin, und ich selbst als Mutter und Therapeutin war natürlich überzeugt, meinen Teil zu der Therapie beitragen zu können. Und dann stellte ich fest: Zehn Minuten sind zwar wenig, aber man kann nicht mal eben schnell zwischendurch nach Vojta turnen, so wie man noch eben schnell die Spülmaschine ausräumen kann. Man braucht ausreichend Ruhe, also eine gewisse Vor- und Nachbereitungszeit. Das war schwierig, weil ich noch ein kleines Kind hatte. Aber das Hauptproblem war tatsächlich, dass meine Tochter sich die Behandlung nicht gefallen ließ, weder von der Therapeutin noch von mir! Sie wehrte sich dermaßen, wir haben sie einfach nicht »in den Griff bekommen«. Sie schlängelte sich immer wieder heraus aus der Ausgangsstellung, sodass auch die Therapeutin hilflos war. Nach zwei Monaten haben wir unsere erfolglosen Versuche aufgegeben. Irgendwann konnte meine Tochter sich von selbst drehen und hat eine normale Entwicklung durchgemacht.

Inwieweit hat das Ihre Einstellung zur Vojta-Therapie beeinflusst?

Von der Theorie bin ich noch immer überzeugt, ich würde eine solche Ausbildung sicherlich wieder machen. Wenn mein drittes Kind Therapie gebraucht hätte, wäre ich aber wahrscheinlich anders damit umgegangen, ruhiger, gelassener, nicht mit dem hohen Anspruch. Bei meiner Tochter bin ich geradezu verbissen darangegangen – ich war ja selbst Therapeutin und hatte einen gewissen Ehrgeiz, es gut und richtig zu machen. Damit kam ich bei meiner Tochter nicht durch; sie ist eine starke und eigenwillige Persönlichkeit!

Sie könnten sich demnach vorstellen, dass es auch von der jeweiligen Person abhängt, ob Vojta das Richtige ist?

Das auch. Und in jedem Fall würde ich heute mehr schauen, in welcher Situation das Kind gerade ist, mehr ab- und zugeben und nicht mehr so einen Kampf machen. Man hat damals Eltern, die sowieso schon ganz viel für ihre Kinder taten, oft ein schlechtes Gewissen gemacht: »Wenn ihr nicht dreimal täglich turnt, dann wird es womöglich schlimmer, zumindest aber nicht besser!« Das suggeriert natürlich schon irgendwie, dass die Eltern etwas versäumen würden, dass sie schuld wären, wenn das Kind sich nicht regelrecht entwickelt. Vielleicht hatte man damals überwiegend die motorische Entwicklung im Blick, weniger den Menschen als Ganzes und sein persönliches Umfeld. Bei schwerer beeinträchtigten Kindern kamen noch andere Therapien hinzu, sodass die Eltern – oder meistens die Mutter – permanent mit Therapieren und Üben beschäftigt waren, so als könne man die Behinderung wegtrainieren. Für die Beziehung zwischen Mutter und Kind war das eine enorme Belastung.

Welche Schlüsse haben Sie aus dieser Anfangszeit und aus Ihren persönlichen Erfahrungen gezogen?

Ich glaube, mit Gewalt erreicht man gar nichts. Man kann ein Kind schikanieren als Therapeut, dessen muss man sich bewusst sein. Aber man kann Vojta-Therapie auch sanft durchführen. Es darf kein Machtkampf sein. Der Mensch ist nicht nur ein Apparat aus Skelett und Muskulatur und Nervenbahnen, sondern ein lebendiges Wesen. Mein Standpunkt heute ist: Man muss machen, was man kann, was man gerne und mit Überzeugung tut. Aber entscheidender für den Therapieverlauf ist meiner Meinung nach das Verhältnis zwischen Therapeut und Patient. Man sollte einander als Person schätzen und respektieren. Darüber gibt es Untersuchungen, die bestätigen: Die Wirksamkeit einer Therapie beruht oft weniger darauf, was man macht und welche Technik man anwendet, sondern mehr auf der Beziehung zwischen Patient und Therapeut. Wer mit

Begeisterung nach Bobath turnt, erzielt vermutlich ebenfalls einen Behandlungserfolg. Aber man muss eben auch mit Grenzen rechnen – beim Patienten und bei sich selbst. Die muss man spüren und anerkennen. Das gilt besonders für solche Menschen, die sich verbal nicht so äußern können, bei ihnen muss man besonders aufmerksam sein, weil sie doch sehr oft und sehr viel fremdbestimmt werden. Und wenn man diese Grenzen wahrnimmt, sollte man sie nicht gleich als persönliche Ablehnung des Therapeuten werten!

Je mehr Schubladen man öffnen kann, umso besser!

Frau S., Physiotherapeutin, Heilpraktikerin

Frau S., Sie sind in einem Sozialberuf tätig und gleichzeitig Angehörige eines Menschen mit Behinderung.

Ich habe eine Schwester mit einer spastischen Tetraparese. Es liegt auch eine Lern- und eine Sprachbehinderung vor. Meine Eltern haben, bis sie achtzehn war, mit ihr Therapien durchgeführt. Inzwischen ist sie sechsunddreißig Jahre alt, kann mithilfe eines Rollators gehen, hat aber auch einen E-Rollstuhl. Sie arbeitet in einer Werkstatt für Menschen mit Behinderung. Meine Eltern haben gemeinsam mit anderen Eltern einen Verein ins Leben gerufen, der eine Einrichtung für Betreutes Wohnen gebaut hat und unterhält. Dort lebt meine Schwester.

Wie haben Sie persönlich es als Kind erlebt, eine Schwester mit einer schweren Behinderung zu haben?

Am Anfang habe ich die Zeit mit dem Baby sehr genossen. Als klar wurde, dass eine Behinderung vorliegt, empfand ich es als sehr anstrengend! Ich erinnere mich an das Schreien des Babys und das Weinen meiner Mutter während der Therapie. Es gab immer Stress, weil das Kind die Therapieübungen nicht wollte. Ich selbst war allerdings bereits vierzehn Jahre alt, als meine jüngste Schwester geboren wurde. Dazwischen gab es noch zwei vier und acht Jahre jüngere Geschwister, mit denen ich mich beschäftigt habe, während meine Eltern sich um das Baby kümmerten. Ich war eigentlich schon zu alt und zu selbstständig, um mich vernachlässigt zu fühlen. Aber ich wollte wegen der Erfahrungen mit der Therapie daheim eigentlich niemals Kinderphysiotherapeutin werden, und schon gar nicht in eigener Praxis!

Beides sind Sie aber inzwischen bereits seit Jahren und mit großem Engagement!

Ich entschied mich zunächst für die Ausbildung zur Physiotherapeutin – zur Praxis hat es sich dann von allein entwickelt. Meine erste Arbeitsstelle war in einer Praxis für allgemeine Physiotherapie. Als ich selbst Kinder hatte, habe ich mich mit einer mobilen Praxis selbstständig gemacht. Ich besuchte vorwiegend ältere Menschen daheim und arbeitete mit ihnen. Das war damals eine Sonderregelung; weil es am Ort keine Krankengymnastikpraxis gab, hatte die Krankenkasse mir erlaubt, so zu arbeiten. Als meine Kinder zwei und vier Jahre alt waren, stellte man mich vor die Entscheidung, entweder selbst eine Praxis zu eröffnen oder auf die mobile Praxistätigkeit zu verzichten. Ich meldete also eine kleine Praxis an. Innerhalb von drei Monaten bekam ich so viele Patienten, dass ich mit voller Stelle ausgelastet war! Das war vor dreiundzwanzig Jahren. Ich arbeitete, wie geplant, weiter mit erwachsenen Patienten. Doch es gab nur sehr wenige Praxen, die Physiotherapie für Kinder anboten, und ich erhielt immer wieder Anfragen. So begann ich noch im selben Jahr eine Ausbildung zur Vojta-Therapeutin.

Warum entschieden Sie sich für das Vojta-Konzept?

Es war zu sehen, dass es riesige Erfolge hatte. Meine Eltern waren bei Professor Vojta selbst im Kinderzentrum München gewesen; ich habe ihn während meiner Ausbildung auch erlebt. Nach und nach kamen weitere Ausbildungen hinzu: Psychomotorik zum Beispiel und Craniosacraltherapie, Graphomotorik bei handmotorischen Störungen, schließlich Osteopathie mit dem Schwerpunkt Pädiatrie. Ich war einige Jahre im Vojta-Arbeitskreis für Lehrtherapeuten im Kinderzentrum München tätig. Vor fünf Jahren machte ich die Heilpraktikerprüfung, um selbst als Osteopathin arbeiten zu dürfen. Ich biete Weiterbildungen für Hebammen an und beschäftige mich im Moment mit dem Studium der chinesischen Medizin.

Das klingt nach viel Arbeit, aber auch sehr interessant und spannend!

Ich finde, je mehr Schubladen aufzuziehen sind, umso mehr findet man, was weiterhilft. Zurzeit konzentriere ich mich mehr auf die Osteopathie. Für die Vojta-Therapie mit Kindern habe ich eine Kollegin, die mit voller Stundenzahl beschäftigt ist.

Sie sprachen anfangs vom Schreien Ihrer kleinen Schwester und dem Weinen Ihrer Mutter. So etwas Ähnliches haben mir Eltern von Kindern mit Behinderung öfter erzählt – und zwar im Zusammenhang mit Vojta-Therapie.

Ja, bei uns war das auch so. Viele erschrecken, wenn sie nur den Begriff »Vojta-Therapie« hören. Im Arbeitskreis der Lehrtherapeuten traf ich damals noch einige Lehrtherapeuten der ersten Stunde. Sie waren oft sehr rigide, gingen extrem streng nach Regeln vor. Das war sicher notwendig, um die neu entwickelte Therapieform zu verifizieren. Professor Vojta hatte das Konzept 1963 zusammen mit einer Physiotherapeutin, Frau Dorothea Wassermeyer, erarbeitet. Sie war selbst kinderlos, von ihrer Ausstrahlung her eher streng und kompromisslos. Die Kinder müssen in bestimmten Positionen gehalten werden. Außerdem müssen die Übungen viermal am Tag gemacht werden, damit das Nervensystem über die Reflexzonen immer wieder stimuliert wird, die korrekten Bewegungsmuster abzurufen. Sicher wäre diese Frequenz auch optimal, wenn es ginge. Doch es wurde damals oft zu wenig geschaut: Wie geht es dem Kind? Wie geht es den Eltern?

Wie erklären Sie sich dieses rigide Vorgehen?

Physiotherapeuten wurden damals noch anders ausgebildet, die ganze Orthopädie war anders, eigentlich die ganze Medizin. Kinder wurden in Gipsbetten gelegt, es wurden auch noch mehr Wirbelsäulenoperationen oder Hüftoperationen gemacht. Die Therapeuten waren Ausführende: Wenn der Arzt gesagt hat, das müsse jetzt so gemacht werden, dann wurde es so gemacht! In der geriatrischen Abteilung haben wir die über Achtzigjährigen aus den Betten geholt, wenn der Arzt aufgeschrieben hatte, dass sie mobilisiert werden müssten – egal wie schwach sie waren. Als Zwanzigjährige habe ich mich natürlich nicht getraut zu widersprechen. Heute würde ich das tun!

Das hört sich an, als wenn Sie sich auch von der Vojta-Therapie in der rigiden Form distanziert hätten.

Ich finde nach wie vor, dass es grundsätzlich eine geniale Therapie ist. Wenn man einmal erlebt hat, was tatsächlich passieren kann, dass zum Beispiel ein vormals regloser Arm sich plötzlich bewegt oder eine geschlossene Faust sich öffnet, dann findet man das Konzept wirklich hervorragend! Ich selbst behandele oft scheinbar beiläufig die Reflexzonen mit leichtem Druck, während ich mit der Mutter rede und das Kind fröhlich lacht. Dabei zeige ich den Eltern, was passiert, und schlage vor, es daheim auch so zu machen. Die Eltern finden es oft super, ohne zu wissen, dass es Vojta-Therapie ist. Wenn sie es erfahren, erschrecken sie manchmal, sofern sie schon über die Therapieformen vorinformiert sind. Früher gab es mal so eine Werbung für Spülmittel im Fernsehen mit Miss Tilly: Sie macht Maniküre bei einer Frau, die über ihre rissigen Spülhände klagt. Die Frau hat die Hände in wunderbar weichem, schaumigem Wasser und fühlt sich sichtlich wohl. Miss Tilly schlägt ein gutes Spülmittel vor und erklärt: »Sie baden gerade Ihre Hände darin!« Da zieht die Frau entsetzt ihre Hände aus dem Schaumbad! Spülmittel – das muss ja was Aggressives, Schädliches sein. So ähnlich reagieren die Mütter manchmal auf das Reizwort »Vojta-Therapie«. Schafft man es, dieses Vorurteil zu beseitigen, kann man die Eltern nach und nach zugunsten des Kindes an diese Therapieform heranführen.

Sie meinen also, man kann die Vorteile von Vojta für sich nutzen, ohne die extremen Begleiterscheinungen ertragen zu müssen?

Ja, aber das erfordert genaues Beobachten. Es ist nicht einfach, gleichzeitig die Therapie zu machen und dabei zu sehen, wie es dem Kind geht und den Eltern. Dafür muss man gut hinspüren. Wenn man das kann, muss es nicht so panisch werden. Man kann die Reflexzonen mit leichterem Druck behandeln, das ist sogar meistens viel effektiver. Wenn die Kinder meckern – ein bisschen tun sie das meistens –, dann geschieht das in der Regel, wenn etwas passiert – wenn man den richtigen Punkt getroffen hat. Da denke ich eher, es ist kein Schmerz, sondern eine innere Anspannung muss weggeschrien werden. Es hört sich oft an, wie wenn man im Judo oder Karate einen starken Energieschub »abschreien« muss, das ist eher etwas Erlösendes. Wenn Mütter das als schlimm empfinden und sich wegen möglicher Schmerzen sorgen, dann kann sich die Abwehr natürlich gegenseitig aufschaukeln zwischen Mutter und Kind. Das muss man als Therapeut spüren und ansprechen. Sehr stark »verkopfte« Eltern reagieren auch oft empfindlicher als eher bodenständige.

Das alles war Ihnen in der Anfangszeit Ihrer Kindertherapien vermutlich noch nicht so klar.

Nein, ich habe es am Anfang ganz anders gemacht als heute. Mit der Berufserfahrung, dem Alter, der Tatsache, selbst Kinder zu haben, verändert sich manches. Aber auch durch die Fortbildungen, die ich gemacht habe, die Einblicke in andere Therapien, solche, die damit zu tun haben, genau hinzuhorchen, hinzufühlen. Sie machen sensibler.

Welche waren das insbesondere?

1991, als ich im Arbeitskreis der Lehrtherapeuten in München war, kamen zwei holländische Osteopathen, die Craniosacraltherapie anboten. Sie haben einen Säugling mit Asymmetrie behandelt, der sonst nach Vojta behandelt wurde. Das Ergebnis war sehr überzeugend! Ich bin eigentlich immer zufällig an irgendwelche Sachen geraten, die ich als sehr gut empfand – aber das sollte dann wohl auch so sein.

Behandeln Sie inzwischen gar keine erwachsenen Patienten mehr?

Es ergab sich nach und nach so eine Arbeitsteilung, dass andere Kolleginnen Erwachsene behandelten. Bis letztes Jahr hatten wir auch noch einige Schlaganfall- oder MS-Patienten. Ich selbst hatte im Laufe der Jahre immer mehr Spaß bekommen, mit den Kindern und ihren Eltern zu arbeiten. Der Erfolg ist natürlich bei Kindern oft deutlicher.

Bedeutet das, dass Sie wenige Kinder mit Behinderung haben?

Es sind vorwiegend Säuglinge, die wir behandeln. Wenn sie im Kindergartenalter sind, werden sie meistens in der Einrichtung direkt betreut und später in der Schule. Wir behandeln noch einige Kinder mit Down-Syndrom, allerdings eher osteopathisch. Das ist keine Kassenleistung. Eine Kollegin behandelt noch Kinder mit Muskeldystrophien und Spina bifida. Aber das Gros der Kinder ist im Säuglings- und Kleinkindalter.

Wie gehen Sie damit um, wenn Sie merken, dass bei den ganz Kleinen eine Behinderung droht?

Als Physiotherapeutin darf man keine ärztlichen Diagnosen stellen. Meine junge Kollegin hält sich eher zurück und verweist auf den Arzt. Ich selbst darf aufgrund meiner abgeschlossenen Heilpraktikerausbildung mehr sagen, aber ich rufe grundsätzlich den Arzt zunächst selbst an und teile ihm meine Beobachtungen mit. Es ist dadurch eine richtig gute Zusammenarbeit mit den Ärzten entstanden. Ich versuche, den Eltern selbst auch ehrlich zu sagen, was ich denke. Ich setze mich mit ihnen zusammen, verweise zunächst auf das Positive, frage aber auch: »Ihr Kind schaut mich selten an, oder es hält meistens die Hände zu Fäusten – ist das daheim auch so?« Eltern bestätigen das meistens; sie spüren ja selbst oft, dass etwas nicht stimmt … Manche Mütter weinen und lassen es zu, dass sie einfach nur in den Arm genommen werden. Andere möchten sachliche Aufklärung. Je nachdem, was für Menschen es sind, versuche ich darauf einzugehen.

Ärzte berichten manchmal von problematischen Reaktionen der Eltern.

Ich glaube, wir haben es da leichter als ein Arzt, weil wir tatkräftig an dem Kind etwas machen. Ich kann den Eltern sagen, wie ich es einschätze, aber sie auch ermutigen: »Sie haben jetzt die Chance, das Beste herauszuholen!« Bei minimalen Störungen, zum Beispiel einer Asymmetrie, gelingt es meistens relativ gut, das Kind in seine Mitte zu bringen. Die Kombination von Osteopathie und Bobath oder Vojta reduziert die notwendigen Behandlungen um etwa die Hälfte.

Bekommen Sie gelegentlich etwas mit über den weiteren Verlauf bei Kindern, die tatsächlich eine Behinderung haben?

Ja, manchmal finde ich die Entwicklung auch bedauerlich. Wenn das Kind in den Kindergarten oder in die Schule kommt, sind oft ganz viele Leute dabei, die alle an dem Kind arbeiten und es mit Hilfsmitteln »bedienen«. Ich bin skeptisch, ob das Streben nach Maximalversorgung so gut ist, und vertrete eine andere Idee als der Mainstream. Wenn ich sehe, wie die Kinder Gehgeräte und Stehbretter bekommen und später dann doch im Rollstuhl sitzen, finde ich, dass die ganze Versorgung oft ein Vorspiegeln falscher Tatsachen ist. Ich finde, ein Kind soll lieber selbstständig auf dem Po rutschen als zweimal mit dem Gehgerät durchs Zimmer laufen. Auch finde ich es grausam, ein Kind zwei Stunden lang in ein Stehbrett zu stellen, wo es dann warten muss, bis es erlöst wird. Lieber ein Jahr länger krabbeln, als im Walker durch die Gegend zu schieben! Lieber einen Rollstuhl benutzen als ein Stehbrett, denn mit dem Rollstuhl kann sich das Kind selbstständig bewegen.

Möglicherweise ist das im Kindergarten oder in der Schule aber gar nicht zu jeder Zeit so erwünscht, weil das Gruppengeschehen dann schwerer kontrollierbar ist?

Vielleicht. Aber ich denke auch an ein Kind mit einer Hemiparese, das die betroffene Hand in einer sehr untypischen Haltung hielt, sie auf diese Weise aber als Hilfshand nutzen konnte. Dann wurden ihm Schienen angepasst, sodass der Arm nach unten hängt. Lang gestreckt – das ist die optimale Gelenkhaltung, die Fehlhaltung wird auf diese Weise korrigiert. Aber nun kann der Junge die Hand gar nicht mehr benutzen und ist in seiner Selbstständigkeit eingeschränkt worden. Ich finde das schlimm, weil ich es auch für eine Herabwürdigung der Leistung des Menschen mit Behinderung halte. Man sollte ihm seine persönliche Leistung zugestehen und sie würdigen!

Wie erleben die Eltern solche Situationen?

Eltern werden oft bombardiert von all den verschiedenen Ansprüchen. Manche haben das Gefühl, hier zu wenig an Hilfsmitteln bekommen zu haben. Andere sind nicht überzeugt, dass diese gebraucht werden, und wehren sich dann. Aber nach ein paar Jahren schaffen sie es oft nicht mehr, ihre Position durchzuhalten, oder sind verwirrt. Ich frage sie: »Was denken *Sie* denn?« Manchmal sind Eltern so verunsichert, dass sie darüber gar nicht mehr nachdenken. Wenn man sie nach ihrer eigenen Ansicht fragt, stellen sie fest, dass sie selbst ein klares Gefühl dafür haben, was sie eigentlich möchten.

Wie ist das für Sie, wenn Sie feststellen, dass eine drohende Behinderung sich tatsächlich manifestiert?

Es ist schon schwierig, wenn man mit Säuglingen anfängt zu arbeiten, zu sehen, wie es immer mehr in eine Behinderung geht, obwohl man alles tut, um es zu verhindern. Manchmal rufen auch Ärzte an und fragen: »Was machen Sie denn – das wird ja immer schlimmer statt besser!« Da ist oft eine große persönliche Betroffenheit, wenn ich sehe, ich schaffe es nicht mit den Mitteln, die ich habe, das Kind in eine gute Richtung zu lenken. Wenn man kleine Säuglinge hat, die permanent schreien und durch nichts zu beruhigen sind oder in sich reingucken – dann sollte man sehr aufmerksam schauen, was da los ist. Ich kann auch nicht ausschließen, dass sie tatsächlich Schmerzen haben, wenn eine Störung im Zentralnervensystem vorliegt. Sich einzugestehen, dass man manchmal machtlos ist, das ist wirklich schwer.

Aufs Pferd gekommen

Frau S., Physiotherapeutin, Hippotherapeutin

Frau S., wann sind Sie »aufs Pferd gekommen«?

Mit acht Jahren zum ersten Mal – seitdem reite ich. Mit zwölf oder dreizehn habe ich mir Taschengeld verdient, indem ich ein Mädchen mit einer spastischen Diplegie auf dem Pferd geführt habe. Ich bekam damals drei Mark für eine Stunde, das erschien mir furchtbar viel Geld!
 Nach dem Abitur war mein Berufswunsch klar: Ich wollte Krankengymnastin werden, musste aber drei Jahre lang auf einen Platz an meiner bevorzugten Ausbildungsschule warten.

Wie ist denn so eine Ausbildung zur Physiotherapeutin aufgebaut?

Damals machte man vier Semester an einer Fachschule; es folgte die erste Prüfung, anschließend folgte ein praktisches Jahr an einer dafür zugelassenen Einrichtung. Die zweite Prüfung legte man nach dem Anerkennungsjahr ab.
 Heute ist das anders, da sind es sechs Semester, die klinischen Teile sind zum großen Teil bereits integriert. Seit ein paar Jahren gibt es auch einen Studiengang für Physiotherapie, in Anlehnung an die EU, denn in anderen europäischen Ländern ist es schon lange ein Studium. Ich persönlich finde es besser, zuerst mal in die Praxis zu schauen, um zu sehen, ob es einem überhaupt liegt und was einen erwartet. Denn später arbeitet man immer »mit der Hand am Bein«.

Wie haben Sie damals die Wartezeit bis zur Ausbildung verbracht?

Diese Zeit habe ich überbrückt, indem ich an einer Klinik für frischverletzte Querschnittgelähmte in der Pflege mitarbeitete. Ich war Pflegehilfskraft, unter anderem in der Krankengymnastikabteilung. Zwischendurch betreute ich beim Reiten auch immer wieder Kinder, die mit einer Behinderung lebten. Nach meiner Ausbildung zur Krankengymnastin schloss ich zunächst eine Amateurreitlehrerausbildung an. Dann bewarb ich mich an einer Modellklinik für Querschnittgelähmte.

Die Arbeitsbedingungen waren damals sehr gut dort: Ein Therapeut betreute jeweils zwei Patienten.

Waren alle Patienten Unfallpatienten?

Ja, als Therapeut hat man eigentlich ihr ganzes Leben aufgefangen. Da musste man sich die Frage stellen: Wie geht man damit um, wenn plötzlich alles, was früher wichtig und selbstverständlich war, weg ist? Wie verändert sich die Beziehung zu den Eltern, zum Partner, zur Arbeit? Als Therapeut hatte man in dieser Situation mehr mit den Patienten zu tun als irgendjemand anders. Ich stellte fest: Du bist der absolute Anker für sie! Du selbst weißt, was du zu tun hast, und kannst damit umgehen, die Patienten wissen es nicht. Das war einerseits faszinierend, das Gefühl, so wichtig für jemand zu sein und Kontrolle, ja Macht zu haben, doch andererseits, als ich es erkannte, dachte ich: Eigentlich wäre es besser, es nicht weiterzumachen … Denn die Kehrseite der Macht war die absolute Machtlosigkeit, zu wissen, was geht und was nicht, die Hilflosigkeit, immer wieder an Grenzen zu stoßen. Ich spürte die Spannung zwischen diesen beiden Polen und merkte, dass es doch nur eine scheinbare Macht war. Und ich fühlte mich nicht wohl bei dem Gedanken, so wichtig für einen Einzelnen zu sein, ich wollte diese Abhängigkeit nicht haben.

Sie blieben noch eine Weile an der Klinik, gingen dann aber ins Ausland.

Ja, es ergab sich für mich die Möglichkeit, ein knappes Jahr in Brasilien zu verbringen. Dort arbeitete ich in einem Entbindungsheim unter sehr einfachen Bedingungen bei Franziskanerschwestern. Danach schloss sich in Deutschland eine kurze Phase der Mitarbeit in einer physiotherapeutischen Praxis an, bis ich mich zusammen mit einer Freundin in eigener Praxis selbstständig machte. Inzwischen kann ich auf fünfundzwanzig Jahre Praxistätigkeit zurückblicken.

Wie sehen Sie Ihre Arbeit in diesen fünfundzwanzig Jahren – gibt es so eine Art Leitmotiv, das Sie begleitet?

Mein Wunsch ist es, Hilfe zur Selbsthilfe geben zu können. Ich kann oft nur Verbesserungsvorschläge anbieten; was der Einzelne daraus macht, muss er selbst wissen. Dieser Gedanke beschäftigt mich, es bedrückt mich aber auch immer wieder, wie wenig es geht.

Manche könnten mehr aus den Anregungen machen, aber es steht mir nicht zu, das zu entscheiden. Vor allem bei neurologischen Krankheitsbildern könnte man manchmal vieles anders machen, dann wäre es leichter.

Könnten Sie ein Beispiel geben?

Da geht es zum Beispiel um die Rollstuhlversorgung. Ich hatte eine Patientin – sechzig Jahre alt ist sie inzwischen –, die sich seit ihrer Geburt nur mithilfe der Mutter fortbewegen konnte. Ich habe immer geredet: Sie braucht einen Rollator und einen Rollstuhl, aber es war erfolglos. Sie war, seit ich sie kenne, ausschließlich bei der Mutter und saß den ganzen Tag am Tisch. Ihr Bruder wollte, dass sie in eine Werkstatt für Menschen mit Behinderung aufgenommen würde, aber das ist nicht gelungen. Ich selbst bin zu ihr zum Hausbesuch gegangen, habe einen Rollstuhl mitgenommen und Rollstuhltraining gemacht, aber die Mutter hat keinen Rollstuhl beantragt. Das lag nicht daran, dass sie keine Hilfe bei der Antragstellung erhalten hätte – sie wollte es einfach nicht. Ihr Argument war: »Es geht doch auch so.« Mutter und Tochter schliefen im selben Zimmer. Es gab bestimmte Redewendungen wie: »Wir ziehen heute dies oder jenes an«, wenn eigentlich die Tochter gemeint war. Vor zwei Jahren ist die Mutter plötzlich gestorben, mit der Tochter im Arm, die sie gerade zur Toilette bringen wollte …

Wie erklären Sie sich ein solches Verhalten?

Ich höre eigentlich oft, auch in anderen Fällen: »Es ist doch immer so gegangen.« Ähnliches kenne ich auch von meiner Mutter. Sie hat Sozialarbeit studiert und ist schon seit vielen Jahren in der Situation, dass sie mehrere Familienmitglieder pflegt und betreut. Sie würde niemals zustimmen, dass jemand aus ihrer Familie in ein Heim käme, das würde sie als persönliches Versagen empfinden. Es ist sicher sehr schwer zu sagen, worauf dieses Verhalten beruht. Man hat schon den Eindruck, solche Menschen brauchen es, dass jemand von ihnen abhängig ist; größtmögliche Selbstständigkeit ist für sie kein Thema.

Das steht im Widerspruch zu Ihren Zielen in der Therapie.

Das stimmt. Ich denke oft lange darüber nach, wie ich den Patienten zu mehr Selbstständigkeit verhelfen kann, und dann nehmen manche es nicht an. Das macht mich gelegentlich schon wütend, muss ich zugeben. Inzwischen verhalte ich mich so, dass ich, wenn ich erlebe, dass es eigentlich keine Motivation und keinen Fortschritt gibt in der Therapie, eine Pause anbiete. Ich gebe die Verantwortung an die Patienten oder deren Eltern zurück.

Sicher gibt es auch Beispiele, wo der Therapieverlauf positiv und die Symbiose zwischen Eltern und Kind nicht so extrem ist?

Ich habe einen Patienten, der ein hochintelligentes Kind war, sich aber nach einem Unfall eineinhalb Jahre im Koma befand. Nun hat er eine massive Halbseitenlähmung und eine schwere Beeinträchtigung im geistigen Bereich. Seine Mutter kümmert sich sehr, aber sie hat auch viel Verantwortung an andere abgegeben. Es handelt sich um eine Familie mit vier Kindern, die hier im Ort stark verwurzelt und überall gut bekannt ist. Inzwischen ist der Mann vierzig Jahre alt, hat viele Aufgaben und ist sehr selbstständig unterwegs. Viele sprechen ihn an, er wird förmlich emotional durch den Ort »getragen«.

Das wäre also das, was man sich heute wünscht, wenn man von »Community Care« spricht, beziehungsweise was man im Sinne von Inklusion anstrebt! Ich nehme an, die Tatsache, dass er vor seinem Unfall schon viele Jahre »inkludiert« war, hat dabei unterstützend gewirkt.
 Behandeln Sie auch jüngere Patienten mit Behinderung in Ihrer Praxis?

Einige kamen als Jugendliche zu uns. Sie sind inzwischen über fünfundzwanzig Jahre älter. Unsere jüngste Patientin ist vierzehn. Kinder behandeln wir deshalb nicht, weil es eine sehr gute Kinderpraxis hier am Ort gibt, mit der wir zusammenarbeiten. Wir setzen uns am Runden Tisch zusammen und beraten, welche Patienten besser in die Praxis der Kollegin gehen und welche zu uns. Die Kollegin behandelt nur Säuglinge und Kinder nach Vojta; wir haben meistens ältere Kinder und Jugendliche, oft verunfallte.

Arbeiten Sie auch mit Vojta-Therapie?

Es gab mal eine Zeit, da dachte ich, ich *müsse* Vojta machen, sonst könnte ich als Krankengymnastin nicht existieren. In der eigentlichen Ausbildung lernt man das zwar nicht, da geht es um Anatomie, Physiologie, Behandlungskonzepte im Allgemeinen. Vojta-Therapie, Therapie nach Bobath oder andere lernt man nur in Fortbildungen. Als ich jung und unerfahren war, hat mich das Vojta-Konzept sehr beeindruckt, ich habe Vojta selbst gesehen, und das Leben schien nur noch aus Vojta zu bestehen. Zwischen 1981 und 1984, als ich im Querschnittzentrum war, haben alle »vojtiert«. Der Kernpunkt seiner Theorie ist, dass man, wenn man viele Reflexpunkte im Körper anspricht, in der Lage ist, Umbahnungen um den Defekt herum zu bilden. Das bedeutet, wenn jemand querschnittgelähmt war, wurde dem Patienten damals quasi vermittelt, man sei in der Lage, eine Umleitung zu bilden, das heißt, man könne die Behinderung verringern. Eltern klammern sich dann leicht an die Hoffnung, man könne die Behinderung heilen, und fühlen sich sehr schuldig, wenn sie nicht dreimal am Tag konsequent turnen.

Anscheinend gibt es Therapeuten, die das nicht nur in der Anfangszeit forderten, sondern auch heute noch so durchführen.

Man muss Vojta als Lebensanschauung haben, sonst kann man es nicht vertreten. Ich erlebe es so, dass die uneingeschränkten Befürworter der Vojta-Therapie Vollblutkrankengymnasten sind, oft sehr kopfgesteuert und selbst kinderlos. Sie glauben, was sie tun, sind restlos davon überzeugt. Ich selbst will gar nicht anzweifeln, dass man auf diese Weise etwas beeinflussen und erreichen kann, das weiß man aber nicht; man kann es nicht beweisen, denn man arbeitet nicht mit Maschinen, sondern mit Menschen.

Wie würden Sie den Unterschied zur Bobath-Therapie erklären?

Bobath fordert, dass man den Patienten den ganzen Tag begleitet, indem man Handführung macht und die Haltung in Bahnen lenkt. Es geht um den grundsätzlichen unterstützenden Umgang mit dem Kind in jeder Alltagssituation. Das bedeutet natürlich, dass man dem Kind auch ziemlich »auf den Pelz rückt«. Grundsätzlich finde ich seine Ideen gut, aber ich bin nicht der Typ, der gern den ganzen Tag führt. Ich versuche, ausgefallene Bewegungen wieder anzubahnen, aber ohne Zwang. Wie schon gesagt, ich strebe größtmögliche Selbstständigkeit im Rahmen der Möglichkeiten des Patienten an. Welche Möglichkeiten das sind, ergibt sich meistens erst im Laufe der Jahre. Letzten Endes denke ich, man muss entscheiden, mit welcher Theorie man sich identifizieren kann als Basis therapeutischen Handelns, aber man sollte sich zu Selbstverantwortung aufgerufen fühlen und sein Handeln so gestalten, dass es authentisch ist. Wenn man auf dieser Grundlage einen Patienten betreut, dann erlebt er, dass er ernst genommen wird, dass man ihn da auffängt, wo er sich gerade befindet, und dass man sich kümmert – das hilft. Insofern könnte man zum

Beispiel sagen: Egal ob Delphintherapie (die sehr teuer ist und der Gigantisches nachgesagt wurde) oder Reittherapie oder »Hasentherapie« – wichtig ist, dass die Patienten mal aus dem Dauertherapieansatz herauskommen und einfach etwas tun, was ihnen Spaß macht und wo sie unter ähnlich Betroffenen sind. Auch meine »Hippoeltern« freuen sich darauf, sich zu treffen, Kinder und Eltern fühlen sich wohl und gehen gestärkt nach Hause. Sie gehen zum Reiten, nicht zur Therapie, sie sind hier nicht wieder einmal bedürftig, sondern sie üben ein Hobby aus wie andere Kinder auch, und sie unterstützen sich gegenseitig. Diese Kinder werden oft therapiert seit dem ersten Lebensjahr. Das Reiten ist ein guter Ausgleich zu den üblichen Therapien, weil es Spaß macht und man gleichzeitig etwas für die Bewegungsschulung tut. Man muss zum Beispiel zwangsweise beide Hände einsetzen, das ergibt sich natürlich und nicht in künstlichen Situationen. Ich kann allerdings nicht wissenschaftlich beweisen, dass Reittherapie besser ist als zum Beispiel Bobath-Therapie.

Von den Krankenkassen wird Hippotherapie nicht bezahlt.

Nein, seit fünfundzwanzig Jahren ist keine neue Therapie in den Katalog der Krankenkassen aufgenommen worden. Vojta und Bobath hatten es zuvor gleichzeitig geschafft hineinzukommen. In den Achtzigern wurden sogar Tempotaschentücher bezahlt! Jetzt fehlt das Geld. Selbst die Osteopathie mit nachweisbaren Konsequenzen hat den Einstieg in den Heilmittel-Katalog nicht erreicht.

Was mussten Sie tun, um Hippotherapeutin zu werden?

Nach meiner Ausbildung zur Reitlehrerin und praktischer Erfahrung in dieser Funktion habe ich einen dreiwöchigen Lehrgang gemacht, zu dem Krankengymnasten und Ergotherapeuten mit Reitabzeichen oder Reitlehrerausbildung zugelassen waren. Am Ende musste man ein Video drehen mit einem Patienten. Wir mussten erstens den Befund in der Praxis aufzeichnen, zweitens die Befundung auf dem Pferd, und drittens sollte daraufhin ein Therapieansatz entwickelt werden.

Gibt es auch Schwierigkeiten zu bewältigen beim Umgang mit Kindern und dem therapiefähigen Pferd?

Ich muss mit Angst umgehen – Angst, die schon da ist, wenn die Kinder kommen, oder die erst entsteht. Manchmal setzt sich dann ein Vater zuerst aufs Pferd, damit das Kind offener wird. Manche helfen auch nur, das Pferd zu betreuen. Für sie ist wichtig, den Kontakt zu einem lebendigen Wesen zu haben, das »einen eigenen Kopf« hat. Das ist etwas anderes, als Fußball zu spielen. Einen Fußball kann man treten, dem tut nichts weh. Manche Kinder wissen nicht: Was kann ich dem Pferd zumuten? Sie trommeln oder schreien oder führen irgendwelche unvorhersehbaren Aktionen aus. Da gibt es keinen Plan für Reaktionen. Entweder kann ich dem Kind vermitteln, dass es nicht gut ist, und das Kind kann es verstehen. Wenn keine Einsichtsfähigkeit da ist, muss ich es aus der Situation herausnehmen. Bei einem schwer autistischen Kind musste ich die Therapie auf Dauer abbrechen, sein Schreien war extrem. Aber auch Menschen ohne Behinderung sind verschieden, nicht alle reiten gern. Das muss man respektieren.

Interdisziplinäre Arbeit ist das A und O!

Ein Nachmittag in einer Praxis für Ergotherapie

Frau L. hat sich, nachdem sie zuvor als Erzieherin, Sozialarbeiterin und Sportlehrerin gearbeitet hatte, im Alter von vierzig Jahren und als alleinerziehende Mutter von drei Kindern, von denen eines mit einer schweren Behinderung lebt, noch einmal auf eine Ausbildung eingelassen. Sie wurde Ergotherapeutin und gründete zusammen mit einer Kollegin eine Praxis, die ich heute besichtigen darf: Freundliche Mitarbeiterinnen begrüßen mich und einladende, helle Räume mit hohen Decken geben das Gefühl, willkommen zu sein.

»Florian hat eine schwere geistige Behinderung, er ist Autist, inzwischen siebenundzwanzig Jahre alt und lebte bis vor wenigen Jahren daheim«, erzählt Frau L. Und wie schafft man so etwas, Frau L.?

»Das geht alles!«, antwortet Frau L. energisch. »Ich hatte Hilfen durch den Familienentlastenden Dienst. An den Wochenenden, wenn ich als Sozialarbeiterin beschäftigt war, betreute manchmal der Vater die Kinder. Später wurden für alle drei Kinder bewusst Ganztagsschulen ausgewählt, sodass sie erst gegen sechzehn oder siebzehn Uhr nach Hause kamen. Man muss es eben wollen …«

Organisieren, das ist eine von Frau L.s Stärken, und so hat sie auch den Nachmittag geplant. Sie hat eine Freundin, ebenfalls Mutter eines Sohnes mit Behinderung, gebeten, sich uns anzuschließen, und gleich hat Dominik, ein vierzehnjähriger Junge, seine wöchentliche Therapiestunde. Wenn ich will, darf ich zuschauen.

Da kommt auch schon Frau S., vom Typ her ähnlich wie Frau L.: »Eigentlich wollte ich selbst schon mal ein Buch schreiben. Denn ich würde gern das Positive vermitteln, dass es auch ein Gewinn, ein Geschenk ist, wenn man ein Kind mit Behinderung hat, denn es gibt einem die Chance, ganz andere Entwicklungen zu durchleben als andere …«

Ihr Sohn Géza, inzwischen vierundzwanzig Jahre alt, hat ebenfalls eine schwere Behinderung. Viele nützliche Tipps habe sie unter anderem von ihrer Freundin erhalten, die damals die Affolter-Methode praktiziert habe und diesen Ansatz auch heute noch vertritt. Da ist die aktive Unterstützung des Kindes durch die Eltern sehr wichtig, weil mit Hand- und Körperführung gearbeitet wird; und beide Frauen meinen, es helfe auch den Eltern zu *begreifen*, was ihr Kind hat. Obwohl Frau L. einräumt: »Affolter kann auch zur Foltermethode werden, wenn ein Kind sich nicht gern anfassen lässt! Florian hat es gehasst, Fremde durften das nicht bei ihm machen. Die Kinder müssen es zulassen, ohne dass man Gewalt anwenden muss.«

Oft kommt bei den Eltern Druck auf, etwas möglichst bald schaffen zu wollen, zum Beispiel bevor das Zeitfenster für eine bestimmte Entwicklung sich schließt – das war auch bei Frau L. und Frau S. anfangs so: »Dabei ist Entwicklung noch lange möglich …«

Doch das muss man erst einmal zulassen und auch eine Phase der Trauer durchleben. »Alle Eltern machen schwerste Trauerarbeit durch«, meint Frau S. »Sie sollten deshalb sensibel behandelt werden. Therapeuten haben mir manchmal mehr geholfen als meinem Kind. Ich lernte mein Kind verstehen. Deshalb sollten Therapeuten immer die Eltern miteinbeziehen und erklären, warum sie etwas tun. Gerade, wenn die Kinder sehr klein sind und die Therapie anfängt, gehen die Therapeuten oft davon aus, dass die Eltern das Kind mit seiner Behinderung selbstverständlich angenommen haben. Aber genau da trauert man noch und hat unheimlich viel Hoffnung, dass alles ›wieder gut‹ wird. Das sollte den Therapeuten bewusst sein.«

Was mit Géza nicht stimmte, das wusste man lange Zeit nicht, denn nach einer normalen Geburt schien alles unauffällig. Er war recht leicht, hatte auch eine Neugeborenengelbsucht durchgemacht – sonst gab es keine Beschwerden. Doch er litt häufig an Infekten, nach einer Impfung gegen Keuchhusten erkrankte er dennoch – ob es daran lag?

Eine Computertomographie und eine Magnetresonanztomographie blieben unauffällig. Nachdem Géza mit einem Jahr eine Lungenentzündung durchgemacht hatte, ließen die Infekte nach, Entwicklungsschritte wie zum Beispiel das Laufen kamen, wenn auch deutlich verspätet. Im Kinderzentrum hieß es trotzdem, die Behinderung werde bleiben.

»Ich habe mich immer schuldig gefühlt! Es hätte mir geholfen herauszufinden: Was habe ich falsch gemacht?« Welcher Druck ist schlimmer: einerseits das Schuldgefühl, andererseits die Unsicherheit, die Unfähigkeit, eine Ursache herauszufinden? Beides zusammen mache eine ungeheure Belastung aus, meint Frau S.

Géza wirkt, als hätte er einen Schlaganfall gehabt. Er redet zwar, aber ohne Punkt und Komma, auch wenn sein Sprachverständnis in Ordnung sei; vieles in seinem Verhalten erinnere an Alzheimer-Patienten. Aufgrund seiner diffusen Wahrnehmung habe er sich gegen viele Aktivitäten gewehrt, die Ursache für manches Abwehrverhalten blieb Frau S. lange Zeit unerklärlich, zum Beispiel, warum er nicht unter die Dusche wollte. Er empfand offensichtlich die Art, wie das Wasser von oben auf seinen Körper prasselte, als bedrohlich. »Ich hätte schreien können damals, als ich das alles noch nicht wusste!

Die Umwelt macht es einem ja auch nicht gerade leicht. Wie erklärst du anderen, dass dein Kind sich nicht duschen lässt?«

Géza arbeitet tagsüber in einer Werkstatt für Menschen mit Behinderung. Er wohnt noch daheim und wird von seiner Familie betreut. Ein neues Wohnheim wird in der Gegend gebaut. Géza ist dafür angemeldet, in etwa zwei Jahren soll es fertig sein. Es gibt auch eine Außenwohngruppe, die Mitglieder der Gruppe sind ihm vertraut, er ist mit ihnen aufgewachsen. Doch sie sind alle selbstständiger als Géza, obwohl er auch vieles kann: Er trommelt in einer Band, kann Rad fahren und schwimmen und macht Standardtanz. Darüber freut sich Frau S. Sie wünscht sich für ihn, dass er eine Freundin hätte. Doch sie weiß auch: »Es ist *sein* Leben. Man geht ja immer von sich aus, von dem, was man selbst gern hätte. Aber er denkt und empfindet anders, glaube ich.«

Und wenn das Heim eröffnet wird, wird er dort einziehen?

»Ich weiß noch nicht, ob ich es machen kann«, gibt Frau S. zögernd zu. »Weil ein Heim nie eine Familie ersetzt! Wer schmust mit ihm, wenn er es gerade braucht? Wer sorgt dafür, dass er ordentlich angezogen ist?«

Zu diesem Thema könnte Frau L. auch einiges erzählen, doch jetzt wird sie erst einmal anderweitig gebraucht. Denn Dominik, ihr Patient, ist eingetroffen, und während die beiden die Therapie durchführen, gesellt sich seine Mutter zu uns. Sie berichtet:

Dominik war ein Frühchen; er kam im sechsten Monat mit sechshundertvierzig Gramm Geburtsgewicht auf die Welt und hatte eine Gehirnblutung. Er redet nicht, läuft nicht, hat epileptische Anfälle und inzwischen den Dickschädel eines Vierzehnjährigen. Gestern zum Beispiel, als man einen Besuch gemacht hat und viele Erwachsene dort waren, da wollte er fort, es wurde ihm zu viel. In solchen Situationen haut Dominik oder er wirft den erstbesten Gegenstand, den er erwischen kann.

»Mit Frau L. wird er jetzt wohl arbeiten«, glaubt seine Mutter. »Doch mit mir zeigt er ein anderes Verhalten. Wenn Therapeuten mir sagen, was ich mit ihm machen soll, ist es echt schwer umzusetzen. In der Beziehung zur Mutter ist eben manches nicht so wie in der Therapie, und auch der Alltag ist verschieden. Wir haben manchmal unterschiedliche Ziele. Hier darf er mit Pudding oder Sahne schmieren; daheim soll er lernen, ordentlich zu essen. Oder manche sagen: ›Lassen Sie ihn versuchen zu laufen; wenn er fällt, wird er es schon lernen!‹ Das ist bei gesunden Kindern vielleicht so, aber bei solchen mit Behinderung eher nicht!«

An die Vojta-Therapie in den ersten vier Lebensmonaten hat sie schlimme Erinnerungen: »Er hat schon gebrüllt, wenn wir nur in die Straße hineingefahren sind. Er hat sich nicht mehr anfassen lassen, bis schließlich die Therapeutin riet, lieber nach Bobath zu üben. Jetzt trainiert die Krankengymnastin mit ihm das Laufen. Dominiks Mutter räumt ein: »Ich bin gar nicht so erpicht darauf, dass er laufen lernt. Mir wäre es am liebsten, er lernt zu reden, damit er sich besser mitteilen kann. Bisher lautiert er kaum, spricht gar nicht, aber er liebt Musik und summt sämtliche Lieder mit.«

Dominik ist das einzige Kind geblieben. Der Frauenarzt habe nicht ausschließen können, dass eine Frühgeburt sich wiederholen könne, deswegen habe man eine zweite Schwangerschaft nicht riskiert.

Frau S. war da anders: »Ich habe nicht einmal darüber nachgedacht, sondern mir eingeredet, dass nicht ein zweites Mal so etwas passieren kann! Was für andere Stress ist – drei Kinder, davon eins mit Behinderung –, das ist für uns irgendwie Erholung, Entspannung. Es hilft, auch noch Kinder ohne Behinderung zu haben.«

Mütter sind verschieden, jede muss ihren eigenen Weg gehen und man sollte einander mehr tolerieren, das finden beide Frauen. Denn schlimme Erfahrungen mit dem Konkurrenzdenken von Müttern untereinander, die haben beide gemacht.

Frau S. nahm an einer PEKiP-Gruppe teil und fand es sehr belastend, wie eine Mutter sich ausgiebig über einen kleinen Lispelfehler ihres Kindes beklagte: »Mein Kind sprach überhaupt nicht! Ich fand das sehr unsensibel von ihr und habe schließlich die Teilnahme abgebrochen.«

Frau L. führt den strahlenden Dominik herein: Sie sind gemeinsam Trampolin gesprungen! Und ich habe die Teilnahme an der Therapie verpasst, denn die Mütter hatten so viel zu erzählen und wüssten sicher noch vieles zu sagen, wenn sie nicht beide jetzt andere Aufgaben wahrzunehmen hätten.

Dafür hat Frau L. nun wieder Zeit, um von ihrer Arbeit und von ihrem Sohn zu berichten.

Stark muss man sein als Mutter eines Kindes mit Behinderung, das betont sie. Manche sind es nicht und brauchen viel Unterstützung. Es nützt nichts zu fordern: »Du musst, du musst!« Sie erinnert sich an ein autistisches Kind, das bei jeder kleinsten Kleinigkeit ausgerastet sei. Seine Mutter war in Panik, sie hatte regelrecht Angst vor ihm. Und gerade bei solchen Menschen ist es wichtig, keine Angst zu haben, sondern ihnen ruhig und klar zu begegnen, meint Frau L.

Das trifft auch auf den Umgang mit ihrem Sohn Florian zu, der früher »zum wilden Tiger wurde, wenn man ihn anfasste«.

»Florian ist eine Zeitbombe.« Frau L. berichtet von einer Reise in den Bayerischen Wald, an der er teilgenommen habe. Vier Mitbewohner seines Wohnheimes und zwei Betreuer waren dabei. Beim Einkaufen in einem Geschäft vermutete der Ladenbesitzer,

Florian habe gestohlen, und wollte seinen Rucksack durchsuchen. Da gab es einen Riesenaufstand, weil Florian es nicht verstanden hat. Sie werden ihn nicht mehr mitnehmen in Zukunft, seine unberechenbaren Reaktionen machen das Leben so schwer. Er kann sich zwar allein anziehen und essen, aber Körperpflege macht er ohne Hilfe nicht; er kann nicht rechnen, schreiben, lesen, er kennt die Uhr nicht. Er kann sprechen, hat einen sehr großen Wortschatz und versteht alles, was man ihm sagt. Sein sprachlicher Ausdruck ist sehr gut. »Aber«, so erzählt seine Mutter, »seine Antworten sind eher eindimensional und eher plakativ. So nenne ich das, wenn der Sprache die Tiefe und die Abstraktionsfähigkeit fehlt.«

Florian könne stundenlang herumsitzen, Kinderfilme anschauen und Kindermusik hören, es sei schwer, ihn für etwas anderes zu motivieren. Seine Epilepsie, die mit zwölf Jahren begann, habe ihn noch aggressiver gemacht. Über drei Jahre hinweg habe er furchtbar schwere Anfälle gehabt und sich dabei so sehr verletzt, dass er ins Krankenhaus eingeliefert wurde.

Frau L. und Florians Vater haben viele Einrichtungen angeschaut, doch beim Probewohnen wussten die Betreuer einmal schon nach einer Nacht, dass man ihn nicht aufnehmen könne. Auch aus der Werkstatt für Menschen mit Behinderung wurde er ausgegliedert – »von einem Tag auf den anderen« – und aufgrund seiner emotionalen Struktur in die Förderstätte geschickt.

Nun ist er in einer Einrichtung, die er selbst sich ausgesucht hat. Man hatte wohl signalisiert, dass er dort machen könne, was er wolle. »Sie machen es sich einfach – er darf sich selbst bestimmen. Seine Devise lautet: ›Ich wasche mich nicht, ich ziehe mich nicht um.‹«

Seine Betreuer wirken sehr aufgeschlossen im Gespräch, machen dann aber vieles doch nicht. Es sei zum Beispiel um die Medikation gegangen und darum, dass er wegen der Epilepsie einen Helm tragen solle, denn er war so schwer gestürzt, dass er sich eine Gehirnerschütterung zugezogen hatte. Außerdem hätte Frau L. gern, dass er jeden zweiten Tag duscht und sich umzieht, denn er trage wochenlang dieselbe ungewaschene Hose, wenn man ihn nicht zum Wäschewechsel auffordert. Wegen seiner Krampfadern müsse er sich bewegen, deswegen würde Frau L. sich freuen, wenn die Betreuer ihn aus seiner Unbeweglichkeit öfter herausholen würden. Wenn die Betreuer zum Beispiel das TEACCH-Konzept anwenden könnten – das wäre sicher hilfreich!

»Aber«, so erzählt Frau L. bedauernd, »mit Aggressionen können viele nicht umgehen. Ich weiß, auch bei uns daheim gab es Zeiten, da hat er Türen eingetreten, wenn ich sagte: ›Wir duschen jetzt!‹ Natürlich hat man da Angst! Manche gleichen das Gefühl aus mit

Gewalt und Drohungen als Schutzmechanismen. Das erzeugt wiederum Gewalt. Es gibt ganz wenige Menschen, die in ihren Positionen so gefestigt sind, dass sie genug Vertrauen haben, solche Schwierigkeiten zu bewältigen. Ich glaube, es muss jemanden in der Ausbildung der Betreuer geben, der so eine Haltung verkörpert. Ich selbst lobe angemessenes Verhalten; bei unerwünschtem Verhalten rede ich nicht, sondern sage laut und energisch: ›Stopp!‹ Meine Sätze sind nicht länger als ein Dreiwortsatz, dann können viele Kinder mit Behinderung darauf angemessen reagieren. Denn sie wollen schon, dass wir auch Erwartungen an sie stellen!«

Frau L. hat des Öfteren Praktikantinnen und Praktikanten, bei denen sie große Unterschiede feststellt. Manche sind nicht in der Lage, sich selbst wahrzunehmen: »Sie sind verloren, wenn sie aus der Schule kommen!«

Welche Fähigkeiten braucht man, um gute Arbeit mit Menschen mit Behinderung zu leisten?

»Eine Menge Erfahrung und Leidenschaft und die nötige Intelligenz und Herzensbildung! Und ganz wichtig: dass du dich reflektieren kannst, zum Beispiel, dass du darüber nachdenkst, was du selbst dazu beigetragen hast, wenn eine Situation eskaliert. Und dass du dich aus einer Situation herausnehmen kannst, sie von außen betrachten. Das bedeutet, nicht alles persönlich zu nehmen, denn dann funktioniert es nicht! Man muss kritikfähig sein.«

Das Engagement für ihren eigenen Beruf kommt jetzt deutlich durch: »Ich erkläre Eltern, warum ich bestimmte Dinge mit den Kindern tue, sonst würde ich manchmal blankes Entsetzen bei den Müttern ernten, zum Beispiel, wenn die Kinder sich bei einer Aktivität so schmutzig gemacht haben. Wenn es aus irgendwelchen Gründen kritische Situationen gibt, dann organisieren wir selbstverständlich einen Runden Tisch. Lehrer, Physiotherapeuten, der Arzt, die Eltern kommen dann zusammen, auch Vertreter des Jugendamtes – das geht alles, man muss es nur anfangen! In Florians Einrichtung funktioniert das im Moment leider nicht. Aber unser Bestreben ist es, ein Netzwerk zu bilden, denn wenn man sich kennt und kooperiert, dann vereinfacht es die Situation. Das Kind ist der Mittelpunkt, es soll vorankommen. Damit das klappt, ist der interdisziplinäre Austausch das A und O!«

Förderung im Kindergarten

Wer schwimmt, der kriegt Muskeln!

»Starke Eltern – starke Kinder«, ein Kurs im *Lebenshilfe*-Kindergarten

Eine Erzieherin in einem Kindergarten der *Lebenshilfe* schreibt mir:

»Ich biete zusammen mit einer Kollegin seit zwei Jahren einen Gesprächskreis für Eltern von Kindern mit Behinderung an. In diesem Kurs wird immer deutlich, wie belastet speziell die Mütter mit der Erziehung ihrer Kinder sind. Die Eltern sind häufig sehr isoliert und mit ihren Problemen allein.«

Sie lädt mich ein, an einem Nachmittag dazuzukommen, und berichtet mir von den Themen, die bereits angesprochen wurden:

»Wie gehe ich damit um, wenn mein Kind sich anders verhält? Ständig erklären zu müssen ist man irgendwie müde. Durch die Situation verändert sich der Freundeskreis, weil manche nicht damit umgehen können. Bei der eigenen Familie hat man kein Verständnis und keinen Rückhalt. Die Entscheidung für einen Sonderkindergarten ist enorm schwer. Was wird *Inklusion* für uns bedeuten?«

Ich nehme die Einladung gern an: Das könnte interessant werden, ein lebendiger Austausch!

Doch je näher der Termin rückt, umso mehr denke ich darüber nach, was nun wohl von mir erwartet wird. Bin ich als Buchautorin eingeladen, die auf ihre bereits erschienenen Bücher Bezug nehmen soll? Oder die bezüglich ihres neuen Buchprojekts Fragen an den Kurs hat und diese Fragen beantwortet bekommt? Oder werde ich als selbst betroffene Mutter gebeten, von meinen Erfahrungen zu erzählen, was die oben angesprochenen Themen angeht, falls es für diese Kurseinheit nicht ein ganz neues Thema gibt? Oder erhofft man sich von mir als Kinderpsychotherapeutin Rat?

Alles ist offen – das ist für mich als einen Menschen, der ganz gern einen Plan und ein Ziel hat, etwas schwierig. Denn ich möchte der Situation ja gerecht werden. Es macht unsicher, so ohne festen Halt, es gibt mir das Gefühl zu »*schwimmen*« …

Eine Situation, an die man sich herantasten muss also, in der Hoffnung, dass man schon das nötige Potential in sich hat, um reagieren zu können auf das, was an einen herangetragen wird. Und es stellt sich heraus an dem Nachmittag: Den anderen geht es genauso, sowohl den »Sozialprofis«, die anwesend sind, als auch den betroffenen Frauen. Auch sie scheinen nicht so recht zu wissen, was auf sie zukommt, was sie von mir brauchen, auch sie scheinen zu »schwimmen« ...

Zwölf Frauen sind gekommen, darunter die beiden Kursleiterinnen, von denen eine gleichzeitig selbst betroffene Mutter ist, eine weitere Erzieherin sowie die Leiterin der Einrichtung. Das verändert die Dynamik in der Gruppe gegenüber früheren Nachmittagen, an denen man mehr unter sich in vertrauter Runde reden konnte, sodass der Gesprächsaustausch zunächst etwas zögerlich beginnt: Wir »schwimmen« ... Doch nach und nach kristallisiert sich heraus: Bei aller Unterschiedlichkeit der Kinder haben die Mütter in vieler Hinsicht ähnliche Probleme. Sie stehen noch relativ am Anfang der Erkenntnis, dass bei ihren Kindern eine Behinderung vorliegt. Die Kinder sind zwischen drei und sieben Jahre alt, alle ohne klar umrissenes genetisches Syndrom, ohne eindeutige Diagnose, mehrere Kinder zeigen ausgeprägt autistische Verhaltensweisen. Alle Mütter sind belastet dadurch, dass sie lange nicht wussten, was eigentlich mit ihrem Kind anders ist, aber dass sie es genau spürten: »Irgendwas stimmt nicht!« Und alle erlebten das Gleiche: Sie fühlten sich mit ihren Sorgen zunächst nicht ernst genommen.

»Ein ganzes Jahr lang hat der Kinderarzt nicht einmal ins gelbe Untersuchungsheft geschrieben, dass etwas auffällig ist. Er hat beruhigt und abgewiegelt, es werde schon noch kommen, es sei alles paletti!« Die Retardierung, die befremdlichen Verhaltensweisen – das alles sei aber doch aufgefallen, nicht nur den Müttern selbst, sondern auch der Umwelt, von der es oft genug Kritik gebe. Dieser Widerspruch zwischen dem eigenen Empfinden, der eigenen Wahrnehmung und andererseits den beschwichtigenden Aussagen der Ärzte, das gibt ein Gefühl der Unsicherheit: Man »schwimmt« ...

Braucht man das, dass man erst langsam, scheibchenweise, mit der Wahrheit konfrontiert wird, weil man sie vielleicht sonst nicht ertragen kann? »Nein«, sagt eine Frau entschieden, »ich hätte gern ganz klar gewusst, was los ist und was ich tun kann, das wäre für mich besser gewesen!«

»Warum sagen die Ärzte es dann nicht?«, so rätseln wir. Vielleicht, weil es ihre Profession ist zu heilen und sie selbst nicht wahrhaben möchten, dass sie das nicht können, wenn tatsächlich eine Behinderung vorliegt? Oder weil sie Angst haben, die schlimme Diagnose auszusprechen – der Überbringer der schlechten Nachricht wurde früher geköpft! Die Ärzte müssten dann in der Lage sein, die Ängste, Enttäuschung, Trauer, vielleicht auch im ersten Schock geäußerte Abwehr und Aggression der Eltern auszuhalten und damit umzugehen; dafür sind sie leider meistens nicht ausgebildet. Oder sagen die Ärzte es vielleicht auch deshalb manchmal nicht, weil sie einfach selbst nicht wissen, was los ist? Weil sie keine genaue Diagnose und Prognose, die wir als Eltern jetzt gern hätten, abgeben können, selbst wenn sie es gern möchten? Weil es eben kein genau umschriebenes Syndrom ist, mit dem man Erfahrung hat? Weil sie unsicher sind und das nicht zugeben möchten, denn man erwartet ja von ihnen Kompetenz und Expertenwissen? Weil sie selbst »*schwimmen*« …

Ein klar umschriebenes Syndrom, wie zum Beispiel das Down-Syndrom, das hätten manche Mütter gern, so geben sie unumwunden zu. Denn dann wüsste man, woran man ist; die Umwelt würde es erkennen und weniger blöde Bemerkungen machen. Man hätte – wenn bei dem betreffenden Menschen nicht noch andere Probleme dazukommen – eine ungefähre Vorstellung, wie das Leben weitergehen könnte. Da wären etliche Selbsthilfegruppen, denen man sich anschließen könnte, man hätte medizinische und psychologische Unterstützung, man hätte eine gewisse Sicherheit – kurz: Man würde nicht so »*schwimmen*«, so glauben manche Mütter, und sie äußern ihren Unmut darüber, dass in der Öffentlichkeit kaum ein anderes Bild von Behinderung präsent sei und dass sie auch eine Art Entsolidarisierung spüren: Hier die Kinder mit einer klar umschriebenen Behinderung, dem Down-Syndrom – dort die anderen mit sehr vielfältigen, unterschiedlichen Problemen, die zunächst oft auf schlechte Erziehung zurückgeführt werden. Manche der Kinder, von denen hier die Rede ist, waren zunächst in Regelkindergärten, wo man sie für nicht tragbar hielt, sodass sie »ausgesondert« wurden. Erst dann entstand endlich mehr Klarheit darüber, dass eine geistige Behinderung vorliegt.

Wie schwer es ist, nach einer solchen unsicheren Vorgeschichte zu akzeptieren, dass das Kind in einen Sonderkindergarten gehen soll, das erlebt die Kindergartenleiterin häufig bei ihren Gesprächen mit den Eltern. »Ich erinnere mich, wie ich zu einer Mutter gesagt habe: ›Ich verstehe Sie!‹ Und wie eine heftige Reaktion zurückkam: ›Nichts! Nichts! Sie verstehen nichts!‹« Eine der anwesenden Mütter lacht: »Das war ich, die das gesagt hat! Ich musste nach langwierigem Hin und Her meine Zwillinge vom Regelkindergarten in den *Lebenshilfe*-Kindergarten geben.«

Aber die Mütter fühlen sich hier alle sehr gut aufgehoben; ihre Kinder werden während des Kurses nebenan betreut. Sie erfahren Beratung und Begleitung, die kleineren Gruppen tun den Kindern gut, so erzählen die Mütter. Und sie konnten viel aus dem Kurs »Starke Eltern – starke Kinder« mitnehmen, haben andere Frauen kennengelernt, denen es ähnlich ergeht, auch wenn hier jedes Kind, jede Behinderung anders ist und jede Familie andere Probleme zu bewältigen hat. Eine Selbsthilfegruppe – das fänden alle gut, aber die Realität ist leider, dass man im Alltag mit dem Tagesgeschehen so sehr ausgefüllt ist, dass kaum noch Energie freibleibt, selbst so etwas zu organisieren. So ein Kurs wie dieser dagegen, der hilft! Und wenn man sich mal eine Woche nicht gesehen hat, dann vermisst man einander richtig!

Bei aller Beschäftigung mit den Schwierigkeiten wünschen sich die Mütter auch, dass ihr Kind als Individuum, als ein Mensch mit Schwächen und Stärken nicht aus dem Blickfeld gerät: Da ist ganz viel Gutes, Liebevolles, nicht nur Belastendes, was sie mit ihren Kindern verbindet.

Das »Schwimmen«, das Leitmotiv, das sich wie ein roter Faden durch den Nachmittag zieht, so zeigt es sich, ist ein Charakteristikum dieser frühen Phase, der Säuglings- und Kleinkinderzeit, in der das Suchen nach einer Diagnose und nach Hilfsmöglichkeiten vorherrscht. Man muss einen anderen Weg finden als den, den man sich vor der Schwangerschaft vorgestellt hat, und es dauert seine Zeit, bis das gelingt. Man ist in eine unsichere Situation geraten, bildlich »ins Wasser« geworfen, und nun geht man entweder unter oder man »*schwimmt*«, lässt sich zunächst vielleicht hierhin und dorthin treiben, weil man noch ratlos ist, bis man neue Ziele definieren und anstreben und aus eigener Kraft »hinschwimmen« kann. »*Wer schwimmt, der kriegt auch Muskeln*«, ist das Fazit unseres Nachmittags: Das Schwimmen, die Unsicherheit an sich, ist zwar unangenehm, aber grundsätzlich nichts Schlimmes, und wenn sowohl Experten wie auch betroffene Eltern sie sich eingestehen, dann kommt manchmal etwas sehr Gutes und Fruchtbares dabei heraus! Trotz Unsicherheit kann man stark werden, besonders wenn man nicht allein bleiben muss, sondern einen guten »Schwimmkurs« besuchen kann – so einen wie diesen zum Beispiel!

Die Schritte dürfen ruhig klein sein

Eine Diskussion mit Frau D., Heilpädagogin, und Frau M., Erzieherin

E. W.: Frau D. und Frau M., wir kennen uns schon viele Jahre, denn Sie hatten beide im Kindergarten mit meinen Kindern, den Zwillingen Christian und Benjamin, zu tun. Über Ihren beruflichen Werdegang weiß ich aber nicht viel. Könnten Sie ein wenig berichten?

Frau D.: Ich habe nach der Schule zunächst ein Freiwilliges Soziales Jahr im Krankenhaus gemacht, wurde dann aber bald schwanger. Meine Tochter wurde mit Spina bifida geboren. Ich habe mich tagsüber um mein Kind gekümmert und in der Abendschule das Abitur nachgemacht sowie später dann eine dreijährige Familienpflegeausbildung angeschlossen. Nach dem Abschluss arbeitete ich zwei Jahre bei der Diakonie in Teilzeit. Schließlich folgte die Ausbildung zur Heilpädagogin.

Seitdem bin ich an einem integrativen Kindergarten beschäftigt. Es ist eine Einrichtung, die anfangs nur Kinder mit Behinderung aufnahm, sich später aber für Kinder ohne Behinderung geöffnet hat – nicht umgekehrt, wie es eher üblich ist. Damals war ich zunächst in einer reinen Behindertengruppe, mit Frau M. zusammen. Zu der Zeit lernte ich die Zwillinge kennen. Christian war in meiner Gruppe, Benjamin kam später zur Einzelförderung zu mir. Jetzt arbeite ich in der Integrationsgruppe. Das finde ich auch sehr interessant.

Frau M.: Ich habe eine Ausbildung als Erzieherin gemacht und anschließend zwei Jahre in diesem Beruf gearbeitet, bis ich mich entschloss, in einen Orden einzutreten. Über diesen Orden kam ich in einen Regelkindergarten als Erzieherin und hatte schließlich zehn Jahre lang die Leitung eines viergruppigen Großstadtkindergartens mit Hortgruppe. Dann wurde ich als Kinderdorfmutter in ein ordenseigenes Kinderdorf geschickt. Später war ich in der Ausbildung der Novizinnen tätig und betreute zusätzlich straffällig gewordene Jugendliche im Jugendgefängnis. Mit fünfzig Jahren habe ich dann den Schritt gewagt, aus dem Orden auszutreten. So kam ich in den integrativen Kindergarten, lernte Frau D. über die Arbeit in der Gruppe der Kinder mit Behinderung kennen und auch die Zwillinge Christian und Benjamin. Christian war damals in unserer Gruppe; Benjamin wurde in einer anderen Gruppe betreut.

Nach einem schweren Autounfall war ich irgendwann nicht mehr in der Lage, die Pflege der Kinder mit Behinderung durchzuführen, weil man ja viel heben muss und ich das mit meinem schwer verletzten Arm nicht schaffte. So kam ich in die integrative Gruppe, und ich muss sagen, ich finde es immer wieder eine tolle und wichtige Erfahrung, wie die Kinder miteinander umgehen. Allerdings bin ich nun seit wenigen Tagen im Ruhestand – da beginnt jetzt wieder etwas Neues!

E. W.: Wie war bzw. ist die Arbeit mit den Kindern für Sie?

Frau D.: Ich würde immer wieder mit Kindern mit Behinderung arbeiten wollen! Ich habe gemerkt, ich kann mit ihnen umgehen, aber ohne meine Tochter wäre ich gar nicht auf die Idee gekommen. Zuvor hatte ich starke Berührungsängste, denn in unserer Familie hatten wir nie mit Behinderung zu tun, und ich hatte gelernt, nicht hinzugucken; das machte man einfach nicht, das Hinsehen wurde als unangemessen empfunden!

Frau M.: Ja, mit Behinderungen ging man nicht selbstverständlich um; sie wurden damals von manchen Menschen als Strafe Gottes gedeutet – was natürlich völlig abwegig ist!

E. W.: Das kenne ich auch: Meine Mutter hatte, bevor ich geboren wurde, ein Kind mit Spina bifida. Sie hat erzählt, dass sie sich mit dem Kinderwagen nicht vor die Tür traute, weil die Leute in unserer Kleinstadt glotzten und hinter ihrem Rücken über sie redeten. Nur einmal habe sie es gewagt mithilfe ihres älteren Bruders, der kriegsversehrt war und daher beinamputiert, der aber trotzdem ein Medizinstudium und schwere Klinikarbeit durchgezogen hatte. Er hat ihr vorgemacht, wie man der Welt die Stirn bietet, auch wenn man schwere Selbstzweifel hat und Angst, verurteilt zu werden.

Frau D.: Das kann sehr schnell passieren, wenn man ein Kind mit Behinderung bekommt. Ich wurde auch sofort gefragt, ob ich in der Schwangerschaft geraucht, getrunken oder gar Drogen genommen hätte, dabei hatte ich geradezu vorbildlich auf meine Gesundheit und die des Kindes geachtet! Ich muss sagen, für mich war das damals zunächst schwierig, ein Kind mit einer so schweren Behinderung zu bekommen. Ich habe anfangs gehofft, die Leute würden es ihr nicht ansehen, aber man hat gleich anders auf sie reagiert als auf ein normales Baby, hat sie entweder ignoriert oder gesagt: »Ich sehe, dass was nicht stimmt!« Erst als sie mit circa drei Jahren im Rollstuhl saß, hat es aufgehört, schlimm zu sein – da fing ich an, es ganz normal zu finden, dass meine Tochter so ist.

Frau M.: Mit Behinderung umzugehen – das kann ja wirklich sehr schwierig sein. Ich habe mir die Arbeit mit den Kindern mit Behinderung gar nicht zugetraut, hatte auch eher Ängste, dass ich es nicht schaffe, aber ich suchte eine Stelle nach dem Austritt aus dem Orden. Da habe ich zunächst übergangsweise als Kassiererin gearbeitet – ich brauchte ja dringend Geld zum Leben! Ich habe damals fünf Bewerbungen losgeschickt und habe vier Stellen angeboten bekommen! Da war zum Beispiel auch ein Angebot, mit benachteiligten Jugendlichen zu arbeiten, das mich gereizt hätte. Im Kindergarten hatte ich Zweifel – aber ich habe gedacht, ich lasse mich mal auf was ganz anderes ein. Ich bin der Typ, der immer wieder Neuland sucht, Neues wagt! Vom Kopf her sprach damals manches gegen den Kindergarten. Es war wohl ein Bauchgefühl, das mich leitete. Im Kindergarten hatte meine mütterliche Seite wieder mehr Raum, ähnlich wie zu meiner Zeit als Kinderdorfmutter; ich habe mich neu entdeckt! Mein Herzenskind war sehr schnell Christian.

Frau D. (lacht): Christian mit seinem Werfen!

Frau M. (lacht auch): Ja! Die Kollegin fragte mich damals, ob ich mich ein wenig um Christian kümmern könne. Nach dem Weggang eines Kollegen, der ihn bis dahin intensiv betreut hatte, sei Christian immer auffälliger geworden. So bekam ich ihn als »Fütterkind«, denn er konnte ja nicht selbstständig essen, wurde aber angeleitet. Er bekam zum Beispiel den Löffel angereicht, damit er lernte, ihn selbst in den Mund zu schieben. Oft warf er dann urplötzlich den Löffel von sich, und ich sah total bekleckert aus in meinen bevorzugten einfarbigen Oberteilen. Da begann die Zeit der gemusterten Blusen: Ich habe mir gleich drei neue Blusen gekauft – mit Blümchenmuster, damit man die Flecken nicht so sieht!

E.W.: Das finde ich total lieb und rührend – ich habe das gar nicht gewusst! Es zeigt, dass Sie sein Problem akzeptiert haben und, obwohl Sie ihm ein anderes Verhalten beibringen wollten, wussten: Das wird dauern! Sie haben ihn da abgeholt, wo er gerade stand in seiner Entwicklung. Und Sie haben sich sogar andere Kleidung für ihn gekauft. Warum haben Sie mir nie davon erzählt?

Frau M.: Das war für mich selbstverständlich – so selbstverständlich, wie es für mich war, in der Küche eine Schürze anzuziehen, wenn ich im Kinderdorf für zehn Personen Reibekuchen gemacht habe!

Frau D.: Ja, auch bei uns im Kindergarten ist es normal, dass wir uns unserer Arbeit angemessen anziehen. Die Kleidung verträgt mal einen Spritzer oder Kratzer, und kostbarer Schmuck ist bei uns auch nicht üblich.

E. W.: Ich habe leider andere Erfahrungen gemacht, später in der Schule zum Beispiel, wo ich irgendwann schon mit eingezogenem Kopf einlief, weil ich meinen Sohn wegen der Schwierigkeiten mit dem Bustransport selbst abholen musste. Dann hieß es: »Christian hat heute wieder eine Vase kaputtgemacht«, »Christian hat sich beim Wickeln gewehrt und eine Bluse zerrissen«, »Christian hat schon wieder meine Kette zerstört – hier ist die Rechnung, bitte ersetzen Sie die Kosten!« Dass man in Christians Nähe eben leider etwas weniger Dekoration, weniger Aufregung und Hektik und geringere Anforderungen braucht – das haben nur ganz wenige so gesehen. Deshalb bin ich so dankbar, wenn ich höre, wie Sie das mit dem Löffelwerfen geregelt haben! Trotzdem – warum haben Sie es damals nicht erzählt?

Frau M.: Ich wusste ja nicht, wie Sie es verarbeiten würden! Inzwischen kenne ich Ihre Einstellung zu solchen Dingen. Aber ich fürchte, eine Mutter könnte es auch als Vorwurf empfinden: »Extra wegen Ihres Kindes musste ich mir neue Blusen kaufen!«

E. W.: Wie ist das überhaupt mit schwierigen Kindern – was haben Sie erlebt, wie gehen Sie damit um?

Frau D.: Für mich ist es am schwersten auszuhalten, dass es nur kleinste, minimale Schritte – Fortschritte – sind, die sie machen. Man versucht immer, daran zu arbeiten, dass sie weiterkommen. Eltern wollen das auch gern, sie fragen: »Kann er das jetzt schon?« Man arbeitet eben darauf hin. Aber es ist sehr schwer zu akzeptieren, dass es kleinste Schritte sind, zum Beispiel, wenn man erreicht, dass das Kind sich mal ein Weilchen mit etwas beschäftigt, dass es an einer Sache dranbleibt! Man muss beobachten und herausfinden: Womit kann ich das Kind jetzt packen? Was würde es interessieren? Es kann ein langer Weg sein herauszufinden: Oh ja, das will er jetzt! Vielleicht immer wieder Schraubflaschen aufmachen! Oder endlich aufhören, alles in den Mund zu nehmen – das dauert manchmal lange Zeit. Vom Kopf her weiß man, dass es lange dauert, aber ich habe natürlich auch an mich den Anspruch, dass das Kind von mir was mitnimmt. Manche Verhaltensweisen können gefährlich sein, deswegen möchte man sie wegtrainieren, vor allem als Schutz für das Kind.

Frau M: Erfolgserlebnisse sind dann etwas Schönes!

Frau D.: Es erfüllt einen auch mit Stolz: Das haben wir jetzt zusammen hingekriegt: Das Kind kann zum Beispiel zwei Farben auseinanderhalten! Außerdem hat man Ziele für die Gruppe, man möchte ein größtmögliches Maß an Selbstständigkeit, Spontaneität und Gemeinschaftsfähigkeit erreichen.

E. W.: Ich denke jetzt an meinen verstorbenen Sohn Benjamin, wie Sie mir damals erzählt haben, dass Sie ihm zeigen wollten, wie man etwas aus einem Behälter herausholt, und wie Sie ihn mit Belohnungen, zum Beispiel einem Stückchen Schokolade, locken wollten. Benni ließ sich aber nicht darauf ein, machte höchstens seine bevorzugten Laute – »rababa« – oder warf mit dem Kochlöffel bzw. versuchte überall, Trommelgeräusche zu erzeugen.

Schließlich sind Sie mit ihm in die Turnhalle gegangen, weg aus dem kleinen Behandlungsraum. Dort durfte er zu Ihnen auf Distanz gehen, so weit oder so nah er wollte, und trommeln. Sie haben ihn anfangs einfach nur gelassen und ihn schließlich nachgeahmt. Da hat er aufgemerkt, das interessierte ihn, und so sind Sie in einen Dialog eingetreten. Schließlich durften Sie auch Töne und Rhythmen geringfügig verändern, und dann hat er Sie nachgeahmt! So etwas Ähnliches hatten wir dann zu Hause immer als Abendritual, Benni und ich ganz allein. Ich denke noch sehr oft daran, weil er in solchen Situationen so glücklich lachen konnte!

Frau D.: Was ich von Benni gelernt habe, ist, dass ich die Kinder auf mich zukommen lasse, dass ich freundlich-abwartend bin und gar nicht so viel machen muss – sie kommen immer! Ich bemühe mich nicht auffällig, das kostet Geduld – man kann es nicht erzwingen!

E. W.: Haben Sie noch mehr Beispiele?

Frau D.: Ich erinnere mich an Kinder, die man nicht aus den Augen lassen durfte. Nichts war vor ihnen sicher, sie haben alles abgeräumt. Das will man wegkriegen – klar! Aber es bringt nichts, in solchen Situationen immer wieder Nein zu sagen, denn das kann dann ganz schnell zu einem Ritual werden, das sich dann erst recht verfestigt!

Frau M.: Ja, da war mal ein Kind, das hat stereotyp Lichtschalter oder Schalter von Elektrogeräten geklickt, immer in derselben Reihenfolge. Dann sagte man Nein, das hatte zur Folge, dass er sich auf den Boden warf; dann hat man ihn an den Tisch geholt und schon ging das Klicken von vorne los. Durch die gezielte Zuwendung des Erziehers behält das Kind diese Verhaltensweise gerne bei. Ich habe den Eindruck, in der integrativen Gruppe zeigen die Kinder dieses Verhalten seltener, weil es mehr zu gucken und nachzuahmen gibt.

E. W.: Halten Sie die integrative Gruppe für besser für jedes Kind?

Frau D. und Frau M.: Nein, es kommt immer auf das jeweilige Kind an.

Frau M.: Da ist zum Beispiel ein Kind mit einer schweren Behinderung, nennen wir es Lisa. Sie ist körperlich sehr beeinträchtigt. Im Singkreis in der Behindertengruppe schrie sie ganz fürchterlich; sie konnte diesen monotonen Singsang nicht ertragen. Nachdem sie in die integrative Gruppe gekommen war, lachte sie viel mehr! Sie nahm jeden Ton wahr, mochte besonders Töne, die aus dem üblichen Geräuschpegel herausfallen. Wir haben mit allen Kindern ein Lied nur für Lisa einstudiert. Für dieses Kind war es ein Glück, dass es in die integrative Gruppe kam.
  Wieder ein anderes Kind schrie von A–Z in der integrativen Gruppe. Die vielen unterschiedlichen Reize überforderten es; wenn es hinausging, war es sofort still.
  Jedes Kind hat seine Waffe – es wird sich gegen seinen Erzieher durchsetzen, egal, ob es eine Behinderung hat oder nicht.

E. W.: Waffe – das klingt ziemlich aggressiv!

Frau M.: So ist es aber nicht gemeint – nicht die Waffe als Mittel zur Aggression gegen andere, sondern als Mittel zur Selbstverteidigung, zum Erreichen der eigenen Interessen! Denn als Erzieherin muss ich mich auf viele einstellen und kann daher das Kind nicht so gut kennen. Also muss das Kind mir mitteilen, was es will und braucht. Jedes Kind kann zeigen, welches Bedürfnis es hat. Schreien ist das Äußerste, oder den Mund nicht aufmachen, sich abwenden beim Füttern – so wie bei einem Säugling, der das auch schon kann.

Ein Kind, das immer schreit im Singkreis – *muss* es lernen dabeizubleiben? Es gibt Pädagogen, die das meinen. Ich denke, es erträgt es nicht, sonst würde es nicht immer wieder so schreien. Aber es gibt andere, die darauf bestehen, dass das Kind es aushält, und wenn es auch in einem Jahr immer noch so ist wie zuvor.

Frau D.: Ein Umdenken ist erforderlich – *warum* muss es das denn?

Weil es auf dem Lehrplan steht? Weil das immer bei uns so ist? Weil uns selbst das so gefällt? Manchmal braucht man auch Gespräche, damit man überhaupt darauf kommt, so etwas zu hinterfragen.

Frau M.: Ja, seinen Ehrgeiz, weiterzukommen, den muss man auch mal loslassen. Manchmal ist man ja auch begeistert, hat tolle Hilfsmittel, zum Beispiel den Big Mäck, und man denkt: Die Lisa könnte doch durch Drücken auf den Big Mäck lernen, Ja und Nein zu sagen. Der rote Big Mäck bedeutet zum Beispiel »Ja«, der blaue »Nein«. Auf die Frage: »Bist du satt?«, könnte sie »Ja« oder »Nein« drücken. Und nach einer Zeit merkt man: Das Kind ist so unbeholfen in seinen Bewegungen, es trifft eigentlich nur zufällig, es weiß gar nicht, welchen es erwischt. Entscheidungshintergrund, ob ich weiter das Essen anreiche, wäre dann ein formales Kriterium, aber nicht das Gefühl des Erziehers, was wirklich mit dem Kind los ist. Da habe ich zum Beispiel eine Weile gebraucht, bis ich meinem Bauchgefühl nachgegeben und gesagt habe: Das sind ja nur Zufallstreffer! Das mache ich so nicht! Erst mal muss ich dafür sorgen, dass das Kind satt ist, erst mal muss ich selbst es spüren und nachempfinden! Anschließend kann ich mit ihr üben, »Ja« und »Nein« gezielt zu drücken, oder noch besser, erst einmal nur mit Ja-Drücken anfangen. So haben wir letztlich doch mit sehr, sehr kleinen Schritten unser Ziel erreicht.

E.W.: Sie meinen, die Schritte dürfen ruhig kleiner sein; Sie können es aushalten, dass es langsam geht, solange es dem Kind entspricht.

Frau M.: Ja. Ich nehme gern Ratschläge an und bin dankbar dafür, aber man darf mir auch glauben, dass ich manches besser weiß, wenn ich so nah am Kind bin, als diejenigen, die nur aus der Ferne urteilen.

E.W.: Da geht es Ihnen ähnlich wie Eltern von Kindern mit Behinderung, vor allem Müttern, denen oft auch nicht geglaubt wird, wenn sie ihrem Bauchgefühl in Bezug auf das Kind nachgeben. Ich weiß von anderen Müttern, dass sie sich manchmal missverstanden fühlen, wenn professionelle Betreuer ihnen vorwerfen, ihre Kinder zu sehr in Watte zu packen, weil sie die Lernschritte kleiner halten wollen.

Frau D.: Das ist wirklich schwer einzuschätzen: Gelegentlich sieht man von außen mehr als derjenige, der sehr nahe an dem Kind ist. Manchmal hat aber auch derjenige, der dem Kind näher ist, ein untrügliches Gespür für das, was jetzt dran ist. Eltern möchten schon mal etwas nicht wahrhaben. Das kann auf Profis aber ganz genauso zutreffen. Da helfen nur ehrliche und fair geführte Gespräche.

E. W.: Wo liegen die Schwierigkeiten mit Eltern?

Frau M.: Wir haben eigentlich sehr großes Glück in unserer Einrichtung: Die meisten sind sehr interessiert und engagiert und loben uns, wenn ihnen etwas gefällt. Manche wollen aber auch unbedingt etwas erreichen, was letzten Endes für das Kind nicht so gut ist. Sie haben vielleicht einen verschobenen Anspruch, weil sie glauben, dass ihr Kind, wenn es nur das Vorbild weiter entwickelter Kinder hat, weiterkommen kann, und wollen unbedingt eine integrative Gruppe. Das kann sich dann rächen. Da hatten wir mal ein Kind, das sehr hyperaktiv war, ständig in den Haaren bei einem anderen Kind oder bei einem Erzieher. Es war vollkommen reizüberflutet in der integrativen Gruppe, hätte Einzelbetreuung gebraucht. Wenn man allein mit ihm in den Wald gehen konnte, hat dieses Kind Blätter aufgehoben und ganz konzentriert angesehen; es wurde vollkommen ruhig und lenkbar. Aber in der Gruppe hat es den Kindern ohne Behinderung Angst eingeflößt, sie wollten nicht neben ihm sitzen und mussten sich vor ihm schützen. In solchen Fällen verwandeln sich die gut gemeinte Förderabsicht und der Wunsch nach Integration in etwas für alle Beteiligten Negatives, und das Kind mit Behinderung lernt: »Wenn ich hier schon nicht mithalten und nichts auf meiner Lernstufe Positives für mich erreichen kann, dann will ich wenigstens irgendwie anders wirksam sein.« Dazu hat es ein Mittel gefunden: »Wo ich hinkomme, hat jeder Angst!« So hat es zwar Macht, aber eigentlich ist etwas sehr Trauriges und Destruktives für das Kind passiert; man konnte ihm auf diese Weise nicht helfen, eine gute Art von Macht und Wirksamkeit zu entwickeln – auf der Ebene seiner vorhandenen Fähigkeiten und Möglichkeiten.

E. W.: Um das herauszufinden und kreative Ideen zu entwickeln für ein ganz bestimmtes Kind – was braucht man da Ihrer Meinung nach? Wie schafft man es?

Frau D.: Die Grundvoraussetzung, glaube ich, die kann man sich nicht so vom Kopf her aneignen. Es braucht eine gewisse Menschlichkeit: Dein Bauch sagt dir, was gut und richtig ist. Ich glaube, man braucht so eine soziale Ader, eine Liebe zum Kind. Da geht es nicht primär um äußere Regeln, sondern um eine innere Grundhaltung. Aber Einfühlung allein reicht nicht. Professionelle Begleitung ist hilfreich, zum Beispiel Supervision; pädagogisches Wissen und Austausch mit Eltern sowie Kollegen sind wichtig. Bei uns ist der Austausch schon ganz gut; wir haben regelmäßige Einzelfallbesprechungen mit der Leiterin der Einrichtung und allen, die das Kind betreuen, Erziehern und Therapeuten. Die Eltern werden dazugebeten; die Mitarbeiter bereiten sich auf diese Gespräche vor, und so hat man regelmäßig einen Anreiz, über das Kind nachzudenken und sich neu auf es einzulassen. Solche Besprechungen sind oft sehr fruchtbar, Ziele und Lernschritte werden auf das einzelne Kind zugeschnitten erarbeitet.

E. W.: Zum Thema »Integration«, »Teilhabe« oder »Inklusion«, worauf man heute hinarbeitet, würde ich Sie gern fragen: Wo sehen Sie Chancen, wo sehen Sie Risiken?

Frau M.: Bei uns im Kindergarten ist es insofern einfach, als die Eltern der Kinder ohne Behinderung sich gezielt für uns entscheiden, da bei uns nicht Kinder mit Behinderung in einen Regelkindergarten integriert werden, sondern umgekehrt. Wir sind so eine Art Großfamilie. Zur Misere kann es werden, wenn ein Kind mit Behinderung allein in einem Regelkindergarten ist: Da sind die Eltern der anderen Kinder oft nicht wirklich dafür, und man muss gut überlegen, wie solche Schritte gelingen.

Frau D.: Meine Tochter war in der Grundschulzeit in einer ganz normalen Schulklasse. Sie saß zwar im Rollstuhl und brauchte Unterstützung, aber sie hat keine geistige Behinderung und konnte beim Lernstoff mithalten. Die anderen Kinder kümmerten sich um sie und interessierten sich für sie; sie war beliebt. Trotzdem ging es mit der Integration nicht mehr so gut, als die Kinder in der Pubertät waren. Da fing das Mobben an, und meine Tochter fühlte sich ganz schlecht. Sie stellte sich dann zum Beispiel bei ihren Mitschülern selbst vor: »Ich bin die X. und ich bin bescheuert!« Das war damals schwer zu ertragen. Mit vierzehn kam sie schließlich in ein Internat, eine Rehaeinrichtung, und da wurde es wieder deutlich besser. Jetzt ist sie eine sehr patente junge Frau, sie hat einen Realschulabschluss und eine Ausbildung geschafft und ist glücklich verheiratet. Und sie sagt immer wieder: »Ich bin so froh, dass ich damals, als ich noch ein Baby war und man befürchtete, ich würde nicht überleben, nicht gestorben bin, denn ich lebe so gern!« Aber der Wechsel von der Regelschule ins Internat war damals für sie wichtig. Sie wollte auch immer selbstständig sein und sich damals mehr von uns abnabeln.

E. W.: In der Zeit der Pubertät ist das ja auch ein ganz natürliches Bedürfnis. Ich überlege mir, wie das wohl kommt, warum aus Kindern, die ganz vorurteilsfrei mit dem Thema »Behinderung« umgehen, plötzlich Jugendliche werden können, die ihre Schulkameraden mit Behinderung mobben. Vielleicht, weil sie selbst in dieser Umbruchphase sehr verunsichert sind, um alles in der Welt »cool« und selbstsicher wirken möchten und schon gar nicht anders als alle anderen in ihrer Clique. Und jemand, der sie an ihre eigene Schwäche oder ihr Anderssein erinnert, wird dann leicht ausgegrenzt – eben weil man sich selbst in seinem tiefsten Innern so unzureichend und hilfsbedürftig fühlt, dass man Schwaches oder vermeintlich Schwaches dringend abwehren muss, um die eigene Stabilität zu erhalten. Dann wird die Peergroup, die Gruppe der Gleichartigen und Gleichgesinnten, gesucht. Ihre Tochter gehörte nicht dazu, also hat sie etwas sehr Kluges gemacht aus meiner Sicht: Sie hat ihre eigene Peergroup gesucht und im Internat gefunden. Sie brauchte diese geschützte Nische, um sich gut zu entwickeln und erwachsen zu werden. Hätten Sie sie gezwungen, um jeden Preis in der Regelschule zu bleiben, dann hätte ihr das vielleicht nicht gutgetan.

Frau M.: Selbst wenn die anderen Kinder oder Jugendlichen sich gut auf ein Kind mit Behinderung einstellen, so ist doch eine wesentliche Voraussetzung dafür, dass eine gute Entwicklung eintritt, dass das Kind mit Behinderung die Zuwendung der anderen Kinder auch annehmen kann. Da gibt es oft eine Flut von Aktivitäten – das muss man erst einmal bewältigen und verkraften können. Und gelegentlich müssen Eltern erst einsehen, dass sie sich an einen Traum klammern, wenn sie glauben, ihr Kind werde dadurch profitieren, dass es in einer Umgebung mit möglichst hohem Anspruch badet. Manchmal geht es darin auch unter.

Frau D.: Ich denke, viele Eltern haben eine recht realistische Einschätzung dessen, was gut ist für ihr Kind, wenn sie sich erst einmal mit der Behinderung ausgesöhnt und sie akzeptiert haben. Für andere dagegen ist es noch schwer, die Behinderung zu akzeptieren, das heißt, sie werden bestimmte Leistungen nicht erbringen können.

E. W.: Fühlen Sie sich manchmal von Burnout bedroht?

Frau D.: Gelegentlich hat man schon Phasen, da denkt man: »Ich kann nicht mehr!« Aber das geht auch wieder vorüber, es ist kein dauerhaftes Gefühl.

Frau M.: Wenn es reicht, dann ist meistens auch schon das Wochenende da. Das sehr disziplinierte Arbeiten geht nicht gut ohne einen bestimmten Freizeitausgleich, denn es fordert physisch und psychisch. Abends wird oft noch etwas vorbereitet: Berichte für Einzelfallbesprechungen etwa, oder man probiert eine Bastelarbeit aus oder macht die weitere Planung. Der Arbeitsalltag bestimmt das Denken, und oft wacht man nachts auf und fragt sich: »Was mache ich dann?«, oder: »Wie kann ich mit dieser oder jener Schwierigkeit umgehen?«

Frau D.: Damit man sich nicht zu sehr belastet fühlt, sind Gespräche der Mitarbeiter untereinander oder auch so ein Gespräch wie dieses hilfreich. Man macht sich klar, warum man so und nicht anders arbeitet und welche Ziele man anstrebt.

Den Menschen da abholen, wo er steht

Herr Z., Sozialpädagoge

Herr Z., Sie betreuen Kinder mit und ohne Behinderung in einem Kindergarten der *Lebenshilfe*.

Ja, wir haben fünfzehn Kinder pro Gruppe, jeweils sechs mit Behinderung, neun ohne. Die Behinderungen reichen von leichten Entwicklungsverzögerungen bis zu Schwerstmehrfachbehinderungen. In jeder Gruppe arbeiten drei Fachkräfte und ein Anerkennungspraktikant.

Bitte erzählen Sie ein wenig über Ihren beruflichen Werdegang und Ihre Motivation für gerade diesen Beruf!

Ich komme aus einem Elternhaus, das sehr stark sozial orientiert war. So hat es sich ergeben, dass ich mich für ein Sozialpädagogikstudium entschied, mit dem Schwerpunkt kirchliche und kommunale Jugendarbeit. Mit dem Thema »Behinderung« wurde ich eher zufällig konfrontiert. Ich wurde gefragt, ob ich bei einer Sommerfreizeit der *Lebenshilfe* mitmachen könne. Man lernte denjenigen, den man besonders zu betreuen hatte, vorher kennen, mein erster Eindruck war okay, und so sagte ich zu. Aber als ich dann im Bus saß, da dachte ich: »Auweia, worauf hast du dich da eingelassen!«

Da kam der Praxisschock?

Ja, schon – Menschen im Alter von etwa neun bis fünfunddreißig Jahren zu erleben, die in ihrem Verhalten nicht der Norm entsprechen, das war für mich ungewohnt. Ich hatte dann auch ein bisschen Angst, Verhaltensweisen nicht richtig einschätzen zu können. Da war zum Beispiel ein junger Mann, einen Kopf größer als ich, der stellte sich vor mich und klopfte sich auf die Brust! Man könnte das als bedrohlich empfinden! Bei ihm war es aber ein Ausdruck von Freude! Das musste ich erst herausfinden.

Anscheinend haben Sie sich nicht abschrecken lassen.

Nein, es wurden drei ganz tolle Wochen; wir hatten sehr viel Spaß, und ich erlebte: Das sind Menschen wie du und ich, die allerdings auf bestimmte Situationen manchmal besonders reagieren. Wenn man sie besser kennenlernt, weiß man das und kann sie letzten Endes leichter einschätzen, weil es bei ihnen immer so abläuft.

Auf diese Weise hatten Sie also den Kontakt zur *Lebenshilfe* geknüpft.

Den Kindergartenbereich hatte ich mir immer schon gut für mich vorstellen können, und so machte ich mein Anerkennungsjahr im Kindergarten. Mittlerweile bin ich seit fast neun Jahren dort.

Das ist sicher in mancher Hinsicht anders als die Arbeit mit älteren Kindern, Jugendlichen und jungen Erwachsenen wie damals bei der Sommerfreizeit?

Bei den ganz kleinen Kindern mit und ohne Behinderung sind die Unterschiede noch nicht so groß; die Schere zwischen Normalentwicklung und Behinderung geht erst später weiter auseinander. Bei den älteren Kindern werden die Unterschiede eklatanter. Das Problem für viele Eltern ist, dass es sehr häufig keine eindeutige Diagnose gibt, und ganz viele haben die Hoffnung, ihr Kind werde den Entwicklungsrückstand noch aufholen. Manchmal ist das ja auch so: Da sagen die Ärzte, das Kind werde niemals laufen lernen, und wider Erwarten schafft das Kind es doch. Und nun ist es fünf Jahre alt und kann noch nicht sprechen, sodass die Eltern sich an die Hoffnung klammern, auch das werde es noch lernen. Das ist ein langjähriger Prozess für die meisten Eltern; während der Kindergartenjahre sind die meisten noch mitten in dieser Auseinandersetzung mit dem Thema. Sie scheuen sich, die Behinderung als solche anzuerkennen, selbst wenn sie für uns sehr deutlich ist. Dann machen sie manchmal ganz ernsthaft Zukunftspläne: »Mein Kind wird vielleicht einmal in der Computerbranche arbeiten …«

Wie gehen Sie mit solchen Eltern um?

Das kann sehr schwierig sein, denn es wäre natürlich vermessen zu sagen, dass wir Mitarbeiter einschätzen können, was letzten Endes wirklich möglich ist. Wenn ich in einer solchen Situation sage: »Zu fünfundneunzig Prozent wird Ihr Kind dies oder jenes nicht lernen«, dann hören Eltern, welche die Behinderung noch nicht annehmen können, die übrigen fünf Prozent! Der Nachteil für das Kind ist, dass seine kleinen

Fortschritte oft nicht wahrgenommen und freudig begrüßt werden. Wir müssen da Geduld haben, versuchen, einen guten Kontakt zu den Eltern zu entwickeln, um im persönlichen Gespräch ein realistisches Bild zu zeichnen und gleichzeitig dabei die Gefühle und Erfahrungen der Eltern ernst zu nehmen. Ärzte zerstören oft die Träume von Eltern in einem Nebensatz!

Haben Sie regelmäßig solche Elterngespräche in Ihrem Kindergarten?

Die Anzahl der Gespräche richtet sich nach dem Bedarf und der jeweiligen Resonanz von Eltern, aber wir sprechen mindestens einmal im Jahr in der Runde. Meistens sind alle Mitarbeiter der Gruppe beteiligt, aber mindestens zwei. Wir haben eine Krankengymnastin im Kindergarten, die dann, wenn die Eltern ein Rezept von ihrem Kinderarzt bringen, therapeutisch arbeitet. Da führen wir manchmal zusätzliche Gespräche mit der Therapeutin. Für Eltern ist es wichtig, dass nicht jeder einzeln etwas sagt, sondern dass alle gemeinsam an einen Tisch kommen, aber das ist natürlich sehr schwierig zu organisieren.

Welche Situationen im Umgang mit den Kindern finden Sie am schwierigsten?

Das ist ganz sicher der Umgang mit Aggressionen, wenn Kinder kratzen, kneifen, beißen ... Wir versuchen herauszufinden, woran es liegt, was jeweils der Auslöser sein könnte. Fehlt für das Kind eine Rückzugsmöglichkeit, ist es zu laut in seiner Umgebung? Muss man klarere Strukturen schaffen oder Übergänge deutlicher machen? Teilweise gelingt es, Lösungen zu finden, manchmal aber auch nicht, trotz allem Bemühen verändert sich nichts. Es kann auch sein, dass man schnell reagieren muss und dann nicht zufrieden ist mit dem Vorgehen.

Können Sie ein Beispiel für solche Situationen geben?

Nehmen wir einen Jungen, nennen wir ihn Dennis. Er sucht sich die Kleinen heraus, die er piesacken kann, guckt, ob das Kind weint, und lacht dann, weil es ihm an Einfühlungsvermögen fehlt. Da fühle ich mich hilflos und finde es schwer, mit meinen eigenen Emotionen umzugehen. Denn man bemüht sich ja intensiv um ihn, und trotzdem scheint alles nichts zu nützen. In solchen Situationen empfindet man Frustration, Hilflosigkeit, Wut gegenüber Dennis, anderen Mitarbeitern, gegenüber sich selbst ...

Mir ist klar, es ist einerseits Dennis' Mangel an Empathie, andererseits ist es auch ein Stressabbau für ihn, er will gegen seine eigene Hilflosigkeit angehen und endlich mal was bewirken, denn auf anderen Gebieten gelingt ihm das nicht. Das muss ich unterbinden und kann doch aufgrund seiner starken Behinderung wenig anbieten, wie er auf gute Art wirksam sein kann.

Wie gehen die anderen Kinder damit um?

Bei vielen bleibt eine Verletzung. Dennis ist inzwischen nicht mehr bei uns, weil er eingeschult worden ist. Neulich sollte ein neuer Zivildienstleistender zu uns kommen mit dem Namen Dennis. Als es hieß, der Dennis kommt heute, hat das bei den Kindern eine regelrechte Panik ausgelöst, sie fürchteten, der aggressive Junge werde zurückkehren. Vor einiger Zeit traf ein Mädchen aus dem Kindergarten ihn irgendwo in der Stadt. Auf unsere Frage: »Wie geht es ihm denn, hast du ihn begrüßt?«, antwortete sie: »Nö, der hat uns ja immer nur gehauen. Wir sind froh, dass der weg ist!«

In dem Fall ist die Integration dann nicht gut gelungen.

Ich habe das sehr bedauert und viel darüber nachgedacht. Hätten wir es vielleicht deutlicher ansprechen müssen im Stuhlkreis? Hätten wir mehr mit den Kindern reden müssen? Aber man überfordert so kleine Kinder auch leicht, wenn man zu viel redet. Wie kann man es überhaupt auf der Ebene eines Vier- bis Fünfjährigen ansprechen und sich für solches Verhalten Verständnis erhoffen? Es gab viele positive Momente mit Dennis, aber es hat mich auch erschreckt, dass das Negative bei den Kindern offensichtlich mehr hängengeblieben ist.

Finden Sie trotzdem das integrative Modell als Ganzes eher positiv?

Ich finde es insgesamt sehr positiv. Auch Dennis war ein Teil der Gruppe; wenn er fehlte, weil er krank war, wurde das bemerkt: »Wo ist der Dennis heute?« Ich darf natürlich nicht so hohe Erwartungen haben. Wenn ein Kind noch überhaupt nicht oder nur allein spielen kann, dann bringt es nichts zu verlangen, dass es in der Gruppe mitspielt. Und trotzdem kann es ganz wichtig sein zu spüren: »Ich gehöre dazu.«

Wie unterstützen die Eltern das integrative Modell?

Man merkt schon, dass es Tabubereiche gibt. Wenn ein Kind ohne Behinderung ein Kind mit Behinderung schlägt, wird eher darüber gesprochen als in der umgekehrten Situation. Da ist eine Unsicherheit da: Darf ich mich beschweren über ein behindertes Kind? Es gibt eine Hilflosigkeit bei den Eltern und auch bei uns, ihnen gegenüber das Verhalten eines Kindes wie Dennis und unsere Reaktion darauf zu erklären.

Ich würde mir mehr Offenheit wünschen von den Eltern und auch von uns. Es ist eine Gratwanderung, Räume zu schaffen, in denen Offenheit möglich ist, die aber andererseits auch nicht verletzend ist, um nicht noch mehr Scherben zu hinterlassen.

Die Eltern sind ja auch sicher sehr verschieden in vieler Hinsicht.

Das stimmt! Die Kinder ohne Behinderung sind alle hier aus dem Viertel; es sind Akademikereltern, die sich fast täglich begegnen. Da gibt es gewachsene Strukturen, wie Krabbelgruppen, den Turnverein und so weiter.

Die Kinder mit Behinderung werden von überall her zu uns gebracht; der Ausländeranteil liegt bei zwanzig bis dreißig Prozent. Teilweise kommen die Kinder aus Verhältnissen, die aufgrund von psychischen Erkrankungen der Eltern problematisch sind. Da ist es wirklich sehr schwierig, untereinander ins Gespräch zu kommen. Die Unsicherheit ist aus vielen Gründen groß. Andererseits ist sie aber nicht nur ein Nachteil, sondern kann ein guter Anlass sein, um Themen anzusprechen, gerade weil nicht alles schon so festgelegt ist. Das sehe ich als Herausforderung.

Haben Sie ein Beispiel, wo das gelungen ist?

Ja, wir hatten eine Sternstunde, als wir einen Elternabend zum Thema »Integration« in unserer Einrichtung anboten. Bei dieser Zusammenkunft sind mal die Fenster aufgemacht worden; die Eltern haben sich tatsächlich getraut zu fragen. Da war es schon gut zu erleben, dass man überhaupt mal das Wort »Behinderung« aussprechen darf. Für manche Eltern kann das ja bereits eine Verletzung sein, je nachdem, wo sie mit der Anerkennung und Akzeptanz der Behinderung ihres Kindes gerade stehen.

Inwieweit fühlen Sie sich von Ihrer Ausbildung her vorbereitet auf Ihre Aufgaben?

Ich habe den grundsätzlichen Umgang mit Menschen gelernt: ihn da abzuholen, wo er steht. Das versuche ich umzusetzen, komme aber in der Realität damit immer wieder an

Grenzen. Wenn ich einen Stuhlkreis mache und den Kindern auch mal was abverlangen möchte, zum Beispiel, fünf Minuten still zu sitzen und eine Geschichte zu hören, aber genau weiß: Der Dennis kann das nicht! Dann habe ich den Konflikt, wie ich Individualität und Gemeinsames in Einklang bringe. Da muss ich immer wieder gucken, wie ich das Kind motivieren kann. Ich muss das passende Medium suchen. Meine Erfahrung ist aber, dass es in dem Alter meistens noch möglich ist, etwas zu finden.

Der schulische Bereich

Man muss mit Herz und Verstand dabei sein

Frau S., Studentin der Sonderpädagogik

Frau S., in wenigen Tagen beginnt Ihr Studium der Sonderpädagogik an einer Pädagogischen Hochschule. Sie haben ein halbes Jahr darauf warten müssen.

Ja, trotz guter Noten im Abitur und praktischer Erfahrung in der Arbeit mit Menschen mit Behinderung wurde ich nicht sofort angenommen. Der Zulauf zu diesem Studium ist tatsächlich ziemlich groß.

Freuen Sie sich auf die neue Herausforderung?

Ja, sehr! Ich bin total gespannt, was auf mich zukommt. Nächste Woche haben wir erst mal vier Einführungstage. Da erfahren wir, wie sich das erste Semester gestaltet.

Wieso haben Sie sich für diesen Studiengang entschieden?

Das war zunächst überhaupt nicht geplant. Ich hatte etwas ganz anderes vor, wollte nach dem Abitur am liebsten nach Peru, um mit Straßenkindern zu arbeiten, und anschließend hatte ich vor, Theologie zu studieren. Doch dann bot sich die Möglichkeit, ein Freiwilliges Soziales Jahr an einer Schule für Menschen mit Behinderung zu machen. Die Mehrheit der Kinder und Jugendlichen dort ist schwermehrfachbehindert, die meisten sind Rollstuhlfahrer, und es gibt alle Schularten von der Schule für Kinder mit geistiger Behinderung bis zur Realschule. Ich hatte eine Stelle in der Schule für Menschen mit geistiger Behinderung.

Das war tatsächlich etwas ganz anderes, als ursprünglich geplant!

Allerdings! Anfangs war ich total ratlos und wusste nicht, was ich machen sollte. Behinderung hatte ich mir immer so vorgestellt: entweder Down-Syndrom in leichter

Ausprägung oder Rollstuhlfahrer mit Spastik. Dass es dazwischen eine riesengroße Bandbreite gibt, das hatte ich nicht geahnt. In unserem Bekanntenkreis hatten wir eine Jugendliche, ein paar Jahre älter als ich, mit Trisomie 21. Das erschien mir irgendwie selbstverständlich; sie konnte vieles und arbeitet inzwischen selbst in einem integrativen Kindergarten, indem sie die Erzieherinnen dort unterstützt. Abgesehen davon hatte ich keinen Kontakt mit Menschen mit Behinderung. Aber ich war sehr viel in der kirchlichen Jugendarbeit aktiv, ich gebe Flötenunterricht und habe auch bei der DLRG Jugendgruppen geleitet. Zurzeit bereite ich eine Gruppe auf die Firmung vor, in der zwei Geschwister sind: eine Fünfzehnjährige mit geistiger Behinderung und ihr achtzehnjähriger Bruder, der mit seiner eigenen Firmung auf seine Schwester gewartet hat, damit er sie begleiten kann. Das finde ich einerseits gut, andererseits soll die Firmung ja etwas für einen selbst sein, ein wichtiger Entwicklungsschritt. Insofern möchte ich versuchen, die beiden ein wenig zu trennen, damit er selbst auch zu seinem Recht kommt. Da ich selbst mit Menschen mit Behinderung zu tun hatte, kann ich mir vorstellen, wie wichtig das für ihn ist.

Vor Ihrem Freiwilligen Sozialen Jahr war das alles noch relativ weit weg. Wurden Sie gut auf Ihre Arbeit vorbereitet?

Ja, ich durfte zum Beispiel zunächst die Konrektorin begleiten; sie hat mir gezeigt, was sie macht mit einem Mädchen, das eine PEG-Sonde hatte, und dann hat sie mich im Snoezelenraum Kontakt aufnehmen lassen. Sie selbst blieb dabei im Hintergrund, falls ich Hilfe brauchte, und so ging das ganz gut. Ich merkte, dass ich eine Beziehung zu dem Mädchen aufnehmen konnte; sie lachte, es kam ganz viel rüber, und da wusste ich: Das mach' ich!

Wir waren insgesamt fünfzehn oder sechzehn Mitarbeiter im Freiwilligen Sozialen Jahr an der Schule, und ich finde, wir wurden sehr gut vorbereitet und begleitet. Man lernte nachzuempfinden, wie es ist, blind zu sein, da es ursprünglich eine Schule für Menschen mit Sehbehinderung gewesen war. Auch hatten wir Supervision.

Also konnten Sie jederzeit reden, wenn es ein Problem gab?

Theoretisch schon. Aber zu Beginn habe ich das nicht getan. Da saß ich manchmal zu Hause und habe geweint. Es gab ein Mädchen in der Klasse, eine der wenigen Läuferinnen in der Schule, die sehr schwierig war. Manchmal hatte sie unvermittelt Ausbrüche von

Fremd- oder Selbstaggression. Es gab Situationen, in denen sie sich selbst total verprügelt hat, und wenn man versuchte, sie daran zu hindern, wurde es nur noch schlimmer! Auch für die Lehrerin war nicht deutlich, warum und wann es auftrat, denn sie kannte sie auch noch nicht lange. Und ich habe versucht, meine Unsicherheit zu überspielen. Ich habe gedacht, das muss man können, und deshalb habe ich versucht, der Lehrerin nicht zu zeigen, wie schlecht es mir dabei ging. Mein Freund und meine Mutter haben mir damals einfach zugehört. Raten konnten sie mir auch nicht, aber das Zuhören hat schon geholfen. Und später, als ich besser gelernt hatte, mit solchen Schwierigkeiten umzugehen, da konnte ich auch mit der Lehrerin darüber reden. Wir haben gemeinsam viel überlegt, was wir machen können, und haben zusammen Lösungen gefunden. Das ging aber erst, als ich selbst gemerkt hatte: Ich bin nicht völlig hilflos, ich kann das.

Wo lag das Problem bei dem Mädchen, was glauben Sie?

Das Mädchen hatte stark autistische Züge. Sie konnte ihre eigenen Gefühle oft nicht verstehen und einordnen, und vor allem konnte sie nicht differenziert ausdrücken, welche Bedürfnisse sie hatte. Sie konnte vieles nachsprechen, was man ihr vorgesagt hat, aber nicht von sich aus sagen: »Ich habe Hunger«, sie konnte nicht zustimmen oder verneinen. Wenn man sie vor die Wahl gestellt hat: »Möchtest du dies?«, und sie wollte eigentlich Nein sagen, dann konnte sie das nicht, sondern ist oft regelrecht ausgetickt, hat mit dem Kopf heftig vor die Wand gestoßen, sich selbst geschlagen, an ihren eigenen Haaren gerissen. Wenn sie selbst Kontakt aufnehmen wollte, war das problematisch: Einerseits waren ihre Handlungen deutlich aggressiv gefärbt. Andererseits kam hinzu, dass sie ihre Kräfte nicht gut dosieren konnte, sodass schlimme Verletzungen entstanden, wenn sie zum Beispiel jemandem auf den Kopf drückte. Die Lehrerin erlitt einmal ein Schleudertrauma. Man durfte das Mädchen nicht anfassen; wenn man sie nur leicht am Arm berührte, schlug sie sich selbst auf die berührte Stelle. Einmal wollte sie eine Tür schließen – das war so ein Zwang, die Tür musste richtig zu sein – und es kam gleichzeitig ein ebenfalls behindertes Mädchen von draußen, das die Tür öffnen wollte: Da ist sie auf alle losgegangen. Besonders stark waren die Zwänge, wenn neue Personen kamen oder irgendwelche Veränderungen nötig wurden. Eigentlich war sie sehr clever, sie konnte zum Beispiel Lege- und Steckspiele perfekt. Aber in emotionaler Hinsicht hatte sie es extrem schwer. Am Ende eines Ausbruchs weinte sie manchmal fürchterlich, wie ein sehr kleines Kind. In solchen Situationen ließ sie sich in den Arm nehmen und trösten. Wir haben oft überlegt, ob die vielen blauen Flecke, die sie hatte, wirklich ausschließlich von Selbstverletzungen herrührten.

Gab es keinen Kontakt mit den Eltern?

Wir haben uns darum bemüht. Zum Beispiel war es bei uns selbstverständlich, täglich Tagebuch zu schreiben, nicht nur Organisatorisches mitzuteilen, sondern auch, was die Kinder gemacht und erlebt haben. Da kam aber nie was zurück, niemand kam zu Elternabenden oder einmal, als sie beim Sommerfest in einer Zirkusgruppe mitwirkte und die Eltern auch eingeladen waren, haben die Eltern sie einfach nicht geschickt, obwohl der Bus vor der Tür stand, um sie abzuholen. Nachdem die Lehrerin angerufen hatte, brachte die Mutter sie schließlich, aber sie sah sich die Vorführung nicht an, sie war sehr abweisend.

Können Sie sich das irgendwie erklären?

Nein, ich kenne die Hintergründe nicht. Zum Glück hatten wir eine Schulpsychologin, die sich eingeschaltet hat; was dabei herausgekommen ist, wurde mir aber natürlich wegen der Schweigepflicht nicht erzählt.

Ich lernte nach und nach, wie ich mit ihr umgehen kann, dass sie auf Musik anspricht, zum Beispiel, dass ich sie nicht anfassen darf, dass ich von vorn kommen muss und sanft mit ihr reden. Wenn die Klassenlehrerin mal fehlte, haben die Vertretungslehrer mich oft gefragt, ob ich mich um sie kümmern kann. Das fand ich toll, dass sie es mir zugetraut und gesehen haben, dass ich mit ihr umgehen kann. Insofern bin ich jetzt froh, dieses schwierige Mädchen in der Klasse kennengelernt zu haben. Ich habe auch gelernt, dass ich loslassen und das, was ich erlebt habe, in der Schule zurücklassen muss, sonst kann ich diesen Beruf auf Dauer nicht ausüben. Ein anderes Mädchen ist damals fast gestorben, sie lag mit Lungenentzündung im Koma. Das hat mich sehr belastet, ich konnte mich schlecht lösen, dachte viel darüber nach.

Gab es Kinder, mit denen Sie besonders gern gearbeitet haben?

Ich hatte viel mit einem Jungen zu tun, der eine geistige Behinderung hatte, fast blind, mit eingeschränktem Hörvermögen und Rollstuhlfahrer. Er war mir zugeteilt, ich pflegte ihn, er war mein Essenspartner. Er liebte Musik und Schwimmen, von daher hat es optimal mit meinen Interessen zusammengepasst. Er konnte richtig sprechen, redete oft dazwischen, ja, er war ein Lausbub, das hat mir gefallen, aber er brauchte auch Konsequenz. Er hat geweint, wenn ich nicht da war. Aber er machte dann solche

Spielchen mit mir, dass er mich selbst nicht essen ließ, er wollte wissen, wieweit ich mich von ihm kommandieren lasse, und das habe ich nicht mitgemacht. Einmal habe ich seinen Nachtisch weggeschüttet, da war er überrascht, fluchte und beschimpfte mich, aber am nächsten Tag sagte er: »Ich lass dich heute essen!«, und dann war es gut. Eigentlich konnte er sich nämlich gut benehmen.

Und seine Eltern haben das auch sehr gut gemacht. Sie waren interessiert, haben an allem Anteil genommen, aber sich nicht zu sehr eingemischt. Manche waren auch überbehütend, und das machte den Kontakt schwierig.

Abgesehen von dem Kontakt mit dem schwierigen Mädchen, gab es Situationen, in denen Sie auch mal richtig Angst hatten?

In der Schule nicht. Aber nach dem Freiwilligen Sozialen Jahr war ich noch einige Monate in einem Tagesförderzentrum mit schwermehrfachbehinderten Erwachsenen, die nicht arbeiten konnten. Das waren vorwiegend junge Leute zwischen neunzehn und fünfundzwanzig Jahren, die dort beschäftigt und betreut wurden. Es gab vier verschiedene Gruppen mit jeweils sechs bis sieben Teilnehmern und je zwei Fachkräften sowie Teilzeitkräften, FSJ-Mitarbeitern und Heilerziehungspflegeschülern. Ich bin in jeder Gruppe mal zum Einsatz gekommen. Ich fand das Arbeitsklima sehr unterschiedlich; bei den einen ging es herzlich zu, in einer anderen Gruppe lebhaft, in der dritten etwas chaotisch, in der vierten, der mit der schwierigsten Klientel, empfand ich die Atmosphäre als kalt, da waren die Mitarbeiter untereinander sich auch nicht einig. Angst hatte ich vor einem Mann mit Behinderung, der sexuell sehr übergriffig war und mir oft gegenübertrat und forderte: »Kuss!« Wenn man sich wehrte, konnte er sehr zudringlich werden und starke Kräfte entwickeln. Eine Kollegin hatte er einmal beim Einkaufen im Supermarkt auf die Tiefkühltruhe gedrückt; mehrere Männer mussten ihr zu Hilfe kommen, um ihn zu bändigen. Solche Situationen sind natürlich extrem bedrohlich! Die Mitarbeiter redeten auch miteinander über solche Schwierigkeiten, aber im Vergleich mit der Schule, muss ich sagen, war da weniger Rückhalt. Im Nachhinein weiß ich, ich bin an einer guten Schule in einer sehr, sehr guten Klasse gelandet! Es ist nicht selbstverständlich, was wir hatten: regelmäßig einmal pro Halbjahr einen Runden Tisch mit Lehrern, Therapeuten, Arzt und Eltern. Es wurden Protokolle geschrieben, es gab Hausbesuche, nachmittags fanden Gespräche der Lehrer untereinander statt. Ich empfand es als vertrauensvolle Basis, die vielen verschiedenen Kräfte machten Teamarbeit, und man fühlte sich nicht allein, denn da eine Ärztin, eine Psychologin, Krankenpfleger usw. vor Ort waren, konnte man umgehend Unterstützung bekommen.

Das war eine Sondereinrichtung mit angeschlossenem Internat, die all diese Fachkräfte vor Ort hatte. Wie sehen Sie das Thema »Inklusion« als angehende Sonderpädagogin?

Ich denke, die Klientel an Sonderschulen wird sich im Laufe der Zeit verändern. Zurzeit gehen auch solche Kinder auf Sonderschulen, die durchaus Regelschulen besuchen könnten. Vermutlich werden bald sehr viel mehr Verhaltensauffällige mit schweren Behinderungen auf Sonderschulen gehen. Das könnte für alle ein Vorteil sein, da man sich auch um sie besser kümmern kann. Was Inklusion sonst für sie bedeutet, da bin ich ehrlich gesagt ein bisschen ratlos. Ich glaube, die Gesellschaft muss sich ändern, muss lernen, solche Menschen nicht abzustempeln. Man sollte es als Selbstverständlichkeit betrachten, dass jemand anders sein kann, als wir erwarten. Wir müssten viel mehr Aufklärung darüber betreiben und zeigen, dass ein auf solche Weise behinderter Mensch ein Mensch ist wie jeder andere auch, der eine eigene Geschichte hat. Er soll nicht fremd und damit potentiell bedrohlich bleiben.

Ich war kürzlich in Irland. Die Schwester meines Freundes arbeitet dort in einer anthroposophischen Einrichtung, wo das Hauselternprinzip noch funktioniert. Das war sehr idyllisch und angenehm, es war eine Einrichtung für Erwachsene, aber Rollstuhlfahrer habe ich dort nicht gesehen, auch keine Menschen mit sehr schwerer Behinderung. Andererseits sieht man mitten in der Stadt, zum Beispiel in Dublin, oft Menschen mit Behinderung im Café, und keiner guckt! Ich finde, das wär' bei uns nicht möglich. Ich dachte, wir gehen in Deutschland schon ganz gut mit unseren behinderten Mitmenschen um, aber ich war erschrocken, als ich das in Irland erlebt habe – erschrocken über *uns*!

Haben Sie eine Idee, woran das liegen könnte?

Vielleicht, weil Behinderung für uns noch immer sehr tabubesetzt ist. Da ist die Erinnerung an unsere Geschichte in der Nazizeit, das ist vielleicht immer noch nicht überwunden. Es ist nicht selbstverständlich, sondern ein wunder Punkt. Es wird deutlich mehr gestarrt bei uns – so habe ich es jedenfalls wahrgenommen.

Was nehmen Sie mit aus all diesen Erfahrungen und Erlebnissen für Ihre spätere Arbeit in der Schule?

Man muss mit Herz und Verstand dabei sein; man braucht Herzlichkeit und Geduld! Ich möchte beobachten, wie sich jemand verhält, nicht nur die Behinderung, sondern den Charakter sehen, auf den Einzelnen eingehen: Was mag er oder sie und was nicht? Was kann er oder sie? Ich möchte versuchen, jeweils das richtige Maß an Nähe und Distanz zu finden. Und ich hoffe, dass es gelingt, mit den Kollegen und Eltern eine gute Basis für die gemeinsame Arbeit zu finden.

Eine Schule für alle – könnte das möglich sein?

Frau G., Referendarin an einer Sonderschule für Kinder und Jugendliche mit geistiger Behinderung

Frau G., Sie sind zurzeit Referendarin an einer Schule für Kinder und Jugendliche mit geistiger Behinderung. Möchten Sie ein bisschen über Ihren beruflichen Werdegang berichten?

Nach dem Abitur ging ich nach England, wo ich ein Freiwilliges Soziales Jahr an einer Schule für Menschen mit unterschiedlichen Behinderungen machte. Diese Menschen waren zwischen sechzehn und sechzig Jahre alt; sie besuchten Unterricht zum Beispiel in Kunst und Technik und machten dort eine Ausbildung. Der Fokus dieser Schule lag auf dem Sehen – ursprünglich war es eine Schule für Menschen mit Sehbehinderung gewesen. Ich begleitete die Schülerinnen und Schüler im Unterricht, assistierte, und an ein bis zwei Abenden pro Woche half ich bei der Freizeitgestaltung in der stationären Einrichtung. Das war eine sehr interessante Erfahrung.

Später machte ich in Deutschland noch verschiedene Praktika in unterschiedlichen Schulen, unter anderem auch für Menschen mit Lernbehinderung.

Wie kam es dazu, dass Sie sich für Menschen mit Behinderung interessieren?

Meine Mutter hatte bei ihrer Arbeit einen Jungen mit Down-Syndrom kennengelernt; über den Kontakt mit diesem Jungen kam ich auf die Idee, etwas in Richtung Heilpädagogik oder Sonderpädagogik zu machen. Ich entschied mich dann für Sonderpädagogik, weil ich hoffte, damit beruflich später mehr Wahlmöglichkeiten zu haben.

Wo liegt Ihr Interessenschwerpunkt?

Ich habe in Köln studiert – dort legte man viel Wert auf Unterricht gemeinsam mit nichtbehinderten Schülern. Ich habe ein großes Interesse an der Integrationsfrage: Eine Schule für alle – könnte das möglich sein?

Als ich zum Referendariat im Februar 2009 an meine jetzige Schule kam, war ich zunächst sehr verwundert! Es gibt Außenklassen, das heißt, die Schule für geistig

Behinderte ist die Stammschule, zu der die Schüler offiziell gehören, aber sie werden an einer anderen Schule, einer Regelschule, gemeinsam mit Nicht-Behinderten unterrichtet. Integration hatte ich mir so vorgestellt, dass alle Schüler an einer Schule unterrichtet werden. Das Modell, das wir hier haben, ist schon etwas problematisch, denn wenn Lehrer der Regelschule ein solches Projekt nicht genügend unterstützen, dann werden die Schüler oftmals doch in gesonderten Räumen unterrichtet und stehen auch oft gesondert in einer Ecke im Pausenhof.

Sie selbst arbeiten aber an der Stammschule?

Ja, ich muss sagen, ich hatte lange zu kämpfen mit dem Konzept. Ich hatte das Gefühl, jeden Tag in eine Festung zu laufen, wo alle Sonderlinge zusammengesteckt und anders beschult werden. Das bedrückt mich irgendwie. In der Nähe meines Wohnhauses gibt es ein Wohnheim für Menschen mit Behinderung. Wenn sie morgens im Linienbus zur Arbeit fahren, dann haben sie automatisch gesonderte Plätze, und die Leute gucken, auch nichtbehinderte Schüler ... Ich weiß nicht, ob es daran liegt, dass sie nicht gemeinsam beschult werden. Mir ist allerdings klar, dass das schwierig ist, denn wenn ich zum Beispiel nur fünf Schüler mit Behinderung in einer Gruppe habe, dann müsste ich den Unterricht eigentlich schon fünfmal anders machen, was natürlich ein Riesenaufwand ist! Vielleicht macht man am Ende dann doch nur ein oder zwei Arbeitsblätter statt fünf ...

Und für diejenigen, die die Kulturtechniken gar nicht lernen können, muss man möglicherweise auch noch ganz andere Ideen und Möglichkeiten haben als Arbeitsblätter ...

Ja. Es klingt natürlich sehr gut – eine Schule für alle, und viele argumentieren: »Im Ausland geht es doch auch!« Ob es wirklich geht? Manchmal werden dann Kinder als nicht beschulbar betrachtet und bleiben zu Hause. Und trotzdem – ist das nicht ein bisschen verrückt bei uns? Da gibt es zum Beispiel Projekte wie eine Kooperation zwischen Gymnasium und Sonderschule. Unsere Schüler werden wie Exoten eingeladen, damit die Nichtbehinderten mal Kontakt mit den behinderten Kindern und Jugendlichen bekommen. Dann fragt man sich, was können die gemeinsam unternehmen, was interessiert einen sechzehnjährigen Gymnasiasten und was interessiert einen sechzehnjährigen Jugendlichen mit geistiger Behinderung? Was kann man gemeinsam unternehmen, wo nicht wieder die Schwächen zutage treten?

Vielleicht geht es nur, wenn man ganz selbstverständlich auch zu diesen Schwächen steht und sie nicht verleugnet?

Ja, wahrscheinlich.

Sie haben ein sehr interessantes Thema für Ihre Examensarbeit gehabt. Es ging dabei um einen nicht sprechenden Jugendlichen. Die Arbeit ist mit »sehr gut« bewertet worden – herzlichen Glückwunsch!

Danke! Das Thema lautete: »Ich muss nicht sprechen. Persönliche Zukunftsplanung eines Jugendlichen.« Ich habe dabei wichtige Bezugspersonen – seine Mutter, seine Schulbegleiterin, seine Lehrerin zum Beispiel – an einen Tisch gebracht. Alle haben darüber nachgedacht, was der Jugendliche, der sich selbst nicht durch Sprache, sondern mit Mimik, Gestik, durch Laute oder durch sein Verhalten ausdrücken kann, sich wohl aus seiner Sicht für seine Zukunft wünscht. Die verschiedenen Ideen haben wir dann zusammengetragen und gemeinsam besprochen. Der Wunsch besteht, dass die Beteiligten dies auch weiterhin ohne meine Organisation tun und zum Beispiel per E-Mail in Kontakt und im Austausch miteinander bleiben. Die Gruppe nennt das »Stammtisch« für das Kind. Es ist ein Unterstützerkreis für Schüler, die Fürsprecher brauchen. Das sind oft gerade die nicht sprechenden Schüler, aber auch andere, die sich selbst wenig mitteilen können oder Ideenanstöße benötigen.

Wird das gelingen?

Ich hoffe es! Aber um diese Frage ging es auch gestern; da musste ich nämlich ein Schwerpunktthema meiner Arbeit vor einer Prüfungskommission präsentieren. Ich hatte die Aufgabe, Vorschläge zu machen, wie man ein solches Konzept flächendeckend für alle Schulen und auf sinnvolle Weise einbringen könnte. Da tun sich natürlich einige Hürden auf. Mein Wunsch wäre zum Beispiel, einmal pro Woche von der Grundstufe an eine »Ich-Stunde« zu machen, die sich mit der Individualität der Schüler befasst. Am Ende der Hauptstufe sollte es dann eine Zukunftskonferenz geben. Frage ist natürlich, wie das in den Bildungsplan passt. Der gibt zwar vor, wie viele Stunden Deutsch, Mathematik, Religion etc. wöchentlich zu unterrichten sind, aber »Ich-Stunden«? In Baden-Württemberg soll ein neuer Förderplan eingeführt werden – ILEB, das heißt Individuelle Lern- und Entwicklungsbegleitung. Das Ziel dabei ist, vielschichtig die

Persönlichkeit in den Mittelpunkt zu stellen. In diesem Rahmen könnte man es vielleicht durchführen.

Wie kamen Sie auf die Idee für Ihr Prüfungsthema?

Der Schulleiter gab eigentlich den Anstoß; er interessiert sich sehr für dieses Projekt als Teil des Schulkonzepts, möchte andererseits aber natürlich möglichst nicht zu viel Mehrbelastung für die Kollegen.

Als ich ein Thema für meine Arbeit suchte, habe ich mit ihm gesprochen. Ich wollte etwas zur Schulentwicklung beitragen, dachte ursprünglich an etwas mit Musik oder Theater. Ich hatte den Schulleiter gefragt, ob er Ideen hat, was er möchte an dieser Schule. Er nannte mehrere Vorschläge, zum Beispiel die Gestaltung des Pausenhofes oder die Erstellung einer Schülerzeitung, aber auch das Thema »Persönliche Zukunftsplanung«. So etwas gibt es seit circa zehn Jahren in Amerika, wobei es aber auch dort noch nicht sehr verbreitet ist oder nur in stark reduzierter Form. Manchmal schreiben sich Schulen dies auf die Fahne, aber wenn man schaut, was sich dahinter verbirgt, ist man doch enttäuscht. Auf jeden Fall habe ich dann dieses Thema gewählt. Die Entscheidung kam aus einer Art Bauchgefühl heraus. Da gab es eine stark emotionale Komponente, den Wunsch, Menschen mit eingeschränkten Kommunikationsmöglichkeiten zu unterstützen.

Sind Sie mit Ihrem Thema bei den Beteiligten sofort auf offene Ohren gestoßen?

Es war das erste Mal, dass die Leute plötzlich so was machen sollten, das war natürlich schwierig. Eigentlich müsste es ja immer diese Rückmeldung, diese Gespräche untereinander geben. Aber das ist in der Realität oft nur sehr bedingt der Fall. Damit das klappt, muss man sowohl die Eltern als auch die Kollegen mit im Boot haben. Die Erfahrung zeigt, dass es sehr engagierte und interessierte Eltern gibt, aber auch solche, die sich wenig, kaum oder gar nicht einsetzen. Ähnlich ist es mit den Kollegen; nicht alle sind für solche Konzepte zu haben. Das war auch eine wichtige Frage der Prüfer gestern: »Wie kriegen Sie denn Ihre Kollegen dazu, dass sie da mitmachen?« Alle an einen Tisch zu bekommen – das könnte eine größere Hürde sein als die Grenzen des Bildungsplanes.

Wie wichtig ist für Sie Elternarbeit?

Ich glaube, dass Elternarbeit etwas ganz Wesentliches ist. In Köln hatten wir auch Seminare zur Elternarbeit, und ich habe mich drei Semester lang mit Systemischer Beratung befasst. Darin werden Eltern als wichtige Partner angesehen, die an erster Stelle die Experten für ihr Kind sind. Aber wenn man sich nie mit der Position und den Bedürfnissen der Eltern auseinandersetzt, dann kann der Umgang mit den Eltern der Kinder mit Behinderung natürlich schwierig sein.

Worauf führen Sie die Schwierigkeiten mancher Kollegen, was die Kommunikation mit Eltern und anderen Lehrern angeht, zurück?

Zwischen Theorie und Praxis gibt es halt einen großen Unterschied. Manche merken vielleicht erst zu spät, dass die Arbeit, für die sie sich entschieden haben, leider doch nicht das Richtige für sie ist. Und da ist das Beamtentum – so vorteilhaft es ist – eben auch eine Barriere. Da entscheidet man sich nicht so leicht für einen anderen beruflichen Weg, weil man viele Vorteile aufgeben muss. Aber manche haben auch einfach nur Berührungsängste mit neuen Methoden, haben es in ihrer Ausbildung nicht gelernt, mal anders an die Dinge heranzugehen oder mit Eltern und mit Kollegen zusammenzuarbeiten. Ein mögliches Prüfungsthema, über das ich auch nachgedacht hatte, wäre zum Beispiel »Kollegiale Fallberatung« gewesen. Es läuft darauf hinaus, dass wir Kollegen untereinander endlich mal aufhören müssen, alles allein machen zu wollen, dass es mehr Durchlässigkeit und Flexibilität geben müsste. Manche gehen mit ihren Schülern noch nach dem Motto um: »Da muss er durch, da muss er sich dran gewöhnen!«, und ziehen das dann durch, selbst wenn es erwiesenermaßen so nicht funktioniert und auch nicht guttut. Da wäre es sinnvoll beiseitezutreten, zu überlegen, was und warum es nicht funktioniert, und sich untereinander zu beraten, wie es denn besser gehen könnte – im Team und ganz ohne Konkurrenzgefühle.

Ein Problem sind halt auch die hierarchischen Strukturen: Bis etwas von der Basis ganz nach oben gelangt, vergehen zehn Jahre, so scheint es, und bis die Reaktion von oben mit neuen Vorgaben und Ideen wieder unten ankommt, weitere zehn Jahre ... Ich glaube, wenn es mehr Störer gäbe, die auf höheren Ebenen was erreichen wollen, wäre was zu bewegen!

Ein Fehler im System?!

Frau M., Sozialarbeiterin und Schulbegleiterin

Frau M., Sie haben Sozialarbeit studiert, sodass für Sie verschiedene Möglichkeiten infrage kommen, praktisch tätig zu sein.

Ja, das wollte ich mir gern offenhalten. Ursprünglich plante ich, Lehrerin für Deutsch als Fremdsprache und Englisch zu werden. Ich selbst bin aus meinem Heimatland zweimal in verschiedene neue Kulturkreise übergesiedelt; das bedeutete für mich einen doppelten Kulturschock! In Deutschland wurde mir klar: Ich möchte mich mit dem Thema »Mensch« befassen, mit all seinen Facetten, und es für mich erforschen. Deshalb entschied ich mich für das Studium der Sozialarbeit. Wenn man ein solches Studium erfolgreich abgeschlossen hat, dann kann man in verschiedenen Bereichen arbeiten – »von der Wiege bis zur Bahre«. Man ist nicht so speziell gebunden und kann schauen, was für einen selbst gerade dran ist.

Welche Bereiche lernten Sie denn im Laufe Ihres Studiums bereits näher kennen?

Es gab mehrere studienbegleitende Praktika; ein Jahr lang arbeitete ich beim Jugendamt, ein Jahr in einem Kinderheim. Eine weitere studienbegleitende Praxisphase erfolgte in der Straffälligenhilfe.

Nach der staatlichen Anerkennung suchte ich eine Arbeit mit Kindern. Durch Zufall entdeckte ich eine winzige Annonce in der Zeitung: Eine Schulbegleitung für ein Kind mit der Diagnose »Autismus« wurde gesucht. Auf diese Weise ergab sich für mich eine Aufgabe, die ich inzwischen sechs Jahre lang wahrgenommen habe: Eins-zu-eins-Betreuung für Kinder zu gewährleisten, die eine besondere Begleitung im Unterricht benötigen.

Ihre Auftraggeber sind aber nicht die Eltern dieser Kinder?

Nein, mein Arbeitgeber war der Leiter einer Einrichtung, die auch ambulante Dienstleistungen anbietet. Er ist mein Arbeitgeber, der meine Arbeit bezahlt. Es handelt sich um eine projektgebundene Maßnahme. Ich habe einmal fünf Jahre lang einen

Jungen begleitet, anschließend ein Jahr lang einen anderen Jungen an einer anderen Schule.

Gibt es noch weitere Schulbegleiter in der Einrichtung?

Allerdings! Vor sechs Jahren waren wir etwa dreißig Schulbegleiter, inzwischen ist die Zahl auf circa achtzig gestiegen!

Wie erklären Sie sich diesen rasanten Anstieg?

Möglicherweise ist eine differenziertere Diagnostik möglich, sodass die Indikation für eine solche Betreuung eher gesehen wird. Überfüllte Klassen und überforderte Lehrer prägen häufig den Schulalltag. Aber inzwischen bekommen auch oft Kinder mit der Diagnose »ADHS« eine Schulbegleitung zugesprochen, das war früher nicht so. Nach meiner Erfahrung hängt bei der Bewilligung dieser Art von Eingliederungshilfe sehr viel davon ab, was die Lehrer und die Schulleitung sagen, ob sie die Notwendigkeit sehen oder nicht.

Ihr erstes Kind war ein Junge mit Autismus. Hatten Sie denn im Studium darüber bereits etwas gelernt?

Nein, überhaupt nicht. Ich arbeitete autodidaktisch, besorgte mir jede Menge Bücher zum Thema. Aber die Theorie allein reichte natürlich nicht; das meiste habe ich mir durch »Learning by Doing« angeeignet. Ich muss sagen, ich war oftmals verzweifelt, denn ich hätte dringend Expertenwissen gebraucht.

Sie begleiteten das Kind an einer Sonderschule für Kinder mit geistiger Behinderung mit ausgebildeten Fachlehrern und Sonderpädagogen. Konnten Sie nicht ein wenig von deren Wissen und Erfahrung profitieren?

Das hätte ich mir natürlich sehr gewünscht, aber die Klassenlehrerin hatte leider selbst keine Ahnung, wie man mit dem Kind am sinnvollsten umgehen und es fördern konnte. Das Minimale, was an Wissen da war, hat man mir nicht angeboten. Ich hatte den Eindruck, die Angst war groß, ich könnte ihr etwas wegnehmen; sie wollte diejenige bleiben, die einen Vorsprung hat – so eine Art Konkurrenzdenken.

Gab es andere Kollegen, die hätten helfen können?

Einige wenige, die besonders engagiert waren und ganz bestimmt einen hervorragenden Unterricht machten, die gab es schon. Aber sie kannten natürlich »mein Kind« nicht persönlich, und ich musste ja mit der Klassenlehrerin zusammenarbeiten. Und sie war nicht die Einzige, die ohne Worte, aber durch ihre Haltung ein ungeschriebenes Gesetz zu vermitteln schien wie: »Du solltest nicht zu viel Engagement zeigen, dich möglichst klein im Hintergrund halten, nicht anders sein als wir! Du solltest nicht als Fremdkörper von außen eingefahrene Strukturen womöglich kritisch infrage stellen!«

Das klingt nicht gerade nach einer angenehmen Arbeitsatmosphäre!

Ich glaube, es ist ein Fehler im System. Ich hatte den Eindruck, es herrscht eine Hierarchie, die ein respektvolles, gleichberechtigtes Miteinander unmöglich macht. Sonderpädagogen, die an der Pädagogischen Hochschule studiert haben, meinen, mehr Ahnung zu haben als Fachlehrerinnen, die oft Erzieherinnen im Grundberuf waren und eine Zusatzausbildung zur Fachlehrerin angeschlossen haben. Diese wiederum fühlen sich den Pflegehilfskräften, die manchmal Hausfrauen und Mütter ohne Ausbildung sind, überlegen. Das »minderwertige Volk« wie Pflegehilfskräfte und Schulbegleiter ist nicht zu Konferenzen zugelassen. Die Pflegehilfskräfte bekommen gesagt, wie sie das Toilettentraining oder das Esstraining durchzuführen haben.

Sie finden, das ist nicht in Ordnung?

Ich denke, bei bestimmten Konferenzen ist es nicht nötig, dass Schulbegleiter und Pflegehilfskräfte dabei sind. In praktischen Fragen sollten sie meiner Meinung nach aber dringend mit ins Boot geholt werden. Denn sie sind oft ganz anders in Beziehung mit dem Kind, beobachten und spüren manches, was sich von der Theorie her anders darstellt. Deswegen finde ich, sie könnten einen wichtigen Beitrag zu einem guten Gesamtumgang mit den Schülerinnen und Schülern leisten. Das Machtgerangel geht auf Kosten der Kinder – das ist traurig, aber wahr!

In Ihrer ersten Stelle als Schulbegleiterin haben Sie es dennoch fünf Jahre lang ausgehalten!

Das lag daran, dass ich in Beziehung zu »meinem« Kind getreten bin und auch einen guten Kontakt zu seiner Mutter aufbauen konnte. Ich habe für den Jungen ein »Ich-Buch« geführt, eine Art Tagebuch, in dem ich beschrieben habe, was jeweils geschehen ist und wie das Kind sich möglicherweise gefühlt hat. Ich hatte mir eine Digitalkamera mit Drucker gekauft, sodass ich Bilder vom jeweiligen Geschehen sofort herstellen und übermitteln konnte. Der Junge hatte auf diese Weise die Möglichkeit, seiner Familie etwas von seiner Schulwelt mitzuteilen, und konnte sich in seiner Art gewürdigt fühlen. Und die Familie konnte an das in der Schule Erlebte anknüpfen, sodass durch das »Ich-Buch« eine Kommunikation zwischen Schule und Elternhaus ermöglicht wurde.

Der Junge hatte nicht die Fähigkeit, sich verbal auszudrücken. Welche Verhaltensweisen machten den Umgang mit ihm sonst noch schwierig bzw. wieso brauchte er eine individuelle Schulbegleitung?

Er war ein klassischer Zappelphilipp, es war nonstop Unruhe. Zuhören war grundsätzlich sehr schwierig. Wenn andere Kinder »ellenlang« erzählt haben – das kann bei bestimmten Behinderungen so sein –, dann hielt er das überhaupt nicht aus! Er begann zu schreien, sehr laut! Oder er lautierte, ebenfalls in erheblicher Lautstärke, sodass die anderen übertönt wurden. Wenn er nicht auf seinem Stuhl angeschnallt war, versuchte er sich durch Weglaufen aus der für ihn schwierigen Situation zu befreien. Eine meiner ersten Aufgaben war es also, ihm das Sitzen auf dem Stuhl angenehmer zu machen und ihm zu helfen, das Sitzenbleiben auch ohne Fixierung eine Weile durchzuhalten.

Manche Experten meinen bei solchem Verhalten, der Betreffende wolle stören, um Aufmerksamkeit zu erlangen.

Selbst das ist legitim, oder? Wir wollen alle mal gern an unsere Grenzen gehen und schauen, ob es da noch weiter geht oder nicht. Für Kinder ist das erst recht normal. Wichtig ist, darauf nicht moralisierend oder aggressiv oder mit beschämenden Strafen zu reagieren. Das beliebte »Time-out« kann als Strafe benutzt werden, zum Beispiel indem man das Kind angeschnallt auf dem Flur sitzen lässt mit der Auflage an alle Vorübergehenden, es nicht anzusprechen, weil es »böse« war. Oder man kann sehen, dass manche Auszeiten einfach als Pause für dieses Kind nötig sind, weil es sich von Reizen und Nähe überflutet fühlt, und man versucht, ihm diesen temporären Rückzug zu ermöglichen. Die zweite Variante halte ich für wesentlich angemessener! Die extreme

Anwendung der Verhaltenstherapie, bei der man mit aversiven Reizen versuchte, unangemessenes Verhalten zu »löschen«, ist bei Fachleuten, die sich fortgebildet und auch aus Erfahrung gelernt haben, längst nicht mehr Teil ihres pädagogischen Programms. Man arbeitet heute mehr mit ABA (Applied Behaviour Analysis). Aber kein Programm funktioniert ohne die Beziehung zum Kind. Ohne guten Draht zu dem Menschen, ohne Beziehung kann ich das ganze Wissen wegwerfen! Es ist nicht nur das Know-how, das ich brauche, sondern auch das Herz.

Können Sie ein Beispiel geben, wie Sie mit dem Kind, das sich keine Minute konzentrieren konnte, gearbeitet haben?

Wir sollten am Tisch arbeiten, doch er sprang immer wieder auf! Ich habe mich über das TEACCH-Programm kundig gemacht und festgestellt, dass ich eigentlich einen reizarmen Raum brauche, in den ich mich mit ihm zeitweise zurückziehen kann, nicht einen Snoezelenraum zum Entspannen und »Herunterkommen«, der wurde irgendwann an der Schule eingerichtet, sondern einen kleinen reizarmen Raum zum Arbeiten. Ich musste ihn dann im Klassenzimmer herstellen, indem ich den Arbeitstisch an die Fensterbank schob, links war eine Wand, dahinter ein Regal, sodass der Junge den Tisch nicht wegschieben konnte und er abgeschirmt war von der Unruhe um ihn herum. In diesem Setting gelang jeweils kurzzeitig ein »Im-Tun-Sein«, ein fokussiertes Arbeiten, aber nur, wenn ich selbst hoch konzentriert dabeiblieb. Er sollte zum Beispiel zwei Buchstaben voneinander unterscheiden lernen und Legosteine mit Buchstabenaufschriften sortieren. Dazu habe ich seine Hände auf den Tisch gelegt, meine Hände auf seine und sein Blickverhalten beobachtet: Schaut er nach links oder nach rechts? Ich musste feststellen: Hat er mich gehört? Schaut er? Ist er präsent? Der Körperkontakt half ihm, sich zu konzentrieren. Wenn ich dann überzeugt war, dass er bei der Sache war, ließ ich seine Hände los, und in der Regel konnte er das Richtige greifen. Ich habe auch Gestützte Kommunikation gemacht – also durch Impulsgabe am Unterarm versucht, seine Aufmerksamkeit auf die Aufgabe zu fokussieren –, dann wurde vieles möglich. Manche Fachkräfte hielten das zwar nicht für sinnvoll, vermutlich, weil bei dem Jungen eine geistige Behinderung vorhanden ist, aber ich finde, warum soll man nicht alles versuchen, was im »Werkzeugkasten« drin ist? Manchmal muss man einfach Dinge ausprobieren und schauen, ob es dem individuellen Menschen, den man gerade betreut, hilft.

Hatten Sie auch die Möglichkeit, Supervision in Anspruch zu nehmen?

Mein Arbeitgeber bot einmal im Monat eine Gruppensupervision mit jeweils zehn Teilnehmern an. Das war schon sehr hilfreich. Im Notfall hätte man auch Einzelsupervision in Anspruch nehmen können, allerdings auf eigene Kosten. Ohne Selbstreflexion, davon bin ich überzeugt, kann man im sozialen Bereich keine gute Arbeit leisten.

Haben sich im Laufe der Zeit die Auffälligkeiten »Ihres« Kindes verringert?

Seine Auffälligkeiten hatten über die Jahre jeweils ein anderes Gesicht, aber wir machten langsame Fortschritte. Nach fünf Jahren meinten die Lehrkräfte, ein Wechsel der Schulbegleitung mache für den inzwischen heranwachsenden, pubertierenden Jugendlichen Sinn. Ich war nicht hundertprozentig überzeugt davon, kann es aber auch nachvollziehen. Bei einem Mädchen in dem Alter würde man auch selbstverständlich eine Frau einsetzen; niemand hätte Zweifel, dass es besser wäre, besonders wenn auch Unterstützung in Bezug auf die Intimhygiene benötigt wird. Im umgekehrten Fall sieht man das manchmal nicht als so nötig an, aber es ergibt schon Sinn. Es geht einerseits um die Wahrung der Intimsphäre, andererseits auch um die männliche Identifizierung. Es kann leicht passieren, dass ich über die Jahre hinweg für den Jungen in eine Mutterrolle rutsche, ohne es zu wollen – ich merke, wie ich oft die Ausdrücke »*mein* Kind«, »*mein* Junge« benutze … Es kann passieren, dass er dir auf dem Kopf herumtanzt, dass dir manchmal der Balanceakt zwischen »Raum-Geben« und »Struktur-Geben« nicht so gut gelingt. Insofern kann ich die Entscheidung für einen männlichen Schulbegleiter schon nachvollziehen, selbst wenn ich ein wenig trauern musste … Die Art allerdings, wie man in der Schule zu diesem Entschluss kam und wie er der Familie mitgeteilt wurde, die kann ich nicht gutheißen.

Wie wurde das gehandhabt?

Ich hätte mir ein wenig mehr Transparenz und Offenheit untereinander und gegenüber der Familie gewünscht, zum Beispiel ein gemeinsames Gespräch am Runden Tisch, bei dem alle Aspekte angesprochen werden, und zwar von allen wichtigen Personen, die mit dem Kind zu tun haben. Mir schien es so, dass man Angst hatte, der Mutter eine so schwierige Entscheidung mitzuteilen und ihre Reaktion auszuhalten und zu begleiten. Stattdessen musste ich der Mutter die auch für mich unangenehme Nachricht überbringen.

Im darauffolgenden Schuljahr hatten Sie wieder die Möglichkeit, ein Kind als Schulbegleiterin zu betreuen, aber nur für ein Schuljahr. Fand diese Begleitung an derselben Schule statt?

Nein, das war eine Privatschule. Hier war ich wirklich Teil des Teams und fühlte mich wesentlich besser in die Arbeit und in den Tagesablauf integriert.

Was passiert nach den Sommerferien? Das ist für Sie eine offene Frage. Möchten Sie wieder Schulbegleiterin sein?

Ich schließe das nicht aus, wobei ich allerdings an die staatliche Schule, bei der ich zuerst war, nicht wieder gehen würde. Mein bisheriger Arbeitgeber bemüht sich, mich weiterzuvermitteln. Möglicherweise ergeben sich aber auch noch ganz neue Herausforderungen. Ich werde nicht nur passiv abwarten, sondern selbst danach schauen.

Da werden Sie ein bisschen Geduld mit mir haben müssen!

Frau A., Grundschullehrerin

Frau A., Sie haben gerade mit sehr gutem Erfolg Ihr Examen abgelegt und sind jetzt geprüfte Grund- und Werkrealschullehrerin – herzlichen Glückwunsch! In Ihrer Berufsbezeichnung fehlt die Hauptschullehrerin – wo ist die geblieben?

Im Zeugnis steht sie noch: »Grundschul-, Hauptschul- und Werkrealschullehrerin«; den Mittelteil lässt man inzwischen jedoch häufig weg, denn das Hauptschulmodell läuft aus.

Es sind zurzeit einige Veränderungen spürbar. Sie werden dies offensichtlich auch persönlich erleben, wenn Sie im kommenden Schuljahr Ihre erste Stelle antreten.

Ja, ich werde an einer Grundschule als Klassenlehrerin einer ersten Klasse arbeiten, mit der Besonderheit, dass es sich um eine Regelklasse mit sechzehn Grundschulkindern handelt und zusätzlich um eine Außenklasse von sechs Kindern mit einer geistigen Behinderung.

Was genau bedeutet »Außenklasse«?

Die Schülerinnen und Schüler sind an einer Schule für Kinder mit geistiger Behinderung angemeldet. Sie sind dort ausgesucht worden, um zusammen mit unseren Regelkindern unterrichtet zu werden.

Geschah das auf Wunsch ihrer Eltern?

Zunächst nicht, sondern der Rektor der Sonderschule hat aufgrund der Anmeldungen und der ihm vorliegenden Unterlagen über die Kinder seine Auswahl getroffen und anschließend ihre Eltern angeschrieben, um sie zu informieren, dass die Beschulung ihrer Kinder in einer Außenklasse vorgesehen ist. Einige hatten dann wohl auch Befürchtungen, ob es für ihre Kinder gut sei, nicht alle wünschten es von sich aus.

Und Sie persönlich? Haben Sie sich eine solche Klasse gewünscht?

Es ergab sich so, weil ich aufgrund familiärer Gegebenheiten eine Stelle im näheren Umfeld benötige und man mir dann diese Stelle angeboten hat mit der Auflage, dass ich die Außenklasse übernehmen müsse. Ganz ehrlich gesagt, ich habe erst mal kurz geschluckt, als ich das hörte, nicht weil ich Vorurteile gegenüber Kindern mit Behinderung habe, sondern weil ich mich von meiner Ausbildung her gar nicht auf eine solche Aufgabe vorbereitet fühle. Ich habe mich in einem Gespräch mit dem Rektor der Schule, die übrigens einen sehr guten Ruf hat, beraten. Er selbst ist ebenfalls neu an der Schule, und weil er gute Erfahrungen mit Außenklassen an seiner früheren Schule gemacht hat, wollte er die Einführung eines solchen Systems auch an seiner neuen Schule. Ich glaube, er ist ganz begeistert davon und hat auch versucht, sein neues Kollegium davon zu überzeugen. Die Kollegen lassen sich darauf ein, möchten aber nicht selbst eine solche Klasse übernehmen, sondern schlugen vor, neue, junge Lehrer einzusetzen. Die älteren Kollegen haben bereits langjährige Erfahrung mit ihrer eigenen Art, den Unterricht zu gestalten, und viele möchten sich nicht mehr so gern umstellen. Ich selbst muss natürlich erst einmal meine Erfahrungen mit vollem Deputat sammeln, deshalb habe ich schon ein wenig Hemmungen vor dieser Herausforderung und habe dem Rektor gesagt: »Da müssen Sie ein bisschen Geduld mit mir haben!« Das hat er mir zugesichert und mich beruhigt, dass er noch einen zweiten Kollegen einstellen möchte, der grundsätzlich bereit ist, eine Außenklasse zu übernehmen. Deshalb suchte er »schulscharf« im Internet nach Bewerbern. Es haben sich tatsächlich hundertzweiunddreißig Bewerber gemeldet, einer davon wird nun ebenfalls an dieser Schule eine Stelle antreten.

»Außenklasse«, das bedeutet nicht, dass nur die Schüler von der Sonderschule kommen ...

Nein, eine Fachlehrerin und eine Sonderschullehrerin werden sie mit je fünfzehn bzw. neunzehn Wochenstunden begleiten, sodass die beiden Lehrerinnen bei zweiundzwanzig Stunden, welche die Kinder wöchentlich unterrichtet werden, fast die ganze Zeit gemeinsam dabei sein werden. Eins der Kinder hat die Diagnose »Autismus« und erhält deswegen einen individuellen Schulbegleiter; außerdem ist für einige Stunden noch eine zusätzliche Betreuungskraft für pflegerische und aufsichtführende Tätigkeit dabei.

Heißt das, dass in Ihrem Unterricht künftig meistens drei Lehrerinnen, ein Schulbegleiter und manchmal noch eine Hilfskraft im Klassenzimmer sind?

Das weiß ich, ehrlich gesagt, auch noch nicht so genau …

Neben meinem Klassenzimmer steht noch ein weiteres Zimmer zur Verfügung, in dem die Kinder mit Behinderung getrennt gefördert werden können. Es soll aber ausdrücklich nicht so sein, dass sie dort die ganze Zeit verbringen. In Mathematik und Deutsch ist es so vorgesehen, dass jeweils die Einführung in ein neues Thema gemeinsam erfolgt und das anschließende Üben und Festigen des neuen Lernstoffs differenziert durchgeführt wird. Es ist also denkbar, den Buchstaben »A« einzuführen und anschließend in getrennten Räumen gruppenspezifisch damit weiterzuarbeiten. In Mathematik kann man Zählen üben, aber da kann es natürlich schon problematisch werden, wenn zum Beispiel der Zehnerübergang auf dem Plan steht und die Kinder mit Behinderung dabei nicht mitarbeiten können. Dann müsste der Unterricht in diesem Fach getrennt erfolgen, weil ich dafür verantwortlich bin, dass ich die Regelkinder nach dem Bildungsplan für Grundschulen an ein Ziel bringe. Die Kolleginnen sind dafür verantwortlich, dass die ihnen Anvertrauten nach dem Bildungsplan für Sonderschulen gefördert werden.

Wie ist das mit anderen Fächern als Deutsch und Mathematik?

Sport und Religion werden gemeinsam unterrichtet, auch das Fach MeNuK, das bedeutet »Mensch, Natur und Kultur« und umfasst die Bereiche Musik, Biologie, Kunst und Textiles Werken. Englisch, nehme ich an, wird wohl getrennt unterrichtet werden.

Haben Sie die Kinder, deren Eltern und die Kolleginnen schon kennengelernt?

Es gab bereits einen Elternabend, da wurde ich den Eltern als zukünftige Lehrkraft ihrer Kinder vorgestellt, eine der beiden Kolleginnen der Sonderschule war ebenfalls dabei. Die Kinder kenne ich noch nicht. Bei dem Elternabend ging es auch im Wesentlichen um allgemeine Fragen; es waren sämtliche Eltern der Eingangsklassen eingeladen. Die Schule ist relativ groß, sie wird fünfzügig geführt. Der Rektor hat also Informationen von allgemeinem Interesse gegeben, aber auch das Außenklassenprinzip erklärt und ein wenig um Verständnis dafür geworben. Die Eltern der Regelkinder, die in meine Klasse kommen, sollten sich freiwillig dafür melden. Für sechs Kinder war das bereits geschehen, weil die Eltern ausdrücklich wünschten, dass ihre Kinder Altersgenossen mit Behinderung kennenlernen und mit ihnen tagtäglich Kontakt haben. Für sie ist der Aspekt des sozialen Lernens wichtig. Es mussten also zehn weitere Interessenten gefunden werden. Der Rektor hat natürlich auf die Vorteile hingewiesen: Drei Lehrerinnen sorgen für den Lernfortschritt, Berührungsängste können abgebaut werden und so weiter.

Meldeten sich daraufhin weitere Freiwillige?

Ja, sechsundzwanzig weitere Anmeldungen kamen daraufhin; der Rektor musste entscheiden, welche Kinder in die Klasse kommen und welche nicht. Ich glaube, manche Eltern haben sich gemeldet, weil sie bei ihrem Kind ebenfalls bestimmte Probleme sehen, wie zum Beispiel ADHS oder eine mögliche Lernschwäche, und hoffen, die Sonderpädagoginnen und ich könnten auch ihren Kindern besondere Förderung zukommen lassen. Ob und wie das möglich sein wird, hängt natürlich unter anderem vom Grad und der Art der Behinderung der anderen Kinder ab.

Es könnte Ihnen also passieren, dass Sie nicht nur eine Außenklasse bekommen, sondern auch Regelkinder mit besonderen Problemen?

Das wird man sehen – für ausgeschlossen halte ich es nicht.

Was wissen Sie über die Kinder mit Behinderung?

Außer der Information, dass eines der Kinder die Diagnose »Autismus« hat, eigentlich gar nichts!
   Die beiden Kolleginnen werden die Kinder aber in ihren Kindergärten besuchen, sie dort kennenlernen und Gelegenheit haben, mit ihren Erzieherinnen zu sprechen. Mit den Kolleginnen habe ich mich bereits einmal getroffen, damit wir uns zwanglos kennenlernen und miteinander sprechen, was uns jeweils für den Unterricht und den Umgang mit den Kindern wichtig erscheint.

Wie ist Ihr erster Eindruck?

Es kann spannend werden!

Beide Kolleginnen sind Mitte dreißig. Die Fachlehrerin war zunächst Erzieherin und hat eine Fachlehrerausbildung angeschlossen; sie ist erst seit wenigen Jahren im Beruf. Die Sonderschullehrerin hat ein PH-Studium absolviert und hat etwas mehr Berufserfahrung. Beide arbeiten an derselben Sonderschule, sind Kolleginnen, haben aber noch nicht gemeinsam unterrichtet. Es wurde beim ersten Treffen schon spürbar: Wir möchten gern diese gemeinsame Aufgabe schaffen und sind sehr motiviert. Aber wir sind auch unterschiedliche Persönlichkeiten mit verschiedenen Arten, an diese Herausforderung heranzugehen. Die Fachlehrerin erschien mir total begeistert und hat viele Ideen, ich selbst möchte lieber erst einmal etwas Zeit geben, einander kennenzulernen, sich einzugewöhnen ... Auch die Sonderpädagogin hat den Wunsch geäußert, »ihre« Kinder zur besonderen Förderung öfter herauszuholen. Ich glaube, vieles wird sich erst mit der Praxis zeigen. Als Nächstes werden wir uns in den Sommerferien treffen, um »unser« Klassenzimmer zu streichen.

Das müssen Sie selbst machen?

Ja, wir drei Kolleginnen werden einen Gutschein der Stadt für Farbeimer und Pinsel bei einem Baumarkt einlösen und dann gemeinsam loslegen! Auch an meiner Ausbildungsschule haben wir schon selbst gestrichen. An meiner zukünftigen Schule sitzen die Kinder sogar noch auf Holzstühlen, die wir von früher kannten ... Die Stadt hat für aufwändige Renovierungsarbeiten und neue Bestuhlung kein Geld.

Also Teamarbeit nicht nur beim Unterrichten! Sind Sie denn von Ihrer Ausbildung her überhaupt auf Teamteaching vorbereitet?

Nein, es gab zwar Kurse zum Thema, sie waren aber nicht verpflichtend, und bei der Hülle und Fülle von Kursen, die teils obligatorisch, teils freiwillig waren, hatte ich mehr als genug zu tun. Ich war einfach nicht davon ausgegangen, dass ich so etwas jemals machen muss, sonst hätte ich eine andere Auswahl getroffen.

Im Zuge des Strebens nach Inklusion wird es aber nun offensichtlich notwendig. Beobachten Sie, dass sich da im Studium etwas ändert?

Ich glaube, die grundsätzlichen Kursprogramme sind noch dieselben. Für die Referendare, die zum Februar dieses Jahres angefangen haben, gab es aber einen Sonderpädagogischen

Tag, da hat man wahrscheinlich unter anderem darauf hingewiesen, dass man in Zukunft mit neuen Unterrichtsformen vertraut sein muss.

Glauben Sie, dass Ihre neue Schule gebäudetechnisch auf die neue Aufgabe vorbereitet ist?

Die Kolleginnen fragten mich: »Habt ihr Duschen?« Ich weiß es nicht, hatte auch nie darüber nachgedacht. Aber mir leuchtet ein, dass sie eigentlich gebraucht würden, wenn zum Beispiel ein Kind, das eingenässt oder eingekotet hat, gesäubert werden muss. Bedingt durch die Größe der Schule haben wir ein Riesengelände. In der Eingewöhnungsphase wird es schon für die Kinder ohne Behinderung schwer sein, sich zurechtzufinden. Auch das werden wir erst bearbeiten können, wenn wir es erleben. Mir fehlt ein wenig die Transparenz – ich wünsche mir zum Beispiel auch, einmal allein mit den Eltern der Kinder mit Behinderung zu sprechen, denn ich denke, weil das alles für mich so neu ist, habe ich andere Fragen als Kolleginnen, die sich mit Behinderungen besser auskennen und für die der Umgang damit »normal« ist. Wenn wir immer nur im Team reden, komme ich nicht so zum Zuge, deshalb möchte ich auch solche Gespräche anregen.

An Ihrer Ausbildungsschule gab es, glaube ich, auch eine Außenklasse.

Ja, ich persönlich habe aber den Unterricht nicht miterlebt. Die Behinderungen der Kinder dort waren nach meinem Eindruck nicht so schwerwiegend; sie waren, soweit ich weiß, alle in der Lage zu sprechen und Kontakt aufzunehmen; sie waren vom motorischen und kognitiven Aspekt her gesehen relativ fit. Es waren Kinder mit einer geringen Intelligenzminderung oder mit dem Down-Syndrom. Ich nehme an, das wird bei den Kindern, die in meine zukünftige Klasse kommen, ähnlich sein, aber – wie gesagt – ich weiß darüber leider noch nichts. Wenn wir uns zum Streichen des Klassenzimmers treffen, werden die Kolleginnen mir wohl mehr erzählen können.

Werden Sie die Sommerferien außer zum Renovieren auch für Urlaub nutzen können?

Wegfahren kann ich nicht, einerseits muss ich ein wenig aufs Geld achten, denn ich werde im August nicht bezahlt. Das Referendariat ist Ende Juli vorbei, die neue Stelle beginnt im September – da entsteht eine Lücke. Außerdem brauche ich einiges Geld für

Bücher und Unterrichtsmaterialien, die in der Schule nicht in ausreichendem Maße für die Kollegen zur Verfügung stehen. Es ist meine allererste erste Klasse, ich muss Ideen für die praktische Arbeit sammeln und mir Anleitungen und Arbeitsmaterial beschaffen. Um mich auf einen guten Einstieg in die Arbeit vorzubereiten, brauche ich einen großen Teil der Ferienzeit.

Der Druck im Magen ist groß?

Befürchtungen habe ich natürlich, das gebe ich ehrlich zu. Ich kann mich anpassen und mit anderen zusammenarbeiten, aber ich bin auch dominant und war in vielen Dingen in meiner Ausbildung schon in der Vorbereitung eher eine Einzelgängerin, weil ich gezielt auf etwas hinarbeiten wollte. In wesentlichen Dingen möchte ich mich durchsetzen; wenn ich von etwas überzeugt bin, möchte ich das so durchführen. Ich glaube, wenn dauernd so viele andere Erwachsene mit in der Klasse sitzen, wird vieles schwieriger. Ich bin es gewohnt, dass man mir beim Unterrichten zuschaut. Aber wenn das dauerhaft so ist, fühle ich mich vielleicht auch ein wenig gehemmt, meinen persönlichen Stil auszudrücken. Ich mag *meine* Kinder, und ich bin ein bisschen traurig, wenn es nicht nur *meine,* sondern dann eben *unsere* Kinder sind. Für die Kinder kann es schwierig sein, wenn sie sich auf verschiedene Personen beziehen müssen in einem Alter, wo die Lehrerin noch eine besonders wichtige Bezugsperson ist. Vielleicht werden sie eine andere, die weniger streng ist, auch lieber mögen …

Sind Sie eine strenge Lehrerin?

Ich habe eine klare Führung, das stimmt schon. Ich will Ruhe haben im Unterricht, damit eine Arbeitsatmosphäre entsteht; zu viel Unruhe lässt kein angenehmes und konzentriertes Arbeiten zu. Ich habe bei unserem ersten Kontakt gemerkt: Die Kolleginnen kennen keine Ruherituale. Sie haben sechs Kinder, ich sechzehn, für die ich verantwortlich bin, da muss ich mir etwas einfallen lassen. In meiner letzten Ausbildungsklasse waren siebenundzwanzig Kinder! Ich habe zum Beispiel eine Klangschale, mit der ich arbeite: Wenn es mir zu laut wird, lasse ich sie ertönen. Die Regel lautet: Wenn der Ton verklungen ist, muss es ganz mucksmäuschenstill sein. Das hat eine erstaunliche Wirkung! Die Kolleginnen ihrerseits haben mir aber auch von Anfangsritualen erzählt, die sie einsetzen, damit die Kinder wissen: Jetzt geht es los – Klatschrhythmen zum Beispiel. Ich denke, wir werden viel voneinander lernen können. Die Sonderpädagogin ist sehr musikalisch und kann auf diese Weise den Unterricht beleben. Meine Hauptbefürchtung ist, dass ich manches durchsetzen möchte, wovon die Kolleginnen meinen, es sei für ihre Kinder nicht gut, oder dass ich gruppenspezifische Binnendifferenzierung, auch mit den Regelkindern, machen möchte, es mir aber womöglich als Diskriminierung ausgelegt, missverstanden und fehlbewertet wird. Das würde ich sehr bedauern.

Ich finde, dass Sie sich sehr viele Gedanken machen – ein anderer würde vielleicht sagen: »Schau'n wir mal – dann seh'n wir schon!« Es spricht für Sie, dass Sie so verantwortungsbewusst an Ihre neue Aufgabe herangehen, und ich glaube, Sie werden sehr gute Arbeit leisten!

Ich freue mich auch darauf, die Befürchtungen und die Vorfreude halten sich, glaube ich, die Waage. Ich bin gespannt auf alle Kinder in meiner neuen Klasse – unabhängig davon, ob sie mit einer Behinderung leben oder nicht. Kinder mit Behinderung kenne ich bisher kaum, da kann ich auch meine eigenen Berührungsängste abbauen und erleben: Wie sind sie, wie denken und fühlen sie? Darüber möchte ich mehr wissen!

Ich wollte alles werden, bloß nicht Lehrer!

Herr S., Leiter einer Sonderschule für Schülerinnen und Schüler mit geistiger Behinderung

Herr S., Sie sind Leiter einer Schule für Kinder, die mit geistiger Behinderung leben. War das schon immer Ihr Karriereziel?

Ich wollte alles werden, bloß nicht Lehrer! Das lag daran, dass ich Schule nicht als Ort der Glückseligkeit empfunden habe. Ich fand, alle wurden über einen Kamm geschoren; die Lehrer erwarteten bestimmte Antworten auf bestimmte Fragen. Und ich muss sagen, ich hatte wenig Lust, mit hohem Energieaufwand Sachen zu machen, die mich eigentlich gar nicht interessierten! Aber *Menschen* interessieren mich, deshalb schwebte mir eine Tätigkeit im pädagogisch-therapeutischen Bereich vor, als Berater oder als Therapeut bei schwer zu Erziehenden, und ich entschied mich für das Studium der Erziehungswissenschaften.

Wie erlebten Sie Ihr Studium?

Das war zunächst einmal ernüchternd; ich stellte fest, dass es sich im Studium der Erziehungswissenschaft und Psychologie auch um ziemlich theoretische Sachen handelt. Interessanter wurde es erst in der Praxis, da kam ich mit Menschen, die mit schweren Behinderungen leben, in Kontakt und stellte fest, dass ich mit ihnen gut wirken kann. Ich machte zum Beispiel Praktika in Werkstätten für Menschen mit Behinderung, die teilweise nicht arbeitsfähig waren. Bei meinem zweiten Praktikum hatte ich mit einer Sondergruppe von schwer psychisch Kranken zu tun. Ich entwickelte eine Tagesstruktur für sie, und ich empfand es als große Bestätigung, dass man mir das zugetraut hat. Dieses Praktikum dauerte mehrere Monate, und ich muss sagen, dass es mich psychisch schon sehr gefordert hat.

Aber es hat Sie ganz offensichtlich nicht abgeschreckt.

Nein. Nach dem Grundstudium kristallisierte sich heraus: Die Arbeit mit Menschen mit geistiger Behinderung – das wär's eigentlich! Rückblickend muss ich sagen: Was meine

Einstellung angeht, was die handlungsbegleitenden Denkschulen betrifft, habe ich von damals bis heute einen sehr großen Bogen geschlagen. Zu meiner Anfangszeit wurden verhaltenstherapeutische Interventionen favorisiert; von dieser Methode war man überzeugt. Aus heutiger Sicht finde ich, das Hauptaugenmerk galt dem Sinn, Behinderung zu verringern, die Behinderung zu verkleinern. Heute sehe ich es kritisch: fast als eine schon menschenverachtende Vorgehensweise, die nicht anerkennen wollte, dass es so ein Phänomen gibt wie Behinderung; sie stellt die Menschen in ihrem Sosein infrage und verwehrt ihnen die Daseinsberechtigung.

Wie kam es, dass sich Ihre Einstellung so verändert hat?

Einerseits durch ein intensives Studium der Fachliteratur, andererseits aber auch durch persönliche Fortbildung bei Georg Feuser, einem Erziehungswissenschaftler, der versuchte zu vermitteln, dass es den Eigenwert gibt. Das fand ich sehr beeindruckend. Und heute vertrete ich die Ansicht: Es kann ganz gleich sein, auf welchem geistigen Niveau ein Mensch sich verwirklicht, ich habe nicht das Recht, ihm ein Etikett aufzukleben, sondern muss versuchen, ihn als einen vollwertigen Menschen zu akzeptieren. Feuser hat einmal gesagt: »Wenn zwei Menschen in einem Raum sind und einer hat eine Behinderung, dann müssen sie zusammen einen IQ von zweihundert haben«, das bedeutet, je weniger der eine den Überblick hat, umso mehr muss der andere dies kompensieren können. Aber all diese Erkenntnisse hatte ich erst später während meiner beruflichen Tätigkeit. Im Studium und in der Anfangszeit meiner Berufspraxis wurde Verhaltenstherapie ganz großgeschrieben. Und in manchen Situationen wende ich verhaltensorientierte Interventionen auch heute noch an, aber auf einem anderen Hintergrund, mit mehr Verständnis und Einfühlung für den Menschen, um den es geht.

Wieso war aus Ihrer Sicht die Verhaltenstherapie damals so wichtig?

In den siebziger Jahren kam die Verhaltenstherapie aus Amerika; da gab es einen sehr heftigen Streit widerstrebender Schulen. Verhaltensweisen zu deuten, ihren Sinn analytisch zu hinterfragen, das wurde von Verhaltenstherapeuten als Kaffeesatzlesen betrachtet. Es hieß: Wenn du als Pädagoge dein Geld wert sein willst, wenn du deine Arbeit als wissenschaftliche Disziplin verstehst, als etwas theoretisch Fundiertes, dann musst du verhaltenstherapeutisch orientiert arbeiten.

Wie ging es für Sie nach dem Studium weiter?

Nach dem Abschluss meines Studiums musste ich noch meinen Zivildienst ableisten. Damals musste man eine Gewissensprüfung vor einem Anerkennungsausschuss ablegen, um als Kriegsdienstverweigerer anerkannt zu werden. Ich erinnere mich, dass es eine sehr schwierige Situation für mich war. Mein Vater, der als sehr junger Mensch in den Krieg ziehen musste, fand es fast unmöglich zu akzeptieren, dass sein Sohn so ein »Weichei« sein sollte, den Dienst an der Waffe zu verweigern. Ich hatte nächtelang meine Motive aufgeschrieben, das beeindruckte den Anerkennungsausschuss, aber letztlich gab wohl die Stellungnahme meines Vaters, der auch befragt wurde, den Ausschlag. Der Vorsitzende verlas einen Brief, in dem mein Vater erklärt, dass er meine Entscheidung zwar nicht billigt, mir aber andererseits hohen Respekt zollt für meine persönliche Entscheidung, mit Menschen mit Behinderung arbeiten zu wollen, und dass er keinen Zweifel an der Echtheit meiner Motive hegt. Das war, ehrlich gesagt, damals sehr wichtig für mich. Ich wurde dann zum zweijährigen Zivildienst an einer Heimsonderschule zugelassen.

Was waren dort Ihre Aufgaben? Als Lehrer konnten Sie ja noch nicht eingesetzt werden, dazu fehlte Ihnen das zweite Staatsexamen.

Man setzte mich mit dem ersten Staatsexamen als Lehrer ein; ich bekam eine eigene Klasse von sechs Kindern, ein Junge war gehörlos mit geistiger Behinderung, die anderen fünf waren ebenfalls schwer beeinträchtigt. In anderen Klassen dieser Schule gab es auch geistig Leistungsfähige, zum Beispiel Kinder mit Lernbehinderung nah am Hauptschulniveau. Klassen mit geistiger Behinderung waren eher die Ausnahme. Nun hatte ich eine sehr schwierige Aufgabe, aber auch die Chance, verschiedene Konzepte mit den Schülern zu erproben. Das Konzept des handlungsbezogenen Unterrichts gab es damals noch nicht – das kam erst später auf, aber ohne es zu wissen, habe ich damals so etwas Ähnliches gemacht.

Was ist gemeint mit dem Konzept des handlungsbezogenen Unterrichts?

Es bedeutet, dass die konkrete Lebenssituation und die Lebensumgebung des Schülers Ausgangspunkte für Lernprozesse liefern, nicht ein theoretischer Lernzielkatalog. Wo Maria Montessori noch ein Knopfschließbrett hatte und die Schüler sich mit Auf- und Zuknöpfen beschäftigten, sagte man dann: Wir üben Öffnen und Schließen von Knöpfen nicht in einer künstlichen Situation, sondern wenn man in der Realität Knöpfe schließen und öffnen können muss, das heißt, es gibt einen »natürlichen« Grund für dieses Lernen und damit eine andere Motivation.

Nach dem Zivildienst mussten Sie dann aber doch noch das zweite Staatsexamen machen?

Ja, im Referendariat hatte ich schon ziemlich viel Vorerfahrung, musste es aber natürlich auch noch ableisten. Aus dieser Zeit rührt meine gefestigte Ansicht, dass ein Pädagogikstudium so früh wie möglich Praxisanteile enthalten sollte. Die zweiphasige Lehrerausbildung halte ich für problematisch. Vieles von der Theorie wird erst realisiert, wenn man damit praktisch umgeht. Und deshalb machte mir das Arbeiten mit den Schülern auch erst richtig Spaß. Während ich im Theoriestudium eher durchschnittlich war, gelang mir in der Praxisprüfung eine überdurchschnittliche Leistung, weil eine ganz andere Überzeugung dahinterstand. Womit sich – zumindest für bestimmte Lerner – die Theorie vom handlungsbezogenen Lernen bestätigt …

Sie blieben dann aber nur ein paar Jahre Lehrer.

Nach einigen Jahren bin ich Lehrerausbilder geworden, das war noch einmal eine andere Klasse der Herausforderung, weil es sich um Erwachsenenbildung handelte. Das habe ich fünfzehn Jahre lang gemacht; teilweise bildete ich Fachlehrerinnen und Fachlehrer, teilweise Lehramtsreferendare aus. Es war eine sehr gute Zeit, ich konnte etwas von meinem Enthusiasmus weitergeben.

Trotzdem haben Sie damit aufgehört.

Mir wurde schließlich eine Schulleiterstelle angeboten, die ich gerne angenommen habe. Die Arbeit ist mit der Zeit allerdings immer anstrengender geworden, denn ich habe mehr und mehr Verwaltungsaufgaben, die es anfangs noch nicht in dem Maße gab.

Heißt das, dass Sie selbst nun gar nicht mehr unterrichten?

Nein, ein bestimmtes Kontingent an Unterricht ist auch für Schulleiter Pflicht, und so habe ich mit allen Schulstufen gearbeitet. Zurzeit bin ich in der Berufspraxisstufe. Da unterrichte ich Schülerinnen und Schüler der Abschlussklasse, die nach der Schule entweder eine Ausbildung im Rahmen eines Förderlehrgangs machen und später in einem Anlernberuf arbeiten können oder die in eine Werkstatt für Menschen mit Behinderung gehen. Wir streben für möglichst viele einen sozialversicherungspflichtigen Arbeitsplatz an; darauf müssen sie natürlich sehr intensiv vorbereitet werden. Sie müssen Selbstwahrnehmung und Selbsteinschätzung trainieren, sich eigener Kompetenzen bewusst werden, lernen, sich mit dem eigenen Denken und den eigenen Gefühlen auseinanderzusetzen. Sie müssen handwerkliche und technische Fähigkeiten entwickeln, ein gewisses Maß an Eigenständigkeit erlangen und lernen, sich zu strukturieren. Dann ist es sehr schön zu sehen, wie ein Schüler, der zunächst kopflos und mit zwei linken Händen an eine Sache herangegangen ist, sich auf einmal strukturieren kann und weiß, was gemacht werden soll bei einem Arbeitsgang. Dann kann er seine eigene Arbeit beurteilen und sich selbst drei Kreuze machen: »Erstens: Heute war ich gut drauf. Zweitens: Ich habe mich gut verhalten. Drittens: Ich habe gute Arbeit geleistet!«

Haben Sie auch Schüler, die in dieser Weise nicht anlernbar sind?

Ja, solche, die zum Beispiel schwer autistisch sind. Für sie gibt es das Tagesstrukturangebot in der Werkstatt. Zum Glück haben wir in den letzten zehn Jahren keinen Schüler gehabt, der nirgendwo hätte hinkönnen. Inzwischen gibt es auch für Menschen, die nicht mehr arbeiten können, also für frühberentete Menschen mit Behinderung, eine Seniorentagesstätte.

Wie sehen Sie als Schulleiter das Thema »Inklusion«?

So schnell wird es mit der Umsetzung wohl nicht klappen. Es ist eine große Angst entstanden, dass nun alle Förderschulen zugemacht werden. Das betrifft vor allem die Förderschulen mit dem Förderschwerpunkt »Lernen«, solche, die vorwiegend Kinder mit Lernbehinderungen unterrichten. Denen bleiben eher die Schüler weg, weil sie in andere Schulen aufgenommen werden. Die sogenannten »ESE«, so werden sie in Nordrhein-Westfalen genannt, das heißt die mit dem Förderschwerpunkt »Emotionale und soziale Entwicklung«, die werden bleiben. Das Schülerpotential nimmt hier zu. Die höhere Komplexität unseres Alltagslebens zieht solche Probleme eher nach sich; auch haben wir viele Schüler aus stark belasteten Familien, zum Beispiel solche mit Missbrauch von Suchtmitteln.

Was die Schulen mit dem Förderschwerpunkt »Geistige Entwicklung« angeht, also unsere zum Beispiel: Da gibt es auch Schüler, die durchaus an Regelschulen bleiben könnten. Dass das System dadurch billiger wird, wie manche glauben, das kann ich mir allerdings nicht vorstellen. Und es könnte passieren, dass wir dann zwar eine großzügige Duldung solcher Schüler an Regelschulen haben, aber nicht automatisch eine bessere Förderung. Dazu müsste Förderpädagogik zur Regelpädagogik werden. Wir brauchen dafür die Fähigkeit zu Teamteaching, eine Ausbildung in Förderpädagogik und ausreichende Integrationshilfen. Ich verstehe, dass viele Eltern eher Sorge haben, Eltern, die sagen: »Ich bin froh, dass mein Kind hier auf der Förderschule ist.«

Andere Eltern wollen lieber, dass ihr Kind in der Regelschule bleibt.

Wie gesagt, für bestimmte Kinder geht das. Andererseits gibt es da auch das bekannte Phänomen, dass manche Eltern über Jahre hinweg negieren, dass ihr Kind einen besonderen Förderbedarf hat, solche Eltern, mit denen es schwer zu erarbeiten ist, dass ihr Kind mit einer Behinderung lebt. Ich erinnere mich an einen Schüler, der zwei Jahre lang auf dem Grundschulhof spielte, nur damit die Nachbarn nicht merkten, dass eine Behinderung vorliegt. Er kam dann schließlich mit völlig unangepassten Verhaltensweisen zu uns und brauchte drei Jahre, bis er überhaupt einigermaßen am Unterricht teilnehmen konnte. Das Lehrerteam hat da sehr gute Arbeit geleistet, sehr geduldig immer wieder von vorn angefangen. Da haben wir diesen Leitsatz »Liebe mich, wenn ich es am wenigsten verdiene, denn dann brauche ich es am meisten!« Der Spruch hängt bei uns an der Wand. Das Team hat verstanden, dass Schüler durch ihre Verhaltensweisen etwas mitteilen; die Mitarbeiter konzentrieren sich darauf, diese Verhaltensweisen zu verstehen und sie nicht persönlich zu nehmen. Denn dann können sie leichter professionell damit umgehen. Wenn ich ein Verhalten eines Schülers als Befindlichkeitsäußerung deute, kann ich mich um die Befindlichkeit kümmern und versuchen herauszufinden, wie es dem Schüler besser gehen kann und wie er sozialverträglicher werden kann.

Wie ist der Umgang mit Eltern an Ihrer Schule?

Manche Eltern treten leider nicht in Erscheinung. Aber wir reden schon vom ersten Schultag an sehr offen mit Eltern, indem wir Lebenswegeplanung machen. Es existiert ein regelmäßiges Elterncafé; eine Kontaktlehrerin sorgt dafür, dass ein Raum zur Verfügung steht und alle informiert sind. Die Verarbeitungsproblematik wird bei uns immer angesprochen, denn solidarischer Partner des Kindes kann man nur werden, wenn man die Behinderung akzeptiert. Zweimal im Jahr haben wir einen Elterntag; da kommen Experten für Eingliederungshilfe und Vertreter von Wohnheimen, die ihre Einrichtungen vorstellen. Das ist so ein kleiner Sozialmarkt der Möglichkeiten. Darüber können Eltern sich Unterstützung holen, von der sie früher nichts wussten. Elterngespräche sind bei uns jederzeit möglich. Bei Hilfeplangesprächen lernt »unser« Jugendamt gerade, dass es Sinn ergibt, dafür in die Schule zu kommen. Wir haben auch Runde Tische mit Therapeuten, denn bei uns können Therapien in den Unterricht integriert werden. Oftmals ist es für Schüler und Eltern zu anstrengend, nach einem langen Schultag noch Therapien durchzuführen. Deshalb stellen wir Logopäden, Ergotherapeuten und Krankengymnasten mit freier Praxis Räumlichkeiten zur Verfügung; das muss natürlich gut abgestimmt sein. Die Therapeuten behandeln ihre Patienten hier, sodass Unterricht und Therapien einander fruchtbar machen können. Die Therapeuten geben oft gute Tipps.

Das klingt ja alles ziemlich harmonisch …

Manchmal gibt es auch Konflikte, mit Therapeuten, wenn sie meinen, ihre Stunden legen zu können, ohne sich abzusprechen; mit Kollegen im Team untereinander über unterschiedliche Handlungskonzepte in Teams oder auch mit Eltern. Der Lehreranspruch kollidiert schon mal mit den Ansprüchen der Eltern. Wenn so etwas vorkommt, dann setze ich mich als Schulleiter dazu; dann geht es darum, widerstreitende Positionen zu identifizieren und klarzumachen, zu vermitteln, ohne dass man sich persönlich kleinmacht. Ich bin Mediator an der Stelle.

Wie ist das bei herausforderndem Verhalten der Schüler?

Früher kam es schon vor, dass wir Schüler für gewisse Zeiten nach Hause schicken mussten. Inzwischen ist das nicht mehr nötig, weil wir mittlerweile zehn Integrationshelfer haben, die solche Schüler unterstützen. Einmal habe ich einen Schüler der Schule verwiesen, der planvoll und zielgerichtet brachiale Gewalt angewendet hat. Gewalt war in der Familie offensichtlich ein Thema, denn der Vater dieses Schülers drohte mir ebenfalls Prügel an. Das ist aber eine andere Situation als bei einem Schüler, der aufgrund schwerer geistiger Behinderung oder schwerer Autismen herausforderndes Verhalten an den Tag legt. Insgesamt beobachte ich allerdings, dass die Art des herausfordernden Verhaltens anders geworden ist. Früher war es oft so, dass ein Kind, wenn es nicht in der Lage war, dem Unterricht zu folgen, in Stereotypien verfiel oder sich mit etwas anderem beschäftigte. Das konnte man eher zeitweise tolerieren. Jetzt wird häufiger mit Gegenständen geworfen, oder die Schüler rennen aus dem Zimmer oder werden tätlich. Abschließen darf man nicht, das heißt, man braucht jemanden, der hinterherrennt und der verhaltensunterstützend wirkt.

Zum Abschluss unseres Gesprächs möchte ich noch einmal auf das Thema »Inklusion« zurückkommen. Sie erzählten ja, wie Sie durch Georg Feuser beeinflusst wurden. Ich erinnere mich, bei Feuser einmal gelesen zu haben, wie er die Zukunftsvision hatte, dass alle Lehrer und Schüler gemeinsam ihre Sonderschule verlassen und sich den anderen Schülern anschließen …

Das wäre schön. Aber dafür müssten alle Pädagogen Sonderpädagogen sein. Ich fürchte, solange wir einen so hohen Leistungsanspruch in Deutschland haben, wird es die Inklusion schwerhaben. Man kann nicht wegdiskutieren, dass es ganz natürliche Barrieren gibt. Ein gewisses Maß an Abgrenzung von unseren Mitmenschen ist normal und lebensnotwendig. Wenn ich als Autofahrer an der Ampel stehe und ich, wenn mein Vordermann bei Grün nicht startet, genervt vor mich hinbrumme: »Mensch, fahr doch, du Idiot!«, dann bin ich auch ein Etikettierer. Eigentlich müsste ich es gelassen sehen und sagen: »Der Mann ist gerade unaufmerksam, er hat bestimmt über irgendetwas anderes nachgedacht und deshalb nicht gemerkt, dass er weiterfahren kann.« So weit sind meine Nächstenliebe und meine allgemeine Gelassenheit aber noch nicht ausgeprägt … Und ich nehme an, mit solchen persönlichen Grenzen stehe ich nicht völlig allein da …

Eurystheus und das Einmaleinsgespenst

Ein Schultag in einer Freien Waldorfschule

»Meine Tochter war sieben Jahre alt und besuchte eine Sonderschule für Kinder mit geistiger Behinderung«, erzählt Frau M., Geschäftsführerin einer Freien Heilpädagogischen Schule. »Ich stellte fest, dass sie sich im Laufe der Schulzeit sehr verändert hatte. Sie kam immer sehr angespannt und unruhig aus der Schule, kratzte und schlug sich selbst. Ich konnte zum Beispiel beobachten, wie sie sich selbst ermahnte: ›Nein, das macht man nicht!‹, und sich dabei auf die Hand schlug. Ich erlebte sie als völlig überfordert. Mein Eindruck war damals, dass sie gar nicht überblickte, was sie in der Schule sollte; dass Veränderungen zu schnell von ihr verlangt wurden. Meine Tochter muss klar wissen, was auf sie zukommt. Sie braucht einen sehr strukturierten Alltag. Bei Elterngesprächen hieß es, dass man von ihrer Anspannung in der Schule nichts merkt. Sie hatte sich da angepasst, ihr Unglück war nicht offensichtlich.«

Die Eltern machten sich damals Gedanken, wie sie ihrer Tochter helfen könnten; an der damaligen Schule schien es keine befriedigende Lösung zu geben. Anthroposophische Schulen gab es vor zehn Jahren zwar, doch waren dies Heimsonderschulen weit weg vom Heimatort. Eine Trennung von daheim wollte man dem Kind damals noch nicht zumuten. Eine anthroposophisch ausgerichtete Förderschule existierte vor Ort, aber die Behinderung der Tochter war zu stark ausgeprägt, als dass sie dort hätte am Unterricht teilnehmen können. Und so blieb nur eine Möglichkeit: Eine neue Schule musste gegründet werden!

Man tat sich mit anderen Eltern zusammen, die ebenfalls bessere Lösungen suchten, fand eine Lehrerin der Förderschule, die bereit war, die Eingangsklasse einer neuen Schule für »seelenpflegebedürftige Kinder« zu unterrichten, und gründete einen Schulträgerverein. Zu Beginn war das eine Gruppe von acht bis zehn Erwachsenen, die sich Gedanken machten. Ursprünglich bestand die Auflage, eine Wartefrist von drei Jahren einzuhalten, um Zuschüsse zu bekommen, aber man erreichte es, dass bereits nach einem Jahr die ersten Gelder flossen. In der »normalen« Waldorfschule durfte man zunächst zwei Gästezimmer unterm Dach nutzen: »Da waren wir schon inklusiv!«, lacht Frau M.

Das alles geschah vor acht Jahren. Schließlich wurde übergangsweise eine Containerschule daraus, bis ein schönes neues Gebäude mit angeschlossenem Garten entstand, in das man umziehen konnte.

Die Eingangsklasse von damals ist fast noch in der gleichen Zusammensetzung beisammen. Die Klassen bestehen aus acht bis neun Schülerinnen und Schülern, so berichtet Frau M., in der Eingangsklasse sind es manchmal weniger, doch im Laufe der Zeit kommen in der Regel weitere Schüler dazu, zum Beispiel solche, die in den ersten vier Grundschulklassen in eine Regelschule integriert waren und deren Integrationsprojekt anschließend nicht weitergeführt wird, oder solche, die an Regelsonderschulen nicht gut zurechtgekommen sind.

Jede Klasse hat einen Klassenlehrer bzw. eine Klassenlehrerin und einen Klassenhelfer; manchmal kommen noch individuelle Schulbegleiter hinzu, wenn ein Kind nur mit besonderer Hilfe am Unterricht teilnehmen kann.

Zum Thema »Inklusion«, so erzählt Frau M., habe es vor Kurzem einen Infoabend gegeben. Da wurde deutlich, dass man schon vor fünfundzwanzig Jahren ähnliche Pläne hatte, dass es damals aber nicht gewünscht wurde, auch von Elternseite her nicht. Inzwischen veranstaltet man Elternabende, um zu diskutieren, wohin der Weg gehen soll. Schließlich haben die drei Waldorfschulen vor Ort mit ihren jeweiligen Sonderbeschulungen (Geistigbehinderte, Förderschüler und Haupt-/Real-/Gymnasialausrichtung) gute Chancen, miteinander zu kooperieren.

Es klopft an der Tür; Frau G. lädt mich freundlich ein, sie in ihre achte Klasse zu begleiten, denn ich bin gekommen, um den Schultag mit Lehrern und Schülern zu verbringen und in verschiedenen Klassen zu hospitieren.

Da erwarten mich schon sehr gespannt zehn Schülerinnen und Schüler im Stuhlkreis, mit ihnen eine Praktikantin und der Schulbegleiter von Jonas, der schwermehrfachbehindert ist und viel Pflege, Assistenz und Zuwendung braucht, die sein Betreuer ihm in seiner fröhlichen, offenen und beruhigenden Art ganz offensichtlich gern gibt. Peter, der mir stolz einen Platz neben sich anbietet, fragt mich, wie alt ich bin. Die Antwort erheitert ihn enorm – so ungeheuerlich erscheint ihm die Zahl!

Aber die Zahlen sind erst später dran: zuerst Gedichte! Zwei Mädchen üben mithilfe ihrer Lehrerin ihren Zeugnisspruch, strahlend und stolz machen sie dazu ihre Gebärden, und anschließend dürfen alle zu einem Gedicht von Rose Ausländer Ergänzungen beitragen.

Nun geht's ans Rechnen: Sieben mal acht, wer weiß das? Keiner! Und deshalb muss die Geschichte vom Einmaleinsgespenst her, die Frau G. mit großem schauspielerischen Talent so spannend erzählt, dass alle – egal ob sie sie verstehen oder nicht – aufmerksam zuhören und spüren: Hier wird mit liebevollem Verständnis für individuelle Lernprobleme und mit großem Spaß gearbeitet, und auch diejenigen, welche nicht so mithalten können, werden in ihrem Sosein angenommen und respektiert. Zur Beendigung des Stuhlkreises bekomt jeder seinen Leistungsmöglichkeiten entsprechend eine Einzelaufgabe und wird anschließend mit entsprechender Ermutigung in die Sitzreihen geschickt; Jonas, der nicht sprechen und nicht rechnen kann, wird liebevoll und herzlich angeschaut und angesprochen, sein Gesicht gestreichelt, bevor auch er den Sitzplatz wechselt. Und nun wird gerechnet, mit Klötzchen, mit Arbeitsblättern und an der Tafel.

Nach diesem ersten Eindruck wechsele ich in die fünfte Klasse, wo gerade das Thema Pflanzenkunde auf dem Programm steht. Die Lehrerin hat verschiedene Obstsorten mitgebracht, Zitronen, Orangen, Nektarinen, Birnen; die Schülerinnen und Schüler dürfen mit verbundenen Augen probieren, was nicht alle gern tun … Bei einigen ist die Abwehr groß: Das scheint doch sehr gefährlich zu sein, etwas Unbekanntes abbeißen oder auch nur ein wenig ablecken zu sollen, doch ein Mädchen reagiert eher unerwartet: Sie möchte am liebsten die ganze Zitrone aussaugen. Die Lehrerin geht auf jeden einfühlsam ein, versucht sanft zu überzeugen, aber respektiert die jeweiligen Grenzen. Und schnell wird klar: In dieser Klasse sind die Probleme anders gelagert als in der achten Klasse: Hier ist ein schwer körperbehindertes Mädchen, das aber durch eine besondere intuitive Pfiffigkeit beeindruckt; ein anderes Mädchen, das unruhig rhythmisch mit dem Körper gegen die Rückenlehne des Stuhles schlägt; ein Junge, der die ganze Zeit mit Ölkreiden malt: Lampen! Nein, mit Früchten hat das nun gar nichts zu tun, aber Marco lässt sich davon nicht beeindrucken: Er muss zwanghaft malen, hat auch schon einen ganzen Stapel Papiere mit Zeichnungen gefüllt. Und nun sollen alle in ihr Pflanzenkundeheft schreiben, einen ganzen Satz womöglich? »Die Kirschen wachsen am Kirschbaum!«, das schafft einer der Jungen, ein anderer versucht, ein »F« auszusprechen wie in »Früchte«, ein Dritter öffnet mit Hilfe den Reißverschluss seines Mäppchens. Und Marco? Mit Engelsgeduld erreicht es die Lehrerin, dass er »Früchte« mit Handführung schreibt, bevor er sich wieder seinen Lampen zuwenden darf. Und nun ist Zeit für die Geschichte von Herkules, der dem Eurystheus Äpfel bringen soll. Geschichtenerzählen ist toll, Frau N. in ihrem Element und die Klasse lauscht gebannt und beobachtet interessiert Gestik und Mimik der Lehrerin.

Zum gemeinsamen Frühstück geht die Klasse nach nebenan, wo der Tisch gedeckt wird. »Wir sammeln Frühstücksgeld ein und besorgen, was wir fürs Frühstück brauchen: Mal gibt es Reiswaffeln, Knäckebrot, selbst gebackene Brötchen, Müsli, möglichst viele Variationen«, erzählt mir Frau V., eine Fachlehrerin, die inzwischen dazugekommen ist. Sie und eine Praktikantin, eine ehemalige Waldorfschülerin, unterstützen die

Klassenlehrerin bis zum Mittag, dann wird Letztere freihaben und die Fachlehrerin wird gemeinsam mit der Praktikantin den Rest des Tages bis 15.30 Uhr mit den Kindern gestalten.

»Beendet ist mein erstes Werk …« – ein Dankspruch ist das Ritual, das den Kindern anzeigt, dass ein Wechsel stattfindet. Ein solches Ritual brauchen alle, aber es reicht nicht für jeden. Frau N. versucht, Marco zu überzeugen, dass er seine Lampen für eine Weile zurücklassen soll – eine schwierige Aufgabe! Denn Marco, der ausgeprägte Autismen aufweist, kann sich nicht lösen. Die Lehrerin hilft ihm, indem sie mit ihm Schalter für die Lampen malt, die er ausmachen kann: »Tschüss, Lampen, bis gleich!« Und jedes Mal, wenn man meint, der Abschied sei geschafft, wird doch noch ein weiterer Schalter benötigt …

Beim Frühstück und anschließendem Abwasch erzählt mir Frau V., dass man versucht, für Marco eine Schulbegleitung zu bekommen. Die Eltern möchten es auch, denn wenn man Marco, der viel Potential hat, fördern möchte, darf man ihn nicht ausschließlich seinen Stereotypien überlassen, doch man muss sie respektieren und Wege finden, wie man ihm neue Möglichkeiten eröffnen kann. Das kostet viel Kraft und Geduld; im Hauruckverfahren geht da gar nichts. Bleibt zu hoffen, dass die Behörden ein Einsehen haben …

Frau V. hat als Kinderkrankenschwester in der Psychiatrie gearbeitet, bevor sie sich entschloss, beruflich umzusatteln. »In der Psychiatrie wird eben auch geforscht, da ist ein Umgang der Ärzte mit den Patienten, den ich oft problematisch fand. Ich wollte bewusst eine Arbeit, wo das Individuum im Mittelpunkt steht, wo man sich auf den ganzen Menschen bezieht.«

Diese Arbeit hat sie hier gefunden. »Man muss natürlich teamfähig sein, sonst geht man hier unter! Denn Konferenzen und Teamsitzungen finden häufig statt; Monatsfeste und andere gemeinsame Veranstaltungen werden vorbereitet«, erklärt mir Frau V.

Das bestätigt auch Frau H., die Lehrerin der siebten Klasse, der ich mich über Mittag anschließe. Die Klasse geht zum Mittagessen in die Mensa der »großen« Waldorfschule. »Du bist meine Freundin«, hat eins der Mädchen beschlossen und hält meine Hand auf dem Weg zum Essen, wobei sie mir unaufhörlich aus ihrem Leben erzählt. Gemeinsam wird der Tisch gedeckt und ein Gebet gesprochen. Thomas, der neben mir sitzt, pult Tomaten- und Gurkenstückchen aus seinem Salat: »Das mag ich nicht!«, und ohne Hemmungen schaufelt er mir seine Überreste auf den Teller, was ich zunächst verblüfft zur Kenntnis nehme. Nach einer Weile kann er aber gutmütig meinen Rat annehmen, das ungeliebte Gemüse auf seinem eigenen Tellerrand zurückzulassen.

Auf dem Rückweg erzählt Frau H., dass auch sie Kinderkrankenschwester war, bevor sie eine zweite Ausbildung machte, die sie an diese Schule führte. Und sie berichtet von Kinderkonferenzen, die alle sechs Wochen stattfinden, einer Art Rundem Tisch mit Kollegen, eventuell Therapeuten und einem anthroposophischen Arzt. Hier wird jeweils ein Kind vorgestellt, meistens eines, mit dem es gerade Probleme gibt, und man versucht gemeinsam, sich in das Kind hineinzuversetzen und zu verstehen, was dieses Kind bewegt. Dabei wird einer der Beteiligten als »Pate« für das Kind bestimmt. Seine Aufgabe ist es, die guten Eigenschaften des Kindes hervorzuheben und zu verhindern, dass schlecht über das Kind gesprochen wird. So gelingt es oft, die Schwierigkeiten in einem anderen Licht zu sehen und die Hintergründe zu verstehen.

»Auf diese Weise lernen wir die Kinder im Laufe der Zeit alle recht gut kennen, auch wenn wir sie selbst noch nicht im Unterricht hatten. Wenn dann ein Lehrerwechsel kommt, ist es kein Bruch.«

Aber Lehrerwechsel gibt es sowieso nicht oft; Frau H. hat ihre siebte Klasse schon von Anfang an. Das bringt Stabilität, »obwohl« – so räumt sie ein – »man meiner Meinung nach auch schon vielleicht nach fünf, sechs Jahren einen Lehrerwechsel haben könnte, das verkraften die Schüler und es gibt noch einmal neue Impulse.«

Nach der Pause ist Sport in der Halle gemeinsam mit der achten Klasse. Frau D., die Sportlehrerin, schafft es, die Kinder zu Ballspielen zu motivieren. Das geht, weil die Schülerinnen und Schüler der siebten Klasse recht homogen zusammengesetzt sind und auch die Achtklässler, die ich schon vom Vormittag kenne, bis auf den schwerstmehrfachbehinderten Jonas sehr gut mitmachen können. Kein Autist ist dabei, der Unruhe und Nähe überhaupt nicht verträgt, sondern hauptsächlich Kinder, die nach einem konzentrierten Vormittag nun dringend Bewegung nötig haben. Im Abschlusskreis werden Pläne für den nächsten Tag gemacht und wird für den Tag gedankt, dann stehen die Busse vor der Tür.

Geht es immer so friedlich zu, kommen alle Kinder so gern in die Schule? Na ja, schwere Probleme gibt es auch, ein Kind ist da zum Beispiel, das unvermittelt sehr häufig andere Kinder beißt. Da hat man noch keine befriedigende Lösung gefunden. Ein solches Kind habe ich heute nicht gesehen, und ganz sicher haben sich aufgrund meines Besuches alle von der Schokoladenseite gezeigt, verständlicherweise …

Aber ich habe sehr viel Authentizität erlebt, sehr viel Freude an der Arbeit und Wärme im Umgang miteinander aus einer echten inneren Motivation heraus. Kennzeichen einer Freien Heilpädagogischen Schule? Kennzeichen bestimmter Lehrerpersönlichkeiten, die auch an anderen Schulen arbeiten könnten? Kennzeichen einer gut geführten Schule in Selbstverwaltung, die eine angenehme Schulatmosphäre, ein vertrauensvolles Miteinander schafft?

Das kann ich nicht entscheiden. Doch wenn ich heute die Wahl hätte zwischen dieser Schule und der Schule, in der mein Kind mit Behinderung die allerersten Schuljahre verbracht hat; wenn ich an die vielen Lehrerwechsel, die Unruhe und Hektik, den Zwang und die »Da muss er durch«-Sprüche denke, an die abweisenden Fragen: »Und was wollen Sie jetzt von mir?«, wenn ich um ein Elterngespräch gebeten habe; wenn ich mich erinnere, dass es da sehr wohl auch sehr gute und hoch engagierte Lehrerpersönlichkeiten gab, die denen vom heutigen Tag ähnelten, dass mein Sohn aber viel zu selten und für zu kurze Zeit in den Genuss ihres Unterrichts kam – dann wäre es für mich keine Frage: Diese Freie Heilpädagogische Schule wäre die richtige für mein Kind. Denn hier strebt man danach, gerade solche besonders motivierten Lehrerpersönlichkeiten einzustellen; die Chance, sie hier zu finden, ist groß, obwohl – so muss man wohl realistisch annehmen – auch hier »nur mit Wasser gekocht« wird.

Aber das »Süppchen«, das heute hier angerichtet wurde, hat mir geschmeckt! Und als ich mich auf den Heimweg begebe, träume ich ein wenig davon, dass ähnliche Zutaten noch mehr auch in staatlichen Schulen verwendet werden könnten …

Veränderungen fallen uns Deutschen schwer!

Herr G., Oberbürgermeister einer Großen Kreisstadt

Herr G., Sie sind Vater eines achtzehnjährigen Jungen, der mit einer geistigen Behinderung lebt. Sie sind also ganz persönlich als Angehöriger unmittelbar vom Thema »Behinderung« betroffen. Gleichzeitig interessiert Sie das Problem auch als Politiker, denn Sie sind Oberbürgermeister einer Großen Kreisstadt und damit angehalten, die UN-Konvention über die Rechte der Menschen mit Behinderung in die Tat umzusetzen.

Ja, als Vater habe ich lange Jahre schon Erfahrungen mit der Betreuung meines Sohnes im Kindergarten, in der Schule und in Behinderteneinrichtungen gemacht. Als Vertreter eines Schulträgers muss ich dafür Sorge tragen, dass bildungspolitische Beschlüsse umgesetzt werden. Mein Sohn hat Sondereinrichtungen besucht, und ich hatte den Eindruck, dass er sowohl im Kindergarten als auch in der Schule bestens aufgehoben war und eine gute bis sehr gute Förderung erhalten hat. Natürlich gab es auch Probleme, man war nicht immer zu einhundert Prozent konform. Aber wenn Menschen Thorsten zum Beispiel eine Weile nicht gesehen hatten und ihn dann wiedertrafen, hörten wir oft: »Er hat sich toll entwickelt!«

Das hört sich an, als würden Sie – anders als in der Konvention gefordert – Sondereinrichtungen befürworten.

Ich glaube, dass in diesen Einrichtungen gute Arbeit geleistet werden kann und dass man dort auch bemüht ist, Menschen mit Behinderung ins normale Leben zu integrieren. Und doch bin ich überzeugt, dass gemeinsame Bildungseinrichtungen beiden Gruppen – Kindern und Jugendlichen mit und ohne Behinderung – sehr viel bringen können. Ich denke aber, dass es dabei auf den individuellen Behinderungsgrad und die jeweilige Art der Behinderung ankommt – das Individuum nicht aus den Augen zu verlieren bei solchen Entscheidungen, das finde ich ganz wichtig!

Sie plädieren also für eine differenzierte Sichtweise.

Ja, weiterhin eine strikte Trennung zu propagieren, das wäre schlecht. Es gibt gelungene Beispiele von Integration, auch gerade bei uns hier im Raum. Ich erinnere mich, wie es anfangs große Vorbehalte von Eltern gegen die Einführung einer Außenklasse gab – Schüler mit Behinderung sollten eine Hauptschule besuchen. Das kannte man damals nicht und hat sich gewehrt. Inzwischen möchte das keiner mehr aufgeben. Aber die absolute Forderung »Alle Schüler *müssen* integriert sein« ist meiner Meinung nach falsch. Wir sollten möglichst viele Alternativen zulassen!

Möchten Sie noch ein wenig von Ihrem Sohn erzählen?

Bei Thorsten liegt eine mentale Retardierung vor, sodass er permanent gefordert und gefördert, immer wieder angeregt werden musste, damit Weiterentwicklung möglich wurde. Diese Weiterentwicklung war dann langsam, aber stetig möglich; der Grad seiner Behinderung ließ das zu, wobei ein normales familiäres Umfeld natürlich auch unterstützend gewirkt hat.

Wie hat sich Thorstens Behinderung außer durch die verlangsamte Entwicklung noch deutlich gezeigt?

Lange Zeit war Thorsten in vielen Situationen völlig unberechenbar: Er zerstörte dann Dinge, warf sie aus dem Fenster ... Auch heute noch darf keine Hektik aufkommen, man muss für einen ruhigen, ritualisierten Ablauf sorgen, damit er nicht »durchdreht«. Inzwischen kann ich ihn sogar zu Konzerten und Sportveranstaltungen mitnehmen; das ist völlig problemlos. Aber wenn sich zum Beispiel an seinem Geburtstag sehr viel um ihn dreht, dann spult er ein Programm ab – so wie ein Kleinkind das tun würde.

Seit einiger Zeit lebt Thorsten unter der Woche in einer Einrichtung der Diakonie. An Wochenenden und in den Ferien hat er den Kontakt zu seiner Familie. Wie kam es, dass Sie sich zu dieser Wohnsituation entschlossen haben?

Die Familie kann auf Dauer Thorstens tägliche Betreuung nicht leisten; dafür hat er zu viel Unterstützungsbedarf, und er benötigt einen klaren, möglichst strukturierten Rahmen. Er wird ja auch erwachsen und soll sein eigenes Leben führen, ohne dauernd nur von seinen Eltern oder seiner Schwester abhängig zu sein. Um das zu gewährleisten, sahen wir die Einrichtung, in der er jetzt ist, als geeignet an. Thorsten war auch früher schon in Kurzzeitpflege dort, war öfter bei Ferienfreizeiten der *Lebenshilfe* von daheim getrennt, und es hat jedes Mal sehr gut geklappt. Insofern haben wir als Eltern auf das Wissen und die Qualität einer solchen Sondereinrichtung vertraut und uns zu diesem Schritt entschlossen.

Sind Sie zufrieden mit Thorstens Betreuung?

Ich glaube, er fühlt sich wohl dort, kann sich mit seinen Bedürfnissen durchsetzen, und er macht alles in allem einen zufriedenen, ausgeglichenen Eindruck. Sprachlich hat er Rückschritte gemacht, muss ich allerdings einräumen. Trotzdem habe ich keine Sorge, dass wir ein schlechtes Gewissen haben müssten. Thorsten hat dort ein Einzelzimmer; einen Rückzugsort, wo er »herunterkommen« kann. Er hat feste Regeln, die ihm Sicherheit geben. Wenn wir ihn holen, dann freut er sich. Aber wenn er zurückfährt, freut er sich auch. Er hat dann keine Probleme, für ihn ist es okay.

Sie erwähnten vorhin auch die *Lebenshilfe für Menschen mit geistiger Behinderung*, die eine wichtige Rolle in Thorstens Leben – und somit irgendwie auch im Leben der ganzen Familie – spielt.

Ja, die *Lebenshilfe* ist bei uns kein ausgegrenzter Bereich, sondern Bestandteil des allgemeinen Lebens. Man sieht die Mitarbeiterinnen und Mitarbeiter häufig mit den ihnen Anvertrauten in der Innenstadt, im Kino, im Café … Die *Lebenshilfe* ist etwas Positives, Selbstverständliches, obwohl sie irgendwie als »Sondereinrichtung« zu sehen ist. Auf diesem Hintergrund ist das auch völlig in Ordnung und normal für mich, dass mein Sohn mit der *Lebenshilfe* unterwegs ist oder dass er in einer sogenannten Sondereinrichtung wohnt.

Könnten Sie sich eine andere Art des Wohnens – zum Beispiel Betreutes Wohnen vor Ort – für Thorsten vorstellen?

Ich weiß nicht, ob es ihm guttun würde, denn ich fürchte, dass er häufiger Konflikte austragen müsste. Ihn aus einer Situation herauszuholen, in der er sich eigentlich wohlfühlt, das halte ich für problematisch. Das ist auch ein bisschen meine Sorge bei der jetzigen Entwicklung: Wie so oft schwingt das Pendel zunächst mal von einem Extrem ins andere. Wir sollten nicht »das Kind mit dem Bade ausschütten«. Ich hoffe, dass die

Entwicklung der Individualität nicht völlig den Bach runtergehen wird. Es muss die Möglichkeit geben, den Menschen auf ihre individuelle Behinderung hin ein Angebot zu machen; ich wünsche, dass Platz für die Einzelfallbetrachtung ist, auch wenn man in der Politik nicht für jeden ein Einzelprofil stricken kann.

Nein, die Einzelfallbetrachtung ist natürlich nur im Rahmen eines Gesamtkonzeptes möglich. Hier sind Sie nun als Politiker gefragt. Wie stellen Politiker sich Inklusion vor?

Gute Frage! Gute Frage! Daran arbeiten wir zurzeit. Der Expertenrat »Schulische Bildung und Erziehung von Kindern und Jugendlichen mit Behinderungen« des Kultusministeriums Baden-Württemberg hat dazu Empfehlungen gegeben, die uns in mehreren Rundschreiben in den vergangenen Monaten übermittelt wurden. Die Sonderschulpflicht soll entfallen; die Sonderschulen sollen sich parallel dazu zu »Sonderpädagogischen Bildungs- und Beratungszentren« weiterentwickeln, in denen weiterhin unterrichtet wird bzw. in denen besondere sonderpädagogische Leistungen angeboten werden, die nicht in allgemeinbildenden Schulen bereitgehalten werden können. Für diese Zentren sucht man noch einen neuen Namen. Sie sollen ihre Angebote stärker in die allgemeinbildenden Schulen verlagern, damit der Prozentsatz von Kindern und Jugendlichen mit Behinderungen an allgemeinbildenden Schulen weiter steigt. Gegenwärtig liegt er in unserem Bundesland – in Baden-Württemberg – bei neunundzwanzig Prozent.

Wie kann man sich das vorstellen – soll dann sonderpädagogische Förderung an sämtlichen Schulformen möglich sein?

Zieldifferenter gemeinsamer Unterricht an allgemeinbildenden Schulen soll zum Regelangebot werden, aber man möchte natürlich eine Zersplitterung der sonderpädagogischen Förderung vermeiden, deshalb soll sie an bestimmten allgemeinbildenden Schulen gebündelt werden. Grund- und Hauptschulen, die durch die Einrichtung von Werkrealschulen ihren Hauptschulbereich verlieren, könnten sich hierfür besonders eignen.

Sind die Lehrer an allgemeinbildenden Schulen darauf vorbereitet?

Bisher wohl noch nicht so sehr, aber Elemente des zieldifferenten Unterrichts sollen in die Ausbildungs- und Prüfungsordnungen aufgenommen werden.

Inwieweit können Eltern in Zukunft mitentscheiden, welche Schule sie für ihr Kind wünschen?

Es heißt in den Empfehlungen, dass Eltern ein qualifiziertes, allerdings nicht absolutes Wahlrecht für die Festlegung des Schulwegs ihrer Kinder erhalten. Eine Bildungswegekonferenz soll hierzu Empfehlungen erteilen. Diesem Gremium gehören die Eltern neben schulischen Vertretern und – sofern kommunalrelevante Entscheidungen anstehen – Schulträgervertretern an. Die Kultusverwaltung kann eine vom Elternwillen abweichende Bildungswegeentscheidung treffen, wenn hierfür zwingende Gründe des Kindeswohls oder der Pädagogik sprechen.

In welchem Zeitrahmen sollen diese Ziele umgesetzt werden?

Eine flächendeckende Umsetzung der Empfehlungen wird wohl frühestens in zwei Jahren erwartet. Es sollen zunächst Schulversuchsergebnisse vorliegen, bevor eine Schulgesetzänderung erfolgt.

Gibt es bereits konkrete Umsetzungspläne in Ihrer Stadt?

Gerade heute Abend werden wir eine nichtöffentliche Sitzung zu einem Thema haben, über das wir uns sicher schwer den Kopf zerbrechen werden. Die hiesige Sonderschule für Lernschwache müsste dringend grundsaniert und erweitert werden. Demgegenüber wird in einem anderen Stadtteil, in H., eine Hauptschule geschlossen, das Gebäude steht leer und bietet sich für eine Inklusionseinrichtung geradezu an. Es ist in einem unvergleichlich besseren Zustand als die Förderschule. Was also erscheint vernünftiger und naheliegender, jedenfalls auf den ersten Blick, als die Förderschule nach H. umziehen zu lassen?

Wo liegt das Problem?

In H. war die Schulwelt bisher in Ordnung, da gab es keine besonderen Schwierigkeiten. Jetzt sollen die Kinder mit Lernbehinderung, die häufig aus sozial schwachen Familien kommen, etwas provokativ gesagt, in diesem »Himmelreich« unterrichtet werden. Das löst Befürchtungen bei der Bevölkerung aus, die man aufnehmen, verstehen, aber auch entkräften müsste, was nicht so einfach ist. Dabei sind in unserer Förderschule sicher viele Schüler, die in einer Inklusionseinrichtung riesige Schritte machen könnten, auch wenn das nicht auf alle zutrifft. Eine andere Sonderschule würde sich eventuell anschließen, um eine solche Schule mit Inklusionscharakter dort aufzubauen. Das wäre eine elegante Lösung, und ich denke, die Revolte wird nicht ausbrechen in H.

Andererseits sieht aber auch das Lehrerkollegium der Förderschule Probleme. Sie möchten die Vorteile, welche sich durch die räumliche Nähe zu zentralen Einrichtungen wie Banken, Versicherungen, Einkaufsmöglichkeiten, Schwimmbad, Bibliothek, Musikschule, Volkshochschule etc. hier vor Ort bieten, nicht aufgeben. Diese Nähe macht es natürlich leichter, dem Bildungsplan der Förderschule Folge zu leisten und am sozialen und kulturellen Leben teilzuhaben. Betriebe, mit denen zusammengearbeitet wird, sind näher dran; die Schule ist am jetzigen Standort von der Bevölkerung akzeptiert. Da gibt es viele Argumente, und es wird sicher nicht einfach, eine Lösung zu finden, die allen gerecht wird.

Manche Kritiker der augenblicklichen Inklusionsbestrebungen sagen ja, dass es letztendlich ums Geld geht. Wird der finanzielle Gesichtspunkt entscheidend sein?

Ich find's eigentlich schlimm, wenn nur auf dieser Ebene argumentiert wird. Als Kommunalpolitiker weiß ich, wie wichtig Finanzen sind. Wenn wir Entscheidungen treffen müssen für Menschen, die Teil unserer Gesellschaft sind, darf das Finanzielle nicht außen vor gelassen werden, aber auch nicht entscheidungsgebend sein in so wesentlichen Fragen. Es ist sicher nicht aus der Luft gegriffen, wenn Kritiker sagen, es gehe nur ums Geld. In manchen Bereichen könnte der finanzielle Anspruch in der Tat niedriger sein, aber wir haben eine Verantwortung, der wir uns nicht entziehen dürfen. Auslöser für die Umgestaltungen, die anstehen, ist die UN-Konvention über die Rechte von Menschen mit Behinderungen, nicht der Plan, möglichst viel Geld zu sparen.

Deutschland soll in diesem Zusammenhang von anderen Ländern lernen, die auch in der PISA-Studie ganz vorn sind.

In Skandinavien herrscht eine andere Lebensphilosophie. Der Präventionsgedanke ist ausgeprägter. Eine Maxime lautet: »Die besten Pädagogen in die Kindergärten!« Natürlich sind durch weniger Industrialisierung und geringere Bevölkerungsdichte die Rahmenbedingungen ganz anders; vielleicht herrscht auch eine andere Mentalität. Es wird schon seit vielen Jahren oder Jahrzehnten anders gemacht als bei uns. Wir haben unsere

Traditionen im Bildungsbereich, und da ändert sich nur sehr langsam etwas. In Deutschland herrscht eine konservative Meinung vor. Denken Sie nur daran, wie schwer man sich in Deutschland mit der Ganztagsschule tut! In Frankreich ist das kein Thema. Ich habe nicht das Gefühl, dass französische Kinder wesentlich anders sind als unsere oder dass sie grundsätzlich ein schlechteres Verhältnis zu ihren Eltern haben, weil sie ein paar Stunden länger am Tag in der Schule sind. Aber Veränderungen fallen uns Deutschen schwer! Oft werden andere Erwägungen vorgeschoben, um die Komfortzone, in der man sich sicher eingerichtet hat, nicht verlassen zu müssen. Veränderungen sind ja nicht per se schlecht, aber erst einmal unbequem und verunsichernd. Im Vorfeld sieht man oft nur das Schlimmste. Dabei wäre es hilfreich, Veränderungen in Ruhe, ohne Hysterie, anzugehen. Das ist kein Plädoyer dafür, alles »zu fressen«, zu allem Ja und Amen zu sagen. Aber man sollte sich ehrlich fragen, ob man das, was man tut, tatsächlich für die Kinder oder die Menschen mit Behinderung tut oder ob man sie nur vorschiebt, sie instrumentalisiert, um eigene Interessen zu vertreten.

Arbeiten und Freizeit

Man lässt sich immer wieder gern überraschen

Herr R., Gruppenleiter in einer Werkstatt für Menschen mit Behinderung

Herr R., welche Ausbildung braucht man, um Menschen mit Behinderung in einer Werkstatt als Gruppenleiter zu betreuen?

Man benötigt zuerst eine Grundausbildung in einem handwerklichen Beruf. Ich selbst bin gelernter Werkzeugmechaniker und auch gelernter Maler und Lackierer. Danach stand für mich der Zivildienst an. Über meine Mutter, die damals in der Werkstatt für Behinderte als Raumpflegerin und bei der Küchenausgabe arbeitete, bekam ich Kontakt mit Beschäftigten der Werkstatt, und es ergab sich, dass ich eine Zivildienststelle antreten konnte. Das war 1990 – ja, und seitdem bin ich dort hängengeblieben!

Aber Sie mussten zuerst eine weitere Ausbildung machen?

Ja, zum überbetrieblichen HEP-Helfer, so nennt sich das. Wer in der Pflege tätig sein möchte, muss eine dreijährige Ausbildung zum Heilerziehungspfleger durchlaufen; ein HEP-Helfer braucht nur eineinhalb Jahre Schule und Praxis zu machen. Diese Ausbildung ist aber auf jeden Fall verpflichtend! Ich war zum Beispiel im Schwerbehindertenbereich tätig, half, die Menschen zu baden, Essen zu richten, lernte, Hebelifter zu bedienen. Anschließend war ich sechs Wochen lang in einem Seniorenwohnheim für behinderte Menschen als Nachtwache eingesetzt; zwischendurch zeigte man mir an verschiedenen Einsatzorten, wie Sondenernährung funktioniert.

Danach wurden Sie Gruppenleiter. Wie groß ist die Werkstatt, in der Sie beschäftigt sind?

Wir haben zurzeit hundertsechsundfünfzig Beschäftigte und vierundzwanzig Mitarbeiter, wobei alle Raumpflegerinnen, das Küchenpersonal, die Hausmeister und auch

Teilzeitkräfte mitgezählt sind. Es handelt sich um eine Zweigstelle einer Großeinrichtung der Diakonie. Inzwischen haben wir aber auch unseren eigenen Sozialdienst hier; welcher sich um alle Behördengänge und um alles Zwischenmenschliche zwischen Familie und Werkstatt kümmert.

Kommen alle Beschäftigten hier aus dem Ort?

Fünfundachtzig Prozent sind Externe, fünfzehn Prozent leben hier in einem Wohnheim. Momentan geht der Trend hin zu mehr Außenwohngruppen und zum Betreuten Wohnen. Es werden vermehrt Wohnungen oder ganze Häuser angemietet, sodass eine Dezentralisierung stattfindet und die Menschen nicht mehr alle in einem großen Wohnheim leben.

Wie erleben Sie diese Entwicklung?

Ich sehe das persönlich etwas kritischer als Kollegen in anderen Ämtern. Natürlich ist das Recht auf selbstständige Lebensführung sehr wichtig, manchmal habe ich aber den Eindruck, es wird für bestimmte Menschen unter Umständen ein Recht auf Verwahrlosung daraus. Manche tun mir leid, wenn sie in Wohnungen versetzt werden. Ich erlebe ihre Hilflosigkeit; die Hygiene wird schlechter, manche trinken zu viel Alkohol. Einige kommen damit einfach nicht zurecht, sie erscheinen dann nicht zur Arbeit; keiner sagt: »Es ist Zeit zu duschen«, oder: »Nach zwei, drei Bierchen reicht's – es müssen keine sieben sein.«

Wer entscheidet denn, ob jemand in eine Außenwohngruppe geht?

Der gesetzliche Betreuer, der Sozialdienst, ein Psychologe und der Leiter des Betreuten Wohnens machen sich in ein oder zwei Gesprächen mit dem Betroffenen ein Bild. Die Menschen, die tagtäglich mit ihm selbst zu tun haben, werden meiner Meinung nach zu wenig befragt. Ich finde, es ist nicht angebracht, dass »fremde« Menschen bestimmen, ob jemand in eine Außenwohnstelle geht. Es wäre wichtig, zum Beispiel die Gruppenleiter direkt einzubeziehen.

Der gesetzliche Betreuer sollte ja eigentlich den betroffenen Menschen gut kennen, oder?

Das ist leider oft nicht der Fall. Denn bei vielen ist das nicht mehr ein Elternteil, sondern zum Beispiel ein Berufsbetreuer. Manche arbeiten auch für die Masse ... Wer beruflich und privat nie mit Menschen mit Behinderung zu tun hatte, kann manches nicht einschätzen. Wenn man erzählt, dass der zu Betreuende einen Sammelzwang hat oder in vielen Dingen maßlos ist, dann sagt der Betreuer oft: »Das krieg ich gar nicht so mit« ...

Und ein Psychologe, der am Gespräch beteiligt ist?

Ich erzähle Ihnen ein Beispiel. Da ist ein Beschäftigter, der ist unheimlich wortgewandt, alles, was er sagt, hört sich toll an. Man spürt die Behinderung nicht sofort, er ist ein bisschen ein »Blender«. Trotz Widerständen der Gruppenleiter ist er in die Außenwohngruppe versetzt worden, denn die ganze Prüfungskommission war total begeistert von ihm. Er hatte erzählt, wie er das Bad mit Essigreiniger putzen wird, und erklärt, wie man Spaghetti kocht, das hat Eindruck gemacht. Das Ergebnis ist unter anderem eine Wasserrechnung wie im Freibad ...

Wir haben hier manche, die es mit der nötigen sachlichen und emotionalen Unterstützung schaffen, tagtäglich eine gepflegte Erscheinung zu bieten und auch die angemessene Form in einer Unterhaltung zu wahren. Dann sieht man auf den ersten Blick gar nicht, dass es ein Beschäftigter mit Behinderung ist. Zweifel kommen oft erst auf, wenn man den Betroffenen länger und öfter erlebt.

Sie sehen also die veränderte Wohnsituation eher kritisch ...

Der Weg geht manchmal falsch herum, finde ich. Da mietet man zum Beispiel ein Haus mit zehn Wohnungen an, nun muss man die Leute finden, die es bewohnen. Eigentlich sollte man zuerst den Bedarf ermitteln und dann Wohnungen suchen. Aber auf diese Weise kommen dann eben manchmal auch solche Menschen in die Außenwohngruppe, für die es nicht gut ist oder die so viel Betreuung bräuchten, dass es nicht zu leisten ist. Sie haben einen Bezugsbetreuer, der nur zwei bis drei Stunden Zeit hat – das reicht einfach nicht. Oder wir haben sogar Alleinwohnende, die nur stichpunktmäßig vom Betreuer besucht werden. Manchmal rufe ich den Betreuer an und sage: »Der Wasserhahn war schon zwei Wochen nicht mehr auf, und die Zehen gucken aus den Socken raus!«

Wie läuft die Arbeit in der Werkstatt? Arbeiten Sie gern hier?

Ja, die Werkstatt sehe ich positiv, die Arbeit macht mir Spaß. Und man lernt oft Neues. Nur weil man fünfzehn Jahre oder so in einem Beruf arbeitet, kann man nicht sagen, man wüsste schon alles. Man lässt sich immer gern wieder überraschen!

Die Arbeit in der Werkstatt umfasst mehr als die tagtägliche Unterweisung in einfachen Arbeiten, nicht wahr?

Wir haben zum Beispiel auch Freizeitmaßnahmen; es gehört zu meinen Aufgaben, sie zu organisieren. Wir machen Grillwanderungen, fahren in den Erlebnispark, gehen kegeln oder so – wir haben ein ausgeprägtes Rahmenprogramm. In den Sommerferien bieten wir Urlaubsfahrten an, wobei der Kostenaufwand von den Teilnehmern selbst getragen werden muss. Dieses Jahr geht es für zwei Wochen in den Bayerischen Wald. Wir waren auch schon im Allgäu oder in Tschechien. Wir versuchen, etwa alle drei Jahre ein neues Ziel zu finden und nicht immer an den gleichen Ort zu fahren.

Für solche Fahrten brauchen Sie sicher viel Personal.

Ja, vierzehn Beschäftigte werden von drei Betreuern und einem Zivildienstleistenden begleitet. Inzwischen müssen wir aber darauf achten, dass eine weibliche Begleitperson mitfährt. Das war früher nicht immer so gegeben, aber es wird von Eltern so gewünscht – was man ja auch verstehen kann. Für uns bringt das insofern ein Problem, als die Frauen, die hier beschäftigt sind, oft Teilzeit- oder Halbzeitkräfte sind. Wenn sie an einer solchen Fahrt teilnehmen, dann haben sie dadurch etliche Überstunden, die sie in der normalen Arbeitszeit ausgleichen müssen, sodass sie im alltäglichen Arbeitsablauf fehlen.

Wie viele Mitarbeiterinnen gibt es überhaupt in ihrer Werkstatt?

Im Raumpflege- und Küchenbereich sind alle Arbeitskräfte weiblich. Wir haben im Schwerbehindertenbereich, im sogenannten Förder- und Betreuungsbereich, drei Frauen und einen Mann; in der eigentlichen Werkstatt nur zwei Frauen, eine davon eine Drittelkraft, die andere arbeitet halbtags.

Also die klassische Rollenverteilung ...

Schon, es ergibt aber auch Sinn, wenn man mit schweren Maschinen arbeitet, wenn wir zum Beispiel die Endmontage schwerer Tiefkühltruhen machen oder Ähnliches.

Was wird bei Ihnen denn alles angefertigt?

Große Firmen geben uns Aufträge; wir fertigen zum Beispiel Dinge für den Haushaltsbedarf oder wir machen die komplette Herstellung und Endverpackung von Schraubensets. Für gesundheitsfördernde Mittel und Salben stellen wir die Verpackung her und bereiten die Waren so weit vor, dass sie auf den Markt kommen können. Für Automobilfirmen und deren Zulieferer machen wir alles, was in neue Modelle eingearbeitet wird, zum Beispiel Führungsschienen. Gerade haben wir einen neuen, umfangreichen Auftrag bekommen, da geht es um die Herstellung von Maschinenschraubstöcken.

Es ist also keineswegs so, wie manche Außenstehende es sich vielleicht vorstellen: »Da basteln die Behinderten ein bisschen« ...

Nein, ganz und gar nicht, im Gegenteil, der Qualitätsanspruch ist enorm in die Höhe gegangen. Das ist nicht immer leicht. Den Firmen ist es egal, wer ihre Sachen fertigt. Wir sind vom Preis her die Günstigsten, aber es gibt da keinen Nachlass nach dem Motto: »Das machen Menschen mit Behinderung, die dürfen sich ein gewisses Maß an Ausschuss leisten.«

Haben Sie auch Aufträge außerhalb der Werkstatt?

Da gibt es eine kleine Gruppe, die bei umliegenden, hier vor Ort ansässigen Firmen Gartenarbeit macht. Wir haben dafür Geräte angeschafft, und dann fahren sie hin, mähen den Rasen und pflegen die Anlage. Manche können wir auch in Langzeitpraktika unterbringen, einer ist zum Beispiel Helfer für den Hausmeister einer großen Schule, ein anderer hilft saisonweise auf einer Golfanlage – beide sind aber grundsätzlich noch in der Werkstatt beschäftigt.

Nach welchen Kriterien richtet es sich, ob jemand in den Förder- und Betreuungsbereich kommt oder in die Werkstatt?

Da gibt es die Faustregel: »Wer nicht das Mindestmaß an wirtschaftlich verwertbarer Arbeit erbringen kann, erfüllt normalerweise die Kriterien zur Aufnahme in den Förder- und Betreuungsbereich.« Das sind in der Regel solche Menschen mit einem hohen Pflegebedarf.

Das heißt, viele, die einfachste Arbeiten durchführen können, vielleicht auch nur über einen kürzeren Zeitraum, gehen in die Werkstatt. Wer zwei Minuten nicht ruhig sitzen kann, geht in den Förder- und Betreuungsbereich. Bei uns sind beide Bereiche in einen Gebäudekomplex integriert. Es hat einen Umbau gegeben, vor einem Dreivierteljahr wurde der neue Förder- und Betreuungsbereich eröffnet. Es war eine Sanierung und Erweiterung nötig, denn ursprünglich war die Kapazität der Werkstatt für achtzig Beschäftigte angelegt, das war 1987 gewesen, als man mit zweiundsiebzig Beschäftigten hier begonnen hat. Bis zum Jahr 2009 war die Zahl der Beschäftigten auf hundertsechsundfünfzig angestiegen, wir waren also um einhundert Prozent überbelegt! Nur die Zahl der Beschäftigten war gewachsen, die Anzahl der Mitarbeiter ist gleich geblieben. Wir haben jetzt Glück gehabt und Gelder für einen Neubau bekommen, der nun auf hundertsechzig Beschäftigte ausgelegt ist. Ich vermute, die Zahlen werden wieder steigen …

Inwieweit kann man das vorausberechnen?

Wir bekommen Listen von den umliegenden Schulen, wie viele zur Aufnahme anstehen. Dann gehen vielleicht pro Jahr zwei in Rente, vier Neueinsteiger kommen hinzu, dazu möglicherweise noch ein Quereinsteiger durch Umzug – ich denke, die Zahl steigt um drei bis vier jährlich.

Wie kann man sich diesen steten Anstieg erklären?

Unsere Klientel hat sich verändert, der Mensch mit geistiger Behinderung, den man sich klassischerweise so vorstellt, ist nicht mehr in der Mehrzahl. Früher hatten wir auch mehr Autisten und mehrfachbehinderte Menschen. Heute kommen viele, die früher noch Hilfsarbeiter geworden wären, solche, die den ganzen Tag mit der Schubkarre und der Schüppe auf dem Bau unterwegs waren, die werden auf dem freien Arbeitsmarkt wegrationalisiert, weil man für alles Maschinen hat. Die Chefs können sich einen langsam und manuell arbeitenden Kollegen im Personal nicht mehr leisten. Unsere Gesellschaft definiert »Behinderung« heute anders: Alles, was nicht der Normalität entspricht, ist nicht vermittelbar oder wird als »behindert« betrachtet. Wer früher eine

Vier in der Hauptschule hatte, wurde trotzdem in vielen Bereichen noch gebraucht, aber heute ist alles so schnelllebig, wer da ein bisschen hinterherhinkt, wird oft schon ausgesondert. Manche behindern sich auch selbst, am Fortschritt teilzunehmen, sie lehnen sich unbewusst gegen den Fortschritt auf. Und die meisten haben irgendein Etikett, irgendeine Diagnose, dazu gibt es Stammtische von ähnlich Betroffenen oder Elternstammtische – es wird viel ausgesondert, finde ich …

Gerade das wollen wir aber andererseits zurzeit nach Möglichkeit verhindern, wenn wir nach Inklusion streben.

Es ist auf jeden Fall eine schwierige Aufgabe, wenn wir den Leistungsanspruch in unserer Gesellschaft betrachten.

Abgesehen von denen, die früher auf dem freien Arbeitsmarkt noch vermittelbar waren, aber heutzutage nicht mehr und die nun in der Werkstatt arbeiten – hat es weitere Veränderungen in der Zusammensetzung der Beschäftigten gegeben?

Wir haben mehr und mehr auch solche Menschen, die sich am Rande der Legalität bewegen, die früher vielleicht in eine Jugendvollzugsanstalt gekommen wären, und solche mit Verhaltensauffälligkeiten und Lernbehinderung. Die Arbeitsagentur lässt sie im Berufsbildungsbereich testen, damit sie herausfinden, wohin es beruflich gehen könnte, und sie kommen dann auch zu uns. Die Kluft zwischen »fit« und »behindert« hat sich in den letzten vier bis fünf Jahren enorm vergrößert. Das ist natürlich irgendwie auch eine Kaschierung der Arbeitslosigkeit. Für uns bringt es die Aufgabe, dass wir enorm aufpassen müssen. Wenn zum Beispiel einer clever ist, kann er von einem schwer geistig behinderten Beschäftigten Geld erpressen.

Wenn es gar nicht funktioniert oder Menschen bedroht werden, wie können Sie dann vorgehen?

Es gibt natürlich Werkstattregeln, wenn diese gebrochen werden, droht in letzter Konsequenz der Werkstattausschluss. Manche wechseln dann, werden Leiharbeiter bei einer Firma, wo sie den Mindestlohn bekommen. Sie möchten ja auch »Mr. Cool« spielen, das können sie nicht als Werkstattbeschäftigte, dafür braucht man einfach mehr Geld …

Sie sagen »Mr. Cool« – das heißt, es handelt sich im Wesentlichen um männliche Beschäftigte?

Ein paar Mädchen gibt es auch, die auf hohen Absätzen und in engen T-Shirts mit wenig darunter in die Werkstatt kommen, und dann treten die üblichen pubertären Konflikte zwischen Mädchen und Jungen auf, auch wenn sie schon fünfundzwanzig sind.

Wie viele Beschäftigte betreuen Sie denn im Arbeitsalltag in Ihrer Gruppe?

Wir haben angefangen mit einem Personalschlüssel von eins zu zwölf, jetzt sind wir bei eins zu achtzehn; es sind jeweils sechsunddreißig zu Betreuende in einer Gruppe mit zwei Mitarbeitern.

Wie ist denn die Zusammenarbeit mit Eltern von Menschen mit Behinderungen?

Wir haben einmal im Jahr einen Elternabend, dann sprechen wir über die Möglichkeiten und machen die Planung für das kommende Jahr, wir ermitteln auch den Bedarf für zukünftige Wohnmöglichkeiten. Vor Freizeiten veranstalten wir ebenfalls einen Elternabend.

Gibt es Konflikte zwischen Eltern und Mitarbeitern der Werkstatt?

Eher selten. Manchmal tun sich besorgte Eltern zusammen; dann geht es meiner Erfahrung nach aber oft um Dinge, die eigentlich nicht so wesentlich sind, wie die Größe der Kugel, mit der man kegelt – ob das Kind sich daran nicht die Finger einquetschen kann, oder um die Farbe des Toilettensitzes. Wenn es ernste Probleme gibt, der Beschäftigte plötzlich in irgendeiner Hinsicht auffällig wird und die Eltern uns dies rückmelden, dann sprechen wir natürlich. Wir haben beschützende Funktion, wir müssen dafür sorgen, dass es den Beschäftigten so gut wie möglich geht. In solchen Fällen gehen wir mit einem Vertreter des Sozialdienstes zusammen mit den Eltern zu einem Gespräch ins Büro. Aber es funktioniert auch andersherum: Wenn wir das Bedürfnis haben, mit den Eltern ein Problem zu besprechen, dann bestellen wir die Eltern ein. Wir fordern die Mitarbeit auch von unserer Seite ein.

Hinter die Kulissen gucken

Frau N., Beschäftigte in einem Werkstattladen

Frau N., Sie haben Einblick in die Arbeit von Werkstätten für Menschen mit Behinderung, einerseits, weil Ihre Tochter aufgrund ihrer Behinderung täglich in einer solchen Werkstatt arbeitet, andererseits, weil Sie selbst dort eine Beschäftigung gefunden haben. Wie kam es dazu?

Das war eigentlich Zufall. Ich hatte eine Ausbildung als Schwesternhelferin gemacht, angeregt dadurch, dass ich wegen meiner Tochter sehr oft mit Ärzten und Krankenhäusern zu tun hatte und aus Interesse einfach mal »hinter die Kulissen gucken« wollte. Auf diese Weise kam ich zum Mobilen Dienst einer Krankenpflegeeinrichtung, wo ich zehn Jahre lang tätig war, bis mich gesundheitliche Gründe zwangen, diese Arbeit aufzugeben. Das wusste der Werkstattleiter und fragte mich, ob ich nun nicht eventuell in der Werkstatt helfen könnte.

Was genau ist dort Ihre Aufgabe?

Ich bin als geringfügig Beschäftigte angestellt und arbeite seit fünfzehn Jahren in alleiniger Regie an drei Vormittagen für jeweils drei bis vier Stunden im Werkstattladen. Ich kaufe zum Beispiel Produkte aus verschiedenen Werkstätten in Deutschland ein und biete sie in unserem Werkstattladen an. Einmal im Jahr ist in Nürnberg Werkstättenmesse – da stellen sich alle vor mit ihren Produkten, das ist immer sehr interessant. Es gibt auch Fachvorträge. Zwei Tage lang ist die Messe nur für Facheinkäufer geöffnet, danach auch für anderes Publikum – da wird Öffentlichkeitsarbeit gemacht. Die Leute staunen dann immer: »Das haben die Menschen mit Behinderung hergestellt?!« Viele denken, Menschen mit Behinderung basteln nur, dabei können sie – je nach Schweregrad der Behinderung natürlich – viel machen.

Was zum Beispiel?

Produkte in unserem Laden sind aus Metall, Holz, Glas oder Textil. Da gibt es Holzspielzeug, Gesellschaftsspiele für Groß und Klein, Gebrauchsgegenstände für den

Haushalt, zum Beispiel Fleischbretter, Serviettenhalter; Dekorationsgegenstände wie Kerzenhalter, Gartenstecker aus Ton oder Tonübertöpfe. Es werden auch Kindermöbel angefertigt, Puppenhäuser und Kaufläden, alles Mögliche, was ich natürlich nicht in vollem Umfang im Laden vorrätig haben kann, dazu ist zu wenig Platz. Aber es gibt Kataloge – die Kunden können sich heraussuchen, was sie möchten, und ich besorge es dann.

Haben Sie viel Laufkundschaft?

Nein. Leider nicht, denn die Werkstatt ist im Industriegebiet; der Laden ist auch etwas verwinkelt, man sieht ihn nicht gleich von der Straße. Meistens kommen Leute, die uns kennen oder die uns übers Internet gefunden haben. Einmal im Jahr sind wir auch auf dem Weihnachtsmarkt; da erfährt man von uns und kommt dann vielleicht auch in den Laden.

Haben Sie Kontakt mit den Menschen, die in der Werkstatt arbeiten, oder sind Sie mit dem Laden zu weit weg vom übrigen Geschehen?

Ich habe sehr netten Kontakt, wir begrüßen einander, und in der Frühstückspause kommt immer eine Gruppe und erzählt mit mir, das macht allen Freude. Wenn ich mal nicht da bin, dann fragen sie immer ganz besorgt: »Wo warst du denn am Montag, ist was passiert?« Ich kenne natürlich nicht alle Namen, dafür sind es zu viele. Aber sie nehmen es auch nicht übel, wenn ich noch mal nachfragen muss.

Wie viele sind es denn?

In der Betriebsstätte, wo ich arbeite, sind dreihundert Menschen mit Behinderung, in der anderen Betriebsstätte und Verwaltung ebenfalls dreihundert.

Sie sagten ja bereits, dass nicht alle gleich leistungsfähig sind. Wie wird das bei der Arbeit berücksichtigt?

Da sind einerseits diejenigen, welche die normalen Arbeitszeiten einhalten können. Dann gibt es bei uns aber auch sogenannte Entlastungsgruppen. In Entlastungsgruppe I wird zu zwei Dritteln gearbeitet, das andere Drittel ist Freizeit; in Entlastungsgruppe II ist es umgekehrt: zwei Drittel Freizeit, ein Drittel Arbeit. Freizeit heißt dann zum Beispiel: Malen, Spazierengehen, Turnen.

Und wer gar nicht arbeiten kann?

Der kommt nicht in die Werkstatt, sondern verbringt den Tag in der Tagesförderstätte für schwerstbehinderte Menschen.

Nach welchen Kriterien wird das entschieden?

Bereits vor Ende ihrer Schulzeit machen die Jugendlichen ein Praktikum in der Werkstatt. Man schaut dann danach, für welchen Bereich sie ungefähr geeignet sein könnten. Nach Abschluss der Schulzeit folgt eine einjährige, eventuell auch zweijährige, vom Arbeitsamt finanzierte Rehabilitationsphase zur endgültigen Aufgabenfindung.

Werden auch noch andere Arbeiten ausgeführt außer der Herstellung von Waren für den Werkstattladen?

Ja, da gibt es zum Beispiel die Wäscherei – dort wird die Wäsche für einen Großkonzern gewaschen. Wir stellen unter anderem Filter für Autos eines großen Automobilherstellers her – da muss plissiert werden. Es gibt die Schreinerei, die Metallgruppe, eine Gartengruppe, die außer Haus geht und verschiedene Gartenanlagen pflegt.

Diejenigen, die nicht so viel können und langsam arbeiten, bilden eine Arbeitskette: Einer legt zum Beispiel einen Prospekt in eine Klarsichthülle, der Nächste verschweißt ihn, ein Weiterer legt ihn in einen Karton – jeder macht das, was er kann. Außerdem gibt es noch eine Außengruppe. Das sind sehr selbstständige Menschen mit Behinderung, die zusammen mit einem Gruppenleiter Bilderrahmen herstellen oder sehr schöne Bilder produzieren können, indem sie zum Beispiel Poster so aufziehen, dass es aussieht wie auf eine Leinwand gemalt.

Gibt es gemeinsame Veranstaltungen der Mitarbeiter in der Werkstatt?

Ja, freitagnachmittags wird zum Beispiel für alle ein Freizeitangebot gemacht. Da wird man in der Mitte der Woche gefragt, wo man gerne teilnehmen möchte: Kegeln, Disco oder so. Es gibt Gruppenangebote, zum Beispiel gemeinsam zu kochen oder zu backen;

es existierte auch mal eine Fahrradgruppe, da flickte und putzte man gemeinsam Fahrräder. Es gibt eine Hygienegruppe oder eine Sportgruppe, eine Schwimmgruppe, eine Tanzgruppe … Die Werkstatt bietet ebenfalls Urlaub an, da ist der Betreuerschlüssel allerdings nicht so gut, sodass die Menschen, die mitfahren, einigermaßen selbstständig sein müssen.

Das Emotionale wiegt Reisen zehnmal um die Welt total auf!

Herr K., ehrenamtlicher Begleiter von Menschen mit Behinderung

Herr K., Sie engagieren sich in hohem Maße ehrenamtlich für Kinder und Jugendliche mit Behinderung. Ihre Arbeit ist mit der Auszeichnung »Ehrenamt des Jahres 2009« von Reader's Digest Deutschland gewürdigt worden. Wie kam es dazu, dass Sie sich zu dieser ehrenamtlichen Tätigkeit entschlossen haben?

Vor etwa fünf Jahren hatte ich die Möglichkeit, in den Vorruhestand zu gehen. Zuvor war ich in sehr unterschiedlichen Berufen aktiv: als Bergmann, als Ingenieur und später als Informatiker. Mir war klar, dass mein Vorruhestand bezahlt werden muss – dafür wollte ich an anderer Stelle etwas zurückgeben. So habe ich mir im sozialen Sektor einen Mentor gesucht, der für mich ein Traineeprogramm entwickelt hat, sodass ich in verschiedenen Bereichen schauen konnte, was infrage kam. Ich war zum Beispiel in der Seniorenbetreuung tätig und in einer Werkstatt für Menschen mit Behinderung. Nach ein paar Monaten kristallisierte sich etwas heraus, das mir persönlich entgegenkam und das ich auch weiterhin mache: Ich engagiere mich nachmittags an fünf Tagen in der Woche jeweils vier Stunden für Kinder und Jugendliche als Einzelbetreuer, das heißt, ich mache mit ihnen Rollstuhltraining, nehme sie mit auf kleine Ausflüge, gehe mit ihnen ins Hallenbad, je nachdem, was mein jeweiliger »Freund« oder meine »Freundin« – so nenne ich die mir Anvertrauten – ganz persönlich braucht.

Das ist ja wie eine unbezahlte Halbtagsstelle!

Das stimmt – es gibt mir eine regelmäßige Tagesstruktur. Urlaub habe ich letztes Jahr einmal gemacht, sonst aber wenig, weil ich verlässlich für die Kinder und Jugendlichen da sein möchte.

Das ist sicher sehr gut für die Kinder und Jugendlichen. Und Sie – haben Sie denn auch Zeit für andere Hobbys und Interessen?

Morgens habe ich mein regelmäßiges Sportprogramm: Fahrradfahren, bei schlechtem Wetter auf dem Hometrainer. Das nutze ich zur Gesundheitsvorsorge, es tut mir gut. Mit meiner Frau habe ich die gleiche Leidenschaft, das Tanzen. Wir gehen schon seit Jahren einmal die Woche in die Tanzschule. Ansonsten habe ich nicht solche Wünsche wie manche, die, wenn sie in Rente sind, um die Welt reisen möchten oder ganz viel Entscheidungsfreiheit und Freizeit für sich brauchen. Ich mache etwas, was ich gern tue; ich *will* das, und deshalb ist es auch in Ordnung so. Ich bedanke mich bei meiner Frau, dass sie mir diesen Freiraum gibt.

Durch Ihren starken Einsatz sind Sie ja irgendwie wie ein Mitarbeiter in den Einrichtungen für Menschen mit Behinderung, eine Art Professioneller …

Die Einrichtungen beschäftigen hauptamtliche und ehrenamtliche Mitarbeiter, das ist richtig. Als »echter« Mitarbeiter wird man aber nicht angesehen. Da heißt es bei Konflikten: »Ich habe Sie nicht auf meiner Gehaltsliste – deshalb zählen Sie auch nicht als Mitarbeiter!« Deshalb erwartet man schon von mir ein gewisses Maß an Zurückhaltung, das ich aber nicht immer gern einhalte, wenn ich sehe, dass etwas nicht so läuft, wie es gut wäre. Manchmal bin ich auch enttäuscht, wenn ich sehe, dass meine Arbeit nicht wirklich so auf dem Plan steht wie andere Dinge.

Könnten Sie ein Beispiel geben?

Mit einem meiner Freunde, einem Autisten, gehe ich regelmäßig ins Hallenbad. Früher durfte ich ihn kaum anfassen. Wenn ich jetzt sehe, wie viel Freude ihm das regelmäßige Schwimmen macht und wie sehr er sich auf das Wasser einlassen kann, dann erlebe ich, wie wichtig für ihn diese regelmäßigen Termine sind. Ich hole ihn nachmittags von der FuB (Förder- und Betreuungsbereich) ab, sodass er vorher gar nicht erst ins Heim zurückmuss. Das setzt aber voraus, dass man ihm morgens seine Schwimmsachen mitgibt. Ich habe ein Poster für sein Zimmer gemacht, aus dem hervorgeht, dass donnerstags Schwimmen auf dem Plan steht. Trotzdem wurde es öfter vergessen. Deshalb liegt jetzt ein Extraschwimmset im Förder- und Betreuungsbereich bereit. Wenn es aber benutzt worden ist und gewaschen werden musste, ist keins da. Dann muss ich Badehose und Handtuch aus meinen eigenen Beständen mitnehmen. Das Hin und Her ist manchmal etwas mühsam; da wünschte ich mir, dass es selbstverständlicher würde, ihm eben donnerstags das Nötige mitzugeben.

In den ersten Jahren habe ich auch immer meinen Eintritt ins Schwimmbad selbst bezahlt. Denn obwohl der junge Mann ein »B« in seinem Schwerbehindertenausweis hat, also den Zusatz »ständige Begleitung erforderlich«, war im Schwimmbad der Eintritt für den Begleiter nicht frei. Ich habe dafür gekämpft, dass sich das ändert. Es ist nämlich nicht der Bund dafür zuständig, dass Eintritte in öffentliche Einrichtungen frei sind, sondern die Kommunen, die regeln das sehr unterschiedlich. Inzwischen sind in unserer Großstadt Eintritte für Begleiter von Menschen mit schwerer Behinderung frei.

Machen Sie Ihre ehrenamtliche Arbeit im Rahmen einer übergeordneten Organisation, oder ist es eine ganz unabhängige Arbeit?

Ich mache das allein in Absprache mit den Einrichtungen. So verlief auch mein persönliches Traineeprogramm. Mir wurde auch schon mal eine Fortbildung für Ehrenamtliche angeboten, die ich selbst bezahlen sollte. So etwas lehne ich ab. Ich habe beschlossen: Ich will Zeit schenken, aber nicht Geld schenken – obwohl es manchmal schon vorkommt, dass ich ein weiches Schwimmbrett oder etwas Ähnliches selbst bezahle, aber das ist dann für den mir Anvertrauten persönlich. Geld für die Schulung Ehrenamtlicher ausgeben zu müssen, finde ich nicht in Ordnung, genauso wenig, wie ich Geld für meine ehrenamtliche Tätigkeit haben möchte. Denn Ehrenamt macht man nicht wegen des Geldes, sondern das hat was mit Ehre zu tun. Alles andere ist, wenn es nicht Berufsarbeit ist, eben als freiwillige Arbeit zu bezeichnen.

Solche freiwillige Arbeit wird in Ihrer Stadt auch geleistet?

Ja, vor etwa einem Jahr wurde in unserer Stadt ein Förderverein von Angehörigen von Menschen mit Behinderung gegründet, der es sich zum Ziel gesetzt hat, sogenannte Freizeitassistenten anzuwerben, die für ein geringes Entgelt die Menschen mit Behinderung in ihrer Freizeit betreuen und begleiten.

So, wie Sie es machen …

Ja, aber ohne Aufwandsentschädigung. Schade finde ich, dass man mich gar nicht angesprochen hat und ich in keiner Weise da eingebunden wurde, obwohl man wusste, dass ich auf diesem Gebiet schon lange aktiv bin. Schließlich wurde ich dann doch gefragt, ob ich beitreten will, gegen Zahlung eines Mitgliedsbeitrages, versteht sich.

Ich soll mein eigenes Engagement auch noch bezahlen? Ich verstehe, was die Eltern machen: Sie wollen zukunftsgerichtet etwas tun für ihre Kinder, die sie überleben werden, das ist legitim.

Es ist schwer, wenn man weiß, dass man sein Kind mit Behinderung zurücklassen muss, wenn man stirbt. Aber es ist auch schwer, wenn man ein schwerstbeeinträchtigtes Kind durch den Tod verliert und selbst zurückbleibt. Sie persönlich hatten auch ein schwerstbehindertes Kind.

Mein Sohn wurde 1974 geboren. Er bekam eine Neugeborenengelbsucht. Die Ärzte versuchten, ihm an verschiedenen Stellen eine Infusion anzulegen, was nicht gelang; sie mussten sie schließlich in die Fontanelle legen. Das war am vierten Tag nach der Geburt. Es kam zu einer Infektion mit Kolibakterien; die Kolimeningitis hat sein ganzes Gehirn kaputtgemacht. Nach drei Monaten bekamen wir ein schwerstbehindertes Kind nach Hause. Wir hatten die Vermutung – nicht gleich zu Anfang, sondern später –, dass die Infektion durch eine verschmutzte Infusionsnadel entstanden sein könnte. Ein Arzt hat sich »versprochen«, sodass der Verdacht aufkam, und wir haben Strafanzeige gestellt. Daraufhin hat die Klinik zunächst geleugnet, dass sie überhaupt eine solche Geburt hatten; die Akten waren verschwunden, tauchten endlich wieder auf, und ein Gutachter brachte Aufklärung. Er ging davon aus, dass die Kolibakterien tatsächlich von außen gekommen sein mussten, aber es ließ sich keine konkrete Person finden, die man dafür hätte verantwortlich machen können. Wir hatten damals einen klugen Rechtsanwalt, der uns sagte: »Entweder widmen Sie sich der Strafverfolgung, oder Sie widmen sich Ihrem Kind – beides wird nicht möglich sein«, und so gingen wir nicht zivilrechtlich vor. Strafrechtlich wurde das Verfahren eingestellt, weil keine Person zugeordnet werden konnte.

In den siebziger Jahren war es sicher noch sehr schwierig, geeignete Hilfen zu finden.

Ja, damals gab es keine Netzwerke. Die örtliche *Lebenshilfe* hatte keine Beratungskompetenz, sie war mehr ein »Behindertenvergnügungsverein«. Ein Kindergarten für Kinder mit Behinderung wurde einige Kilometer von unserem Wohnort entfernt gegründet, aber es gab noch keinen Fahrdienst, und als junge Familie hatten wir nicht das Geld, um die Fahrten selbst zu organisieren. So hatte die Hauptlast meine verstorbene Ehefrau.

Sie mussten die Förderung selbst übernehmen.

Es hieß, wenn wir nicht mit ihm turnen, wird alles schlimmer. Es war zwar klar, dass wir ihn nicht vorwärtsbringen konnten; dafür war sein Gehirn zu sehr zerstört. Aber man meinte, wir könnten ihn quasi »pflegeleicht« turnen, mit Vojta-Therapie. Das mussten wir dreimal am Tag durchführen. Das war nicht ganz einfach, es belastete auch meine Frau sehr, die selbst mit Diabetes I lebte und es oft schwer fand, die innere Ruhe für die Pflege aufzubringen. Wir wollten erreichen, dass das Becken gerade ist und man ihm zum Beispiel eine Windelhose anziehen kann. Ja, und dann erreichen Sie durch das Turnen, dass es Muskelwachstum gibt, was das Turnen schwieriger macht. Sie werden für das, was Sie tun, letzten Endes bestraft. Und es war immer spürbar, dass es keine normale Bewegung ist, die durch das Training entsteht.

Was konnte Ihr Sohn aus eigener Kraft?

Er konnte weinen und lachen, und er reagierte auf Berührung, auf Körperkontakt. Ansonsten war alles sehr schwer, die Bronchien waren oft stark verschleimt, man musste aufpassen, dass er nicht erstickte. Er bekam Medikamente wegen seiner Krampfanfälle. Siebeneinhalb Jahre lang habe ich versucht, Reaktionen zu bekommen. Ganz furchtbar war, dass ich zunächst nicht gemerkt habe, dass er tot war, als ich ihn eines Morgens aus dem Bett holte, um mit ihm nach Vojta zu turnen. Er fühlte sich noch warm an, reagierte aber nicht … Das war ein schwerer Schock für meine Frau und mich … Es war ein sehr tiefgehender Schmerz. Die genaue Todesursache blieb unklar. Er hatte oft Herzrasen, seine Hirnaktivitäten verliefen unkontrolliert, das ganze System ist außer Kontrolle geraten. Irgendwas hat sich totgelaufen bei ihm.

War er Ihr einziges Kind?

Wir hatten schon eine drei Jahre ältere Tochter und bekamen später noch einmal einen Sohn, der jetzt Soziale Arbeit studiert. Beide Kinder sind sehr geprägt durch die Behinderung und die Krankheit in unserer Familie: die Tochter aufgrund der Behinderung des kleinen Bruders, der Sohn auch durch die Krankheit meiner ersten Frau. Sie starb im Alter von vierundvierzig Jahren und war in den letzten Wochen ihres Lebens schwer pflegebedürftig, sodass er als Kind bereits mit in die Pflege eingebunden war.

Man könnte meinen, dass Sie selbst aufgrund dieser schlimmen Erfahrungen sagen würden: »Es reicht, ich möchte mich nicht noch immer weiter mit behinderten und pflegebedürftigen Menschen befassen; ich brauche etwas anderes.«

Nun, inzwischen sind ja schon wieder mehr als zwanzig Jahre vergangen, ich hatte genügend Abstand. Im Nachhinein betrachtet waren die Jahre zwischen 1974 und 1982 eine gute Zeit. Der Junge hat mich im Leben weitergebracht, hat mich stark gemacht. Er hat mir zu einer bedeutenden persönlichen Weiterentwicklung verholfen. Auch beruflich wurde mir dadurch manches leichter. Ich musste nachts verhindern, dass er erstickt – da muss man gelassener werden, um so etwas zu bewältigen. Ich kann relativieren, muss mich nicht über Kleinigkeiten aufregen. Und ich kann auch sehen: Da gibt es andere Menschen, denen geht es noch schlimmer. Ich glaube, es gibt verschiedene Gründe, warum ich mich ehrenamtlich auf diese Weise einsetze. Vielleicht ist es auch ein Wiederherbeischaffen von Emotionen, die der Beruf früher gekostet hat. Das total Diametrale – Information und Mensch – das muss wieder ein bisschen zusammengebracht werden.

Was bedeutet für Sie das Stichwort »Inklusion«?

Bei *Wikipedia* gibt es eine sehr eingängige Grafik: Jeder ist in der Menge, alle kümmern sich. Das gefällt mir. Aber ich kann mir nicht vorstellen, dass mein Sohn mit dem Bett in die erste Klasse der Grundschule gefahren worden wäre. Wenn ich an meinen Freund, den Autisten, denke, weiß ich auch nicht, wie das gehen soll; er reagiert empfindlich auf Reize, schlägt sich selbst, schlägt mit dem Kopf an die Wand. Wenn etwas nicht so geht, wie er es sich vorstellt, braucht er auch in reizarmer Umgebung schon Medikamente. Oder mein Freund mit der Ataxie: Er war in einer Außenklasse, da wurde Integration versucht. Für ihn ist es gescheitert, auf dem Schulhof wurden die behinderten Schüler ausgesondert und beschimpft, sie wurden auch teilweise getrennt unterrichtet. Liegt es daran, dass es nicht von der ersten Stunde an so war? Letzten Endes würde Inklusion ja bedeuten, dass ich nie ein Kind in ein Heim geben dürfte – aber irgendwo geht das nicht, das familiäre Umfeld würde in bestimmten Fällen total überfordert. Ich mache mit meinen Freunden so etwas wie »temporäre Inklusion«.

Es ist sehr viel, was Sie tun. Manchmal geht es nur temporär, meinen Sie?

Ich glaube, es wird immer einen Ausschluss geben, weil es zu viele Facetten gibt. Wenn zum Beispiel ein junger Mann, mit dem ich unterwegs bin, in der Straßenbahn dauernd stereotyp laut spricht, rülpst und gestikuliert, ist das für manche Menschen schwierig. Reaktionen gehen von Weggucken über Weggehen bis – im Extremfall – Aussagen wie: »Im Nazireich wäre das nicht passiert!« Solche Extremreaktionen sind schlimm. Aber trotzdem muss man auch mal fragen: Muss ich alles tolerieren von anderen, damit sie integriert sind – wie viel Toleranz ist möglich? Wenn ich mit Macht versuche, alles zusammenzutun, was manchmal nicht verträglich ist, dann könnte es wieder zu extremer Ablehnung kommen, denn dann kommt Hass hoch … Ich mag diese Individualisten, die sich Gott sei Dank so benehmen, wie sie wollen. Sie sind nicht verbogen, verhalten sich so, wie sie ursprünglich empfinden, und sehen oft Dinge, die wir nicht wahrnehmen. Aber für die Masse sind sie so oft nicht tragbar.

Für Sie persönlich sind sie aber ein ganz wesentlicher Teil Ihres Lebens, selbst wenn sie womöglich mal zubeißen, Sie provozieren möchten oder mitten auf der Straße ausflippen, und selbst wenn Sie sich die Kommentare Außenstehender anhören müssen.

Ich verstehe, wenn Leute sagen: »Wenn ich in Rente bin, mache ich mir das Leben schön.« Aber das Emotionale, das ich bei meiner Arbeit bekomme, das wiegt Reisen zehnmal um die Welt total auf!

Wohnen

Als junger Mensch hätte ich mehr Unterstützung gebraucht!

Frau S., Heilerziehungspflegerin

Frau S., wie sind Sie Heilerziehungspflegerin geworden?

Ich habe nach dem Realschulabschluss zunächst eine Schule für Gesundheit und Pflege besucht, aber eigentlich noch nicht so recht gewusst, was ich beruflich machen wollte. Bei einem Praktikum in einem Kindergarten für Kinder mit Behinderung änderte sich das dann. Ich fand es wahnsinnig toll, wollte am Ende des Arbeitstages am liebsten gar nicht nach Hause, sondern wollte bleiben, die Kinder kennenlernen, mehr über sie erfahren. Ich fand es faszinierend, wie sie auf Menschen zugehen. So entschied ich mich, eine Ausbildung zur Heilerziehungspflegerin zu machen, das heißt, zunächst ein Jahr Vorpraktikum als Berufsfindungsjahr, dann drei Jahre Lehrzeit.

Wo konnten Sie diese Ausbildung machen?

In einer Großeinrichtung für Menschen mit Behinderung. Ich war dort im Heimbereich tätig, zunächst bei einer Gruppe von Frauen mit Mehrfachbehinderung im Alter von vierzig bis fünfzig Jahren. Die körperliche Behinderung war bei ihnen sehr ausgeprägt. Einmal während der Ausbildung muss man auch in einen anderen Bereich wechseln, um verschiedenartige Erfahrungen zu machen. Ich kam also nach zwei Jahren auf eine reine Männergruppe. Das waren Männer im Alter von vierzig bis fünfzig Jahren, die mit einer sehr schweren geistigen Behinderung lebten. Es handelte sich, da die Männer weglaufgefährdet waren, um eine geschlossene Gruppe.

Das war doch sicher ein starker Kontrast zu Ihrer bisherigen Arbeit, oder?

Ja, allerdings! Bei der Frauengruppe habe ich mich wohler gefühlt. Es waren nur weibliche Betreuerinnen da – der Chef war allerdings ein Mann; da gab es manchmal schon ein bisschen Gezicke! Aber der Personalschlüssel war besser wegen der ausgeprägten Körperbehinderungen. Es war alles hell und freundlich eingerichtet; die Frauen haben gelacht, man hat auch einiges mit ihnen gemacht, ist nach draußen gegangen zum Beispiel. Die Atmosphäre war gut. Na klar, es gab auch Probleme; eine Bewohnerin hat sich zum Beispiel gelegentlich selbst verletzt, sich in die Hand gebissen. Aber da konnte man die Mitarbeiterinnen fragen, was zu tun ist, und ist dann auch auf ein offenes Ohr gestoßen. Doch je länger ich drin war, umso mehr flachte es ab. Ich frage mich heute, ob ich das erste Jahr durch eine rosa Brille gesehen habe – sonst hätte ich ja damals schon gemerkt: Hier fehlt mir was!

Das haben Sie erst gemerkt, als Sie auf die Männergruppe kamen?

Ja, auf der Männergruppe war es richtig schlimm! Erst einmal wurde ich mit Fragen konfrontiert wie: Wie verhalte ich mich als Frau gegenüber erwachsenen Männern mit schwerer Behinderung? Mit wem kann ich darüber reden? Da fühlte ich mich, ehrlich gesagt, total alleingelassen. Auch die Betreuer waren hauptsächlich Männer; es gab nur wenige Frauen. In den Teambesprechungen ging es vor allem um Büroangelegenheiten oder darum, was wieder Negatives vorgefallen war. Für die Übergabe von einer Schicht zur nächsten in der Mittagszeit war zwar eine Stunde vorgesehen; das ging dann aber meistens ziemlich schnell ab; danach nahm man sich Zeit zum Rauchen und Kaffeetrinken. Wahrscheinlich fühlte ich mich auch gehemmt, die Probleme anzusprechen; ich war ja erst zwanzig Jahre alt damals, und ich spürte, dass von den Mitarbeitern immer schnell abgewehrt und abgeblockt wurde. Als junger Mensch war ich noch nicht so weit – da hätte ich mehr Unterstützung gebraucht.

Konnte man in der Schule diese Probleme ansprechen?

Nur bedingt. Man konnte ansatzweise reden, aber nur allgemein, nicht über bestimmte Menschen. Intervision oder gar Supervision – das gab es nicht. Zum Glück hatte ich eine gute Freundin, die schon ein Jahr weiter war als ich; mit ihr habe ich mich sehr viel beraten. Und ich hatte meine Eltern, die mich emotional sehr gestützt haben und immer wieder fragten: »Was, denkst du, würde dieser Mensch jetzt brauchen; wie wird er sich fühlen?« Das hat mir sehr geholfen.

Aber man kann natürlich nicht davon ausgehen, dass jeder junge Mensch in der Ausbildung einen solchen familiären Hintergrund hat; deshalb wäre es schon wünschenswert, da gäbe es in der Ausbildung Ansprechpartner.

Das sehe ich auch so! Aber auch von den Mitarbeitern braucht man meiner Meinung nach mehr Hilfe! Und in der Art, wie man eingesetzt wird: Ich war zum Beispiel in der Spätschicht oft ganz allein mit zwölf Männern, musste dafür sorgen, dass sie ins Bad gingen, ihnen Hilfe bei der Pflege geben oder einen großen Teil der Pflege für sie leisten, musste Essen und Medikamente richten, und das als Auszubildende, nicht etwa als erfahrene Vollzeitkraft!

Das stelle ich mir allerdings ziemlich schwierig vor!

Ja, manchmal habe ich es auch als bedrohlich empfunden. Es hieß, wenn einer mal ausflippt oder man nicht zurechtkommt, dann solle man eben auf der Nachbargruppe um Unterstützung bitten. Oder den Notarzt rufen, der gibt dann eine Spritze.

Ist so etwas bei Ihnen einmal vorgekommen?

Ich war Auszubildende im dritten Lehrjahr und musste in der Gruppe von zwölf Männern allein Dienst tun. Während ich die alltäglichen Arbeiten ausführte, kam es zu einer Konfrontation mit einem Bewohner. Er stand plötzlich mit einem großen Messer vor mir und drohte: »Jetzt stech' ich dich ab!« Zum Glück gelang es mir trotz einer enormen inneren Anspannung, nach außen kühl und ruhig zu bleiben. Wahrscheinlich war diese »gleichgültige« Haltung der Grund, weshalb der Mann das Messer zurück in die Schublade legte. Ich konnte mich dann aus der Situation herausnehmen, ohne weiter auf sein Verhalten einzugehen.

Hat es auch Vorteile, allein mit der Gruppe zu sein?

Schon – gelegentlich fand ich es besser, allein verantwortlich zu sein. Dann konnte ich mich anders um die Männer kümmern, mich mehr für sie interessieren und mit ihnen sprechen. In solchen Situationen konnten wir in Ruhe Abendbrot essen und erzählen – soweit die Männer dazu fähig waren –, auch wenn ich dann mal eine Viertelstunde später Dienstschluss hatte als nach Vorschrift.

Warum ging das nicht so gut, wenn ein Mitarbeiter dabei war?

Das hing natürlich auch vom jeweiligen Mitarbeiter ab. Aber oft, wenn ich vorschlug: »Komm, lass uns was machen, wir gehen nach draußen oder so!«, hieß es: »Setz dich hin – machen wir später!« Ich fühlte mich oft gebremst in meiner Euphorie; es war, als dürfe man keinen Spaß an seiner Arbeit haben. Eine Kollegin war da, mit der ich gern Dienst hatte. Mit ihr war es gut zu reden. Sie war emotional sehr in ihrer Arbeit drin, sehr engagiert. Aber dann ist eines Tages ein älterer Mann, als sie allein Dienst hatte, gestorben. Niemand hat ihr einen Vorwurf gemacht, aber ich weiß nicht, wie sie es verarbeitet hat. Man hat nicht geredet – es wurde eben weiter Dienst gemacht. Man hat seine siebeneinhalb Stunden abgearbeitet. Das kann doch nicht befriedigend sein, wenn man eine Arbeit macht, die so abläuft …

Woran liegt das, glauben Sie? Ich denke immer, die Mitarbeiter müssen doch auch einmal Begeisterung und Freude für ihre Arbeit aufgebracht haben?

Ich weiß nicht, kann es mir nicht erklären. Aber ich glaube, da fehlt die Kontrollinstanz, jemand, der kommt und guckt, Gespräche führt, Hilfen gibt, aber auch Grenzen setzt: »So geht's nicht!« Stattdessen werden von oben oft nicht nachvollziehbare Entscheidungen getroffen. Kontrolle kommt nur im Lebensmittelbereich oder im hygienischen Bereich. Ich habe zum Beispiel erfahren, dass die Frauengruppe, bei der ich zuerst arbeitete, später auseinandergerissen wurde – sie kamen in unterschiedliche andere Bereiche. Nach Auflösung der Gruppe sind inzwischen drei gestorben. Ich weiß nicht, woran, aber ich werde das Gefühl nicht los, es hängt auch damit zusammen, dass man über ihren Kopf hinweg entschieden hat und sie die Umstrukturierung und die Trennung von ihrem vertrauten Bereich und ihren Bezugspersonen nicht verkraftet haben. Meine Erfahrung ist: »Es ist egal, was die Menschen wollen.« Die erwachsenen Menschen mit schwerer Behinderung, die sich für sich selbst nicht einsetzen können, haben oft keine Angehörigen mehr, die sich kümmern. Der gesetzliche Betreuer, der keine Beziehung zu ihnen hat, sagt in der Regel: »Kein Problem«, wenn die Heimleitung Entscheidungen trifft. Er hat nicht den »Instinkt« wie die Eltern, er kennt sie nicht gut genug.

Haben Sie Ihre Ausbildung dort beendet?

Ja, ich habe ein Projekt mit den Männern gemacht – in der Schule lernt man so etwas; da bekommt man sehr viele Anregungen, wie man sich sinnvoll mit Menschen mit schwerer Behinderung befassen kann. In der Praxis sieht das anders aus – da geht es fast nur noch darum, die Pflege durchzuführen, Essen und Medikamente zu richten, Papierkram zu erledigen, zu sorgen, dass alle rechtzeitig für die Werkstatt oder Fördergruppe fertig werden, zu putzen und das Radio oder den Fernseher einzuschalten, damit es wenigstens eine Geräuschkulisse gibt.

Das klingt sehr resigniert …

Ja. Ich erinnere mich, dass wir in der Schule einen Film gesehen haben, wie man früher mit Menschen mit Behinderung umgegangen ist, einen Schwarz-Weiß-Film: Da sah man viele Menschen in einem Raum, manche nur mit einer Unterhose bekleidet, sie hatten vielleicht ein Stück Holz zum Spielen. Dann wurden alle in die Dusche geschickt, gemeinsam, und mit ein und demselben Waschlappen gewaschen – fertig! Diesen Film werde ich mein Leben lang nicht vergessen! Dann sehe ich auf meiner Männergruppe, wie der Mitarbeiter alle gleichzeitig ins Bad schickt und alle sich ausziehen – da habe ich zum ersten Mal etwas gesagt: »Sag mal, spinnst du?! Wir haben genug Zeit – sie können doch nacheinander gehen!« Aber der Kollege meinte: »Ach was – so geht's schneller!« Jetzt war der Film real, in Farbe, und ich war mittendrin. Da stehst du im Bad als Frau mit zehn nackten Männern! Und der Mitarbeiter scheint nicht mal zu merken, wie beschämend und erniedrigend das ist!

Wie war das nach Abschluss Ihrer Ausbildung?

Man hat mir in der Einrichtung eine Stelle angeboten, aber ich dachte: »Hier bleibst du nicht!« Über meine Familie hatte ich Kontakte zu einer anthroposophischen Einrichtung in Schottland. Dort leben Erwachsene – ebenfalls zwischen vierzig und sechzig Jahre – in einer Gemeinschaft in einzelnen Häusern zusammen; es gibt Hauseltern, die mit den Menschen mit Behinderung zusammenleben. Ich habe dort für ein Jahr ein unbezahltes Praktikum gemacht. Man ging gemeinsam zur Arbeit, hat sich mittags zum Mittagessen getroffen, überhaupt sehr viel in der Gemeinschaft getan. Die Gemeinschaft hat sich selbst versorgt. Ich habe in einem kleinen Kaufladen gearbeitet, zusammen mit Hausbewohnern. Es war immer eine gesellige Runde, und ich fand es wirklich schön. Anschließend habe ich ein weiteres Jahr Praktikum drangehängt – diesmal in Amerika, in Philadelphia, ebenfalls in einer anthroposophischen Einrichtung. Dort war ich in einem Haus mit neun Kindern zwischen elf und fünfzehn Jahren. Da hatte ich die

Aufgabe, »Mutter« für zwei Mädchen zu sein, leider eben nur für ein Jahr. Die Arbeit hat auf alle Fälle sehr viel Spaß gemacht, deshalb habe ich nach meiner Rückkehr nach Deutschland eine ähnliche Einrichtung gesucht.

Sie arbeiten jetzt wieder in einer anthroposophischen Einrichtung, wobei sie in Deutschland etwas anders strukturiert ist als in Schottland oder Amerika.

Das Hauselternprinzip funktioniert leider bei uns nicht mehr; es ist zu schwierig geworden, Menschen zu finden, die ihr ganzes Leben so ausrichten wollen. Insofern wird inzwischen auch hier mit Angestellten im Schichtbetrieb gearbeitet. Trotzdem geht es anders zu als in anderen Einrichtungen: Auf die Gemeinschaft wird immer noch sehr viel Wert gelegt, die Heimleitung ist mittendrin, sehr präsent im Alltag; sie kümmern sich um Auszubildende, man trifft sie auf regelmäßigen Hauptversammlungen, und man spürt, dass ein gewisser Anspruch an die Arbeit gestellt wird, ohne dass man sich negativ kontrolliert fühlt. Hier geht es fröhlich zu; man ist nicht so eingeschlossen. Du bist nicht nur die eine Wohngruppe mit deinem Chef – hier bist du ein wichtiger Teil der Gemeinschaft. Und ich glaube, es wird auch mehr Wert auf Elternarbeit gelegt. In der Ausbildung damals haben wir gelernt, dass Elternarbeit enorm wichtig ist. Es hieß: »Wenn du ein Kind verstehen willst, musst du mit den Eltern eng zusammenarbeiten.« Aber auch da ist es unterschiedlich, wie Theorie und Praxis gestaltet werden! Hier telefoniere ich jeden Sonntag mit den Eltern; andere Mitarbeiter machen das auch! Es kommt natürlich darauf an, wie die Eltern sich einbringen. Nicht alle wollen das, aber viele!

Leben dort auch Menschen mit schwerer Behinderung und herausfordernden Verhaltensweisen?

Ja, zwanghafte Verhaltensweisen, selbstverletzendes Verhalten, Kopfschlagen kommen zum Beispiel vor. Kratzen und Kneifen wird mehr als mögliches Verhalten von Kindern gesehen. So sind Kinder eben, sie tragen Konflikte oft noch handgreiflich aus, manche spüren sich nicht so gut, kennen das Gefühl von Druck nicht. Da muss man schlichtend eingreifen, aber man muss sie sich auch spüren lassen.

Die Jugendlichen können hier nur bis zum Ende der Schulzeit bleiben – was dann?

Sie gehen in der Regel in eine anthroposophische Einrichtung für Erwachsene, wenn sie fit genug sind.

Was bedeutet das?

Sie müssen sich verpflichten, für die Gemeinschaft zu arbeiten, zum Beispiel in der Schreinerei oder in der Gärtnerei, weil der Erlös der Arbeit wesentlich dazu beiträgt, die Einrichtung zu erhalten.

Und wenn sie das nicht können? Gehen sie dann in eine Großeinrichtung?

Das ist ein großes Problem. Dort werden sie dann nicht gern genommen; oft sind psychiatrische Einrichtungen die Folgeeinrichtungen. In meinem Haus sind vier von sieben Kindern so schwer beeinträchtigt, dass sie eine Eins-zu-eins-Betreuung brauchen. Sie sind sehr auffällig, sie brauchen ihren Halt. Man darf sie nicht so drängen, muss ihnen Raum geben, muss ihnen Abstand erlauben, ohne sie allein zu lassen.

Die Zukunft ist offen – sowohl für Sie selbst als auch für viele der in Ihrer Einrichtung betreuten Menschen.

Ich bin für ein Jahr hier angestellt. Dann muss ich weitersehen. Sicher ist das schwer, der permanente Beziehungsabbruch … Es müsste ein Zwischending geben für die schwerer beeinträchtigten Menschen, damit sie nicht diejenigen sind, für die keine guten Lösungen gefunden werden.

Ich bin mit vielen alt geworden

Herr W., Ergotherapeut

Herr W., Sie arbeiten seit über drei Jahrzehnten in einer Einrichtung der Diakonie und hatten auf ganz unterschiedliche Weise Kontakt mit Menschen mit Behinderung. Bitte erzählen Sie ein wenig über Ihren beruflichen Werdegang!

Nach dem Gymnasium machte ich zunächst eine Lehre als Töpfer; danach folgte der Zivildienst in einem Krankenhaus. Da habe ich gemerkt, dass ich ganz gut mit Menschen umgehen kann, und ich entschloss mich, eine Ausbildung als Ergotherapeut zu machen. Ich verbrachte anschließend ein halbes Jahr in der Schweiz; dort sammelte ich Erfahrungen in der Handchirurgie.

Die Arbeit mit Menschen mit geistiger oder Mehrfachbehinderung stand also zunächst gar nicht auf Ihrem Plan?

Nein, das war Zufall, denn ich hatte damals eine Freundin, die ebenfalls eine Ausbildung in Ergotherapie gemacht hatte, und wir suchten gemeinsam eine Arbeit in Deutschland. Diese Einrichtung machte im Jahr 1976 ein sehr gutes Angebot, damit vor allem Therapeuten sich für eine Beschäftigung hier interessierten: Wir erhielten zwei Gehaltsstufen über Tarif und viel Urlaub! Da haben wir zugesagt – ist das nachvollziehbar?

Und ob!

Ich wurde eingestellt, um den begleitenden Dienst der Werkstatt für Menschen mit Behinderung aufzubauen. Damals herrschte eine große Aufbruchstimmung in der Behindertenhilfe, das war eine tolle Zeit. Es waren genug Gelder vorhanden, berufliche Reha war »in«. Es gab diese Werkstättenentwicklung nicht nur, weil man Menschen mit Behinderung beschäftigen wollte, sondern es war auch ein Interesse des Staates, dass diese Menschen nicht den ganzen Tag zu Hause sind, damit ihre Eltern die Möglichkeit hatten zu arbeiten, denn es wurden zu der Zeit Arbeitskräfte gesucht.

Wie gestaltete sich Ihre Arbeit damals?

Da gab es Ausschüsse, bei denen ich beteiligt war, Kongresse und Veranstaltungen, die ich besuchte, um zu gucken, was woanders passiert. Wir hatten ein Rehabilitationszentrum für schwerstmehrfachbehinderte Menschen geplant; das war damals ein Modellprojekt in Deutschland, angestoßen von einem Professor der Universität Heidelberg. Die Idee war, schwerstmehrfachbehinderte Menschen nicht nur im Bett zu pflegen, sondern ihnen angemessene Angebote zu machen. Wir waren überall, auch in der Schweiz zum Beispiel, um zu schauen: Wie machen andere Länder das? Wir entwickelten für das Zentrum ein Konzept mit eigener Schulabteilung; daran waren alle Arten von Therapeuten beteiligt, und man arbeitete mit kleinen Klassen von drei bis vier Schülern, einer Lehrerin und einem Therapeuten pro Klasse. In den Wohngruppen sollte ein Übungsassistent, der von der Pflege freigestellt war, den Menschen mit schweren Behinderungen therapeutische Hilfen geben. Innerhalb dieses Zentrums haben wir für etwa vierzig schwermehrfachbehinderte Menschen eine arbeitstherapeutische Werkstatt gegründet. Da habe ich angefangen, mit Leuten kleine Vorrichtungen zu bauen, habe individuelle Dinge entwickelt, die den behinderten Menschen manche Tätigkeiten erleichterten. Zu der Zeit hatte ich eine Doppelfunktion: Ich war im Sozialen Dienst der Werkstatt für Menschen mit Behinderung beschäftigt und gleichzeitig Leiter dieser therapeutischen Werkstatt.

Das hört sich nach einer rasanten Entwicklung an.

Ja, innerhalb weniger Jahre entstand ein riesiger Bedarf an Arbeits- und Beschäftigungsmöglichkeiten, und wir haben Konzepte für unterschiedliche Behinderungsformen entwickelt. Für viele Menschen war eine Werkstatt für Behinderte nicht der richtige Ort. Eine solche Werkstatt ist eher eine wirtschaftliche Einrichtung, in der es natürlich um Geld und Produktion geht; Pädagogik ist da eher von untergeordneter Bedeutung. Man hat jahrzehntelang unter Rehabilitation ausschließlich berufliche Reha verstanden; soziale Reha stand nicht im Fokus. Ich habe dafür gekämpft, dass wir einen eigenständigen Förder- und Betreuungsbereich bekamen für alle Menschen, die etwas anderes brauchten als eine Werkstatt. Damals gab es vergleichbar nur in Bethel Werktherapien – da hatte man sich schon Gedanken gemacht über eine mögliche Tagesstruktur für Menschen, die in der Werkstatt fehlplatziert waren; sonst gab es noch nichts in Deutschland. Wir haben dann auch angefangen, ganz differenzierte Angebote zu machen, zum Beispiel für Spastiker, aber auch für schwermehrfachbehinderte Menschen. Es entstanden eigene Abteilungen, am Ende waren es vierzehn. Körpertherapien wurden mit eingebaut, dem

Bedürfnis nach Ruhe und Bewegung wurde Rechnung getragen; es gab basale Stimulation nach Fröhlich und eine Schwerpunktgruppe mit überwiegend älteren Menschen, die oft eine erstaunliche Entwicklung gemacht haben.

Wieso haben gerade die älteren Menschen eine so deutliche Entwicklung gezeigt?

Man hatte ihnen ja früher kaum Angebote gemacht. Da war zum Beispiel ein Mann, dessen Atmung sehr schlecht war, er hat immer gejapst, saß mit gebeugten Schultern. Wir wollten ihn aktivieren und ließen ihn Wattebäusche pusten. Das klappte, und schließlich boten wir ihm eine Mundharmonika an. Plötzlich fing er an, klar erkennbare Lieder zu spielen! Er konnte das! Er war seit zwanzig Jahren bei uns, wir haben seine Biografie zurückverfolgt, alle Mitarbeiter befragt, keiner wusste etwas. Aber er konnte es von früher, die ganze Zeit hatte diese Fähigkeit brachgelegen!

Oder ein anderer: Wir wollten ihn malen lassen, aber er tippte immer mit dem Stift und ließ sich auf das Malen nicht ein. Bis wir merkten: Er erzeugt eigentlich Töne mit dem Stift; das rhythmische Geräusch ist ihm wichtig, sodass wir ihm ein Angebot machen konnten, das ihm eher entsprach: Musik machen!

Andere hatten beim Experimentieren mit dem Farbpinsel auf nassem Tuch ein Aha-Erlebnis: »Da entsteht plötzlich ein großer Fleck! Ich kann was bewirken!«

Wir haben Stäbchenwebgeräte gebaut, zum Flechten mit Garn oder Stoffstreifen. Plötzlich nahm eine Frau die Stäbchen und fing damit an zu stricken! Warum konnte sie stricken? Keiner wusste es auf der Gruppe, aber ganz offensichtlich griff sie es wieder auf aus einer früheren Zeit.

Das klingt spannend – Sie haben sich sehr für diese Arbeit engagiert und viel Freude daran gehabt!

Ja, es war einfach gut, sehr viel differenzieren zu können, unter dem Dach *Förder- und Betreuungsbereich* sehr unterschiedliche Konzepte für sehr verschiedene Menschen zu haben. In der Werkstatt hätten wir mit einem Personalschlüssel von eins zu zwölf arbeiten müssen. Das ging hier natürlich nicht; wir hatten einen Schlüssel von eins zu sechs und arbeiteten dann halbtags mit den Leuten, sodass wir eins-zu-drei anwenden konnten. Für bewegungsintensive, motorisch unruhige Menschen initiierten wir schließlich wieder mithilfe eines Professors aus Heidelberg ein Farmprojekt. Leider gab es da keine entsprechenden Gelder, um ein Forschungsprojekt daraus zu machen.

Die Zeit der scheinbar unbegrenzten Möglichkeiten ging dann allmählich zu Ende?

Plötzlich hieß es: »Eine Werkstatt für alle!« Auch die Menschen mit schweren Behinderungen sollten in der Werkstatt sein. Ich hatte Anfang bis Mitte der achtziger Jahre eine Managementausbildung für Werkstattleiter gemacht und war der Meinung, für die Menschen mit schwerer Behinderung sei das keine gute Lösung. Ich hab da heftig mitgestritten! Es hieß zum Beispiel, es gäbe ein Mindestmaß an verwertbarer Arbeit und es sei eine Diskriminierung, die schwerer behinderten Menschen nicht mit in den Werkstattbereich hineinzunehmen. Also hat man den Förderbereich in die Werkstatt integriert. Ich bin konsequent geblieben und hab gesagt: »Da kann ich nicht mitgehen!«

Sie bekamen dann eine andere Aufgabe in der Einrichtung?

Ich habe drei Jahre lang verschiedene Therapieabteilungen koordiniert und mit alten Menschen gearbeitet. Dann wurde von heute auf morgen wegen einer großen Sparwelle die Seniorenbetreuung aufgegeben. Sieben Mitarbeiter verloren ihre Aufgabe, ich auch. Ich übernahm nun das Referat für Mitarbeiterfortbildungen. Da dachte ich, das mache ich bis zum Ende …

Aber Sie mussten sich noch einmal umorientieren.

Aufgrund eines Leitungswechsels in der Einrichtung kam es zu einer Reorganisation. Ich arbeite seitdem wieder in der Seniorenbetreuung, das ist auch besonders wichtig, weil wir jetzt sehr viele alte Menschen haben. Seit elf Jahren haben wir auch wieder viele Außenkontakte zur Universität. Mit der Universität Heidelberg arbeiten wir gut im Fortbildungsbereich zusammen und mit der Universität Erlangen arbeiten wir an einer Studie zum Thema »Demenzentwicklungen« mit. Ich bin mit vielen alt geworden, ich kenne sie von Anfang an. Es ist ja auch ein bisschen eigennützig, sich mit dem Alter auseinanderzusetzen, denn bei mir ist in einem Jahr mit der Arbeit Schluss! Das heißt, vermutlich bleibe ich noch als Dozent an der Schule für Heilerziehungspflege als Praxislehrer.

Was ist da Ihre Aufgabe?

Jeder Schüler hat neben dem Theorieunterricht an der Fachschule einen Mentor vor Ort für die praktische Ausbildung; ich koordiniere das, unterstütze die Mentoren, transferiere neue Unterrichtsinhalte und nehme Praxisproben ab.

An der Schule für Heilerziehungspfleger hat sich sicher auch viel verändert im Laufe der Zeit.

Es tut sich viel an Veränderungen dadurch, dass neuer Bedarf entstanden ist: Betreutes Wohnen zum Beispiel, ambulante Betreuung, Betreuung von Eltern oder Pflegeeltern von Kindern mit Behinderung. Auch ist der Umgang mit verhaltensauffälligen Menschen zu lernen, mit solchen, die früher in der Psychiatrie untergebracht wurden. Früher gab es in Deutschland Menschen, die wollte niemand, weder in der Forensik noch in der Psychiatrie konnte man sie auffangen, auch wir wollten sie nicht. Aber sie müssen ebenfalls irgendwohin, wo ihnen feste Strukturen angeboten werden und wo ihre Kräfte gezielt gelenkt werden können. Für solche gibt es nun den Heilpädagogischen Dienst, die Erlebnispädagogik ist dafür offen. Das bringt neue Aufgaben, natürlich ebenso neue Probleme. Hier haben zum Beispiel mal zwei Jugendliche einen alten Mann zusammengeprügelt. Auch mit solchen Schwierigkeiten müssen wir umgehen lernen.

Die Aufgaben werden differenzierter, das Geld aber wird knapper!

Die Tragik ist, dass wir, als wir mit dieser Arbeit anfingen, oft nicht wussten, was wir mit bestimmten schwermehrfachbehinderten Menschen machen konnten, hatten aber das Geld dazu ... Jetzt wissen wir, was die Menschen brauchen, aber wir haben das Geld nicht mehr! Eine verrückte Geschichte kommt hinzu: Wir sind gezwungen, Qualitätsstandards zu erfüllen, die Einrichtungen werden extern zertifiziert. Diese Zertifizierung bringt es mit sich, dass sehr viel dokumentiert werden muss; ohne Papier keine Zertifizierung, und das bindet sehr viel Zeit! Es ist gut gemeint, aber das Erstellen von Datensätzen kann uferlos werden; die Dokumentation erschwert die andere Arbeit, aber ohne Dokumentation gibt es kein Geld, das ist eine staatliche Vorgabe. Durch die Auflösung der zwei Landeswohlfahrtsverbände als Hauptkostenträger ist ebenfalls ein Riesenaufwand entstanden. Jetzt verhandeln wir mit vierzig bis fünfzig Kreisen oder Städten; die Standards werden neu festgelegt. Das war früher nicht so. Vor zwanzig Jahren wurden finanzielle Defizite noch ausgeglichen. Jetzt deckelt man und legt einen prospektiven Pflegesatz fest; da kann man heute schon genau berechnen, was wir in fünf Jahren kriegen!

Würden Sie sagen, dass Mitarbeiter, die heute anfangen, es schwerer haben als früher?

Ich finde, sie haben viele Vorteile, die es früher nicht gab. Früher war die Ausbildung zum Heilerziehungspfleger eine Sackgasse – da gab es nur die Betreuung im Heim. Heute kann man wählen: Möchte man auf die Wohngruppe, möchte man ambulant oder in Fördergruppen arbeiten? Es gibt mehr Möglichkeiten, sich fortzubilden *[Herr W. zeigt mir ein umfangreiches Fortbildungsprogramm der Einrichtung]*. Natürlich ist es nach wie vor ein schwerer, aber durchaus auch ein sehr attraktiver Beruf.

Trotzdem könnte ich mir vorstellen, dass bei der angespannten Personaldecke Mitarbeiter manchmal überfordert sind, wenn sie zum Beispiel zu bestimmten Zeiten ganz allein auf der Wohngruppe arbeiten. Das gilt natürlich in besonderem Maße für junge Auszubildende mit wenig Erfahrung.

Wenn Mitarbeiter sich entscheiden, auf der Wohngruppe zu arbeiten, müssen sie Prioritäten setzen. Das können nicht nur junge Menschen oft schwer; sie gehen nach Hause mit dem Gefühl: »Ich bin nicht allem gerecht geworden.« Man muss sich seine Unzulänglichkeit eingestehen, aber vor sich sagen: »Ich habe heute mein Bestes gegeben!« Manche Schüler lassen sich auffressen. Die muss man schützen. »Du wirst noch gebraucht!«, sage ich dann immer. Es gibt oft Schüler, die in die Pflege wollen und nicht in die Pädagogik. Sie sagen: »Die sind mir zu verrückt da draußen – in der Pflege weiß ich, was ich zu tun hab; da gibt es die Möglichkeit der Aktivierungspflege, das habe ich gelernt und das gibt mir Sicherheit.« Dann gibt es andere, die sich damit schwertun und sich lieber auspowern, für die ist es draußen besser. Früher wurde nicht gefragt. »Wohin willst du?« Wenn eine Schülerin oder ein Schüler wirklich nicht klarkommt, kann auch der Praxisberater intervenieren; da hat man die Möglichkeit, auf eine andere Gruppe versetzt zu werden. Aber da am Ende nicht alle Schüler übernommen werden können, sagen manche Schüler nichts, wenn sie Probleme haben. Sie passen sich an, schwimmen mit.

Was würden Sie verbessern, wenn Sie könnten?

Ohne Geld, meinen Sie? Das ist schwer zu sagen – es geht vor allem um klimatische Dinge. Viel hängt davon ab, wie gut ein Team zusammenarbeiten kann, wie die

Kommunikation läuft. Die Teams können Supervision organisieren und, wie gesagt, an Fortbildungen teilnehmen; es wird jede Menge angeboten. Aber keiner wird gezwungen – das würde meiner Meinung nach auch nichts bringen.

»Was geschieht mit dem Rest?«, wird angesichts der Inklusionsbewegung heute besorgt gefragt. Eltern von Menschen mit schwerer Behinderung und schwierigen Verhaltensweisen machen sich Gedanken, wie es für ihre Kinder weitergeht. Auch manche Experten sind da skeptisch. Werden sie womöglich wieder da landen, wo man sie vor einigen Jahrzehnten herausgeholt hat – in psychiatrischen Einrichtungen?

Ich denke, sie werden bleiben, und ich denke auch, dass es gut sein wird für die Verbleibenden. Es wird mehr Platz geben, und die Mitarbeiter, die dann noch hier sind, werden genau diese Arbeit machen wollen. Darin sehe ich auch eine Chance, dass wir hoffentlich gut motivierte Mitarbeiter haben werden.

Welche Vision haben Sie, wie diese Einrichtung in zehn oder zwanzig Jahren aussehen könnte?

Ich glaube, drei Personenkreise werden weiter bleiben:
Schwermehrfachbehinderte Menschen, schwer verhaltensauffällige Menschen – und diese in zunehmendem Maße – sowie alte Menschen, die hier einen Ort zum Leben gefunden haben. Genau so hat es ein Pastor vor dreißig Jahren gesagt: Diese Einrichtungen der Diakonie sollten ein »Ort zum Leben« sein. Es war damals nicht die Frage: »Warum kommen die draußen nicht klar?«, sondern es war ein Angebot für diejenigen, mit der die Gesellschaft draußen nichts anfangen konnte. Diese Menschen, die nun alt sind und ihren »Ort zum Leben« gefunden haben, die wird man jetzt nicht mehr wegschicken! Unsere älteste Bewohnerin ist seit achtzig Jahren hier, sie kam im Alter von zehn Jahren. Sie hat wahrscheinlich gar keine geistige Behinderung; sie hat nur schlecht gehört, das konnte man damals nicht so gut diagnostizieren! Von den alten Menschen, die wir hier haben, würden heutzutage höchstens noch die Hälfte hierherkommen, für andere gibt es inzwischen angemessene Behandlungs- und Fördermöglichkeiten und andere Wohnangebote.

Sie haben eine solche Vielfalt von verschiedenen Arbeiten in dieser Einrichtung gemacht – können Sie sagen, was Ihnen am liebsten war?

Das kann ich nicht entscheiden. Alles zu seiner Zeit war genau richtig. Aber wenn ich Planungssicherheit hatte, weil genug Geld da war, dann war es toll! Manchmal werde ich gefragt: »Kriegst du denn genug Anerkennung für deine Arbeit?« Dann sage ich: »Kommt bei dir jeden Tag einer herein, bedankt sich per Handschlag und sagt, wie toll du das machst? Na also! Ich werde für meine Arbeit bezahlt! Dass ich sie gut machen will, versteht sich von selbst.«

Aber so ganz ohne anerkennenden Handschlag muss Herr W. gar nicht leben, auch wenn die Anerkennung eher indirekt ausgedrückt wird! Denn jetzt klopft es an der Tür, ein alter Mann steckt den Kopf herein und spricht Herrn W. an, mit für mich schwer verständlicher Sprache. Er gibt Herrn W. die Hand und zeigt ihm eine Zeitung, die er eben im Ort gekauft hat. Es ist doch Montag heute, und immer montags liest Herr W. ihm die Sportergebnisse vor; das ist so Tradition! Und nun sitze ich da, und Herr W. hat noch keine Zeit – ein großes Problem für den Mann, der das kaum verstehen kann, sowohl aufgrund seiner psychomentalen Schwierigkeiten als auch wegen seiner Schwerhörigkeit. Mit lauter Stimme und klarem, freundlichem Blickkontakt erklärt Herr W. ihm, wann er wiederkommen kann. Der Mann wiederholt die Uhrzeit, lässt die Zeitung da, geht widerstrebend, aber gutwillig, nur um nach einer Weile wiederzukommen: Vielleicht wäre es doch besser, die Zeitung erst noch einmal mitzunehmen? Sich Rückversicherung zu holen, ob es dann später auch wirklich klappt? Mit gleichbleibender Geduld und Freundlichkeit wiederholt Herr W. die Erklärung. Seiner Miene ist zu entnehmen, dass er den alten Mann mag und ihm gern diese Zuwendung gibt. Nachdem er nun auch für mich so viel Geduld gehabt hat, um mir von seiner Arbeit zu erzählen, packe ich meine Zettel zusammen:
   »Zeit für mich zu gehen, Herr W.! Sie werden hier noch gebraucht!«

Ich komme von dem Haus nicht weg!

Frau B., Sprachheilpädagogin

Frau B., Sie arbeiten als Sprachheilpädagogin in einem Wohnheim für Kinder und Jugendliche, die dauerbeatmet sind. Wie kamen Sie zu dieser Aufgabe?

Ich hatte eine Ausbildung zur Kinderkrankenschwester gemacht und legte 2002 mein Examen ab. Zu dem Zeitpunkt wurde das Wohnheim eröffnet, das der Klinik, in der ich arbeitete, angeschlossen war. Die Neurologie hatte mich immer schon am meisten interessiert, und so kam es, dass ich eine Stelle in dem neuen Wohnheim antreten durfte. Da habe ich als Kinderkrankenschwester mit voller Stelle fünf Jahre gearbeitet, wollte mich dann aber weiterbilden und schrieb mich an der Universität für das Fach Rehabilitationspädagogik mit dem Schwerpunkt Sprachtherapie ein. Ende letzten Jahres schloss ich mit dem Bachelor ab. Zurzeit bin ich mit einer halben Stelle in einer Praxis für Logopädie als Mitarbeiterin tätig, mit der anderen Hälfte weiterhin in dem Wohnheim. Ab Juli werde ich wieder mit voller Stelle im Wohnheim sein – ich komme irgendwie von dem Haus nicht weg!

Das muss ja ein besonderes Haus sein! Erzählen Sie bitte ein bisschen davon!

Dort leben sieben Kinder und Jugendliche zwischen zwei und zwanzig Jahren; ein junger Mann ist gerade in eine Wohneinrichtung für Erwachsene umgezogen. Alle haben ein Tracheostoma und sind beatmet. Die Krankheitsbilder sind unterschiedlich: Es handelt sich um Muskelerkrankungen, Spina bifida, hohe Querschnittlähmung nach einem Geburtstrauma oder einem Verkehrsunfall, wobei die Atemfunktion beeinträchtigt wurde. Teilweise können sie auch mehrere Stunden selbst atmen. Alle sind Rollstuhlfahrer bis auf das zweijährige Mädchen: Sina krabbelt inzwischen und wird wohl laufen lernen. Sonst leben alle mit einer Körperbehinderung und teilweise auch mit einer geistigen Behinderung.

Wie werden die Kinder beschult?

Sie gehen in die Schule für Kranke, die der Kinderklinik angeschlossen ist; dort gibt es zwei Lehrer, welche für die Wohnheimkinder zuständig sind. Wir haben zwar versucht, sie in Regelschulen einzugliedern, aber es wurde vom Kostenträger nicht bezahlt, da sie ja immer von einer Pflegekraft begleitet werden müssen. Jetzt kann es so geregelt werden, dass eine Schwester für alle Wohnheimkinder mit in die Schule geht.

Sind außer der zweijährigen Sina alle Kinder schulpflichtig?

Nein, da ist noch Thomas, der erst fünf Jahre alt ist; er besucht einen integrativen Kindergarten. In diesem Fall werden die Kosten für die begleitende Pflegekraft von der Krankenkasse übernommen. Und Ulrike ist zwanzig und wird bald ausgeschult. Sie hat eine schwere geistige Behinderung und kann sicher nicht auf dem freien Arbeitsmarkt mithalten. Sie hat ein Praktikum in einer Werkstatt für Menschen mit geistiger Behinderung gemacht; das fand sie super. Aber es ist noch die Frage, ob es finanziert wird, wenn sie dort täglich hingeht – mit ihrer Pflegekraft.

Und wenn es nicht genehmigt wird – was geschieht dann mit ihr?

Ich hoffe, dass es in dem Fall vielleicht möglich ist, dass sie eine Art Hilfsjob in der Kinderklinik bekommt, eine Beschäftigung, die eventuell von der Ergotherapeutin der Kinderklinik begleitet werden kann; Pflegekräfte sind dann ja auch vor Ort. Denn eine Tagesstruktur ist natürlich dringend notwendig. Aber sie würde auf diese Weise nicht mit anderen jungen Menschen, die gemeinsam etwas machen, zusammenkommen, sondern wäre isoliert in der Klinik – das wäre sicher ein Nachteil.

Wie wurde das bei dem jungen Mann gehandhabt, der das Wohnheim bereits verlassen hat?

Timo kommt für den freien Arbeitsmarkt infrage, deshalb ist das Arbeitsamt zuständig. Er ist geistig nicht so stark beeinträchtigt und kann ganz andere Dinge machen als Ulrike. Aber nach der Schule hatte er auch ein Jahr zu überbrücken: Er sortierte und faltete Briefe in der Klinik.

Und Ulrike? Für sie muss dann wohl auch bald nach neuen Lösungen gesucht werden – es ist vermutlich schwieriger, sie zu integrieren?

Ulrike braucht tatsächlich sehr viel Unterstützung, um an Gruppenaktivitäten teilnehmen zu können. Wenn das gelingt, dann blüht sie so richtig auf! Letzte Woche haben wir zum Beispiel an einem Seminar für Unterstütztkommunizierende mit ihr teilgenommen. Da kamen dreißig junge Erwachsene zusammen, die sich alle über Talker oder Gebärden unterhalten. Zu sehen, da gibt's noch viele, die das auch machen – das war für Ulrike fantastisch. So etwas zu ermöglichen ist aber von der Stellenbesetzung her für viele Kliniken und Heime nicht denkbar.

Wie viele Mitarbeiter gibt es bei Ihnen?

Mit allen Teilzeitkräften sind wir fünfundzwanzig für sieben Kinder und Jugendliche; pro Schicht arbeitet eine Pflegeperson für jeweils zwei Kinder; nachts sind eine Schwester und eine Stationshilfe da. Dann haben wir noch externe Mitarbeiter: Eine Logopädin kommt ins Haus sowie ein Musiktherapeut, eine Ergotherapeutin und ein Physiotherapeut.

Wechseln die Mitarbeiter häufig?

Es geht – es gibt schon eine gewisse Fluktuation dadurch, dass wir ein junges Team sind und deshalb aufgrund von Schwangerschaften Wechsel vorkommen. Aber das ist deutlich weniger, als die Kinder es früher erlebten. Da blieb ihnen nichts anderes übrig, als auf der Intensivstation zu leben. Ein Leben auf der Intensivstation bedeutet, völlig abgeschottet zu sein, sich permanent in einem klimatisierten Raum aufzuhalten, viele Wechsel des Bezugsbetreuers zu erleben, häufig mitzubekommen, wie jemand stirbt ... So lebte zum Beispiel Christoph: Er konnte sprechen, war geistig fit, hat Bilder gemalt. Er wurde damals von einem Sozialpädagogen betreut. Er hat mit Christoph Sachen unternommen, wenn es irgendwie ging, denn dann musste ja auch noch ein Pfleger zusätzlich mit, zum Beispiel in den Park oder zu einem Fußballspiel. Durch Christoph kam die Idee, so ein Haus zu bauen für Kinder, die sonst dauerhaft auf der Intensivstation leben müssten. Leider ist Christoph noch in der Planungsphase im Alter von achtzehn Jahren verstorben.

Gibt es ähnliche Häuser wie Ihres im Bundesgebiet?

Ich weiß von einer weiteren Einrichtung, in der auch Kinder mit apallischem Syndrom leben. Ansonsten sind mir keine bekannt. Bei uns sind die Kinder alle ansprechbar, können Wünsche äußern, auch zusammen Spiele oder Ausflüge machen.

Welche Aufgaben haben Sie als Sprachheilpädagogin?

Ich habe zum Teil allgemeinpädagogische Aufgaben: Feste, Feiern, Geburtstage organisieren. Neulich haben wir einen Trödelmarkt veranstaltet, haben Plakate gemalt und aufgehängt; so konnten sich die Kinder ihr Taschengeld aufbessern. Ansonsten arbeite ich mit Unterstützter Kommunikation: mit Sprachcomputern, Gebärden, Kommunikationstafeln. Das Schreiben von Entwicklungsberichten gehört auch dazu; wir formulieren Förderziele für unsere Kinder, besprechen sie zunächst in der Kleingruppe und stellen sie dann auch im gesamten Team vor. Zu jedem Kind gibt es eine halbjährliche Therapiebesprechung mit allen Therapeuten, Bezugsschwestern und Pädagogen. Solche Teamsitzungen sind wichtig, um die Arbeit miteinander abzustimmen. Da muss man häufig Kompromisse finden. Die Krankengymnastin sagt zum Beispiel: »Ulrike darf nicht so stark aufgerichtet werden wegen ihrer Skoliose; sie hat eine Zyste, die ins Gehirn wandern kann, und das wäre dann tödlich …« Die Pädagogen sagen: »Es ist wichtig, dass sie aufgerichtet wird, damit sie ihre Umwelt anders wahrnehmen kann und einfach mehr vom Leben mitbekommt …« Wir müssen uns dann gemeinsam überlegen, wie wir das lösen können.

Können Sie ein paar Beispiele geben, wie Sie mithilfe der Unterstützten Kommunikation mit den Kindern arbeiten?

Wir haben drei Kinder mit Sprachcomputern; eines mit Powertalker, mit dem sehr differenziert gearbeitet werden kann, zwei haben einen Smalltalker, der ist einfacher strukturiert. Mit der kleinen Sina arbeiten wir mit Gebärden. Das funktioniert natürlich nur, wenn die anderen sie auch verstehen, deshalb gibt es die »Gebärde der Woche«, die im Team vorgestellt wird; ein Plakat hängt jeweils im Flur, damit man sie und ihre Bedeutung immer vor Augen hat. Ein Problem ist natürlich auch hier wieder, dass die Finanzierung der Talker ermöglicht werden muss. Ein Mädchen spricht komplett, braucht also kein Hilfsmittel. Unser Fünfjähriger hat Kopf- und Fingerschalter für ein Gerät, das »Step-by-step« heißt: Da kann man Sätze aufnehmen und der Junge kann sie nach Bedarf mit dem Kopf- oder Fingerschalter abspielen. Er versucht aber auch, mithilfe der Logopädin sprechen zu lernen. Wir haben auf ihren Rat den Beatmungsdruck verändert; jetzt ist er besser in der Lage, bestimmte Laute zu bilden. Sie übt mit ihm das Wort »Mama« – das ist emotional sehr stark besetzt, er möchte es können! Die Logopädin versucht, ihn mit der Methode Castillo Morales zu stimulieren. Aber nach einer halben Stunde ist er fix und fertig und schwitzt! Das Problem ist, dass unsere Kinder ja enorm traumatisiert sind im Mund- und Rachenbereich. Rein physiologisch gesehen wären sie teilweise schluckfähig, aber aufgrund der vielen negativ besetzten Erlebnisse wie Intubationen etc. ist das oft zu schwierig. Deshalb haben auch alle eine PEG-Sonde mit Ernährungspumpe, nur eine isst ein wenig und bekommt zusätzlich Sondenernährung.

Sie erwähnten eben das emotional stark besetzte Wort »Mama«. Inwieweit sind bei Ihnen die Eltern in das Leben der Kinder involviert?

Bei dem Kind, um das es eben ging, ist die Mama sehr präsent; sie ist allerdings seine Pflegemutter, nicht die leibliche Mutter. Sie wohnt in der Nähe, kommt täglich und übernimmt einen Teil der Pflege. Auch bei anderen, deren Eltern in der Umgebung wohnen, kommt in der Regel am Wochenende Besuch, bei manchen wiederum nur einmal oder zwei- bis dreimal im Jahr. Bei denen, die nur einmal im Jahr kommen, ist es auch nicht so, dass sie sich nicht interessieren. Aber sie wohnen Hunderte von Kilometern entfernt und haben einfach nicht das nötige Geld für die Fahrten. Hinzu kommt, dass der Vater sich mit der Behinderung des Kindes nicht so gut abfinden kann und den Kontakt vermeidet, während die Mutter jedes Mal herzzerreißend weint. Sie war früher, als der Junge noch auf der Intensivstation lag, täglich bei ihm, es fiel der Familie unheimlich schwer, den Sohn ins Wohnheim so weit weg zu geben, aber es gab vor Ort keine Alternative außer der Klinik.

Erleben Sie das öfter, dass Väter mit der Behinderung nicht zurechtkommen?

Von unseren Kindern kommen vier aus Familien mit Migrationshintergrund, da ist das schon auffällig, dass die Behinderung des Kindes tabuisiert wird. Die Mütter verstehen oft die Sprache nicht gut. Wenn die Mütter dann zu Besuch kommen, bringen sie Geschenke, hart erspartes Geld, sind hochemotional. Manchmal hat man den Eindruck, sie hatten gehofft, in der Zeit der langen Trennung hätte sich an der Behinderung etwas verändert, und es wird ihnen dann dramatisch bewusst, dass dies nicht der Fall ist. Aber alle unsere Kinder spüren, dass in der Beziehung zu der Person, die da zu Besuch kommt, etwas Besonderes ist. Sie sind dann überaus aufnahmebereit, aufmerksam, auch das Gesicht drückt deutlich Freude aus.

Unser jüngstes Kind hat sehr junge Eltern, eine zum Zeitpunkt der Geburt fünfzehnjährige Mutter, der Vater ist auch kaum älter. Unser ältester Bewohner, der nun das Wohnheim gewechselt hat, und Ulrike waren eine Zeitlang zu Hause, Timo sogar sieben Jahre lang. Aber dann waren die Kräfte der Eltern einfach aufgebraucht! Selbst wenn man Pflegedienste dahat, die helfen, aber andererseits auf diese Weise immer im Privatleben auch der Eheleute sind, dann ist das hart an der Grenze und geht irgendwann nicht mehr.

Ich nehme an, aufgrund all dieser Schwierigkeiten sind Kontakte und regelmäßiger Austausch mit den Eltern, gar gemeinsame Teambesprechungen mit Eltern unmöglich?

Eigentlich schon. Wir machen einmal im Jahr einen Elternnachmittag, zum Beispiel ein Sommerfest. Aber die Kommunikation zwischen uns und den Eltern und erst recht der Eltern untereinander ist schon schwierig.

Da ist die Kommunikation mit den Kindern und Jugendlichen trotz der notwendigen Hilfsmittel anscheinend leichter.

Natürlich nur bedingt. Man muss sehr aufmerksam sein, sich fragen: Was wollen Kinder, die dauerbeatmet sind, wohl ausdrücken? Wir machen viel Biografiearbeit, versuchen, den Menschen da abzuholen, wo er gerade steht, uns situativ anzupassen, auch wenn's mal rückwärts geht. Unser Junge mit dem Powertalker kann damit gut Wünsche und Gefühle äußern. Die anderen versuchen es oft eher über Gebärden, die sind körpernah und eignen sich daher gut für das Ausdrücken von Gefühlen. Ich finde es sehr gut, wenn es gelingt, mithilfe der Unterstützten Kommunikation solchen Austausch möglich zu machen, dadurch kommt eine ganz andere Beziehung untereinander zustande. Und das ist es auch, was mir an meiner Arbeit in dem Haus am meisten Freude macht: die Möglichkeit, Beziehung aufzubauen und über einen langen Zeitraum zu halten. Das ist in der freien Praxis nicht so möglich.

Zeigen Ihre Kinder auch so etwas wie »herausforderndes Verhalten«?

Schon, es gibt manchmal Verhaltensweisen, die einem enorm auf die Nerven gehen können. Ein Mädchen hat extreme Stereotypien, verbale Stereotypien, die sie bei bestimmten Personen anwendet. Mich fragt sie zum Beispiel dauernd: »K oder g?«, so oft, dass ich einen Rappel kriege! Sobald ich das »k« in einem Wort etwas deutlicher ausspreche, fängt sie erneut an. Zu einer anderen Person sagt sie immer wieder: »Ziehst du mir noch mal am Zopf?« Die Stereotypie richtet sich jeweils danach, was sie gerade mit der entsprechenden Person verbindet. Sie kann damit auch ziemlich provozieren. Unsere älteste Bewohnerin ist vor ihr unbekannten Situationen – zum Beispiel vor Ausflügen oder Urlaub – sehr unruhig und verkrampft, sie braucht extrem viel Sicherheit. Unsere Zweijährige reißt sich oft die Beatmung ab – wenn sie richtig bockig ist, zieht sie sich auch mal die Kanüle raus, dann *muss* jemand kommen!

Wie sehen Sie das Thema »Inklusion« für die Kinder und Jugendlichen in Ihrer Einrichtung?

Gegenüber einem Leben auf der Intensivstation ist die Art, wie unsere Kinder leben, ja tatsächlich schon viel mehr »mittendrin«. Wir haben im Kinder- und Jugendlichenbereich, glaube ich, ganz gute Arbeitsbedingungen, bessere als im Erwachsenenbereich, und wir können relativ viel ermöglichen. Sina geht zusammen mit einer Pflegekraft in eine ganz normale Krabbelgruppe, Thomas – wie gesagt – in einen integrativen Kindergarten. Ein anderes Kind soll in eine Jugendgruppe der Gemeinde. Wir gehen jeden Samstag auf den Markt, kaufen Lebensmittel ein, mit denen wir sonntags unser Essen selbst kochen.

Aber man muss schon einräumen, dass es schwer ist, die Öffentlichkeit für unsere Belange zu interessieren. Trotz umfangreicher Werbung für unseren Trödelmarkt kommen in der Regel nur Mitarbeiter der Einrichtung, ihre Freunde und Verwandten. In die Disco der Kinderklinik kamen letztes Jahr trotz Werbung nur ein paar Kinder von draußen, in diesem Jahr kamen keine! Wir versuchen es trotzdem weiter; vielleicht können wir in kleinen Schritten mehr erreichen.

Und was das selbstständige Leben mit Assistenz angeht – da denke ich, ein junger Mann wie Timo könnte auch in seiner eigenen Wohnung leben. Die Gefahr zu vereinsamen ist allerdings größer … Man muss bedenken, dass die Krankheit und Behinderung, mit denen diese Menschen leben, erheblich sind. Der Beatmungsdruck beansprucht den Herzmuskel extrem; es besteht die Gefahr, dass das Herz irgendwann nicht mehr mitmacht. Allein durch diese schwere Beeinträchtigung gehört man zu einer Randgruppe, mit der sich Außenstehende schwertun; die zu überwindenden Hürden sind hoch. Das bedeutet nicht, dass man den Kontakt gar nicht erst suchen sollte. Man darf sich nicht entmutigen lassen, aber man muss wohl auch realistisch sein.

Qualität erhalten

Herr H., Vorstand einer komplexen Einrichtung für Menschen mit Behinderungen

Herr H., wie wurden Sie Vorstand dieser Einrichtung für Menschen mit Behinderung?

Zunächst einmal habe ich Sozialpädagogik studiert. Ich hatte mich schon als junger Mensch in der kirchlichen Jugendarbeit engagiert und dabei festgestellt, dass es mir liegt, mit Menschen umzugehen. Nach meinem Studium arbeitete ich lange Zeit in der Jugendhilfe, und zwar in verschiedenen stationären, teilstationären und ambulanten Einrichtungen für Kinder und Jugendliche mit Verhaltensproblemen, die sie häufig aufgrund problematischer Familienverhältnisse ausprägten. Schließlich leitete ich siebzehn Jahre lang ein Heim für Kinder und Jugendliche.

Warum lebten diese Kinder und Jugendlichen im Heim? Waren es Waisen – oder gab es andere Gründe?

Waisen sind es eigentlich nicht mehr heutzutage, sondern es sind Kinder und Jugendliche, in deren Familien schwere Probleme aufgetreten sind und die häufig vernachlässigt wurden. Es gibt im Wesentlichen drei prägnante Faktoren, die – wenn sie konzentriert auftreten – mit hoher Wahrscheinlichkeit dazu führen, dass die Familie Jugendhilfe benötigt. Häufig ist das so bei Alleinerziehenden, die über ein geringes Einkommen verfügen und auf engem Raum leben. Da geschieht es oft, dass die Kinder ausbrechen, die Schule schwänzen oder aggressiv werden.

Haben Sie im Laufe der siebzehn Jahre Veränderungen in der Art der Jugendhilfe beobachtet?

Ja, sehr große Veränderungen sogar. Als ich die Leitung des Heimes übernahm, gab es dort fünfunddreißig stationäre Plätze. Nach siebzehn Jahren war das immer noch so, aber es waren hundertfünfzig ambulante und teilstationäre Plätze hinzugekommen. Das lag daran, dass man bereits in den achtziger, neunziger Jahren des vergangenen

Jahrhunderts im Bereich der Jugendhilfe eine Dezentralisierung und Sozialraumorientierung anstrebte – eine Entwicklung, die sich in ähnlicher Form inzwischen auch im Bereich der Eingliederungshilfe vollzieht.

Wie kommt es, dass diese Entwicklung in beiden Bereichen nicht parallel, sondern zeitlich versetzt verläuft?

Es liegt daran, dass es in den Bereichen Jugendhilfe und Behindertenhilfe zwei verschiedene Finanzierungskonzepte gab. In der Jugendhilfe waren die Kommunen Kostenträger der Hilfen. In der Behindertenhilfe lag diese Zuständigkeit bis 2005 bei den beiden überörtlichen Landeswohlfahrtsverbänden in Baden und Württemberg. Das waren große Organisationen, die die Eingliederungshilfe überörtlich und weniger nach sozialräumlichen Kriterien steuerten. Durch den Paradigmenwechsel in der Behindertenhilfe, dem gemäß behinderte Menschen in der Gesellschaft ihren Platz haben sollen, verändert sich das nun.

Zu der Zeit, als Sie das Heim für Kinder und Jugendliche leiteten, geriet offensichtlich einiges in Bewegung! Durch die hinzugekommenen ambulanten und teilstationären Angebote hat sich Ihre Rolle als Leiter sicher sehr verändert.

Ja, die Anforderungen an die Leitung wurden anders; es kam sehr viel mehr Betriebswirtschaft hinzu. Deshalb studierte ich berufsbegleitend Betriebswirtschaft, um mit den neuen Aufgaben angemessen umgehen zu können.

Doch mit den neuen Kompetenzen wuchs vielleicht auch der Wunsch nach neuen Herausforderungen?

Das war definitiv so. In kleinen Einrichtungen herrscht eine Generalisteneinstellung – man muss alles selbst machen. Ich suchte dann bewusst eine große Einrichtung mit einer entsprechenden Arbeitsteilung. Ich hatte die Möglichkeit, in dieser Einrichtung zunächst eine Stabsstelle »Unternehmensentwicklung und Projektentwicklung« anzutreten. Da ging es darum, die Kommunalisierung der Eingliederungshilfe auf der örtlichen Ebene umzusetzen. Die Kostenträger und die Leistungserbringer kannten einander kaum. Wir bildeten einen Arbeitskreis. Meine Aufgabe war es, Statistiken zu erheben und Trends herauszuarbeiten, um so Grundlagen für die Angebotsentwicklung zu liefern. Das Angebot »Persönliche Budgetleistungen« wurde in diesem Kontext entwickelt. Inzwischen haben wir eine kleine Gruppe von Menschen, die auf dieser Grundlage Leistungen bei uns »einkaufen«.

Zwei Jahre später gingen Sie dann heraus aus dem Stab und hinein in die Linie.

Ich übernahm die verantwortliche Leitung des Geschäftsbereichs Wohnen, das heißt, die inhaltliche und budgetorientierte Führung dieses Bereichs. Im Geschäftsbereich Wohnen werden circa tausendsiebenhundert Menschen betreut und trotz gut ausgebildeter und motivierter Mitarbeiterinnen und Mitarbeiter ist es eine sehr anspruchsvolle Aufgabe, in den traditionellen Formen der Behindertenhilfe Werte wie Individualisierung, Selbstbestimmung und Normalisierung der Lebensverhältnisse umzusetzen.

Zu Beginn dieses Jahres wurden Sie schließlich zusammen mit einem Kollegen in den Vorstand der Einrichtung berufen. Wie teilen Sie sich die Arbeit?

Der Kollege hat den Vorsitz im Vorstand und vertritt primär die kaufmännische Seite der Unternehmensführung, ich vertrete durch meine sozialpädagogische Qualifikation die pädagogische Ausrichtung des Unternehmens, so ergänzen wir einander.

Es ist sicher nicht so leicht, beide Aspekte miteinander im Blick zu haben und zu behalten!

Das stimmt. Einerseits sind wir ein Unternehmen, ein Sozialunternehmen. Wir sind der größte Arbeitgeber in der Region. Viele Menschen haben ihre Existenz hier gegründet. Eine wichtige Aufgabe ist es, Erlöse zu erwirtschaften. Andererseits geht es darum, Menschen in ihrer spezifischen Lebenssituation bestmögliche Hilfen zukommen zu lassen. Nichts geht ohne einander, das ist eine dichte Verwebung der verschiedenen Aspekte. Wenn wir schlechte Leistungen erbringen, werden wir auch nicht mehr angefragt. Und wenn die Ökonomie nicht stimmt, können wir unseren finanziellen Verpflichtungen nicht nachkommen. Angesichts der Knappheit der Ressourcen ist es eine große Herausforderung, die unterschiedlichen Aspekte in Ausgewogenheit zu halten.

Wohin geht das knapper werdende Geld?

Da stehen wir im Wettstreit! Die Kommunen müssen entscheiden, wie viel Geld sie für welche Zwecke bereitstellen. Wir spüren sehr deutlich, dass die Kommunen immer ein Stück weit hinter der Wirtschaftskrise her reagieren. Wenn Unternehmen aktuell betroffen sind, kommt die Krise dort verspätet an, und wenn es den Unternehmen wieder besser geht, haben die Kommunen die Steuereinnahmen auch erst ein Jahr später. Das zur Verfügung stehende Geld ist weniger geworden, die Kommunen machen Schulden. Das bedeutet: Geld ist nicht ausreichend für *alles* da. Wo macht man also die Abstriche?

Die Kommunen sind in der Tat heftig belastet; sie müssen zum Beispiel die Entwicklung hin zu Hartz IV tragen. Ich erinnere mich, wie es früher gang und gäbe war, einerseits von »*Investitionen*« zu sprechen, zum Beispiel in den Straßenbau. Im Gegensatz dazu sprach man von »Sozial*lasten*«. Heute ist mehr vom Sozial*haushalt* die Rede. Wir haben stetig wachsende Sozialausgaben, und die Kosten steigen auch durch zunehmende Fallzahlen.

Wie kommt es dazu, dass mehr Menschen mit Behinderung zu betreuen sind?

Man kann zwar beobachten, dass nach genetischen Vorsorgeuntersuchungen vermehrt Schwangerschaftsabbrüche vorkommen. Auf der anderen Seite überleben viel mehr Kinder nach Frühgeburten durch die Fortschritte in der Medizin. Wir haben Unfallopfer oder Behinderungen als Krankheitsfolgen. Ein ganz entscheidender Faktor ist aber, dass wir zunehmend ältere Menschen mit Behinderung haben. Bedingt durch unsere leidvolle Geschichte war das lange Zeit nicht so. Damit steigen die Fallzahlen und die Kosten. Die Kostenträger möchten die Kostenentwicklung dämpfen; so hat das Motto »ambulant vor stationär« längst auch in die Eingliederungshilfe Einzug gehalten, nachdem es in der Jugendhilfe und im Bereich der Gesundheitsvorsorge schon lange üblich geworden ist, diesem Grundsatz zu folgen. Die Selbstverantwortung auch für Menschen mit Behinderung wird betont. Wenn jemand zum Beispiel ein Persönliches Budget erhält, dann wird es in der Regel geringer ausfallen als der Preis für eine entsprechende Sachleistung.

Trotzdem zweifeln manche, ob das Dezentralisierungskonzept tatsächlich weniger kostenintensiv sein wird. Für bestimmte ambulante Leistungen wäre das vermutlich sogar sehr kostenintensiv. Wenn zum Beispiel Eltern aufgrund der UN-Konvention über die Rechte für Menschen mit Behinderung darauf bestehen würden, dass ihr Kind mit einer Komplexen Behinderung in einer Regelschule unterrichtet wird, wäre das sicher sehr teuer …

Die Landkreise halten sich meiner Erfahrung nach noch etwas bedeckt in Bezug auf die Umsetzung der Konvention, was die Beschulung angeht. Da ist es noch eine offene Frage, ob Eltern tatsächlich uneingeschränkt das Recht haben sollen, über den Schulplatz ihres Kindes zu bestimmen, oder ob sie lediglich einen Wunsch äußern können. Ich glaube, die Politik wird ein uneingeschränktes persönliches Entscheidungsrecht der Eltern nicht zulassen.

Wie weit ist die Ambulantisierung in dieser Einrichtung bereits fortgeschritten?

Seit dem Jahr 2000 haben wir hier ein Ambulantisierungsprogramm. Wir erheben Kompetenzen und Ressourcen. Die Verselbstständigungspotentiale unserer Bewohner werden entwickelt und gestärkt, damit man sie gegebenenfalls in andere Betreuungsformen bringen kann. Seitdem wurden von insgesamt tausendsiebenhundert Bewohnerinnen und Bewohnern etwa über hundert Bewohnerinnen und Bewohner ambulantisiert.

Gemessen an den hohen Zielen der Inklusionsbestrebungen sind das noch nicht so viele …

Wir haben in dieser Einrichtung sehr viele Menschen mit einer überdurchschnittlichen Ausprägung des Hilfebedarfs: Menschen mit sehr schweren Behinderungen und auch sehr verhaltensauffällige Menschen, die in anderen Einrichtungen oft keinen Platz bekommen. Ich weiß, dass manche sagen: »Man kann jeden ambulantisieren!«, und dass es nötig sei, bei den Menschen mit dem höchsten Hilfebedarf damit anzufangen. Ich persönlich glaube das nicht. Wenn man rund um die Uhr vier oder mehr Personen im Schichtdienst benötigt, um einem bestimmten Menschen Dienste zu erbringen – das zahlt niemand. Ich denke, diese Menschen werden in den konventionellen stationären Angeboten bleiben aufgrund des sehr hohen Hilfebedarfs. Das war früher ja auch ein Gedanke dabei, warum man sie in Gruppen zusammengebracht hat: der ökonomische Gesichtspunkt, zum Beispiel, dass man eine Nachtwache für eine Gruppe, nicht nur für einen einzigen Menschen benötigt.

Es besteht allerdings die Sorge, dass mit zunehmender Inklusion der Menschen mit leichteren Behinderungen sich die Aussonderung für diese »Restgruppe« besonders verschärft. Könnte es gar passieren, dass wir zurückfallen in längst überwunden geglaubte Unterbringungsvarianten?

Ich glaube nicht, dass wir zurückfallen in eine Situation, wo man Menschen hinter hohen Mauern weggeschlossen hat oder sie in Schlafsälen unterbrachte. Für alle Menschen mit Behinderung haben wir ganz wichtige Grundziele und -themen: Sie sollen in die Gesellschaft hineinwachsen, sie sollen ihre Ressourcen und Potentiale nutzen. Zu diesem Zweck brauchen sie Menschen, die ihnen assistieren und sie bei einem möglichst selbstständigen Leben unterstützen. Die Grundidee, wie wir Menschen mit Behinderung begegnen, die ist in jedem Fall anders geworden als früher. Die Einstellung, dass ein Heilerziehungspfleger schon weiß, was gut ist für seine Zöglinge, und deswegen für sie entscheidet, die wollen wir nicht mehr.

Manche Menschen werden in ihrer Selbstständigkeit vielleicht auch überschätzt.

Manchmal wird wohl das Kind mit dem Bade ausgeschüttet. Es gibt Grenzfälle, da entstehen gelegentlich unglückliche Entwicklungen. Es kann zu Überforderungssituationen kommen bei einem zu dünnen Angebot an Hilfen, und dann kann es passieren, dass Menschen in der Einsamkeit versinken oder unter der Brücke landen. Alle diese Aspekte zeigen, dass die Ambulantisierung ein Ritt auf der Rasierklinge sein wird, ein Spagat zwischen den verschiedenen Ansprüchen und Möglichkeiten.

Ist unsere Gesellschaft reif für die Inklusion?

Ich fürchte, nein. Einerseits nimmt zwar die Toleranz zu, wenn man die Entwicklung von Dingen betrachtet, die vor zwanzig Jahren noch sehr schwierig waren, zum Beispiel in Bezug auf gleichgeschlechtliche Partnerschaften oder Patchworkfamilien. Aber andererseits ist auch zunehmend ein Rückzug in die Privatsphäre zu beobachten, das sogenannte »Cocooning«. Die Solidarität der Menschen untereinander nimmt ab. Wir beobachten eine Spaltung der Gesellschaft; die Schere zwischen Arm und Reich geht weiter auseinander, die Polarität nimmt zu. Die Mittelschicht zerfällt, ein großer Teil bricht nach unten hin weg. Wer sich Sorgen macht um sein eigenes Hemd, ist häufig nicht solidarisch.

Das klingt nicht gerade optimistisch. Wie besorgt müssen wir Eltern von Menschen mit Komplexer Behinderung sein?

Ich denke, dass die Kostenträger diese Entwicklung des Übrigbleibens noch nicht so realisieren und dass man sich dieses Problems bewusster werden muss. Denn wenn wir durch eine zunehmende Homogenisierung nur noch Menschen mit sehr hohem Hilfebedarf beieinanderhaben, dann benötigen wir einen anderen Personalschlüssel als bei durchmischten Gruppen. Die Verkleinerung von Gruppen wird viel Geld kosten. Ich befürchte, das wird so noch nicht nachvollzogen von den Kostenträgern. Unserem Gespräch entnehme ich: Es wird eine wichtige Aufgabe für uns sein, Qualitäten zu erhalten!

Unsere Zeit ist nicht ungefährlich für die Menschen am Rande der Gesellschaft

Herr A., Seelsorger in einer Einrichtung für Menschen mit Behinderung

Herr A., Sie sind Seelsorger in einer Einrichtung für Menschen mit Behinderung. Was genau tun Sie da?

Meine Aufgaben sind zum Beispiel das Halten von Religionsunterricht und die Vorbereitung auf die Sakramente wie die heilige Kommunion oder die Firmung, die wir dann entweder – je nach Wunsch – in der Kirchengemeinde feiern oder auch in der Kirche der Einrichtung.

Haben Sie sich diese Stelle ganz bewusst ausgesucht?

Ja, ich habe mich für gerade diese Aufgabe entschieden und mich dafür beworben. Ich hatte einfach so ein Bauchgefühl, dass es schon passt. Über viele Jahre hatte ich eine sehr gute Freundin mit einer Schwester, die mit einer Behinderung lebte und aus dem Heim immer wieder nach Hause kam. Bei uns auf dem Dorf gab es auch einige, die – wie man sagte – »zurückgeblieben« waren. Und auch meine Schwägerin hatte einen Bruder mit Behinderung in einer Einrichtung. Über diese Kontakte war mir die Begegnung mit Menschen mit Behinderung schon vertraut.

Wie wird man denn in seiner Ausbildung auf diese Arbeit vorbereitet?

Eigentlich gar nicht. Auch Fortbildungsmöglichkeiten gibt es kaum. Ich strebe, weil ich ja auch oft mit nicht sprechenden Menschen zu tun habe, eine Fortbildung im Bereich der nichtsprachlichen Kommunikation an, etwas über den Umgang mit Ritualen, der heilsamen Seelsorge oder der Gestalttherapie. Es wird zwar ein Seminar in einer anderen Diözese angeboten, aber mein Arbeitgeber wollte das bisher nicht unterstützen – es muss eben finanziert werden. Alles auf eigene Kosten zu bezahlen, das geht für mich nicht, da ich für meine Familie sorgen muss.

Wie ist das überhaupt mit Fortbildungen in Ihrem Bereich – ich bin eigentlich davon ausgegangen, dass sie selbstverständlich erwartet werden.

Es gibt Pflichtfortbildungen nach einer gewissen Anzahl von Berufsjahren. Es wird nicht wirklich nachgefragt, ob man dazwischen mal wieder eine Fortbildung machen möchte. Man muss wohl einräumen, dass kein völlig durchgetragener Wille da ist, Fortbildungen zu haben; es sagt keiner: »Wir erwarten das!«

Es wird also mehr als Belastung und als Kostenfaktor gesehen?

Klar, es wird einem nicht einfach gemacht. Sie müssen bedenken: Jeder, der ein paar Tage fortwill, erzeugt ja erst mal einen Schrecken im Team, denn dann fehlt ein Mitarbeiter ...

Ja, der Personalschlüssel in solchen Einrichtungen könnte wohl auch besser sein. Mein Eindruck ist, dass tatsächlicher Bedarf oft statistisch weggerechnet wird ...

Der Personalschlüssel ist ein bisschen ein Mysterium. Je nach Interessenlage wird anders gerechnet. Ich glaube, er hat sich definitiv verschlechtert. Aber es heißt dann oft, dass mit mehr Leuten auch nicht mehr gemacht worden sei. Viele Mitarbeiter bestreiten das, sie fühlten sich früher eher in der Lage, mit den ihnen anvertrauten Menschen auch draußen etwas zu unternehmen. Es ist fast unmöglich, das objektiv klarzukriegen.

Wie ist das für Sie, auf die verschiedenen Wohngruppen zu kommen? Sie besuchen ja die Menschen, die Sie betreuen, dort, oder Sie holen sie einzeln zum Beispiel zur Kommunionvorbereitung, wenn der Mensch in der Gruppe nicht gut vorbereitet werden kann.

Ja, dann gehe ich zum Beispiel mit ihm spazieren, singe mit ihm, auch wenn ich das eigentlich gar nicht so gut kann, oder besuche mit ihm die Kirche.
    Auf den Wohngruppen ist es sehr unterschiedlich, teils hängt es von der Art der Behinderung der Menschen ab, teils von den Mitarbeiterteams. Die Reaktionen reichen von einem misstrauischen »Was wollen Sie bei uns?« bis zu einem interessierten »Kommen Sie bald wieder?«

Natürlich ist manches leichter, wenn ich in ein Haus komme, wo leichtere Behinderungen vorherrschen. Da kennen mich die Bewohner, sprechen mich an; ich selbst kann spontaner auf sie eingehen, und es liegt nicht so viel Schweres in der Luft, manchmal gar Lähmendes wie in manchen Wohngruppen mit schwereren Behinderungen. Man merkt den Gruppen an, ob da Stärkere oder Schwächere sind. Das spüren wir zum Beispiel im Januar, wenn wir mit unseren Sternsingergruppen hingehen: Da sind die alten Damen, die erzählen können, wo es froher zugeht, und da sind Gruppen, wo alles schwer ist: die Luft, die Kommunikation …

Viele recht Schwache sind eine große Herausforderung, da spürt man manchmal auch bei den Mitarbeitern eine Lähmung, einen Anflug von Depression … Andererseits findet man aber auch Mitarbeiter mit einem besonders hohen Maß an Sensibilität und Kommunikationsfähigkeit, solche, die auf ganz feine Schwingungen reagieren können und mir sagen können, wie ein Mensch heute »drauf ist« und was ich beachten sollte.

Hat sich aus Ihrer Sicht in den vergangenen zehn Jahren etwas verändert in den Wohngruppen?

Früher gab es nach meinem Eindruck festere Betreuungsverhältnisse, die Gruppen waren mehr in sich abgeschlossen. Heute versucht man, untereinander zu kooperieren. Die Fluktuation ist inzwischen groß; für die Bewohner kann das problematisch sein, wenn sie den Wechsel nicht gut vertragen. Aber es ist auch wichtig, dass Gruppen nicht zu sehr in sich abgeschlossen sind; die Auflösung der allzu festen Betreuungsverhältnisse ist eher gut für die Bewohner, denn sie dient als Kontrolle. Manche Teams waren früher über Jahre in sich abgeschlossen zusammen, da entstanden Gruppentabus, die Gefahr, dass es auch zu Gewalt kommt, war durchaus gegeben. Die Teams hatten in ihren Gruppen die Alternativen, sich entweder zu einer guten Familie zu machen oder auch ihr Regime zu führen, beides, ohne dass es von außen aufgefallen wäre. Das geht immer weniger. Früher hatte man manchmal das Gefühl: Wenn man auf eine Gruppe kommt, dann betritt man das ungemachte Schlafzimmer von fremden Leuten, man dringt ein. Das hat sich verändert.

Die Tendenz ist – oder war? –, ähnliche Menschen in eine Wohngruppe zu tun. Ist das heute noch so, oder hat sich auch hier im Rahmen der Inklusionsbemühungen etwas verändert?

Das Argument bei eher homogenen Gruppen ist ja, dass man sie dann besser fördern könne. Das ist halt immer wieder die Frage: Was tut ihnen gut? Soll man sie konzentrieren oder die Gruppen eher heterogen ausrichten? Zurzeit will man wieder mehr mischen, die »Mischphase« ist schon fast eine Ideologie, man sagt, das würde allen Beteiligten guttun. Zu Recht, weil man eine Zeitlang zu sehr auf Ähnlichkeit gesetzt hat. Ich bin oft überfordert mit der Frage, weil ich beides erlebe. Ich sehe, welche Chancen es hat, mit eher Ähnlichen zusammen zu sein, aber auf der anderen Seite sind Solidarität und Miteinander in Gefahr, wenn keiner da ist, von dem man etwas lernen kann. Ich bekomme das mit als Diskussion um diese Einrichtung selbst. Von den Menschen in der Kirchengemeinde ist es so, dass sie die Einrichtung gut finden: »Die sollen schon unter sich sein« ...

Da bin ich manchmal erschrocken, wenn es heißt: »Den Leuten dort geht's zu gut, denen wird zu viel geboten!« Das geht hin bis zu Neid darauf, was die Bewohner alles haben. Wenn ich dann frage: »Wäre es Ihnen denn lieber, Ihr Kind hätte eine Behinderung und dürfte auch dort so viel geboten bekommen?«, dann wehren sie natürlich ab. Aber man darf das nicht unterschätzen: In Zeiten, wo alles knapper wird, schürt sich wieder der Gedanke: »Und dann soll man auch noch für die Behinderten was ausgeben?!«

Es gibt oft sehr ambivalente Elternreaktionen. Wenn ich zum Beispiel meine Firmanden in der Kirchengemeinde bitte, bei der Kommunionvorbereitung in der Einrichtung zu helfen, dann sagen manche Eltern: »Ja, das ist gut, die sollen ruhig mal sehen, wie schlecht es denen geht!« Da meinen sie, Mitleid sei angebracht, was ich nicht finde, denn Leid und Freude zu empfinden ist normal, auch für Menschen mit Behinderung. Aber manche sagen auch: »*Sie* sind ja schon dort tätig, das langt, da müssen wir nicht auch noch was tun!« Unsere Zeit ist nicht ungefährlich für die Menschen am Rande unserer Gesellschaft! Das Thema ist nie zu Ende: Welchen Wert haben Menschen mit Behinderung in unserer Gesellschaft?

Um diesen Wert zu bestätigen, hat Deutschland ja die UN-Konvention über die Rechte von Menschen mit Behinderung unterzeichnet: Sie sollen eben gerade nicht draußen bleiben oder nach draußen gedrängt werden, sondern man setzt auf Inklusion.

Ja, wenn man nur die UN-Konvention betrachtet, könnte man denken, jetzt wird alles besser, aber ich bin da nicht so sicher, gerade in Deutschland, wo man so leistungsorientiert ist!

Auch hier wurden inzwischen Wohngruppen aus der Einrichtung ausgelagert. Da gibt es zum Beispiel eine Wohngruppe direkt im Ort, andere aber auch am äußersten Zipfel der Gemeinde, ewig weit weg vom nächsten Marktplatz, das kann man nicht als Dorfgemeinschaft bezeichnen! Um in die Werkstatt zu kommen, müssen diese Menschen dann nicht mehr ein paar Meter überbrücken, sondern haben einen weiten Anfahrtsweg. Nicht alle Häuser sind so, aber oft ist das Ganze mehr Schein als Sein, die Gefahr, dass die Menschen isoliert sind, ist gegeben. Zumindest glaube ich, dass die Wohngruppen ihr Leben nicht wesentlich anders gestalten, als sie es bisher taten. Und auch, was die Schulen angeht, bin ich etwas kritisch: Wenn man eine Klasse als »Außenklasse« an eine Schule verfrachtet, die keine Infrastruktur für so etwas hat, sie in ein kleines Klassenzimmer steckt, das wieder nur ein separierter Bereich innerhalb einer Schule ist, in einer Schule, wo Lehrer nicht wirklich darauf vorbereitet sind ... Aber halt – ich sage jetzt Sachen, die man eigentlich gar nicht sagen darf!

Das Thema dieses Buches lautet: »Nicht verstecken! Reden!« Wir betreiben ja keinen Enthüllungsjournalismus, oder? Aber es wäre schon gut, jeder dürfte in angemessener Form das sagen, was er wirklich denkt und was ihn bewegt!

Ich sehe die Entwicklung ein wenig leidenschaftslos, ich sehe es als Wandel in den Denkformen, da bin ich weder begeistert noch in Panik. Ich sehe das Gute an den Inklusionsbestrebungen, aber auch die Gefahren, nämlich dass wir uns zu sehr zerstreuen. Andere europäische Länder machen schon wieder Schritte weg davon. Manche nordische Länder hatten diese Tradition komplexer Einrichtungen so nicht, aber sie haben trotzdem mehr Geld ausgegeben. Bei uns denkt man, oberflächlich betrachtet, man könne sparen, aber bei »Billigprodukten« entstehen auch Folgekosten!

Was meine Arbeit in der Einrichtung angeht, bin ich manchmal ratlos. Ich denke zum Beispiel an die Feste in der Kirche der Einrichtung: Wäre es wirklich schöner, wenn alle in der Normalkirche teilnehmen? Ich bin sicher, manche wären dann nicht dabei, weil es für sie eine Überforderung wäre. Und ich habe keine Zweifel an dem Wert unserer eigenen Feiern: Wenn Menschen mit Behinderungen jubeln, dann tun sie es mit Leib und Seele! Manche, die dann einmal in unserer Kirche waren, sagen: »Hier wäre ich gern öfter! Das ist was anderes als mein müder Gottesdienst.«

Wie sehen Sie die Einrichtung in zehn bis fünfzehn Jahren?

Zukunftsszenarien sagen, dass dann nur noch die Hälfte der Leute dort wohnen werden, wo sie jetzt sind. Das ist natürlich nicht ungefährlich für solche Stellen wie meine … De facto werden die Herausforderungen komplexer und größer sein. Und ich frage mich schon, ob es der Gemeinschaft in der Einrichtung wirklich guttut, wenn sich hauptsächlich die Menschen mit sehr schweren Behinderungen sammeln.

Das klingt eher pessimistisch!

Es gibt auch sehr viel Gutes an dem Inklusionsgedanken! Ja, eigentlich ist es ein genialer Gedanke, dass jeder so sein darf, wie er ist. Man sagt deutlich, dass man die Individualität eines Menschen wertschätzt, dass Menschen dazugehören mit ihren ureigenen Voraussetzungen. Es gibt keine Idealformen, in die sie hineinpassen sollen. Ich frage mich dennoch, ob diese Individualität nicht auch in ähnlichen Strukturen lebbar wäre, wie wir sie haben. Bei all diesen Bedenken schwingt natürlich immer mit, dass man sich nicht so gern auf Neues einlassen will. Alles, was sich ändert, macht Menschen erst mal Angst. Aber es ist andererseits nicht alles Gold, was so glänzen soll; man ist nie frei, ideologisch zu argumentieren.

Die Frage ist: Wie geht Inklusion? Muss man nicht auch mit den Schwächen der Menschen rechnen, damit, dass sie Angst vor dem Fremden, Andersartigen haben und es deshalb ablehnen könnten? Ist es nicht realistisch zu sehen, dass wir unser Ideal vom guten Miteinander auf jeden Fall anstreben wollen und vieles dafür tun, aber gleichzeitig zu wissen, dass wir sogenannten »Nichtbehinderten« ebenfalls unsere Schwächen und Grenzen haben, die wir nicht verleugnen sollten?

Ich spüre diese Grenze auch; man muss ehrlich zu sich selbst sein und sagen: Ich habe ebenfalls Grenzen der Zumutbarkeit. Da gibt es zum Beispiel Kinder, die nicht auf die Kommunion vorbereitet werden konnten: Ich selbst traue es mir nicht zu, und auch andere waren nicht bereit und in der Lage, es zu übernehmen. Und das könnte jederzeit wieder passieren. Wenn ich zum Beispiel vollgespeichelt werde, dann ekelt es mich. Wenn ich mir vom Kopf her verbiete: »Es darf mich aber nicht ekeln!«, dann kann es umschlagen in Widerwillen gegen diesen Menschen. Ich gestehe mir diese Grenze jetzt zu, dann kann ich die Situation noch mal anders annehmen, ohne deswegen den Menschen selbst ablehnen zu müssen.

Sie haben Wahlmöglichkeiten ...

Wenn ich ehrlich bin, muss ich sagen: Ich habe eine prima Rolle, ich kann mir Situationen suchen, mit denen ich arbeiten kann, und anderen aus dem Weg gehen. Ohne es werten zu wollen, es ist eine dosierte Zumutung.

»Zumutung«, das hat was mit »Mut« zu tun ...

Die Zumutung kommt daher, dass es viele gibt, die anders sind als die Menschen mit Behinderung. Und man muss erkennen, wo man jeweils die Grenzen der persönlichen Zumutbarkeit spürt – da sind Menschen unterschiedlich empfindlich – und wo es sich auch lohnt, die Grenzen zu überschreiten, zu schauen, ob das Andersartige nicht eine Bereicherung sein kann, ob nicht das, was jenseits der Mauer ist, etwas Wichtiges, Neues sein kann.

Für Sie persönlich ist es offensichtlich über die Jahre eine bereichernde Herausforderung geblieben.

Ich schätze die Authentizität der Menschen, die mir hier begegnen, ihre unverstellte Art, die nicht geprägt ist von gesellschaftlichen Konventionen, die man im normalen Kontext schnell eingebläut bekommt. Sie sind, wie sie sind, so wie es ihnen eben entspricht. Es hat mich von Anfang an fasziniert zu erleben, wie sie ihren Gefühlen so Ausdruck geben, wie es gerade stimmt, denn das konnte ich selbst nicht. Ich bin von meiner eigenen Herkunft her jemand, der viel mit dem Kopf arbeitet, und ich war darüber auch nicht immer nur glücklich ... Die Begegnung mit den Menschen hier war eine Einladung an mich, bewusster und ehrlicher meine eigenen Gefühle wahrzunehmen und zu leben, eine Aufforderung, selbst authentischer zu werden. Wo ich das schaffe, erreiche ich mit meinen Mitmenschen eine Ebene, auf der wir uns austauschen können, auch mit Leuten, die sonst nicht so viel verstehen. Was der Glaube bringt, muss ich ebenfalls immer wieder hinterfragen, denn das soll ich den Menschen mit Behinderung in einfachen Sätzen sagen, das ist eine sachliche Herausforderung.

Ich glaube, Menschen mit Behinderung spüren häufig sehr deutlich den Grundverdacht ihrer Umgebung, der Welt und ihrer selbst, nicht willkommen zu sein, unerwünscht, nicht lebens- und liebenswert zu sein, den Grundverdacht, so zu sein, dass die Welt und sogar Gott selbst sich mit einem schwertun. Sie fordern vielfach den Gegenbeweis, sie möchten erleben, dass es gut ist, dass es sie gibt. Ich behaupte ja, dass die meisten nichtbehinderten Menschen diesen Grundverdacht auch hegen, aber wir haben viel mehr Strategien, abzulenken, umzulenken und zu verdrängen. Es ist nie verkehrt, wenn ich das, was ich hier in der Einrichtung lerne, auch woanders anwende. Es ist eine elementare Sicht dessen, was Menschen antreibt und zueinanderführt: dass sie liebenswert sein und ihre Liebe weitergeben möchten.

IV

Ein Ende finden

Bei einem herkömmlichen Puzzle weiß man im Voraus, wann es beendet sein wird. Es hat eine bestimmte Anzahl von Teilen, und das Bild, das daraus entstehen wird, ist von Anfang an bekannt.

Dieses Puzzle ist da anders: Es ist ein Überraschungspuzzle mit unbekanntem Verlauf und nicht deutlich bestimmbarem Ende.

Wie findet man ein Ende? Wann ist es genug? Und wann ist es zu viel?

Fragen, die sich im Zusammenhang mit Komplexer Behinderung permanent stellen und deren Antwort, ganz ehrlich gesagt, eigentlich lautet: Es ist sehr oft zu viel und dabei gleichzeitig eigentlich nie genug!

Die Beschäftigung mit dem Thema zeigt uns immer wieder ganz enge Grenzen auf: persönliche, individuelle, physische, geistige, psychische Grenzen bei betroffenen Menschen mit Behinderung, bei deren Angehörigen, bei professionellen Betreuern, bei Außenstehenden; Grenzen gesellschaftlicher Systeme und finanzielle Grenzen. Deshalb scheint es nie genug: nicht genug Erkenntnis, nicht genug Bewegung, nicht genug Frustrationstoleranz, nicht genug Kraft, nicht genug Kommunikationsbereitschaft, nicht genug Kommunikationsfähigkeit, nicht genug Engagement, nicht genug Fortschritt, nicht genug Zeit, nicht genug Geld, nicht genug Platz, nicht genug Personal, nicht genug Nerven, nicht genug Aufmerksamkeit, nicht genug Toleranz …

Und auf der anderen Seite: zu viel Not, zu viele Reize, zu viele Anforderungen, zu viel Druck, zu viele Ansprüche, zu viel Bürokratie, zu viel Schwäche, zu viel Abwertung, zu viel Diskriminierung, zu viel Nähe, zu viel Distanz, zu viel Erschöpfung, zu viel Nötigung, zu viel Zwang, zu viel Hilflosigkeit …

Deutlich auszusprechen, dass dies so ist, fällt vielen schwer, ja, es scheint sogar ein Tabu zu sein. Denn es könnte als Ablehnung des betreffenden Menschen mit Behinderung missverstanden werden oder als persönliche Unfähigkeit der Bezugsperson oder des jeweiligen Betreuers oder Therapeuten. Außerdem möchten wir alle völlig zu Recht ressourcenorientiert statt defizitorientiert vorgehen. Wir wollen nicht bloß darauf beharren und klagen, was alles nicht möglich ist, sondern schauen, was wir an Positivem erreichen können.

Trotz aller Bedenken geht das besser, wenn man sich auch traut, sich der Grenzen, der eigenen und der Grenzen anderer, bewusster zu werden und sie zu benennen, statt sie zu verleugnen oder schönzureden.

Diejenigen, die an diesem »Puzzle« beteiligt waren, haben es gewagt und ein hohes Maß an Offenheit und Ehrlichkeit gezeigt: »Nicht verstecken! Reden!«

Viele waren froh, dass ihnen Gehör geschenkt wurde, und wollten sich gern daran beteiligen, um den ihnen Anvertrauten, die nicht für sich selbst sprechen können, eine

Stimme zu geben. Manche waren auch zunächst skeptisch: »Mit Ihrem Buch werden Sie nichts erreichen! Da müssten Sie ganz oben anfangen!«

Eltern von Kindern mit Komplexer Behinderung haben in der Regel gelernt – oder werden im Laufe der Zeit verstehen müssen –, dass sie »ganz oben« nicht anfangen können, sondern im Gegenteil »ganz unten«, und das nicht nur einmal, sondern häufig und immer wieder. Sie haben begriffen – oder müssen im Laufe der Zeit zur Kenntnis nehmen –, dass etwas, das andere als »nichts« bezeichnen, für sie persönlich schon ganz viel sein kann!

Wir werden nicht »den großen Wurf« machen: die Politik grundsätzlich verändern, gesellschaftliche Systeme umkrempeln, jede Menge Geld für soziale Belange herausschlagen. Wir werden für unsere Kinder nicht die tollsten Mediziner und Therapeuten konsultieren, die alles sofort wissen. Wir werden vermutlich nicht den idealen Kindergarten, die Superschule mit wunderbaren Lernbedingungen finden. Eins-zu-eins-Betreuung rund um die Uhr in einem großzügig angelegten, dabei doch überschaubaren, gemütlichen Wohnhaus mit parkähnlichem Garten? Eher unwahrscheinlich! Stets freundliches, liebevolles, zugewandtes Personal mit jeder Menge Zeit, Verständnis und Einfühlungsvermögen, das unermüdlich immer wieder schöne Deko aufhängt, die unser Nachwuchs dann gleich abreißt, und das nie die Nerven verliert? Vermutlich nicht.

Genauso wenig wie wir erreichen werden, dass unsere Sprösslinge Abitur machen, einen anspruchsvollen Arbeitsplatz finden, viel Geld verdienen, ein teures Auto fahren, die Welt bereisen, um sie dann später selbst zu verändern.

All das schaffen andere Eltern auch nicht in dieser idealen Form. Große Sprünge machen die wenigsten. Doch bei uns Eltern und Bezugspersonen von Menschen mit Komplexer Behinderung gilt, was Frau M. und Frau D. so zusammengefasst haben:

»Die Schritte dürfen ruhig klein sein!«

Das klingt sehr gelassen und abgeklärt. Wir werden in der Realität nicht immer so gelassen sein. Dies trifft für Professionelle wie für Eltern zu, aber für Eltern noch mehr. Wir werden lange Phasen haben, in denen wir dem oben zitierten Satz in vollem Umfang zustimmen können, dann nämlich, wenn wir die Tatsache der Behinderung grundsätzlich für uns angenommen haben und im Leben alles einigermaßen zufriedenstellend läuft. Wenn Rückschläge kommen, Verschlechterungen des Gesundheitszustandes, Personalwechsel oder schleichender Personalabbau, Umzüge, Pubertät, Krisenzeiten jeglicher Art also, dann werden wir nicht mehr so gelassen bleiben können. Dann werden wir es eher so empfinden, dass die Schritte nicht klein sein *dürfen*, sondern *müssen*, oder werden die Ungerechtigkeit schmerzlich erleben, dass im Gegenteil bei Rückschritten diese womöglich sogar groß sein können.

In solchen Situationen kann es passieren, dass wir die »Buddha-Haltung« nicht schaffen, sondern mit unserer Emotionalität, vielleicht sogar mit unserer Verzweiflung den Profis in die Quere kommen, sie nerven oder ihnen Angst machen.

Dann schreit es in uns: »Ich möchte aber nicht, dass mein Kind immer so ausgeliefert ist, dass es von anderen Menschen mit Behinderung im Rollstuhl umgeworfen wird! Dass es sich nicht wehren kann, wenn es herabgesetzt und verächtlich behandelt wird! Dass es zerkratzt, gebissen oder dass ihm sogar der Finger gebrochen wird!«

Oder: »Ich möchte nicht, dass mein Kind, weil es permanent zu hohen Ansprüchen ausgesetzt ist oder aufgrund innerer Spannungen, die wir manchmal nicht verstehen, immer wieder zum »bösen« Täter wird, der andere attackiert und der deshalb Schutzhandschuhe tragen, isoliert oder mit Medikamenten ruhiggestellt werden muss!«

Oder: »Ich kann es kaum aushalten zu sehen, wie mein Kind sich selbst immer wieder kratzt, beißt, tritt, wie es mit dem Kopf und Körper gegen Wände schlägt, wie deshalb seine Hände verbunden, seine Arme in Rohre gesteckt werden, sein Kopf mit einem Helm geschützt werden muss …«

Oder: »Ich kann das Heimweh meines Kindes kaum ertragen und wünschte mir so sehr, dass andere mehr Zeit hätten, sich sinnvoll und liebevoll mit ihm zu beschäftigen, wenn ich es nicht selbst tun kann.«

Manchmal äußern Eltern das so und finden Verständnis, auch wenn die Situation dadurch grundsätzlich noch nicht verändert ist. Manchmal schlucken sie ihren Kummer hinunter, versuchen sich abzulenken. Jeder entwickelt im Laufe der Zeit seine eigenen Bewältigungsmechanismen. In diesem Bereich gilt ganz besonders der viel zitierte Satz: »Gott gebe mir die Möglichkeit, zu ändern, was zu ändern ist; zu akzeptieren, was ich nicht ändern kann, und vor allem die Fähigkeit, zwischen beidem zu unterscheiden!«

Grobe Missstände und Fehler müssen angesprochen werden, und sie kommen in der Tat auch vor. Nicht jedes Mal sind es nur Versuche von verzweifelten Eltern, einen Sündenbock zu finden, weil sie die Realität der Behinderung nicht ertragen. Gelegentlich allerdings schon: Wir sind alle nicht dagegen gefeit, unerträgliche Gefühle abzuspalten, auf andere zu projizieren, zu verdrängen oder zu verleugnen oder manchmal auf andere Bereiche zu verschieben. Dann entstehen zum Beispiel solche Situationen, in denen Eltern sich scheinbar über Kleinigkeiten aufregen. Da wird plötzlich die Farbe des Toilettendeckels enorm wichtig, die Größe der Bowlingkugel, damit das arme Kind sich nicht die Finger quetschen kann. Dann beklagt man sich über den Fleck im T-Shirt und die »Hochwasserhose«!

Professionelle nehmen das häufig mit Befremden oder mit Achselzucken hin, finden die Angehörigen pedantisch, fühlen sich kritisiert und in ihren ehrlichen Bemühungen und in ihrem Engagement nicht anerkannt. Doch manchmal geht es eben nur vordergründig um den Fleck im T-Shirt. In Wirklichkeit geht es um viel tiefer sitzenden Kummer, zum Beispiel um die Sorge, an dem Leben des – wenn auch erwachsenen – Kindes, das in vieler Hinsicht hilflos geblieben ist, nicht genug teilnehmen zu dürfen, sein Ausgeliefertsein ertragen zu müssen. Falls es also den Eltern nicht immer gelingt, »da mal ein wenig die Luft anzuhalten«, wie eine Mutter sagt, wäre es schön, wenn die Profis das »Gemecker« nicht zu persönlich nehmen könnten, sondern es vielleicht als den tiefen Wunsch begreifen würden, ein wenig mehr Offenheit und Transparenz zwischen den beiden Welten »Familie« und »professionelle Einrichtungen« zu ermöglichen.

Bestimmte Schwierigkeiten zwischen Eltern und Fachkräften werden bleiben. Frau S., Mutter von Amélie, welche körperlich und geistig schwerstbehindert war und im Alter von siebenundzwanzig Jahren verstorben ist, hat sich schriftlich sehr ausführlich geäußert und das Kernproblem auf den Punkt gebracht. Sie schreibt:

»Eine nicht unwesentliche Rolle für die Schwierigkeiten der beiden Personengruppen miteinander spielen sicherlich die Eifersucht und das Beharren auf der eigenen Autorität seitens der Eltern und die Überbetonung der eigenen Professionalität seitens der Betreuer. Das eigentliche Problem liegt aber meiner Meinung nach viel tiefer: Eltern werden sich trotz rationaler Argumentation nie ganz von einem völlig diffusen Schuldgefühl lösen können und professionelle Betreuer werden dieses Gefühl nie vollständig erfassen können. Ein behindertes Kind kann jeder bekommen, es trifft aber nicht jeden, mich hat es aber getroffen, also hat es etwas mit mir zu tun. Der professionelle Betreuer hat eine zeitlich begrenzte Verantwortung, das ist sehr viel, aber die Verantwortung der Eltern ist unbegrenzt, die Bindung unauflöslich, und das ist nicht nur viel, sondern alles.«

Kleine Schritte in jeder Hinsicht: kleine Entwicklungsschritte im konkreten und/oder übertragenen Sinne bei den Menschen mit Behinderung, kleine Schritte im Prozess auf dem Weg zur Akzeptanz bei ihren Angehörigen, kleine Schritte zu mehr Toleranz in der Bevölkerung, kleine Schritte in den Entwicklungs- und Lerngeschichten der Fachleute, kleine Schritte unterschiedlicher Interessengruppen aufeinander zu …

Werde ich mit meinem Buch etwas erreichen?

Das kommt auf den Anspruch an, der damit verbunden ist. Ich finde: Ich habe schon etwas erreicht, aus meiner Sicht sogar sehr viel. Zunächst für mich persönlich: Ich habe zahlreiche verschiedene Menschen kennengelernt und interessante Gespräche mit ihnen geführt. Ich habe sehr viel darüber erfahren, wie unterschiedlich Menschen mit Behinderung sowie ihre Angehörigen leben und sich verwirklichen können. Für die Menschen, die meinem Impuls gefolgt sind, hat sich ebenfalls etwas verändert. Die beteiligten Fachkräfte haben ihre Arbeit reflektiert. Die Angehörigen haben sich auf ihre Lebensgeschichte eingelassen und sie in der Rückschau noch einmal erlebt. Konflikte und Probleme, aber auch alles Schöne und Positive konnte angeschaut werden. Ein weiterer Schritt geschah dadurch, dass alle Beteiligten von mir vor Abdruck des Buches jeweils den sie persönlich betreffenden Text zur Durchsicht vorgelegt bekamen. Sie erfuhren, wie jemand Drittes, ein außenstehender Mensch, ihre Geschichte aufgefasst hat; sie konnten sich in einer Art Spiegel sehen und entscheiden: Erkenne ich mich mit meiner Geschichte darin? Oder finde ich mein Bild verkürzt, verzerrt? Empfinde ich es als so schrecklich, dass ich es doch nicht ertrage? Oder fühle ich mich gut verstanden mit allen Stärken und Schwächen und gebe das Resultat frei?

Jeder Einzelne musste sich noch einmal intensiv einlassen; gelegentlich musste nachgearbeitet werden, wenn zum Beispiel Familienkonflikte, die bereits bewältigt zu sein schienen, erneut virulent wurden. Auch wenn das schmerzlich war, haben doch die meisten die Chance, Probleme noch einmal neu zu lösen, gern wahrgenommen.

Alles in allem, so denke ich, haben wir gemeinsam auf diese Weise schon sehr viel mit diesem Projekt erreicht. Neue Bereitschaft und Ideen für Gespräche tauchten plötzlich auf; in einem Fall wurde ein guter Heimplatz gefunden, mit dem die Eltern zufrieden sind. Andere sind weiterhin dringend auf der Suche, wie es weitergehen kann.

Sangin ist wenige Wochen nach meinem ersten Gespräch mit seiner Mutter gestorben. Das Aufschreiben seiner Geschichte hat ihr gezeigt, dass sie nicht völlig isoliert ist mit ihrem Schmerz, und sie darin bestärkt, dass Sangins Leben durch und durch sinnvoll und wertvoll war.

Sollte also nun kein weiterer Mensch das Buch lesen, weil es »zu viel« oder »nicht genug« ist – dann wäre es unabhängig davon schon erfolgreich gewesen.

Trotzdem wünschen wir alle, die daran mitgewirkt haben, uns natürlich noch weitere kleine Schritte – wenn möglich sogar viele!

Ein Ende finden – wie?

Ich möchte das mit einem Gedicht von Hilde Domin tun, das häufig zitiert wird, dessen Worte aber deswegen nicht weniger aussagekräftig und anrührend sind:

Nicht müde werden,
sondern dem Wunder
leise
wie einem Vogel
die Hand hinhalten.

(Hilde Domin, Sämtliche Gedichte, 2. Aufl., Frankfurt am Main 2009, S. 142)

Glossar

ABA Applied Behavior Analysis, auf Deutsch *Angewandte Verhaltensanalyse*: eine moderne Therapieform zur Behandlung von autistischen Störungen.

Absencen: Krampfanfälle mit kurzer Bewusstseinspause ohne Sturz.

ADHS: Aufmerksamkeits-/Hyperaktivitätsstörung, eine im Kindesalter beginnende psychische Störung, die sich durch Probleme mit der Aufmerksamkeit sowie Impulsivität und häufig auch Hyperaktivität auszeichnet. Nach derzeitigem Stand handelt es sich um ein multifaktoriell bedingtes Störungsbild mit einer erblichen Disposition.

Adduktor: Muskel zum Heranziehen eines Körpergliedes.

Adduktorentenotomie: die Durchtrennung der Sehnen der Hüftadduktoren. Sie wird zur Behandlung eines Adduktorenspasmus vorgenommen, um einer spastischen Hüftgelenkluxation vorzubeugen.

Affoltermodell: Handlungsabläufe, die von Patienten mit Wahrnehmungsproblemen nicht ausführbar sind, werden gemeinsam mit dem Therapeuten durchgeführt. Gezieltes Führen von Händen und Körper während alltäglicher Geschehnisse ist dabei die Hauptvorgehensweise.

Ambulantisierung: Der Begriff steht für den Prozess der Auslagerung sozialer und gesundheitlicher Versorgungsleistungen aus dem stationären in den ambulanten Sektor.

Angelman-Syndrom: Hierbei handelt es sich um die Folge einer seltenen neurologischen Genbesonderheit im Bereich des Chromosoms der Nummer 15, die unter anderem mit psychischen und motorischen Entwicklungsverzögerungen, geistiger Behinderung, Hyperaktivität und einer stark reduzierten Lautsprachentwicklung einhergeht.

Anthroposophie: von Rudolf Steiner (1861–1925) begründete, weltweit vertretene spirituelle Weltanschauung, die den Menschen in seiner Beziehung zum Übersinnlichen betrachten will. Impulse, die von der Anthroposophie ausgehen, umfassen verschiedene

Lebensbereiche wie Pädagogik, Heilpädagogik, Medizin, Landwirtschaft, Bewegungskunst/Eurhythmie etc.

Apallisches Syndrom: Zustand minimal möglichen Bewusstseins, oft auch als »Wachkoma« bezeichnet. Ursächlich sind oft Unfälle, bei denen das Gehirn verletzt wurde, oder eine Unterversorgung des Gehirns mit Sauerstoff.

Ataxie: Oberbegriff für verschiedene Störungen der Bewegungskoordination.

Außenklasse: Nach dem Baden-Württembergischen Schulgesetz ist die Bildung einer Sonderschul-Außenklasse, die mit ihren Lehrern an eine allgemeinbildende Schule umzieht und eine enge Kooperation mit einer dortigen Klasse eingeht, eine Form der Integration von Kindern mit Behinderung im Schulalltag.

Autismus: wird von der Weltgesundheitsorganisation als eine tiefgreifende Entwicklungsstörung klassifiziert und ist eine unheilbare, angeborene Wahrnehmungs- und Informationsverarbeitungsstörung des Gehirns. Im Wesentlichen wird zwischen frühkindlichem Autismus, dem sogenannten *Kanner-Syndrom*, und dem *Asperger-Syndrom*, das sich oft erst nach dem dritten Lebensjahr bemerkbar macht, unterschieden.

Autismusspektrumstörung: Begriff, der heute oft verwendet wird, da eine autistische Störung ein Kontinuum unterschiedlicher Symptome und Ausprägungen beinhalten kann. Es sind viele Mischformen und fließende Übergänge zu beobachten. Gemeinsamkeiten sind zum Beispiel eingeschränkte soziale Interaktion, eingeschränkte Kommunikation und Verhaltensmuster, die häufig wiederholt werden.

Aversive Reize: Begriff aus der Verhaltensbiologie und -psychologie. Demnach kann die Häufigkeit eines unerwünschten Verhaltens zum Beispiel durch Bestrafung in Form von aversiven Reizen, das heißt unangenehmen Konsequenzen, gesenkt werden.

Basale Stimulierung: Das Konzept wurde von Andreas D. Fröhlich ab 1975 für den Bereich der Sonderpädagogik entwickelt. Es wendet sich an Menschen, deren Fähigkeit zur Wahrnehmung und Kommunikation erheblich beeinträchtigt ist. Mit verschiedenen Mitteln wird versucht, Kontakt zu ihnen aufzunehmen und ihnen den Zugang zu ihrer

Umgebung und zu ihren Mitmenschen zu ermöglichen und sie Lebensqualität erleben zu lassen.

Berufswegekonferenz: Die Berufswegekonferenz befasst sich mit der konkreten Situation einzelner Menschen. Sie wird in Baden-Württemberg von der Sonderschule in Kooperation mit dem Integrationsfachdienst für ihre Schüler einberufen. Die Schule erstellt zuvor eine Kompetenzanalyse nach landesweit einheitlichen Kriterien. Alle wesentlichen Entscheidungen zur Teilhabe am Arbeitsleben werden bei der Berufswegekonferenz zusammen mit dem Betroffenen, den Angehörigen, der Bundesagentur für Arbeit und eventuell der Werkstatt für Menschen mit Behinderung getroffen. Ziel ist es, jedem Abgänger der Sonderschule einen Erfolg versprechenden Weg ins Arbeitsleben zu bahnen.

Betreutes Wohnen: Wohnformen, in denen Menschen von Sozialarbeitern, Psychologen, Erziehern, Therapeuten oder Pflegekräften dahingehend betreut werden, dass bei gleichzeitiger Unterstützung zur Bewältigung der individuellen Probleme die größtmögliche Autonomie gewährleistet wird.

BigMäck: Kommunikationshilfe, die auf Tastendruck eine vorher gespeicherte Mitteilung wiedergibt.

Bliss-Symbole: grafische Kommunikationssymbole.

BNS-Krämpfe (**Blitz-Nick-Salaam-Krämpfe**): Typisch ist ein blitzartiges Zusammenzucken des Körpers mit Nachvornschleudern der Arme und Beine (Blitz-Krampf), Vorbeugen des Rumpfes, Kopfneigung und Zusammenführen der Arme vor dem Brustkorb (Salaam-Krampf) oder nickender Kopfbewegung (Nick-Krampf).

Bobath-Therapie: Das Konzept, begründet von Berta und Karl Bobath, beruht auf der Annahme der »Umorganisationsfähigkeit« des Gehirns, das heißt, dass gesunde Hirnregionen die zuvor von erkrankten Regionen ausgeführten Aufgaben neu lernen und übernehmen können. Das Bobath-Konzept beinhaltet keine genau vorgeschriebenen Techniken, Methoden oder Übungen, die mit allen Patienten in stets gleicher Weise durchzuführen sind, sondern berücksichtigt unter Anwendung einiger Prinzipien die individuellen Grenzen und Möglichkeiten des Patienten. Lernangebote sind insbesondere die Lagerung (Vermeidung bzw. Hemmung der Spastik), das Handling (Bewegungsanbahnung) und das Selbsthilfetraining (Anbahnung der Selbstpflegefähigkeit).

Castillo-Morales-Konzept: Therapiekonzept für Kinder und Erwachsene mit kommunikativen, sensomotorischen und orofazialen Störungen.

Chromosomen: Strukturen, die Erbinformationen enthalten.

Chromosomenanomalien: Fehlbildungen der Chromosomen entweder als Veränderung der Chromosomengestalt oder als Veränderung der Chromosomenanzahl.

Community Care bedeutet, dass die Gemeinde bzw. die Gemeinschaft die soziale Sorge für Menschen mit Behinderung (mit-)übernehmen sollen. Man geht davon aus, dass die Großinstitutionen als Monopolisten der sozialen Sorge Aussonderung und Abhängigkeit produziert haben und aufgelöst werden sollten. Das Konzept setzt auf Zusammenarbeit, Selbstverantwortung und Nachbarschaftshilfe.

Compliance: In der Medizin spricht man von der Compliance des Patienten als Oberbegriff für das kooperative Verhalten des Patienten im Rahmen der Therapie. Eine gute Compliance entspricht dem konsequenten Befolgen der ärztlichen Ratschläge.

Craniosacraltherapie bedeutet wörtlich übersetzt: »Schädel-Kreuzbein-Therapie«. Es handelt sich um eine Behandlungsform, die sich aus der Osteopathie entwickelt hat, ein manuelles Verfahren, um körperliche und emotionale Blockaden ausfindig zu machen und zu lösen.

Dezentralisierung bedeutet, dass Aufgaben von wenigen Partnern auf mehrere übertragen werden.

Echolalie: Beschränkung der Sprache auf das Nachsprechen vorgesagter Wörter oder krankhafter Zwang, Sätze und Wörter von Gesprächspartnern selbst zu wiederholen.

Empowerment: Strategien und Maßnahmen, die geeignet sind, den Grad an Autonomie und Selbstbestimmung im Leben von Menschen oder Gemeinschaften zu erhöhen, und die es ihnen ermöglichen, ihre Interessen (wieder) eigenmächtig, selbstverantwortlich und selbstbestimmt zu vertreten und zu gestalten. Empowerment bezeichnet dabei sowohl den Prozess der Selbstbemächtigung als auch die professionelle Unterstützung der Menschen, ihre Gestaltungsspielräume wahrzunehmen und zu nutzen.

Epilepsie: Krampfleiden, das durch unterschiedliche Einflüsse verursacht werden kann. Es lässt sich eine genetische Disposition feststellen. Fehlbildungen des Gehirns, eine Hirnschädigung aufgrund von Sauerstoffmangel bei der Geburt, Infektionen des Gehirns und verschiedene andere Ursachen können ausschlaggebend sein.

Ergotherapie: früher »Arbeits- und Beschäftigungstherapie« genannt. Diese Therapieform wird bei Menschen mit Bewegungsstörungen, Körperempfindungs- und Nervenleitungsstörungen, psychischen und sozioemotionalen Problemen als anerkanntes Heilmittel angewandt. Ziele sind die Verbesserung der Bewegungsabläufe, Verbesserung der Konzentration, Stärkung der Motivation und Neugierde, größtmögliche Selbstständigkeit im Alltag.

Fragiles X-Syndrom: eine der häufigsten Ursachen erblicher geistiger Behinderung. Ursache ist eine Veränderung auf dem X-Chromosom. Die Behinderung kann in ihrer Schwere stark variieren.

Geistige Behinderung: Die Feststellung einer geistigen Behinderung bezieht sich in der Regel auf die Messung einer deutlichen Intelligenzminderung mithilfe standardisierter Intelligenztests. Ein Intelligenzquotient von 70–85 ist unterdurchschnittlich; in diesem Fall spricht man von einer **Lernbehinderung**. Grade der geistigen Behinderung sind laut ICD 10 (Internationale Klassifikation der Krankheiten): 1. Eine *leichte Intelligenzminderung*: Der IQ liegt zwischen 50 und 69. Die Betroffenen erreichen im Erwachsenenalter ein Intelligenzalter von neun bis unter zwölf Jahren. Viele können arbeiten und gute soziale Beziehungen pflegen. 2. Eine *mittelgradige Intelligenzminderung*: Der IQ liegt zwischen 35 und 49. Die Menschen erreichen als Erwachsene ein Intelligenzalter von sechs bis unter neun Jahren. Es besteht eine deutliche Entwicklungsverzögerung in der Kindheit. Die meisten erreichen ein gewisses Maß an Unabhängigkeit und Kommunikationsfähigkeit. 3. Eine *schwere Intelligenzminderung* mit einem IQ von 20 bis 34. Bei Erwachsenen entspricht dies einem Intelligenzalter von drei bis unter sechs Jahren. Lesen und Schreiben werden nicht erlernt, oft ist die Verbalsprache eingeschränkt. Dauernde Unterstützung ist notwendig. 4. *Schwerste Intelligenzminderung*: Der IQ liegt unter 20, die eigene Versorgung, Kontinenz, Kommunikation und Beweglichkeit sind hochgradig eingeschränkt.

Genese (griechisch) bedeutet »Geburt«, »Ursprung«, »Entstehung«.

Genetische Disposition: Aus der Struktur oder Zusammensetzung von Erbgut bestimmte außergewöhnliche Veranlagung eines Individuums, bestimmte Erkrankungen zu vererben, bzw. die anlagebedingte Anfälligkeit, bestimmte Erkrankungen zu entwickeln.

Gestützte Kommunikation: Methode der Kommunikation für Menschen mit Problemen bei der Aufmerksamkeitssteuerung, der sozialen Orientierung oder der motorischen Umsetzung. Ein Stützer gibt zum Beispiel durch Berührung der Hand oder Halten des Arms des zu Stützenden, der über ausreichende sprachliche und kognitive Kompetenz verfügt, Hilfestellung beim Zeigen auf Symbole oder Buchstaben oder beim Bedienen einer Tastatur.

Heller-Syndrom: Nach einer Phase der normalen Entwicklung verliert das Kind innerhalb weniger Monate vorher erworbene Fähigkeiten in verschiedenen Entwicklungsbereichen.

HELLP-Syndrom: Es handelt sich um eine schwerwiegende Erkrankung während der Schwangerschaft, und zwar um eine Leberfunktionsstörung, die eine massive Störung der Blutgerinnung zur Folge hat. Die Symptome lassen sich leicht mit einer Magen-Darm-Grippe verwechseln, weil die typischen Anzeichen Übelkeit, Erbrechen und/oder Durchfall sind. Es drohen Plazentaablösung, Nierenversagen, Gehirnblutung und multiples Organversagen. Sowohl das Leben der Schwangeren als auch das Leben des ungeborenen Babys sind akut gefährdet.

Herausforderndes Verhalten: nicht situationsgerechtes, sozial unangepasstes Verhalten, das als Belastung der Bezugspersonen in der Umgebung erlebt wird, zum Beispiel große Unruhe, Schreien, aggressives Verhalten.

Hippotherapie: Ein Therapiepferd wird als Medium verwendet, um Bewegungsimpulse auf das Becken des Menschen zu übertragen. Ein Gefühl für die Körpermitte kann entwickelt werden, die Muskelspannung wird positiv beeinflusst, das Balancegefühl verbessert etc.

Hüftgelenkdysplasie: Fehlbildung des Hüftgelenks.

Hüftgelenkluxation: Durch eine Fehlbildung des Hüftgelenks kann es zu einer Luxation, das heißt zum Austreten des Gelenkkopfes aus der Gelenkpfanne, kommen.

Infantile Cerebralparese: Bewegungsstörung, deren Ursache in einer frühkindlichen Hirnschädigung liegt. Die dadurch hervorgerufene Behinderung ist charakterisiert durch Störungen des Nerven- und Muskelsystems im Bereich der willkürlichen Bewegungskoordination (vgl. auch **Littlesche Krankheit**).

Inklusion bedeutet Einbeziehung, Dazugehörigkeit.

Inklusive Pädagogik: ein Ansatz in der Pädagogik, dessen wesentliches Prinzip die Wertschätzung der Vielfalt in der Bildung und Erziehung ist. Die Inklusion beruft sich auf die Menschenrechte und fordert zum Beispiel, dass die Schule den Bedürfnissen ihrer Schülergesamtheit gewachsen sein soll. Es soll kein Kind ausgesondert werden, weil es den Anforderungen der Schule nicht entsprechen kann.

Integrative Pädagogik: Die integrative Pädagogik strebt in einer Welt, die real aussondert, integrative Verhältnisse an. Sie tritt wie die inklusive Pädagogik für das Recht aller Schüler ein, unabhängig von ihren Fähigkeiten und Beeinträchtigungen sowie von ihrer ethnischen, kulturellen oder sozialen Herkunft gemeinsam unterrichtet zu werden. Entgegen der Intention der Integrationspädagogik hat sich jedoch in der schulischen Realität häufig die deutliche Unterscheidung von Kindern »mit sonderpädagogischem Förderbedarf« und »ohne sonderpädagogischen Förderbedarf« etabliert.

Komplexe Behinderung: Von Barbara Fornefeld eingeführter neuer Begriff, ausdrücklich mit großem »K« geschrieben, der als Name zu verstehen ist für eine Gruppe von Menschen mit unterschiedlichen Behinderungen, zum Beispiel solchen mit schweren und mehrfachen Beeinträchtigungen, nicht sprechenden Menschen mit geistiger Behinderung, Menschen mit geistiger Behinderung und herausforderndem Verhalten, Menschen mit Intelligenzminderung und psychischen Störungen und anderen. Die Komplexität ergibt sich nicht allein aus den individuellen Einschränkungen dieser Menschen, sondern aus ihren Lebensumständen. Es handelt sich um Menschen, die immer wieder in Gefahr sind, ausgesondert und ungenügend berücksichtigt zu werden (vgl.

Barbara Fornefeld, Hrsg., Menschen mit Komplexer Behinderung, Selbstverständnis und Aufgabe der Behindertenpädagogik, München/Basel 2008).

Littlesche Krankheit (auch: cerebrale Bewegungsstörung, cerebrale Kinderlähmung, Infantile Cerebralparese): eine bleibende, aber nicht unveränderliche Bewegungs- und Haltungsstörung infolge einer Schädigung des Gehirns in den frühen Entwicklungsphasen. Neben der Störung der Haltung und Bewegung kommt es häufig auch zu weiteren Behinderungen wie Anfallsleiden (Epilepsie), mentaler Behinderung (geistiger Behinderung), Sprachstörungen, Verhaltensauffälligkeiten, Schwierigkeiten bei der Weiterverarbeitung von Sinneswahrnehmungen etc. Schädigungsmöglichkeiten bestehen vor, während oder auch nach der Geburt.

Logopädie heißt wörtlich übersetzt »Sprecherziehung«; es handelt sich um eine medizinisch-therapeutische Fachdisziplin, die sich mit Menschen befasst, welche aufgrund einer Sprach-, Sprech-, Stimm-, Schluck- oder Hörbeeinträchtigung in ihrer Kommunikationsfähigkeit eingeschränkt sind.

Muskeldystrophie: eine erblich bedingte Muskelerkrankung, die zu einem fortschreitenden Schwund von Muskelgewebe führt.

Muskelhypertonie: Steigerung der Muskelspannung in Ruhe, das heißt ohne willkürliche Muskelanspannung.

Muskelhypotonie: ein Mangel an Muskelstärke und Muskelspannung.

Normalisierung: In den 1950er Jahren wurde das Normalisierungsprinzip erstmals als zentrale Maxime im Umgang mit Menschen mit einer geistigen Behinderung von dem Dänen Bank-Mikkelsen entwickelt. Es besagt, dass ihr Leben in allen Phasen so normal wie möglich zu gestalten ist (normaler Tagesrhythmus, Trennung von Arbeit, Freizeit, Wohnen, normaler Jahresrhythmus etc.).

orofazial: Mund und Gesicht betreffend.

Osteopathie: Darunter werden verschiedene befunderhebende und therapeutische Verfahren verstanden, die manuell ausgeführt werden. Die Osteopathie ist eine Heilkunde im Sinne des Heilpraktikergesetzes und darf nur durch Heilpraktiker und Ärzte angewendet werden.

Paradigma: Denkmuster, welches das wissenschaftliche Weltbild, die Weltsicht einer Zeit prägt.

Paradigmenwechsel in der Behindertenhilfe: Nach dem Zweiten Weltkrieg bis in die 1970er Jahre galt das Prinzip der Verwahrung. Pflegen, Schützen und Bewahren in psychiatrischen Kliniken oder Großeinrichtungen standen im Vordergrund. Ab den sechziger Jahren fand ein Wandel in Richtung Förderung und Rehabilitation statt. Nach einem medizinisch-sonderpädagogischen Modell wurden die Defekte und die Notwendigkeit von Heilung und heilpädagogischer Förderung betont. Es war die große Zeit der Gründung von Sonderschulen und der Therapeutisierung von Behinderteneinrichtungen. Ab der Mitte der achtziger Jahre wandelte sich das Leitbild in Richtung Selbstbestimmung und Chancengleichheit; Deinstitutionalisierung und schulische Integration wurden gefordert. Die Bedeutung einer normalisierten sozialen Umgebung und die Fähigkeit zur Selbstorganisation rückten in den Mittelpunkt; Konzepte der Integration, Begleitung, Unterstützung und Assistenz wurden erarbeitet.

Parese: leichte, unvollständige Lähmung; Schwäche eines Muskels oder einer Muskelgruppe.

PEG-Sonde: Magensonde, die durch die Bauchdecke direkt in den Magen eingeführt wird. Es handelt sich dabei um einen elastischen Kunststoffschlauch. Die PEG-Sonde ermöglicht eine künstliche Ernährung mit flüssiger oder dünnbreiiger Nahrung.

PEKiP (Prager Eltern-Kind-Programm): Konzept für die Gruppenarbeit mit Eltern und ihren Kindern im ersten Lebensjahr. Im Mittelpunkt stehen Spiel-, Bewegungs- und Sinnesanregungen für Eltern und Kinder.

Perinatalperiode: Zeitraum zwischen der vierundzwanzigsten Schwangerschaftswoche und dem siebten Tag nach der Geburt.

Persönliches Budget: Das *Persönliche Budget* ermöglicht Menschen mit einem Anspruch auf Teilhabeleistungen, anstatt einer traditionellen Sachleistung oder Dienstleistung Geld zu erhalten, um selbst zu entscheiden, wann welcher Dienst und welche Person die Unterstützung erbringen soll, und diese als »Kunde« unmittelbar selbst zu bezahlen.

Persönliche Zukunftsplanung: Die Idee stammt aus Nordamerika, wo schon seit circa zwanzig Jahren Zukunftsplanung von Menschen mit Behinderung gemacht wird. Dazu wird ein »Unterstützerkreis« gebildet. Die Planung erfolgt auch bei nicht sprechenden Menschen nach dem Prinzip »Nicht über mich ohne mich«.

Postnatale **oder** *postpartale Krise:* psychische Krise nach der Geburt.

Prader-Willi-Syndrom: Es handelt sich um eine vergleichsweise seltene Behinderung, die auf einer Chromosomenbesonderheit beruht. Dabei ist das Chromosom 15 unvollständig. Beim Säugling fällt eine starke Muskelhypotonie und dadurch bedingte Trinkschwäche auf. Kennzeichnend ist ab dem Kleinkindalter ein übermäßiges, zwanghaftes Hungergefühl, das körperliche Ursachen hat und nicht bewusst regulierbar ist.

pränatal: »vor der Geburt«.

Querschnittlähmung: Eine Kombination von Symptomen, die bei Unterbrechung der Nervenleitung im Rückenmark auftritt. Dazu gehören zum Beispiel Lähmungen, Kreislaufstörungen, Veränderungen der Muskelspannung etc.

Retardierung: Verlangsamung, Verzögerung eines Ablaufs oder einer Entwicklung.

Selbstverletzendes Verhalten oder *Autoaggression:* Verhaltensweisen, mit denen sich betroffene Menschen Verletzungen oder Wunden zufügen. Sie können bei bestimmten seelischen Störungen sowie bei geistiger Behinderung auftreten und können zum Beispiel der Spannungsabfuhr dienen.

sensomotorisch: Sinnesreize und Muskelreaktion betreffend.

Sensorische Integration ist die Koordination, das Zusammenspiel unterschiedlicher Sinnesqualitäten und -systeme.

Sensorische Integrationstherapie: Therapieform, die maßgeblich von der amerikanischen Ergotherapeutin und Psychologin Jean Ayres entwickelt wurde. Ziel ist die Verbesserung der Verarbeitung von Sinneseindrücken.

Separation: In der Pädagogik bedeutet der Begriff die Aussonderung von Kindern mit Behinderung in Sonderschulen.

Skoliose: eine seitliche Verbiegung der Wirbelsäule, die weder aktiv noch passiv vollständig ausgleichbar ist. Sie ist mit einer Verformung und gleichzeitigen Verdrehung der Wirbelkörper verbunden.

Snoezelen: Aufenthalt in einem angenehm warmen Raum, in dem man, liegend oder sitzend, umgeben von leisen Klängen und Melodien, Lichteffekte betrachten kann. Es dient der Verbesserung der sensitiven Wahrnehmung und zugleich der Entspannung. Snoezelen wurde ursprünglich als therapeutisches Medium bei Behinderungen umgesetzt, später auch bei psychischen Problemen, erhöhten Schmerzzuständen, Aufmerksamkeitsstörungen etc.

Spastik: eine in typischer Weise erhöhte Eigenspannung der Skelettmuskulatur, die auf eine Schädigung im Zentralen Nervensystem zurückzuführen ist. Die Kommunikation zwischen Zentrale (Gehirn) und Peripherie (Gliedmaßen) ist gestört.

Spastische Diplegie oder *spastische Diparese:* Bei dieser Körperbehinderung sind vor allen Dingen die Beine gelähmt.

Spastische Hemiplegie oder *spastische Hemiparese*: Dabei ist nur eine Körperhälfte von den Lähmungen betroffen, die gesunde Seite ist frei beweglich.

Spastische Tetraplegie **oder** *spastische Tetraparese:* Von der Lähmung sind alle vier Gliedmaßen, aber auch der Rumpf betroffen.

Spina bifida: auf Deutsch »Wirbelspalt«, auch »offener Rücken«. Diese Fehlbildung des Neuralrohrs liegt zwischen dem zweiundzwanzigsten und achtundzwanzigsten Tag der Embryonalentwicklung. Sie kann unterschiedliche Ausprägungen haben und sich dementsprechend unterschiedlich schwer auswirken.

Step-by-Step: einfache Kommunikationshilfe zur Wiedergabe einzelner Mitteilungen.

TEACCH: ein ganzheitlicher, pädagogisch-therapeutischer Ansatz, der die Besonderheiten von Menschen mit Autismus berücksichtigt und die Entwicklung individueller Hilfen zur Unterstützung des Lernens und zur selbstständigen Bewältigung des Alltags in den Mittelpunkt stellt. Strukturierung und Visualisierung spielen bei der Methode eine wesentliche Rolle. Es gibt keine fertigen Rezepte oder Übungsprogramme, Materialien und Vorgehensweise sind immer individuell auf das Kind und seine spezielle Situation zugeschnitten. Das Vorgehen knüpft an vorhandene Fähigkeiten an. Es handelt sich nicht um ein bloßes Antrainieren von Fertigkeiten. Eltern werden als Spezialisten für ihre Kinder angesehen und einbezogen. Sinn und Funktion von Fehlverhalten müssen erkannt werden. Verhalten wird nicht nur über entsprechende Konsequenzen reguliert, sondern der Schwerpunkt liegt auf vorbeugenden Maßnahmen und der Vermittlung von Strategien.

Teamteaching ist eine Unterrichtsform, bei der zwei oder mehrere Lehrer eine Unterrichtsstunde oder -einheit gemeinsam vorbereiten, durchführen, auswerten und gegebenenfalls weiterführen.

Teilhabe von Menschen mit Behinderung bedeutet nach der Definition der Weltgesundheitsorganisation aus dem Jahr 2001 das »Einbezogensein in eine Lebenssituation«. »Behinderung« bedeutet nach dieser Definition neben der medizinisch diagnostizierbaren »Schädigung« eine Beeinträchtigung der Teilhabe als Wechselwirkung zwischen dem gesundheitlichen Problem einer Person und ihren Umweltfaktoren.

Tic: kurzes, unwillkürliches, regelmäßiges oder unregelmäßiges Zusammenzucken einzelner Muskeln oder Muskelgruppen, manchmal einhergehend mit körperlichen Bewegungen oder Lautäußerungen.

Trisomie 21 oder **Down-Syndrom:** Das gesamte Chromosom 21 oder Teile davon liegen dreifach vor. Es handelt sich um die am häufigsten vorkommende Chromosomenabweichung. Kennzeichnend sind verschiedene körperliche Abweichungen wie eine rundliche Gesichtsform und mandelförmige Augen. Trisomie 21 führt beim Menschen zumeist zu einer geistigen Behinderung, deren Ausprägung verschieden ist, häufig aber dem Spektrum einer leichten geistigen Behinderung zugeordnet werden kann.

Tracheostoma: operativ angelegte Öffnung der Luftröhre nach außen.

UN-Behindertenrechtskonvention: Das Übereinkommen ist ein völkerrechtlicher Vertrag, der bereits bestehende Menschenrechte für die Lebenssituation behinderter Menschen konkretisiert. Die Vertragsstaaten haben sich verpflichtet, geeignete Maßnahmen zu treffen, um Menschen mit Behinderung einen angemessenen Lebensstandard und sozialen Schutz zu sichern. Das Übereinkommen wurde am 13.12.2006 am Sitz der Vereinten Nationen in New York unterzeichnet und trat zwei Jahre nach der Unterzeichnung am 29.03.2009 auch in Deutschland in Kraft.

Unterstützte Kommunikation: Methode der Kommunikation für Menschen, die nicht oder kaum über Lautsprache verfügen. Dies können pädagogische oder therapeutische Maßnahmen zur Erweiterung der kommunikativen Möglichkeiten eines Menschen sein. Einfache und komplexe elektronische Sprachgeräte, Gebärdensprache, Bildsymbole etc. kommen dabei zum Einsatz.

Verhaltenstherapie: Die Verhaltenstherapie geht davon aus, dass jedes Verhalten nach gleichen Prinzipien erlernt, aufrechterhalten und auch wieder verlernt werden kann. Jede Verhaltensstörung sei erlernt und könne durch entsprechendes Gegenlernen abgebaut werden. Das Lernen neuer Verhaltensweisen erfolgt durch positive Verstärker (angenehme Konsequenzen), negative Verstärkung (Ausbleiben von unangenehmen Reizen) oder Bestrafung durch unangenehme Konsequenzen. Die Verhaltenstherapie basiert ursprünglich auf den Erkenntnissen des Behaviorismus, der mentale Prozesse aus seinem Forschungsbereich ausschloss. Mit der »kognitiven Wende« der 1970er Jahre wurden Kognitionen (Einstellungen, Erwartungen, Überzeugungen) als verhaltenssteuernde Komponenten entdeckt.

Vojta-Therapie: Im Unterschied zu anderen Physiotherapietechniken und -methoden werden bei der Vojta-Therapie nicht Bewegungsfunktionen wie Greifen, Umdrehen vom Rücken auf den Bauch oder Gehen geübt. Stattdessen übt der Therapeut beim Patienten, der sich in der Bauch-, Rücken- oder Seitenlage befindet, einen gezielten Druck auf bestimmte Körperzonen aus. Solche Reize führen beim Menschen automatisch und ohne eigenen Antrieb, also ohne willentliche Mitarbeit des Betroffenen, zu immer gleichen Bewegungsantworten. Die Grundannahme ist, dass es beim Patienten durch wiederholtes Auslösen dieser »reflexartigen« Bewegungen zu »Freischaltungen«

oder »Neubahnungen« innerhalb funktionell blockierter nervlicher Netzwerke zwischen Gehirn und Rückenmark kommt.

Waldorfschulen sind Schulen, an denen nach der von Rudolf Steiner begründeten Waldorfpädagogik unterrichtet wird. Aufgrund der anthroposophischen Auffassung der Dreigliedrigkeit des Menschen ergibt sich das Prinzip der gleichberechtigten Förderung der intellektuell-kognitiven (»Denken«), der künstlerisch-kreativen (»Fühlen«) und der handwerklich-praktischen (»Wollen«) Fähigkeiten der Schüler.

(Vergl. zu den Stichwörtern die Einträge der verschiedenen Organisationen, Therapieschulen, Vereine, Lexika und Bibliotheken wie zum Beispiel Wikipedia, Bidok etc. im Internet!)